On the Research
of XiongShili's Philosophy

唯识与体用

熊十力哲学研究

曾海龙 著

上海人民出版社

序

谢遐龄

熊十力哲学是个复杂的存在体。他努力建构以几个基本概念为基石的哲学大厦,不断尝试,才力健旺,故而学说多变,难以梳理。我曾稍稍接触。担心陷溺,未敢深究。曾海龙不畏艰险,在前有大师之作、数个同行力作的情况下,迎难而上,勇气可嘉。成果严整可观,得到多方面佳评。

熊十力哲学在现当代中国哲学史上有重要地位。无疑,熊十力先生的思想贡献巨大。然而也有批评者认为,他建构哲学体系的理路,仍嫌老旧。怎样评估熊十力哲学的贡献,就是个要研究的问题。熊十力哲学的价值,也关联着曾海龙这部研究著作的价值。

有一句名言说,手段比目的更有价值。意思是,为了达到目的要先研究手段;最终,目的没有达到,但是为了达到目的研究出来的手段,却有很高的独立价值。熊十力哲学所构建的体系或许不算成功,然而他贡献的思想,却有着重要价值。

熊十力哲学的价值在于:它是中国哲学与西方哲学沟通与融汇的中介。

如果,把宋明理学看作本土思想与外来的佛学思想的融汇,那么,已经融汇了佛学的本土思想面临着融汇晚近传入的西方哲学的使命。如果说,认为宋明理学是融汇产物还有点夸张,确切地说,是本土思想受到佛学刺激作出的回应;那么,现今的遭际是文明相遇,不仅仅思想领域,各项制度、日常物质生活,乃至语言,全面地相互作用,中西哲学之融汇成为不可回避、迫在眉睫的使命。

融汇要找到中西哲学相接的可能。以新实在论解说中国哲学,看来不是好方案。盖因中国思想的理,与新实在论的理,不是一件事;因而不能作为根基建构融汇后的新哲学。还须探究理之由来,在更为底层处寻找适合担当根基的概念。理由心生。从心学入手是更好的思路。熊十力先生新解唯识论,他的学生牟宗三以心性学与康德哲学相接,为中西哲学融汇奠定了一个基础。

拙见以为，这项成就再与休谟哲学相接，并发展出法哲学，这项对接就可以看作完成。

心学以孟子为源头，与康德哲学对接不得不借助佛学。然而中国思想还有更深的源头，那就是太极两仪四象八卦的“数理”体系。周易思想怎样与西方哲学沟通，是个大难题。熊十力的尝试十分可贵。中国古人把宇宙万象领会为一，显示极强的思辨能力。如果确认是伏羲所画，那就比古希腊泰勒斯要早近两千年。如果按思想成体系且有文字记载看，《尚书·洪范》所述五行学说，也比泰勒斯早四百多年。由一推衍出阴、阳，这思想的起源不知在什么年代，或许是结绳而治的时代？河图洛书表达世界观的时代？这是伟大的发现，是中华民族先祖留给后人最珍贵的遗产。是先祖对天地运行、生命脉动之深密的感悟。或许是体验温带气候四季均衡循环，结合数、图推衍，遂有四象、八卦。这一思想体系后世得到最充分发展的是两仪环节。熊十力先生抓住这个环节，阳辟、阴翕，试图与心性会通，构建哲学大厦。

我不认为他的努力是完全成功的。然而对阴阳律动的阐发，开启了中西沟通的途径，为中西哲学沟通、融汇奠定了又一个基础。

曾海龙顺着心性、体用两大方面，梳理熊十力哲学，及其后学的发展；揭示熊十力遇到的困难；工夫深厚，显示扎实学力，对熊十力研究有推进之功效。我更看重的是，这项研究使熊十力哲学融汇中西哲学的哲学史意义更为明显。海龙贤弟持其博士论文《唯识与体用》来嘱予作序。我期待他在沟通、融汇中西哲学方面作出进一步贡献。故以此文为之序。

2017年9月29日

目　录

前言

唯吾人的本心，才是吾身与天地万物所同具的本体。

——《新唯识论》语体本“明宗”章

熊十力哲学所论之核心议题在于见体。见体之论，可分别从唯识与体用两方面言之。新唯识论与体用论，为熊十力哲学两个重要的思想体系。二者所论之主题与内容多有重叠，学界亦多将体用论视为新唯识论之一部分。然更可注意者，在二者侧重点之不同。对两个主题之探讨，须分别分析心性问题与体用问题之所指。更进一步，又须明了心性问题中的体用问题与体用问题中的心性问题。心性问题中的体用问题，乃以心性本体为前提，探讨心性论中的体用关系，此乃实践问题与存有问题及引申出来的道德形上学问题。体用问题中的心性问题，乃以体用关系探讨为前提，在实体论的体用关系中探讨心性为何与何为，此乃以宇宙论问题为核心。

宇宙论自古中西皆有。无论是西方传统的宇宙论，还是《周易》的宇宙生成论，尽管理论模型多有差异，但对实体之肯定，乃是其共同的理论前提。科学宇宙论成立的前提为 substance（实体），《周易》的宇宙生成论之前提为易体（becoming）。但无论是 substance，还是 becoming，都是实体。以宇宙论或实体为首出，实体之设定则为其体系成立之必要条件。问题在于：实体之确立是如何可能的？在中国传统中，并无思想家对《周易》的宇宙生成论思路直接提出挑战，但宋明儒关于道体、性体、良知心体的讨论在客观上又发展出一套解构宇宙生成论的学说。在宋明理学中，心性问题取代体用问题成为了儒家思想的核心议题。这与佛教的对儒家影响有莫大的关系。以心性本体为首出，则实体是心性本体的呈现、建构与存有。以实体为首出，则心性本体乃实体之用而非本体。二者的根本差异在于究竟是以心性为本体还是以实体（宇宙实体）为本体。

说心性问题取代体用问题，并不是说心性论不需探讨体用关系。相反，体用问题乃是心性论问题的核心。同样，探讨体用问题也必然涵及心性问题，体用关系所欲解决者，乃在良知本心如何发而道德行为乃至成为宇宙万物的本体。心性问题取代体用问题，乃在以心性本体取代易体或实体成为理论建构之前提，正如康德以知性本体取代宇宙本体作为其理论建构之基础。在以心体为本体的心性论中，体是良知心体，用是良知心体之发用。非如在宇宙论中，体是实体或易体，用是宇宙之生成或变易。

厘清以上问题，对熊十力哲学思想就可有一把梳理的梳子。在熊十力的哲学思想中，体用问题与心性问题都是根本性的问题。从其著的标题看，《新唯识论》所重当然在唯识，也即是心性问题。后期著作《体用论》所重在体用关系。当然，无论是早期的《新唯识论》，还是晚期的《体用论》，体用问题与心性问题都是重要的主题，甚至很难分清楚主次。就唯识或以心性为本体而言，客观实体与现象是识或心体建立或存有之结果。故在《新唯识论》中，熊十力倾向于认为实体无相可言，现象亦是不真实的。就以体用问题为根本而言，则现象乃至心性是实体表现自身之结果，实体真实，现象亦真实，这是《体用论》思想的重要特征。熊十力早期与晚期思想的张力实乃反映出实体与心体何为本体的问题，即究竟是以体用问题为本还是以心性问题为本。甚至，无论新唯识论还是体用论，理论内部各自亦存在这种张力。这种张力反映了传统儒学中两种本体论的不同特质。熊十力创作《新唯识论》时所持的问题意识、论证方式、逻辑架构等与宋明儒一样，更多地受到了佛学的影响，而心性问题或本体论，是佛家理论对儒学形成挑战的重要因素。熊十力从研究旧唯识学到创作新唯识论，其思想经历了由佛向儒的转变，这种转变需要由理论的论证来完成对自我的说服。故，如何将佛家的唯识转变为儒家的心性本体，是其所需重点讨论的。由唯识转向体用，既标志着熊十力完成了对旧唯识学的超越，也标志着其思想向《周易》的复归。此种复归又意味着对宋明儒心性本体论的反转，进而走向实体论的建构。但此种反转无论在理论上还是在思想史上都有待进一步评价。

熊十力的哲学思想，毋论其早期思想与晚期思想的差异，就其同一时期的思想而言，也同时存在生成论与存有论的两种理路。在生成论模式下，本体是易体或宇宙实体，心性只是宇宙生成之结果，而不是本体，这是一科学宇宙论演化的思路。在存有论模式下，心体才是本体，宇宙秩序乃至实体或易体都为心体建构或存有之结果。可见，生成论模式与存有论模式的共存，必然导致是以宇宙实体为本体还是以心体为本体的问题。梁漱溟批评熊十力的哲学有“二重本体”，即是从这个角度而言的。

唯识与体用二义，不仅表示熊十力哲学思想中两个重要的哲学概念，亦在某种程度上表明其哲学或本体论存在的内在矛盾。

唯识义下之体用，乃表示以心体为本体，呈现而为用。体用一义乃在说明“良知是呈现”。故，心体为万事万物乃至宇宙存有之本体，宇宙实体亦为心体所建构之对象。心体为唯一的本体，万事万物乃至宇宙实体为心体发用而存有或建构之结果。此种意义上的唯识，实乃唯心，为儒家心学之本义。象山、阳明于此多论之。阳明所言“意之所在为物”，即是就良知乃是万事万物存有之本体而言，实乃唯识义。熊十力说：“惟此心虽主宰乎一身，而其体则不可为之限量，是乃横遍虚空，竖尽永劫，无有不运，无所不包。”①就是以心为本体存有宇宙万物之意。在此意义上言宇宙论，乃是“道德秩序即宇宙秩序”，是为道德的宇宙论，或曰道德的形上学。宇宙乃心性本体呈现之宇宙，宇宙的道德意义亦因良知心体之呈现始成为可能。

体用义下之唯识，乃表明以宇宙实体为本体，心体乃本体之势用。“心者恒转之动而辟也。故心之实性即是恒转，而无实自体焉。”②这是以宇宙实体为本原讲心之所由出，唯识义乃在说明心因实体或本体之辟而呈现本体之德用，故能涵摄境(实体)乃至宇宙万物，心只是本体之用而不是本体。以实体为首出的体用义下之本体论，可能有实体与心体二重本体也，且心体乃是实体之派生物，或曰实体乃心体之本原，如将二者都说为本体，实有“叠床架屋”之嫌。熊十力说：“心物同由实体变成。实体是万化万有的太初之本原，其性质决不单纯，其德用必潜诸无限的可能。”③乃表明其对实体之看法。实则，心体才是宇宙万物之本体，而实体是宇宙论意义上之本原。

这样，在熊十力的理论体系中，存在万法唯识的心性本体，亦存在体用不二的宇宙实体。前者乃存有论之本体，后者乃宇宙论之本原。熊十力则将二者都说为本体。以体用为旨，乃先肯定一实体作为本原。以唯识为旨，乃以良知心体为本体。熊十力对本原与本体始终未能作严格区分。时而说宇宙实体是本体，心体是宇宙实体之用。时而又说心体才是唯一实在的本体，宇宙实体乃至宇宙

① 《新唯识论》文言本，《全集》卷 2，第 80 页。
② 《新唯识论》文言本，《全集》卷 2，第 79 页。
③ 《体用论》，《全集》卷 7，第 139 页。

万物不能离心而存在。他不悟本体与本原，实乃二义。本体论是以概念或观念建构存在或存有，包括物的存在和社会存在。本原论是探讨宇宙论意义上的世界如何可能，乃是以科学模型回溯宇宙开端与预测宇宙未来。前者乃哲学的永恒主题，后者则已经让位于近代发展起来的自然科学。

但是，哲学与科学分野后，有科学的宇宙论，自然亦可有哲学的宇宙论——依儒家之道德观念可曰道德的宇宙论。道德的宇宙论以道德为首出，以良知心体之发用始为可能，重点不在宇宙论而在道德。此种宇宙论，牟宗三称之为道德的形上学或道德形上学。以道德的本心为道德的形上学所以可能的基础，即是唯识义。良知心体涵摄宇宙并存有宇宙万物的道德价值，或曰宇宙万物的道德价值因良知心体而呈现，即是以良知为体，存有或呈现为用。“良知是呈现”，乃表示良知心体必然发而为用，即是体用不二之义。此种意义下之体用与先肯定宇宙实体讲体用自然大用不同。宇宙实体之体用乃客观之描述，唯识义下之体用乃良知心体之呈现。良知心体必然发为道德的行为或存有宇宙万物的道德价值，即是唯识中的体用不二义。

熊十力主张之唯识，与其所欲彰显之易体或实体相对。体用不二义在唯识论与实体论中自有不同的意义。实体论中之体用不二义犹如建立模型以描述实体之运动特征，有明显的科学主义痕迹。唯识义中之体用不二，则不仅是哲学理论问题，更是实践工夫问题。熊十力说“良知是呈现”是唯识义中之体用不二，而非实体论中之体用不二。唯识与体用，在此意义上的统一才具有了哲学的意义与实践的力量。熊十力学问与生命的力量，通过唯识之体用才得以彰显。心学所欲发扬者，亦在此也。

前　论

生命与学问

熊十力(1885—1968)[①],湖北黄冈人,原名继智、升恒、定中,字子真(亦作子贞)。中年学佛,改名"十力"。晚年自称漆园老人、逸翁。"十力"是佛典《大智度论》中赞扬佛祖释迦牟尼的话,用来赞扬佛祖有超群的智慧、广大的神通和无边的力量。熊十力以此自名,可见其对自我之期许。他一生经历晚清、民国和中华人民共和国三个时期,饱经沧桑,献身于自己所信仰的文化。

熊十力吸收传统儒、释、道与近代以来西学的思想资源,建构起了新唯识论体系。他的思想是面对着困厄中的民族传统和强势的西方文明而发的,是对时代问题的回应。因时局与熊十力个人思想的变化,其理论也在不断发展。从青年、中年到晚年,熊十力理论的侧重点有所不同。

熊十力是个不拘小节的人,他的一些生活瑕疵经由学术、政治分歧而被扩大,成为个别学者攻击其人格与学问的材料。但深入熊十力的生命与学问,可以发现他既不是传统的儒者,也不是一个专门的学问家,其所思、所作都是其真实的生命性格,虽有小疵,却无大过。熊十力是一个真正的"生命即是学问"的儒者。

---

① 对于熊十力的生年,研究熊十力的学者看法不一,有学者认为是1884年,又有学者认为是1885年。郭齐勇通过各方求证,确信熊十力生于1885年。另关于熊十力生平的基本情况和学术活动,郭齐勇所著《熊十力与中国传统文化》(香港天地图书有限公司1988年版)、《天地间一个读书人——熊十力传》(上海文艺出版社1994年版)和《熊十力思想研究》(天津人民出版社1993年版)等书中有较为详细的介绍,具体参见是书。本文只简要说明熊十力生平的活动,以明其学术选择和学术性格。

第一章　生命境况与思想资源

熊十力出身于社会最底层，青年参加革命运动，体会到革命的关键在革心，立志学术，弘扬传统文化。他通过吸收中、印、西的思想资源，以建构哲学理论来回应最深刻最尖锐的时代问题，其思想有着鲜明的时代特征。

第一节　生 命 境 况

熊十力于清光绪十一年(1885 年)正月初四日出生在湖北黄冈县张家湾，家世穷困祖上"三世皆单丁"①，曾祖父熊光东少年弃世，祖父熊敏容为乡间木匠，"先父其相公学宗程朱"②，执教乡塾。熊其相有六个儿子，四个女儿，熊十力排行第三。因兄弟姐妹众多，家庭供养困难，熊十力幼年就为邻放牛，并在父亲和长兄熊仲甫的教导下粗通文墨。熊十力十三岁时，父亲去世，临终说："穷于财，可以死吾之身，不能挫吾之精神与意志。"③不久母亲也去世。熊十力跟随长兄熊仲甫耕读。而后父亲的朋友何圣木让熊十力入其乡塾读书，因难受约束，半年后便出走。幼年的熊十力放荡不羁，裸居野寺，经常玩弄菩萨塑像，十六七岁时游学乡间，就对宇宙人生问题有所思考。"一日登高，睹秋草零落，忽生悲感，推想天地万物皆归无何有之乡。"④他在读到陈白沙的书时，对其"禽兽说"感触颇深，"忽起无限兴奋，恍如身跃虚空，神游八极，其惊喜若狂，无可言拟，当时顿悟血气之躯非我也，只此心此理方是真我"。⑤

后来，熊十力接触到邻县参与公车上书的孝廉何焜阁带回的"格致启蒙"之类的书籍，深感兴趣，读到当时维新派的论文和奏章而知世变日剧；又为严复所译《天演论》中的"物竞天择"、"自强保种"的思想所感染；同时，他"读船山、亭林诸老先生书，已有革命之志，遂不事科举，而投武昌凯字营当一小兵，谋运动军队"。⑥

---

① 《先世述要》，《全集》卷 8。

② 《十力语要》卷三，《全集》卷 4，第 424 页。

③ 《先世述要》，《全集》卷 8，第 875 页。

④ 《十力语要初续》，《全集》卷 5，第 141 页。

⑤ 《十力语要初续》，《全集》卷 5，第 280 页。

⑥ 《十力语要》卷三，《全集》卷 4，第 425 页。

1900年以后，熊十力在武昌白天上操练武，夜间读书看报，撰写文章，向报社投稿，主张变革现实，救亡图存。1905年冬，熊十力考入湖北新军特别小学堂仁字斋为学兵，1906年春，他加入同盟会，发起组织“黄冈军学界讲习社”并负责此社的工作。在此期间，他提倡民族主义、民权主义、地方自治等主张。1906年夏，熊十力肄业于陆军特别小学堂，暗中联系各地革命组织，准备起事。因事泄，熊十力遭到鄂军通缉，张彪等悬赏五百金购其头颅。熊十力在友人的帮助下出逃，潜往鄂西恩施。局面缓和后，熊十力方归乡授徒。辛亥武昌起义爆发后，熊十力参加了光复黄州的活动，后任湖北督军府参谋。民国元年，他参与编辑《日知会志》。1913年，辛亥革命失败，熊十力回到江西德安(1906年，熊氏家族迁往德安)，一边耕种，一边研读先秦诸子和西方哲学译著，还教过一段时间的私塾。1917年至1918年间，孙中山领导的护法运动爆发，熊十力由江西入湖南参加预民军，支持桂军北伐，抗击段祺瑞的进攻，不久即赴粤，佐中山先生，奔走于两广之间。

在广州期间，熊十力痛切感受到“党人绝无在身心上做工夫者”，意识到没有文化精神的陶养和道德理想的追求，放任本根良知的没落和对功名利禄的追求，只可能出现“革命成功，走狗当道”的结局。他认识到“今之执政，不学无术，私心独断，以逆流为治，以武力剥削为能，欲玩天下于掌上，其祸败可立矣”。①又感“党人竞相争利，革命终无善果”②，痛惜世风日下，道德沦丧，官府败坏，军阀官僚贪污腐败，士习茶靡，民生凋敝，人道灭绝，认为“党人绝无在身心上做工夫者，如何拨乱反正？”③“由这样一群无心肝的人革命，到底革到什么地方去呢？”④他认为“祸乱起于众昏无知，欲专力于学术，导人群以正见”⑤，“革政不如革心”，于是慨然弃政向学，研读儒佛，以探讨人生的本质，以增进国民的道德。自是年始，誓绝世缘，而求为己之学。这是熊十力一生的重要转折，他说：“始决志学术一途，时年已三十五矣，此为余一生之大转折，直是再生时期。”⑥熊十力由此奠定了其一生的志趣，并终生以学术为业。是年6月熊十力由广州经上海、九江回德安，在庐山匡庐壁题“数荆湖过客，濂溪而后我重来”⑦，表现出熊十力的胸襟与

---

① 《熊子真心书》，《全集》卷1，第20页。

②⑤ 《尊闻录》附录，《全集》卷1，第659页。

③⑥ 《十力语要》卷三，《全集》卷4，第425页。

④ 徐复观：《有关熊十力先生的片鳞只爪》，《熊十力全集》附卷下，第1413页。

⑦ 转引自郭齐勇：《天地间一个读书人——熊十力传》，第29页。

豪情。是年秋,熊十力汇集了1916年以来的笔札二十五则,编成《熊子真心书》印行,蔡元培为之作序。1919年前后,熊十力任教于天津南开中学,读到梁漱溟所著《穷元决疑论》,该文批评熊十力对佛家知斥。笔墨官司促成二人1919年暑期在北平广济寺会面。在梁漱溟的介绍下,熊十力于1920年秋至1922年秋在南京内学院从欧阳竟无学习佛学,打下了坚实的唯识学与因明学基础,接受了严格的理论训练。1922年,梁漱溟推荐熊十力到北京大学顶替自己教授佛教唯识学。从1923年到1932年,熊十力酝酿、建构了自己的哲学体系,《新唯识论》文言本于1932年在杭州出版,在学界尤其是佛教界产生巨大的震撼。

"五四"新文化运动后,至少在思想界,民主与科学观念已经深入知识分子的灵魂,胡适等人发起的新文化运动,站在今天的立场来看,对普及知识和文化也起到了重要的作用。即便如熊十力这样一个被认为是传统的继承者,也要从民主主义和民族国家主义中寻求民族未来的道路。熊十力从最初受乡塾教育,读"四书五经",受陈百沙、王船山等传统儒者的影响,到弃经书而服膺于西方科学和进化论思想的转折,是这一时代诸多学人相似的心路历程。这一时期对民族和国人来讲,最紧迫的任务莫过于"救亡图存",而达到这一目的最直接的办法就是维新或革命。王船山、顾亭林等人的反清复明思想对熊十力有一定的影响,从其对晚清王朝的态度可以预见他必然参加这一时期的革命,并与主张改良的维新派保持距离。与大多数革命派不同的是,他在主张革命的同时多少有一些对传统文化的亲和与景仰,对历史上诸多儒者的人格风范和生命境界心存敬佩。面对革命中各路军阀的贪腐,革命党人的自私自利,民众的麻木不仁,他又深感痛心。因此,其由革命转向"革心",也是必然的选择。同时,他又不得不面对民族命运的劫难所带来的焦虑,将革"心"与迫在眉睫的"救亡图存"结合起来。在这一艰难的抉择中,熊十力一方面高扬道德旗帜,另一方面又肯定民主、自由、共和等西方文化价值与政治理念。对他而言,前者理所当然地要从传统儒、佛、道的思想中寻找资源。而在儒家文化为传统的背景下,民主、自由、共和如何可能,是他所要处理的理论难题。他不得不对传统儒家的经典作创造性的解读,从儒家经典乃至孟子、王船山、黄宗羲等儒者的思想中掘发出民族主义和民权思想。他对五四运动之后菲薄传统文化、"全盘西化"的倾向和所谓"本位文化"的主张均持否定态度,认为这两者都不懂得"西方之真"与"何者为国之粹"。他认为必须深入了解西方人所以成功现代化的文化之根本精神和中国传统文化的精华，才可了解中国的历史，把握民族的未来命运。

日本发动的侵华战争，更加剧了熊十力对民族文化命运的忧患。七七事变发生的第二天，熊十力假扮成商人，在学生刘公纯的陪同下，从北平出发，历尽艰辛，是冬回到故里，对文祥等乡人痛哭国土沦丧之哀，大骂蒋政权不抗日，号召家乡青年找共产党的队伍，拿起枪杆抵抗侵略者。1938 年，熊十力到四川，与邓子琴等人讲民族精神、种源及通史，确信“日本人决不能亡我国家，亡我民族，亡我文化”，并写作《中国历史讲话》一书，力图为各民族抗战提供历史依据。1939 年 8 月 19 日，日本飞机轰炸乐山，熊十力左膝受伤，寓舍毁于炮火，频年积稿尽毁。幸有部分笔札为学生陈仲陆录有副本，遂将此辑为《十力语要》卷二。1944 年春，《新唯识论》语体本由中国哲学会作为中国哲学丛书甲集的第一部书稿由重庆商务印书馆发行。熊十力在抗战期间还编订了《十力语要》四卷，抗战胜利后又写了《十力语要初续》、《韩非子评论》等。

1949 年后，熊十力先住北京，1954 年定居上海，直至去世。在此期间，他依然笔耕不辍，陆续出版了《摧惑显宗记》、《与友人论张江陵》、《论六经》、《新唯识论》(删定本)、《原儒》、《体用论》、《明心篇》、《乾坤衍》等著作。1963 年撰写的最后一部著作《存斋随笔》未曾单独刊行。在此期间，随着国内形势的变化，熊十力等人已经渐渐受到排挤和打压。到“文革”前夕，熊十力已经感到十分的孤独。1968 年 5 月 23 日，熊十力在孤独中怀着对“道统”濒临失传的绝望，与世长辞。

第二节　思想资源

熊十力在谈到自己的学术历程说：“平生探穷宇宙人生诸大问题，就现象方面言，一切犹如幻化，于此确信不疑；但有无真实根源，苦参实究，老夫挥了许多血汗。求之宋明，不满；求之六经四子，犹不深契；求之老庄，乍喜而卒舍之；求之佛家唯识，始好而终不谓然；求之《般若》，大喜，而嫌其未免耽空也。最后力反之自心，久而恍然有悟，始叹儒家《大易》、佛氏《般若》，皆于真实根源甚深处确有发明。……自此，复探《华严》、《楞伽》、《涅槃》等经，更回思无著、世亲之学，以及此土晚周诸子，逮于宗门大德、宋明诸老，众贤群圣，造诣不齐，而皆各有得力处。乃至西哲所究宣者，亦莫非大道之散著，析其异而会其通，去所短而融所长，则一致而百虑之奇诡，殊途而同归之至妙，乃恢恢乎备有诸己”。①大体来说，新唯识论有以下几个方面的思想资源。

一 扬弃法相唯识

19世纪末20世纪初，以杨文会为首的近代佛学开始兴起，欧阳竟无、太虚等人都是杨文会的弟子。杨文会不仅重新振兴了唯识学，亦倡导华严、净土，提倡佛学各个派别和各种学问的融合。欧阳竟无曾说：“唯居士（按指杨仁山）之规模弘广，故门下多材，谭翩同善华严，桂伯华善密宗，黎端甫善三论，而唯识法相之学有章太炎、孙少侯、梅撷芸（光羲）、李证刚、蒯若木、欧阳渐等，亦云夥矣。”②梁启超也说：“晚清所谓新学家者，殆无一不与佛学有关，而凡有真信仰者率皈依文会。”③

《新唯识论》出版后，遭到佛教界的强烈攻击。从学理上讲，熊十力对佛学相关理论的理解与批评是值得商榷的。但熊十力的目的是借助佛学的资源甚至不惜批评佛学来建立自己的理论体系。他虽然在《新唯识论》中对法相唯识学大加批评，但他对法相唯识学的基本理论架构与逻辑方法的吸收是全面的。“就‘万有论’来说，心王与心所色法与心法、能缘与所缘、无为法与有为法的宇宙构成论，不能不深刻地影响熊氏。就‘缘起论’而言，尽管熊氏逐渐认同《起信论》之‘真如缘起论’，但不可否认，‘赖耶缘起论’的印痕仍是深刻的。”④法相唯识学对熊十力的主要影响在于：“破除现实世界非真实存在论，肯定‘真如’、‘佛性’的唯一实在性；消解主客世界的对立，将客体世界看成是主体精神的变现；强调了别、认识的对象离不开认识主体的认识能动性，从根本上把自己与世界的关系转化为自己发现自己、自己认识自己的过程；性相、体用、心色、空有之辩证思考模型；严密的因明逻辑训练，建构哲学体系的缜密方法。”⑤熊十力1920年到1922年在南京支那内学院受到的法相唯识学的训练，对其一生的哲学思考而言，无疑是用之不穷的。他后来虽然对法相唯识学作了深刻的反叛，但其方法论受益于法相唯识学则是无疑的。就思想内在的理路而言，新唯识论应该也受到了以《起信

---

① 《十力语要初续》，《全集》卷5，第142—143页。
② 转引自郭齐勇：《熊十力思想研究》，第152页。
③ 梁启超：《梁启超论清学史二种》，复旦大学出版社1985年版，第81页。
④⑤ 郭齐勇：《熊十力思想研究》，第155页。

论》为基础的真如宗的影响，这可从1943年熊十力与吕澂的辩论看出。

《新唯识论》批评佛学以寂静言性体，遭到了内学院的强烈批评。1943年初欧阳竟无逝世以后，吕澂因为对熊十力评价欧阳竟无学术思想的不满及二人学术观点的差异，批评《新唯识论》完全从“性觉”立说，与中土一切伪经、伪论同一鼻孔出气。吕澂指出：《新唯识论》与唯识学的分歧，是“性寂”与“性觉”的分歧，是中土“伪经”“伪论”与法相唯识义理的分歧。①吕澂对熊十力的批评牵涉到印度法相唯识学和中土台、贤、禅在真如与佛性论上的分歧。《成唯识论》的真如观，诚然如熊十力和吕澂所共同认为的乃“性寂”的真如观，阿赖耶识才是一切诸法的本源。而《大乘起信论》则认为真如以不变随缘二义，阿赖耶识有觉与不觉二义，真如与阿赖耶是不一不异的。由于真如恒常遍在，故承认一切众生皆有佛性，均能成佛。唯识宗则以本有无漏为佛性，认为有一类众生只具有理佛性，不具行佛性中的本有无漏种子，这一类众生永无佛性，不能成佛。真如宗主张烦恼即菩提，生死即涅槃，主张当下“体悟自心”、“反观自心”，提倡“自性菩提”、“即心即佛”。唯识宗则主张“心性本净”，以无漏种子断灭有漏种子，舍染为净，转凡成圣，转识成智，转烦恼为菩提，转生死为涅槃。

吕澂把新旧唯识学的分歧归结到心性问题上来，认为熊十力的《新唯识论》和以《起信论》为本的台、贤、禅一样，一味主张“返本”，而法相唯识学的才是真正革新进取之论。“唯其革新，故鹄悬法界，穷际追求。而一转捩间，无住生涯，无穷开展。庶几位育，匪托空谈。此中妙谛，未可拘本体俗见而失之也。唯其返本，故才起具足于己之心，便已毕生委身情性，纵有安排，无非节文损益而已。等而下之，至于禅悦飘零。暗滋鄙吝，则其道亦既穷矣。”②吕澂把“性寂”与“性觉”、“自性涅槃”与“自性菩提”的分歧，当作新旧唯识学分歧，也当作法相唯识学与中土《起信论》的分歧，当然是有其道理的。抛开这场争论中的是非，也可以看出《新唯识论》对心性问题的看法在理论上的确与《起信论》有相似之处，难怪太虚要说：“据唯识抨击《起信》，几将宗《起信》立说之贤首学之类，一蹴而踣之；余尝作《佛法总抉择谈》及《起信论唯识释》以明其并是各存而通摄焉。答王君恩洋质疑之后，其议因息。顷熊君之论出，本禅宗而尚宋明理学，斟酌性、台、贤、密、

---

① 参见吕澂：《吕澂复熊十力(1943年4月2日)》，《全集》卷8，第424页；及《吕澂复熊十力》(1943年4月12日)，《全集》卷8，第427—430页。

② 吕澂：《吕澂致熊十力(1943年4月13日)》，《全集》卷8，第431页。

孔、孟、老、庄,而隐执其数论、进化论、创化论之义,殆成一新贤首学;对于护法、窥基唯识学亦有一蹴而踣之概。”①“大乘佛学分唯识、性空、真心三宗。中国之禅、贤、台属真心宗,熊论近之,于佛学系统应名真心论,不应题唯识论。”②可见,在方法论上,熊十力汲取了法相唯识学的营养,而在根本义理上,则与台、贤、禅等真心宗更为接近。

二 心学释《易》

熊十力的哲学又与《周易》有着密切的关系,他说:“《新论》归宗《大易》”,又说:“余以为儒家根本大典,首推《易》。”③熊十力虽然推崇《周易》,但不喜象数之学,对王弼、周敦颐、二程、张横渠、朱熹、陆象山、王阳明、王船山等人的义理学大加推崇,而对从京房、虞翻到邵雍、焦循的象数之学多有贬斥。

理学家对《周易》的解释,自周敦颐、二程到朱子,形成了完整的理论体系。熊十力认为,伊川和朱子把天道的化育流行与人道的自强不息在人伦日用省察之间结合起来,是符合孔子易学的基本精神的。但他对《周易》的推崇和对《伊川易传》的赞许,是有选择性的。从内在理路而言,熊十力的易学观更接近于程颢。程颢认为离了乾坤更无易体,易体即本体,“亦无始,亦无终,亦无因甚有,亦无因甚无,亦无有处有,亦无无处无”。④易体即“仁体”,“心体”。程颢的易学反对将形上与形下、道与器割裂开来,强调一本的圆融,与熊十力的本体论十分契合。另外,熊十力对陆象山和杨简推崇以“心”为最高范畴来理解易体,以易体、道体和心体为一的思想,也有着极高的评价,对王阳明及其后学良知本体论与即体即用的思想,也深为赞许。他推崇王船山“尊生”、“彰有”、“健动”、“率性”的基本观念,而批评船山误解阳明的“良知”只是“孤明”,也是从其心学的立场而言的。

在宋明儒易学思想和心性论的影响下,熊十力阐发了自己的易学本体论。“《易》之乾元坤元,实是一元,非有二元。坤之元即乾之元也。”⑤又说:“《易》有

---

① 太虚:《略评〈新唯识论〉》,《太虚大师全书》第16编第50册,香港1956年版。又载《熊十力全集》附卷上,第32页。

② 太虚:《〈新唯识论〉语体本再略评》,《太虚大师全书》第16编第50册,香港1956年版。又载《熊十力全集》附卷上,第157页。

③ 《十力语要》卷一,《全集》卷4,第11页。

④ 《二程遗书》卷十二,《二程集》,中华书局1981年版,第135页。

⑤ 《十力语要》卷一,《全集》卷4,第38页。

太极，太极即乾元也，非更有为乾元之所从出者名太极也。以《易经》之乾为元，且只有此一元，肯定一元之衍化。《易》之本体只是一元乾体，即道体、太极，神妙不测，变动不居、生生不息。乾元之上本无太极，乾元显而为大用。“乾坤两方面，虽有相反之性，而乾实统御坤，（即心统御物。）相反所以相成，正是全体流行之妙，而可言二元乎？”①乾元本体流行不息谓之命，在流行中有主宰谓之天，在人为其所以生之理谓之性，以其主宰乎一身谓之心，以其发现而有条理故谓之理。熊十力又将《易》与华严、禅宗思想结合起来，创造了“乾元性体”、“乾元性海”，性体性海乃人性具足，即是天道，又是人极，是存在的根源，是既内在又超越的。

把乾元作为存在的根源，宇宙和人生的根据，并在此基础上构建起天道与人道不二、本体与现象不二、精神与物质不二、心与物不离不异的哲学，天人、物我、神形、体用、道器、心物、有无、理气、性相等相对的概念，在熊十力对乾元的解释中得到了统一。乾元之生生不息也成为其心性论和宇宙论建构的基础，从乾元可以衍化出健行不已的人生观和生生不息的宇宙观，根本目的在于“松动、复苏、活化易学的活的生命精神”。②他对王船山的易学有所不满，也正是认为王船山乾坤并建的哲学有二元之嫌，不能复归于“形色即天性”之“一元”而达至先秦儒学的本来面目。此一元实则是“乾元性海”，亦是吾人固有之本心，也叫“内自因”。

> 洪惟孔子之内圣学，明示吾人皆固有其与天地万物所共有而各足之大宝藏。……其大无外，其深不测，其富有不可量，其流动变化无穷无尽。……吾人之内自因即大宝藏，若是其盛也。……内自本因虽是吾人所固有，要待吾人以自力开辟，以自力创造，以自力发展。③

熊十力把对“易”的解释与儒家的心性论和宇宙论结合起来，心之本体即是宇宙本体。就宇宙世界而言，乾元即潜在的宇宙生命，乾元由于自身的刚健、昭明、升进、亨畅、生生诸德，自然展开为宇宙的物质世界。而人的本心、仁性即是对乾元

---

① 《明心篇》，《全集》卷7，第271页。

② 郭齐勇：《熊十力思想研究》，第249页。

③ 《原儒》下卷，《全集》卷6，第580页。

之禀受，因此也同样具有刚健、昭明、升进、亨畅、生生等诸德性，有力量引导和推动人生和社会的发展，克服人生的负面走向。

熊十力认为《易传》乃“东圣血脉”，承载了儒家大义。他用宋明理学尤其是陆王心学对“易”进行阐释，并在此基础上建构起宇宙论和人生论。熊十力的新唯识论完成了对心性论和宇宙论的基本理论建构，“扭转了哲学与政治的直接关联，改变了近代中国哲学上述‘内圣外王’一锅煮并以‘外王’为主的基本倾向，集全力于建设纯粹的哲学。这个哲学是以‘内圣’——‘求心’为方向的。”“在表面上，他是在批判佛学，实质上却是针对西学的，所以它才是现代条件下发展了的宋明理学。”①

三 吸纳西方哲学

熊十力对新文化运动和“科玄论战”并没有表示太多的关心，至少没有直接参与。但西方文化对熊十力的影响是相当大的，甚至左右了他的问题意识。熊十力早在十五六岁时，就已经接触到一些西方的哲学、科学和社会学著作，并对《天演论》表现出极大的兴趣。后来的著作中他曾列举了康德、柏格森、罗素等人的名字，引用了他们的学说，并对其中的某些观点给予了评判。“即如康德、黑格尔、柏格森、怀特海等，均系自分析科学中之概念假设，以指其必汇归或依附玄学真理云云。”②从其著作来看，他对康德哲学和柏格森哲学应该还是有一定程度的了解，《新唯识论》就对康德哲学特别是康德有关范畴的论述给予了评述。其中有关范畴概念的阐释，也是针对西学的。“康德知识论之观点言，范畴是主观的，是先验的，不待经验而成立，只为经验所以可能之条件，易言之，即知识所以可能之条件。康德此种主张，其立言之分位，固与吾异。然吾亦实未敢苟同。”③又说：“范畴论，莫详于康德。康德有十二范畴，并且与判断种类一致。”④

柏格森的生命哲学与《天演论》思想的契合之处，对熊十力也颇有吸引力，其

---

① 李泽厚：《中国现代思想史论》，天津社会科学出版社 2004 年版，第 266 页；又载于《熊十力全集》附卷下 934—935 页。

② 《十力语要》卷二，《全集》卷 4，第 184 页。

③ 《新唯识论》语体本，《全集》卷 3，第 309 页。

④ 《新唯识论》语体本，《全集》卷 3，第 325 页。

著作中有多处将此思想与“生生不易”、“天行健”、“万物一体”等《周易》哲学思想加以比较。“生命论者，其所发见，足与《新论》相发明者自不少。”①生命哲学对熊十力的影响主要表现在他在吸收柏格森关于变化的绝对性的思想，关于宇宙过程来时无限发展的生命之流的思想，以及关于生命本体的能动性、创造性的思想。他又站在儒家的立场对其进行了明确的批判。“近人柏格森《创化论》的说法，不曾窥到恒性，只妄臆为一种盲动，却未了生化之真也。”②“生命论者，其所发见，足与《新论》相发明者自不少，然未能超形与习，以窥生命之本然。”③“柏格森所言是雪球越滚越大”，而自己的哲学是“乾道变化，各正性命”。“忆昔阅张译《创化论》，柏格森之直觉似与本能并为一谈，本能相当于《新论》所谓习气，习心趣境固不待推想，然正是妄相，不得真实，此与吾所谓本体之认识及性智云者，截然不可相蒙。”④

熊十力对进化论也有吸收有改造。他一方面以宇宙生成的思路说明人之本心如何即是宇宙本体，阐述从宇宙无始以来逐渐出现无机物、有机物到人类的进化过程；一方面又以循环论思路对自然现象之往复和社会善恶之相待相克加以说明。⑤他说：“吾主张循环与进化交参互涵而已。进化论创自达尔文，然后之谈进化者，犹以达氏为堆积论，而以生源动力、创进不息明进化，……此实合于吾《大易》之旨。吾言进化，义主《大易》。”⑥

熊十力关注西方哲学，是从肯定民族本位文化的角度而言的，亦迫于那个时代西方文化对民族文化的外来压力。他了解西方文化，是为了在中西比较中挺立起民族文化尤其是儒家文化，发掘儒家文化的时代价值。

四 阐发“外王”

熊十力说：“余伤清季革命失败，又自度非事功才，誓研究中国哲学思想，欲明了过去群俗，认清中国何由停滞不进。故余研古学。用心神细，不敢苟且。”⑦

---

① 《与友论新唯识论》，《全集》卷 8，第 337 页。
② 《新唯识论》语体本，《全集》卷 3，第 194 页。
③ 《十力语要》卷一，《全集》卷 4，第 10 页。
④ 《新唯识论》语体本，《全集》卷 3，第 534 页。
⑤ 参见《十力语要》卷一，《全集》卷 4，第 41—42 页。
⑥ 《十力语要》卷一，《全集》卷 4，第 41 页。
⑦ 《乾坤衍》，《全集》卷 7，第 344 页。

由对现实的批判回到对历史的评定，其用心自不待言。他的“外王”学思想主要体现在《中国历史讲话》、《读经示要》、《论六经》、《原儒》、《乾坤衍》等著作中，另外《十力语要》和《十力语要初续》等著作中也有所涉及。熊十力想从古典中寻求现代国家的治理方式，他认为《周易》、《春秋》、《周礼》、《礼运》等经典，“在内圣学上透悟了宇宙本体、人生真实，在外王学上确立了人极、人道、大公、均平等社会生活原则”。①

一方面，熊十力对自汉以来的中国传统政治制度和伦理体系给予了严厉的批评。他说：“及至汉初群儒拥护帝制，自不得不窜乱孔子六经以为忠君思想树立强大根据……汉人拥护帝制之教义，约分三论：一曰三纲五常论，二曰天人感应论，三曰阴阳五行论。”②“汉初，帝制既稳固，诸儒以秦时焚坑之祸为戒，大都变易前儒之操，一致拥护帝制，于是改窜孔子六经，以迎合时主。……以父道配君道，无端加上政治意义，定为名教。由此，有王者以孝治天下，与移孝作忠等教条，使孝道成为大盗盗国之工具，则为害不浅矣！”③又批评说：“宋儒最可责者有二。一、无民族思想。二、无民治思想。”④

另一方面，熊十力又认为孔子的学说是现代国家制度的根本原则，“贬天子、退诸侯、讨大夫”的传统和“民为贵、社稷次之、君为轻”的精神与民主、自由理念无异。孔子“天下为公”的理想和制度，体现在其所著的《周易》、《春秋》、《礼运》、《周官》四经之中。《周易》“一曰倡导格物学（古代格物学，犹今云科学），二曰明社会发展，以需养为主，资具为先（资具，犹云生产工具）”。⑤“《春秋》拨乱世而反之正，贬天子、退诸侯、讨大夫。曰贬、曰退、曰讨，则革命之事，所以离据乱而进升平，以几于太平者，非革命，其可坐而致乎？”⑥《礼运》之“大同”说，是升平世之规模，为趋于太平世而作准备。《周官》则提倡“均”与“联”，“均”即是要均贫富、智愚、强弱，“联”即以均平之道，解决经济问题，联合人民。“《周官》之政治主张在取消王权，期于达到《春秋》废除三层统治之目的，而实行民主政治。”⑦孔子的

① 郭齐勇：《熊十力思想研究》，第208页。
② 《原儒》上卷，《全集》卷6，第389页。
③ 《原儒》上卷，《全集》卷6，第385—386页。
④ 《读经示要》卷二，《全集》卷3，第824页。
⑤ 《原儒》上卷，《全集》卷6，第458页。
⑥ 《原儒》下卷，《全集》卷6，第667页。
⑦ 《原儒》下卷，《全集》卷6，第519页。

思想“即是不容许统治阶级与私有制度存在”，为“无君之论”。

不同于在内圣学上对宋儒的继承，熊十力在“外王”学上对宋儒批评较多，认为其“内圣强而外王弱”。他说：“惜乎宋儒识量太隘，只高谈心性，而不知心性非离身家国天下与万物而独存”①；“宋儒最可责者有二：一无民族思想，二无民治思想”。②相比较而言，熊十力对王船山、顾炎武、方以智、颜元、李二曲等晚明清初的儒者则颇为认同，认为其复兴了儒学传统典籍和晚周诸子的政治理想，以科学、民主和民族思想推动了晚清社会的革命。

熊十力是在传统的资源中寻找中国可以现代化的理论根据，而又将“中国停滞不前”的责任归结于自汉至宋的儒者未能继承孔子之学的根本精神。他对民族劫难深感痛切，认为“中国停滞不前”甚至一切根源均在于帝制，历来没能遵从和实践孔子的基本政治思想，同时又以现代西方政治理念如“天赋人权”、“民主政治”、“自由、平等、博爱”甚至共产主义的理想来解释孔子和晚明思想家的政治论述，故其政治思想打上了鲜明的时代烙印。

五　名保守实激进

梁漱溟、张君劢等人都被认为是保守主义者。梁漱溟、张君劢在很多方面对近代西方思想有根本的了解，而且认为传统儒家并不能发展出现代的民主和科学。说他们是保守主义者，是就传统文化下的中国人并不能彻底地接受西方思想文化及价值观而言。在传统如何与现代性相容的问题上，梁、张的态度是有所保留的。他们认为中国文化与西方文化在根子上就是不同的，且融合的难度极大。

熊十力对古今中西问题则有完全不同的看法。从表面上看，熊十力则是彻底的保守主义者，学界亦多以此面目视之。如果说，一般意义上的保守主义者，在“五四”以后还奉行“中体西用”的立场的话，那么熊十力甚至在这一立场上也有所倒退。他不仅认为“体”应该是传统的，而且科学、民主之“用”也可以从传统中挖掘出来。在这个意义上，传统实在是一副可以应对现代性问题的良药。但深入分析这其中的内在逻辑，则可见熊十力的保守实乃激进。说其激进，是因为

---

① 《读经示要》卷二，《全集》卷 3，第 803 页。

② 《读经示要》卷二，《全集》卷 3，第 824 页。

熊十力对近代西方民主、自由观念的接受与认可，且试图以儒家思想吸纳之。从这个意义上讲，熊十力乃至多数现代新儒家，所论述之主题不脱五四新文化运动的主旨。

"中体西用"，是张之洞在其《劝学篇》中之主张，熊十力却认为其说法未妥。在熊十力看来，体用本来不二，有其体必有其用，有其用必有其体，"中体西用"之说，乃分体用而言。他说："中土学术，依过去之情形言。可分义理、经济、考据、词章四科。"①而"四科之繁，可以六经摄尽"。②四科之中，又以义理为根本，此即是"体"。而"义理又必以六经为宗"③，六经中即包含了各种学术，因此熊十力主张中学有"体"有"用"。他批评张之洞说："南皮说中学为体，西学为用，其意甚是，而立辞似欠妥。盖自其辞言之，则中学有体而无用，将何以解于中学亦自有经济考据诸学耶？西学为有用而无体，将何以解于西人本其科学哲学文艺宗教之见地与信念亦自有其人生观、宇宙观？理解所至，竭力赴之，彼自有其所追求与向往之深远理境，非止限于实用之知识技能耶。……且无用之体，与无体之用，两相搭合，又如何可能耶？"④在熊十力看来，中学有体有用，西学亦有体有用。用乃体之显现，无体亦无用，体与用是不可分离的，因此说"中体西用"立辞欠妥。他认为，与其说"中体西用"，不如讲中学为主，西学为辅。"南皮谓中学为体者，其中中学一词，即谓经学，绝非空泛无所宾主之词。经所明者常道，故不可舍失也。南皮之意只如此。其曰西学为用者，亦谓吾人今日当吸取西学以自广耳。"⑤"吸取西学以自广"，实则是以西学补充中学之不足，中学本较周全，只须兼采西学即可。在熊十力看来，对西学的态度就应如对佛学的态度一样，以我为主而兼采之。"吸收西学，在今日固为理势之必然，而反之吾数千年来所奉为常道之六经。则西洋各种学术之端绪，吾未始不具，只未发展耳。"⑥

熊十力认为，先秦经典本有各种学术与思想的端绪，他将此总结成九个方面：一曰仁以为体；二曰格物为用；三曰诚恕均平为经；四曰随时更化为权；五曰利用厚生，本之正德；六曰道政齐刑，归于礼让；七曰始乎以人治人；八曰极于万

---

① 《读经示要》卷一，《全集》卷3，第560页。
② 《读经示要》卷一，《全集》卷3，第561页。
③④ 《读经示要》卷一，《全集》卷3，第562页。
⑤ 《读经示要》卷一，《全集》卷3，第563页。
⑥ 《读经示要》卷一，《全集》卷3，第563—564页。

物各得其所；九曰终之以群龙无首。[1]中学不仅包含了人生论和宇宙论的根本原则，亦囊括了科学、民主、法制等治化原则。“六经广大悉备，天道，人事，物理，赅而存焉。”[2]“六经为中国文化与学术思想之根源，晚周诸子百家皆出于是，中国人作人与立国之特殊精神在六经。”[3]他认为：“《大易》言天道，即哲学上之本体论”[4]，“《春秋》张三世，其由升平而进太平也”。[5]更说：“《易》以群龙无首为民主之象，而《春秋》本之以通三世，《周官》本之以立民主之治也。”[6]在熊十力看来，传统文化本身即有民主、自由、革命之论，民族复兴乃至现代化的一切思想资源都可在传统中找到。熊十力受到了资本主义与共产主义思潮的影响，又囿于其试图继承孔子道统的立场，因此，在阐发经典时采取了“六经注我”的态度，其保守面向的背后乃是激进的立场。

---

① 参见《读经示要》卷一，《全集》卷3，第581—626页。
② 《读经示要》卷二，《全集》卷3，第748页。
③ 《论六经》，《全集》卷5，第757页。
④ 《论六经》，《全集》卷5，第677页。
⑤ 《论六经》，《全集》卷5，第669页。
⑥ 《论六经》，《全集》卷5，第695页。

第二章　思想历程与立场转换

熊十力早年对王船山、老庄和佛学都颇有兴趣，思想比较杂乱。1920 年后到支那内学院研究佛学，开始了唯识学和因明逻辑的训练，为其开展哲学思辨打下了良好的基础。1922 年后到北京大学讲授唯识学，又渐渐对唯识学不满，三易其稿，终成《新唯识论》文言本，并在抗战期间改写成语体本。1949 年以后，熊十力的思想从《新唯识论》时期的"摄用归体"逐渐向"摄体归用"转化，完成了"由佛归儒"到"以儒衡佛"的最终转折。

第一节　从《心书》到《新唯识论》

《摧惑显宗记》有云："熊先生之学，据其自述，从少年以至中年，本经无数变迁。弱冠革命。曾毁宣圣、谤六经；中间曾归心佛家唯识论；四十左右，复不满于唯识师之一套理论，颇倾向空宗；其后对佛家出世思想认为是由厌离生死海之动机而有反造化之异想，此等出世法未免偏而失中、奇而失正，在熊十力本人颇不赞同，因此反己体认人生真性，历有年所，渐悟天人不二之旨。忽然回忆少时所读《易经》，始觉已所惊为自得者，乃悟圣人所已寓之于《大易》，但卦爻之理不易明，其辞皆象，又非泥于象者所可喻。自此乃归宗儒家《大易》而毁其旧日依据世亲迄十师遗教所造之《唯识学概论》，遂乃改作《新唯识论》。"①熊十力青少年时期的生命体验，对其"出入儒佛，平章华梵"，倡导"重人文、尊生命；反空无，箴寂灭；主健动，阐变易；严思辨，倡体悟；一理欲，明道德；合天人，扬主体"②的哲学有着决定性的作用。

1918 年，熊十力从广州返回江西，汇集自己的笔札二十五则，编成《熊子真心书》，自印面世。蔡元培为这部著作所作的《序》中说："今观熊子之学，贯通百家，融会儒佛。其究也，乃欲以老氏清净寡欲之旨，养其至大至刚之气。富哉言乎！尊斯道也以行，本淡泊明志之操，收宁静以致远之效，庶几横流可挽，而大道

① 《摧惑显宗记》，《全集》卷 5，第 458—459 页。

② 郭齐勇：《熊十力思想研究》，第 1 页。此为郭齐勇总结熊十力思想的用语。

亦无事乎他求矣。”①蔡论多溢美之词，实则此时熊十力的思想还比较杂乱，对儒、佛、道等关键的理论问题也没有通盘的了解，更缺少自己的创见。

1923年到1932年，是熊十力酝酿、营造自己哲学体系的关键时期。其初，熊十力还是一佛家轮回论的信仰者，也不主众生同源。“先生自言，始为轮回论者之信徒，其初所作《唯识》书，虽于护法诸师之理论多所破斥，而对于佛家根本关键即轮回观念，固与护法同宗主而莫之相悖也。”②而后在讲授法相唯识学的过程中，逐步形成自己的一套观点，一步步背弃师说，由佛归儒。1923年，北大印制了熊十力撰写的《唯识学讲义》，分“唯识、诸法、能变、四分、功能、四缘、境识、转识”等八章，约九万余言。但就在当年，熊十力的思想发生了改变，放弃了轮回观念，因而“一日忽毁其稿，怅然曰：吾书又须改作矣”。③1926年，北大印制了熊十力的第二种《唯识学讲义》，含“唯识、转变、功能、成色”四章。此稿以功能说本体，完全与第一稿不同。同年，熊十力删注《因明大疏》，由北京大学和上海商务印书馆分别印行。1930年，公孚印刷所印制了熊十力所著的《唯识论》，分“辩术、唯识、转变、功能、色法”等章，标志着熊十力从主张“众生多元”改变为主张“众生同源”，并批判了法相唯识学的轮回说，确认了“儒家的人本主义”为其学术和人生归途。

1932年，标志着熊十力思想体系正式建立的《新唯识论》文言本由浙江省立图书馆发行，该书分“明宗、唯识、转变、功能、成色上下、明心上下”等章。该书出版后，国内佛学界几乎群起而攻之。南方唯识学派的欧阳竟无、吕澄、王恩洋、刘定权、陈真如等，北方唯识学派的周叔迦，佛学大师太虚等，纷纷著文批驳，论战一致持续到20世纪80年代。尽管遭到了佛学界的强烈批评，但熊十力却因《新唯识论》在国内哲学界获得了较高的评价，马一浮和蔡元培都给予高度的赞扬，并为《新唯识论》作序。马一浮在《序》中赞扬其书“昭宣本迹，统贯天人，囊括古今，平章华梵”。④蔡元培更是说：“惜两千年来，为教界所限，未有以哲学家方法，分析推求，直言其所疑，而试为补正者。有之，则自熊十力先生之《新唯识论》始。”⑤

---

① 蔡元培：《熊子真心书序》，《熊十力全集》卷1，第3页。
② 《十力语要》卷四，《全集》卷4，第454页。
③ 《十力语要》卷四，《全集》卷4，第455页。
④ 马一浮：《新唯识论》文言本《序》，《全集》卷2，第7页。
⑤ 蔡元培：《新唯识论序》，《熊十力全集》卷2，第5页。

之后的几十年中，学界对熊十力思想的研究也逐渐展开，贺麟、牟宗三、谢幼伟、朱宝昌等人都专门介绍过熊十力的新唯识论思想。熊十力也因此奠定了在学术界的地位。

从1918年《熊子真心书》的印行到1932年《新唯识论》文言文本的出版，在这十几年的时间里，熊十力经历了两个关键的转折：一是完成了学养上的提高和哲学思维上的训练，此得益于内学院严谨的学风和对佛教法相唯识学与因明学的研读。在这一阶段，熊十力不仅阅读了佛家的诸多理论著作，对佛教理论有了系统的了解；并在逻辑思维、语言表达、治学理念等方面逐步得到完善。二是自北大教书始到1932年，完成了由对法相唯识学的服膺到宗于传统儒学的转变。此一转变是熊十力内心的自觉，与其青少年时期的生命体验密切相关，又似乎是其生命性格所使然。徐复观曾说："在基本态度上，有谁能像熊先生投出其生命的全部以为中国文化尽其继绝存亡之责。……以阐发中国文化的光辉，担当中国文化所应当尽的责任。他每一起心动念，都是为了中国文化。生命与中国文化，使他凝为一体，在无数的惊涛骇浪中，屹立不动。"①牟宗三在《我与熊十力先生》一文中也说道："熊师之生命实即有一光辉慧命。当今之世，唯彼一人能直通黄帝尧舜以来之大生命而不隔。此大生命是民族生命与文化生命之合一。他是直顶着华族文化生命观念方向所开辟的人生宇宙之本源而抒发其义理与情感。"②"我在这里始见了一个真人，始嗅到了生命的味道。"③这种接续民族文化的使命感和责任感，这种真实的生命力，是熊十力由佛转儒的关键。

熊十力所处的学术环境，也激发了他的哲学思考，并为他创造哲学思想提供了助益。熊十力是个性情中人，喜欢结交学术界的朋友，并善于从学友的思想中汲取营养。他到北京大学后，与当时国内有影响的哲学家都有交往，对其影响较深的有梁漱溟、马一浮等。梁漱溟早期对熊十力观点的批评，熊十力思想成熟后二人的学术切磋，都对熊十力完善自己的思想架构有莫大的助益。两人学术观点虽互有同异，争论甚多，但二人的交往最久，对熊十力而言受益也最多。熊十力于1927年到杭州养病，将《新唯识论》讲义寄给马一浮，生性孤傲不轻易见客的马一浮主动拜访熊十力，为《新唯识论》题签并作序。熊十力亦言："《新论》得

---

① 徐复观：《悼念熊十力先生》，《熊十力全集》附卷下，第1403—1404页。
② 牟宗三：《我与熊十力先生》，《熊十力全集》附卷下，第1436页。
③ 牟宗三：《我与熊十力先生》，《熊十力全集》附卷下，第1420页。

浙江马浮先生一序，推许备至，遂引起学术界的注意。”①尔后的二十年中，熊十力、梁漱溟和马一浮三人的交往成为现代学术史上的一段佳话，三人的学术风格各有特点而又互放异彩。徐复观曾评价：“熊先生规模宏大，马先生义理精纯，梁先生践履笃实。”②

林宰平、钱穆、汤用彤、蒙文通等人与熊十力的交往也颇多。熊十力曾说：“余与宰平及梁漱溟同寓旧京，无有违睽三日不相晤者。”③“常与友人宰平志钧相攻讦诘，使余不得轻忽放过。其益我不浅矣。”④钱穆在回忆当年与熊十力交往时也讲道：

> 自后锡予（汤用彤）、十力、文通及余四人，乃时时相聚。时十力方为《新唯识论》，驳其师欧阳竟无之说。文通不谓然，每见必加驳难。论佛学，锡予正在哲学系教中国佛教史，应最为专家，顾独默不语。惟余时为十力、文通缓冲。又自佛学转入宋明理学，文通、十力又必争，又惟余为之作缓冲。
>
> 除十力、锡予、文通与余四人常相聚外，又有林宰平、梁漱溟两人，时亦加入。惟两人皆居前门外，而又东西相隔。漱溟又不常在北平，故或加宰平，或加漱溟，仅得五人相聚。宰平与漱溟则不易相值。
>
> ……
>
> 余其时又识张孟劬及东荪兄弟，两人皆在燕大任教，而其家则住马大人胡同西第一宅，时余亦住马大人胡同，相距五宅之遥。十力常偕余与彼兄弟相晤，或在公园中，或在其家。十力与东荪相聚谈哲理时事，余则与孟劬谈经史旧学。在公园茶桌旁，则四人各移椅分坐两处。在其家，则余坐孟劬书斋，而东荪则邀十力更进至别院东荪书斋中，如是以为常。⑤

熊十力的生命性格与相对合适融洽的客观环境，孕育了《新唯识论》。一个哲学家、思想家总逃不出他所处的时代和环境。熊十力充分利用了外在条件，将自己

---

① 参见徐复观：《有关熊十力的片鳞只爪》，《熊十力全集》附卷下，第1414页。

② 转引自郭齐勇：《天地间一个读书人——熊十力传》，第152页。

③ 《十力语要初续》，《全集》卷5，第27—28页。

④ 《新唯识论》文言本，《全集》卷2，第9页。

⑤ 钱穆：《忆十力、锡予诸友》，载郭齐勇编：《玄圃论学集》，三联书店1990年版，第28页。

的"原始气"、"野人气"充实成了一个光辉的生命,成为一代大家。

第二节 从"由佛归儒"到"以儒衡佛"

熊十力的一生有几个大的转折,一是由传统走向革命的转折,二是由革命走向学术道路的转折,三是从由佛归儒到以儒衡佛。第一个转折,影响了熊十力青年时代。第二个转折,影响了中国现代学术。第三个转折,则引发了儒佛两家长达半个多世纪的公案。从其思想历程与发展脉络来看,他在《新唯识论》时期受佛家影响较深,而晚期则受《周易》和船山哲学的影响更深一些。

最初印行的《新唯识论》文言本,用了"黄冈熊十力造"的字样,说明熊十力早年还认为自己是佛家——只是和别的佛家不同罢了。文言本虽然表现出了归向儒家思想的倾向,但其论述方式和框架结构完全是从旧唯识学那里继承来的。语体本由佛归儒的倾向虽然较为明显,但基本理论架构与文言本是一致的,这可以从两方面看出来:一方面,熊十力的论述方式和基本概念都来源于旧唯识学;另一方面,语体本虽然用儒家思想衡定佛家之处较文言本更多了,但对哲学基本问题的看法还未完全摆脱法相唯识学的影响。《新唯识论》是其不满意于旧唯识学而作的,其中的诸多问题还是与旧唯识学有相关性和继承性。他说:"吾先研读佛家唯识论,曾有撰述,渐不满旧学,遂毁夙作,而欲自抒所见,乃为《新论》。"①"我从前有一个时期,是很倾向于印度佛家思想的。……我尝问无著和世亲一派之学于欧阳大师,也曾经服膺勿失的。"②可见熊十力一度服膺佛学无疑。"吾始治佛家唯识论,尝有撰述矣。后来忽不以旧师持义为然也,自毁前稿。久之,始造《新论》。吾惟以真理为归,本不拘家派,但《新论》实从佛家演变出来,如谓吾为新的佛家,亦无不可耳。然吾毕竟游乎佛与儒之间,亦佛亦儒,非佛非儒,吾亦只是吾而已矣。"③熊十力在写《新唯识论》时对大乘虽然有所不满,但无论从理论的继承上,还是个人的情怀上,都与唯识学还有千丝万缕的联系。

救无著、世亲之失也是熊十力创作《新唯识论》的目的之一。他说:"久之我所证会者,忽然觉得与孔门传授之《大易》的意思,若甚相密契。因此,才把

---

① 《新唯识论》语体本,《全集》卷3,第3页。
② 《新唯识论》语体本,《全集》卷3,第135页。
③ 《新唯识论》语体本,《全集》卷3,第203页。

旧日所依据无著和世亲一派的主张而造作的《唯识学概论》，全毁其稿，又誓改造《新唯识论》，以求其失。”①为救佛家之失而作《新唯识论》，确实是熊十力最初的理论动机，其重要资源即是《周易》。他说：“我于佛家，所极注重的经典，莫如《阿含经》（涵养的工夫，有可与孔门相通处）、《大般若经》（扫除一切锢于习染的知见，及与一切事物，我所执取）、《涅槃经》（破除一切所执己，始直显一切法的真常的本体！）、《华严经》（此经与现前所见的一一剩事，皆谴为神，就是泛神论的意思。又示人以广大的行愿，可以接近入世的思想。佛家演变殊繁，此经却别具特色）。这几部经，都与儒家的《大易》，有可以融会贯通的地方。”②《新唯识论》便是熊十力融会大乘经典与《易传》的结果。除了以唯识学的问题为基本线索外，他对大乘空宗的本体论也给予了很高的评价。他说：“空宗在认识论方面的主张，是我在玄学上所极端赞同的。”③又说：“古今谈本体者，只有空宗能极力远离戏论。空宗把外道，乃至一切哲学家，各各凭臆想或情见所组成的宇宙论，直用快刀斩乱丝的手段，断尽纠纷，而令人当下悟入一真法界（一切法的本体，曰法界。真实不虚妄义。一者绝对义）。这是何等神睿、何等稀奇的大业！”④

1945 年出版的《读经示要》则完全从儒家的经典入手，展开其思想论述，儒家义理成了理论关注的中心。在此时，熊十力已经有了继承儒家的“道统”的意图。他说：“仲尼祖述尧、舜，宪章文、武，其发明内圣外王之道，……”⑤又说：“吾衰矣，有志三代之英，恨未登乎大道。”⑥可见，熊十力已经表现出继承孔子“道统”的愿望。且与《新唯识论》以佛家与儒家的经典为共同的当然之经不同，在此时他只是把儒家的经典奉为当然之经了。⑦这个倾向，在 40 年代初出版的《十力语要初续》中就可以看到。“《新论》在本体论上，自性神的意义与儒佛皆有融会处，而究与佛氏有大相殊别者。佛家于性体寂静方面证会独深，而不免滞

---

①② 《新唯识论》语体本，《全集》卷 3，第 136 页。

③ 《新唯识论》语体本，《全集》卷 3，第 163 页。

④ 《新唯识论》语体本，《全集》卷 3，第 170 页。

⑤ 《读经示要》序，《全集》卷 3，第 556 页。

⑥ 《读经示要》序，《全集》卷 3，第 557 页。

⑦ 当然之经，是就文献或思想中所简称为“经”所指向的经典或文献典籍。《新唯识论》将大乘的经典简称为“经”，“经”之一词通常指佛教典籍。而在《读经示要》、《原儒》和《乾坤衍》等著作中，“经”之一词则一般指儒家经典，尤其是“六经”。

寂；《新论》则明性体至静而健以动，至寂而生化无穷，此其所以归宗《大易》，终与佛氏有判若天渊者在。”①《新唯识论》中认为儒佛有别，但对空宗在见体的工夫还是极端赞同的，而在此说儒家与佛家“判若天渊”，可见熊十力立场的转变。

《新唯识论》删定本则是对《新唯识论》文言本与语体本思想的反省和改动。删定本“赘语”中有纲要如下：一曰体用本不二而亦有分，虽分，而体为用源，究不二。二曰心物本不二而亦有分，虽分，而心为物主，究不二。三曰能质本不二而亦有分，虽分，而能为质始，究不二。四曰吾人生命与宇宙大生命本来不二。五曰本论谈体用，实推演《易》义。②又云：“余平生所学，颇涉诸宗，卒归本《大易》，七十年来所悟、所见、所信、所守在兹。”③此与语体本“印行记”所说“《新论》究万殊而归一本，要在反之此心，是故以唯识彰名”之语，有了很大的区别。删定本之“赘语”更突出了“体用不二”的思想，显然是对《周易》思想的阐发，而语体本要求“见体”，则是因为不满于旧唯识学不明本体。“《明心篇》和删定本及之前的各本《新唯识论》中的‘明心’章差别很大，没有关于唯识学心性论的批评，也几乎不再谈禅宗的明心见性、作用见性以及宋明儒家的顿悟本心，而是集中谈心、物关系问题与哲学、科学关系问题，这两个问题是《体用论》关注的焦点问题，也是熊十力晚年关注的焦点问题。”④

《原儒》与《读经示要》一样，也完全抛开了佛学的理论框架，直接从先秦儒家经典入手，探讨宇宙本原和仁义礼乐之本，落脚于儒家之内圣外王之旨，以天人合一为宗趣。到此时，熊十力有了继承儒家道统的自觉。他说：“洪惟孔子，集古圣之大成，开万世之学统。虽自吕秦、刘汉以来两三千年，儒生早失其真，而微言仅存于《易》、《春秋》诸经及故籍者，犹可推索其要略。余既不获修《易传》，因欲写一极简略之小册为儒学粗具提要，名曰《原儒》，约分为三：一原学统，二原外王学，三原内圣学。……每下一义，必有所据，不敢逞臆妄说，余诚弗忍负所学以获罪于先圣也。”⑤与三四十年代说自己“非佛非儒，亦佛亦儒”相比，熊十力在此时已完全将自己定位为一个儒家，并认为自己有继承孔子“道统”

① 《十力语要初续》，《全集》卷5，第75页。
② 参见《新唯识论》删定本，《全集》卷6，第3—4页。
③ 《新唯识论》删定本，《全集》卷6，第4页。
④ 李祥俊：《熊十力思想体系建构历程研究》，北京师范大学出版社2013年版，第41页。
⑤ 《原儒》上卷，《全集》卷6，第327页。

的责任。在《原儒》中，熊十力一方面对学统进行了梳理，衡定了孔子之后的各个儒家；另一方面试图恢复孔子内圣和外王的思想架构，完整继承孔子的“道统”，奠定自己作为儒学集大成者的正统地位。也正是在主观上有对“道统”的继承的意图，才使熊十力试图从先秦儒家的经典中抉发科学与民主的思想以应对现代性问题。

《体用论》之《佛法》上下两章，则已经完全是以儒家的义理来衡定佛家空有二宗，带有判教的性质。有言：“此书之作，专以解决宇宙论中之体用问题。……体用之义，创发于《变经》。……晚周群儒及诸子，无不继承《大易》，深究体用。”①可见，《体用论》是承《周易》而作，这与《新唯识论》从不满旧唯识学而作是不一样的。

> 《新论》语体本草于流亡中，太不精检。前所以印存者，则以体用不二之根本义存于其间耳。今得成此小册，故《新论》宜废。余之学宗主《易经》，以体用不二立宗。就用上言。心主动以开物，此乾坤大义也。与佛氏唯识之论，根本无相近处。《新论》不须存。②
>
> ……后乃反求诸己，忽有悟于《大易》而体用之义，上考之《变经》益无疑。余自是知所归矣。（归宗孔子。）③

熊十力虽然对佛家理论上的不满是一贯的，但此时站在儒家的立场，对佛家的态度则与创作《新唯识论》时又完全不一样了。

> 佛氏之慧学只是出世法之慧。若以孔子之道衡之，安知其非惑欤。然佛氏说三界如火宅，人生常在颠倒中，即专从坏的方面看人生，而欲毁生命、毁宇宙。大雄无畏，实修其所愿，可谓僻而奇矣。佛氏之思想，亦是人类思想界之非常变态，有感于宇宙人生的大缺憾而出此。惜乎不闻《大易》“裁成天地”、“辅相万物”之大道也。④

---

① 《体用论》，《全集》卷7，第5页。

②③ 《体用论》，《全集》卷7，第7页。

④ 《存斋随笔》，《全集》卷7，第899页。

这可算是熊十力对佛家思想的最后定论。熊十力本人最终是以一个儒家"道统"的继承者自居。

第三节 熊十力的生命与学问①

20世纪90年代初,在两岸学界,发生了一场关于熊十力学术与人格的争论。通过这场争论,以及有关熊十力的言行与思想的资料,可以看出熊十力的学问与生命所产生的巨大张力。熊十力学问与生命的张力,与其出身、时代与个人选择密切相关,而其表现的此种张力,虽然可能不令人喜欢,但丝毫不损熊十力的生命风范,且恰恰反映了这个原始生命的人生关怀、终极追求与价值选择。

一 从翟志成的檄文谈起

台湾《当代》杂志于1992年8月至10月第七十六至七十八期连载了翟志成的长文《长悬天壤论孤心——熊十力在广州(1948—1950)》,叙述了熊十力在1948年到广州后的生活与心境,并对其作出了严苛的评价。准确说,这是一篇讨伐熊十力学问和人品的檄文。尔后,刘述先撰写《如何正确理解熊十力——读〈长悬天壤论孤心〉有感》一文加以反驳;郭齐勇也撰写《为熊十力先生辩诬——评翟志成君〈长悬天坏论孤心〉》一文批评翟志成对熊十力的理解,为此还差点引起一场官司。②翟文的主要观点可以从其文章结束语见之:

> 熊十力是以弘扬道统以救国救民而自肯、自信和自任的,但他在广州前后三年的言行举止,处处表现出自矜、自伐、自私、自利、反复无常以及以怨报德,却又与他要弘扬的道统完全相反。构成熊十力思想与行为之间存在如许巨大的断裂和如许深刻的矛盾的基本原因,在于他以圣贤自居、以道统的化身自命、进而视自己的自然生命(身体)与道统合二而一,又完全抛弃了修身。和熊十力一样,真正的儒者也是以弘扬道统以救国救民救世而自肯、

---

① 本节曾以《儒者的生命与学问——再谈如何理解熊十力》为题发表在《现代儒学》第1辑(上海儒学院编:《儒学与古今中西问题》,三联书店2016年版),有改动。

② 参见刘述先:《当代新儒家的超越内省》,载刘述先著、东方朔编:《儒家哲学研究:问题、方法及未来展开》,上海古籍出版社2010年版,第70页注1。

自信和自任;但和熊十力不一样的是,真正的儒者却从不敢以圣贤自居,不敢以道统的化身自命,更不敢视自己的原始生命(身体)已经与道统合二而一。真正的儒者毋宁是充分地正视到自己的原始生命与道统的巨大距离和差异,因而躬行践履、进德修业,不断地把自己原始生命中气质的偏颇和物欲的迷执克服减损到最低限度,以求不断地逼近道统。换句话说,真正的儒者的弘道过程,同时也是他们通过修身向道统无限逼近的过程。修身的过程所以是无限的,正是因为原始生命和道统,两者无论如何接近,总不会毫无距离。正因为如此,修身在真正的儒者有生之年,是永远不会停止的。没有任何人在活着的时候就能自命成为与道合二而一的圣人,是故孔子必须承认"若圣与仁则吾岂敢"。

但熊十力却反其道而行之,他把儒者"人能弘道"的信心和责任感,转换成"道即是我""我即是道"的我慢和我执。由这我慢和我执,他不仅以圣贤自居,更把自己的身体(原始生命)看作和道统"合二而一"。这么一来,他的身体——本来是载道之具,却变成了道统的本身。职是之故,由熊十力身体发出的举动言行,都无不成了道统的直接呈现,因而不能也不应通过修身来加以限制。熊氏一切稀奇古怪、不近人情的举止言行以及他精神上的种种狂妄偏执与病累,都是直接由此引起的。他不仅没有把自己的身体变成承载道统的工具,而是把道统变成他身体的工具。真正的儒者是"以身殉道",而熊十力却是"以道殉身",这对毕生自以为是致力于弘道救世的熊十力而言,不仅是一大悲剧,而且还是一最大的反讽。

所谓不由修养的"当下即是",正是晚明王学末流的真命脉,而熊十力现象可视为王学末流在现代的最大一次借尸还魂。黄宗羲目睹王学末流的"讲学"所酿下的"亡天下"的滔天巨祸,曾慨乎言:讲学必由修身,不修身则不能讲学。熊十力悲剧的深刻教训,以及黄宗羲的喟叹,实在值得当代新儒家以及一切有志于身心性命之学的仁人志士再三警醒。①

单纯从翟文所引用的材料而言,得出此种观点虽有点偏激,然也不无道理。熊十

① 翟志成:《长悬天壤论孤心——熊十力在广州(1948—1950)》,《熊十力全集》附卷下,第1543—1545页。

力根本不讲世俗礼仪，更明言不做宋明儒那样的修养功夫。他一生唯一重要的事就是做学问著书，连家庭都是累赘。他甚至写信给徐复观叫他不要与妻子同房，才有更多的精力来做学问。刘述先曾说：“他也告诫我的父亲不可光吃素，一定要吃荤，才有体力做学问。业师方先生告诉我，他住在佛庙里还要杀乌龟吃，那就未免太过分了。”①所以翟志成依据这些现象来说熊十力的人品有问题，似乎合理。

即便如至交梁漱溟和马一浮，对熊十力也是毁誉参半。梁漱溟和马一浮与熊十力有着很长时间的交往，对其有很高的评价，世所共知。然而在复性书院的问题上，让马一浮和熊十力的关系受到了很大的伤害，并在很大程度上影响到了马一浮对熊十力的看法，甚至说熊十力“杂毒入心，弟之诚不足以格之，亦深以为戚”。②而梁漱溟对熊十力晚年思想的批评则更为严重，认为“熊先生情趣在好玩弄思想理论把戏”，“耽于著述，自得自满，高自位置上”③，“熊先生一度见性，却不自勉于学，任纵情趣亦即任其气质之偏，误用心思，一往不返，随年力之衰，而习气愈张，德慧不见也”。④“熊先生向来我慢特重。”⑤又说“其晚年写出之《体用论》、《明心篇》、《乾坤衍》各书乃全属自毁自杀之作”。⑥而对熊十力晚年的著作与思想，马一浮也与梁漱溟持相近的看法。梁漱溟在1962年委托王星贤给马一浮带去自己写的《读熊著各书书后》一文，马一浮阅后写信给梁漱溟说：“见示尊撰熊著书后，粗读一过，深佩抉择之精。熊著之失正坐二执二取，骛于辩说而忽于躬行，遂致堕增上慢而不自知。迷复已成，虚受无■，但有痛惜。尊论直抉其蔽，而不没所长，使后来读者可昭然无惑，所以救失其失者甚大。虽未可期其晚悟，朋友相爱之道，固舍此末由，亦以见仁者用心之厚，夫何间然。”⑦可见，晚年的熊十力无论在学术上还是在为人上，梁漱溟和马一浮都是不认可的。

而这种“我慢”，也可在熊十力晚年的书信中发现大量的例证。他在1959年至1962年期间经常写信给当时的中共上海市委统战部长王致中，提出各种生活

---

① 刘述先：《当代新儒家的超越内省》，《儒家哲学研究——问题、方法及未来展开》，第69页。
② 转引自刘梦溪：《学术与思想人物》，河北教育出版社2004年版，第197页。
③ 梁漱溟：《读熊著各书书后》，《熊十力全集》附卷上，第772页。
④ 梁漱溟：《读熊著各书书后》，《熊十力全集》附卷上，第775页。
⑤ 梁漱溟：《读熊著各书书后》，《熊十力全集》附卷上，第773页。
⑥ 梁漱溟：《读熊著各书书后》，《熊十力全集》附卷上，第771—772页。
⑦ 《马一浮集》第二册，浙江古籍出版社2001年版，第704页。

方面的要求。比如请“王部长对我的营养想一办法”①,“调养饮食,使胃得相当好转,则我可减少痛苦也”②,“望能急找一良医”。③熊十力想要去北京开会,甚至写信给董必武说:“……决定赴京。但车上要独一房”,“到京后,又要给我独一小房”。并自我解嘲地说到:“这些条件太无聊,不得已也”。④

服膺熊十力的弟子,对熊十力也或多或少有意见。其中尤以徐复观的言论最为激烈。1949 年下半年,在是否离开大陆而去港台的问题上,徐复观对熊十力甚为失望和不满,甚至以“汉奸”论处熊十力。1949 年后熊十力出版的大部分著作,在徐复观看来,都是混乱不堪之语,他针对熊十力的《乾坤衍》批评说:

> 其立论猖狂纵恣,凡与其思想不合之文献,皆斥其为伪,皆骂其为奸,其所认为真的仅《礼运》《大同篇》及《周官》与《公羊何注》之三世说义及乾坤两彖辞,认定此为孔子五十岁以后作。彼虽提倡民主,而其性格实非常独裁,若有权力,……我不了解他何以疯狂至此。⑤

徐复观此种批评不可谓不严厉,甚至到了与熊十力决裂的程度。刘述先就指出翟志成正是受到了徐复观的影响才有了对熊十力如此那般的厌烦和攻击。

但也正如刘述先所指出的:

> 翟君的问题在于他的演绎铺陈采取了一种二元对立的方式:他似乎在刻意强调熊先生为人之不可爱适与他的思辨之超卓成为对比,……对于有关熊先生的资料采取了这样的阐释,就很难对他这个人与他的学问有相应的理解,更难明白他为什么对他的学生有那样巨大的吸引力,他的思想除了是一个悬空架起来的思辨体系以外还有什么价值。事实上熊先生除了他不可爱的一面以外,作为一个有真性情的人,也有他的可爱处,他对理想的执

① 《全集》卷 8,第 779 页。
② 《全集》卷 8,第 813 页。
③ 《全集》卷 8,第 821 页。
④ 《全集》卷 8,第 822 页。
⑤ 转引自刘述先:《如何正确理解熊十力——读〈长悬天壤论孤心〉有感》,《熊十力全集》附卷下,第 1577 页。

持更散发了无与伦比的魅力;他的学问除了一些荒诞不经之论以外,也有它的真实立足处,否则怎么能够成为开当代新儒学思潮的大宗师呢?这些是在翟君的文章里找不到答案的。①

刘述先的父亲刘静窗与熊十力有着较深的过从,本人也深受熊十力的影响,他不仅是因为读熊十力的书而走进儒家的大门,熊十力的弟子牟宗三更是其亲炙老师,其师方东美和熊十力也有较深的交往。在港台乃至大陆现有的儒家学者中,恐怕也难找出与熊十力有如此密切关系者。刘述先一方面认为翟文说的基本上是真实的,熊十力是有其不可爱甚至让人不喜欢的一面。另一方面也认为如果熊十力仅仅如此,就很难解释熊十力在当代新儒家当中的地位,以及其与弟子曾经水乳交融的关系。熊十力对朋友和学生的影响,在其弟子徐复观和牟宗三的表述中也清晰可见。

熊十力对人的态度,不仅他自己无一毫人情世故;并且以他自己人格的全力量,直接薄迫于对方,使对方的人情世故,亦皆被剥落得干干净净,不能不以自己的人格与熊先生的人格,直接照面,因而得到激昂感奋,开启出生命的新机。所以许多负大名的名士学者,并没有真正的学生,而熊先生倒有真正的学生,其原因在此。②

熊师的那原始生命之光辉之与姿态,家国天下族类之感之强烈,实开吾生命之源而永有所向往而不至退堕之重大缘会。吾于此实体会了慧命之相续。熊师之生命实即有一光辉慧命。当今之世,唯彼一人能直通黄帝尧舜以来之大生命而不隔。此大生命是民族生命与文化生命之合一。他是直顶着华族文化生命观念方向所开辟的人生宇宙之本源而抒发其义理与情感。他的学问直下是人生的,同时也是宇宙的。这两者原是一下子冲破而不分。只有他那大才与生命之原始,始能如此透顶。③

---

① 刘述先:《如何正确理解熊十力——读〈长悬天壤论孤心〉有感》,《熊十力全集》附卷,第1576—1577页。

② 徐复观:《悼念熊十力先生》,《熊十力全集》附卷下,第1406页。

③ 牟宗三:《我与熊十力先生》,《熊十力全集》附卷下,第1436页。

从徐复观与牟宗三的表述中，我们看到了与翟志成甚至与徐复观晚年所述截然相反的态度。在翟志成眼中，熊十力是个自矜、自伐、自私、自利、反复无常以及以怨报德的小人，而在这些资料里，在徐复观和牟宗三的眼中，熊十力则是“无一毫人情世故”、“有一光辉慧命”。反差如此巨大令人不可思议。同样，王元化在1962年见到熊十力时也认为，熊十力有一种亲和力。①

不同的人，对熊十力的态度截然不同。甚至同一个人，在不同时期对熊十力的看法也是如此矛盾与前后不一。后来者想要完整地了解熊十力的个性和学问就成了一件尤其困难的事情。解决这个问题不在于我们如何多地去掌握这些材料，而在于我们如何去解读这些混乱甚至相矛盾的材料，以便认识真实的熊十力。这显然是很困难的。刘述先《如何正确理解熊十力——读〈长悬天壤论孤心〉有感》与郭齐勇《为熊十力先生辩诬——评〈长悬天壤论孤心〉》两文都从思想和历史的角度驳斥了翟志成的观点和看法，在一定程度上消除了人们对熊十力的误解。郭文更多地用事实和说理，而刘文则更多地是从儒学在当代的角色和困境来处理此一问题，侧重点不同，却相互补充，起到了拨乱反正的作用。熊十力晚年的好友王元化也在其《思辨随笔》“序言”中，用了接近一半的篇幅为熊十力辩诬。②

如何理解熊十力的言行何以表现出如此巨大的反差，依然会是今后学人所要面对的问题。种种关于熊十力言行的资料，也不可避免地继续让后人有意无意地拿来做文章。③要解决此一问题，必须深入说明熊十力的言行与其身世、思想、时代的关系。刘文和郭文都做了相关的工作，但还有更深入探讨的必要。

二　生存境遇与性格表现

现代学术史上的大家，如梁漱溟、马一浮、冯友兰、贺麟、钱穆等人，要么出身书香门第，要么家境宽裕，幼年便有比较良好的生活条件，更因从小受家庭和环境的熏陶而走入学术圈子，多数人有留学海外的经历，成名较早，相对而言社会地位也较高。梁漱溟19岁即开始发表文章，23岁写成《穷元决疑论》，25岁进入

---

① 参见王元化：《记十力先生二三事》，《熊十力全集》附卷下，第1477—1484页。

② 参见王元化：《思辨随笔》，上海文艺出版社1994年版，第3—4页。

③ 翟志成的檄文是批判熊十力人格的极论。另外，余英时的《钱穆与新儒家》（见其所著《犹记风吹水上鳞》，台湾三民书局1991年版，第31—98页），刘梦溪著的《学术与思想人物》（河北教育出版社2004年版），李山等著《现代新儒家传》（山东人民出版社2002年版），陈锐著《马一浮儒学思想研究》（上海古籍出版社2010年版）等牵涉到熊十力的部分，对熊十力都有意无意地有所贬损。

北大教书并写成《印度哲学概论》，26 岁发表了《东西文化及其哲学》。可以说，很早就奠定了其在思想界的地位，在政界也有一定的影响。马一浮从小就受到良好的教育，18 岁即与马君武、谢无量等人创办《翻译世界》，后留学北美，也很早就取得学术圈的尊重和认可。冯友兰、贺麟在海外学习哲学，归来自然成为学术界的主流。钱穆出身书香门第，家学源远流长，成就其良好的学术环境和深厚的学术功底。总的来说，这些大家的成长环境相对宽松，在成长的过程中没有经历过太多生活和生命的困顿。即使在情感与思想上或许有过较为复杂的经历与波动，但毕竟生活上无忧。

而熊十力的成长经历与上述大家的身世和背景几乎无任何雷同之处。他自幼家贫，少年即丧双亲，没有接受过系统的教育。因为贫困，熊十力时时要为生计发愁，加上其年幼就体弱，因而对生活和生命总有一种焦虑的情绪。青年时期，又恰逢时局大变，对个人的未来茫然不知所向。家庭和周遭的环境都不能给熊十力带来安定感，因而其对生活和生命的体会自然与主流社会不同。从常理上分析，熊十力青年时期由于困顿应该会有不小的自卑感。这种自卑感自不是生活无忧的学者所能体会的。他的好吃、小气和斤斤计较的性格自然与这种困顿的经历有着密不可分的联系。试想一个衣食无忧而又受过儒家文化熏陶的人，自然不会对食物和金钱有过分的在意，因而会表现得较为洒脱和文雅。而熊十力一无受过正规教育，二又时常处于困顿之中，在无形中必然养成对食物和金钱的渴求。而其自小又无社会地位，应该受过不小的歧视与委屈，对物质与权力自然有所渴望。这是生活环境造就的，我们对此须有清楚的认识。未经历过生活困顿与生命困境的学院派学者，对此却难有真切的体会。

平心而论，熊十力对食物、金钱以及自身影响力的追求，在当时的学人中是比较突出的。他奢好吃肉，最好有乌龟和牛肉，否则即要吃鸡，即使在抗战时期，也要在佛庙里炖乌龟吃。他离开复性书院，还要向马一浮写信讨要三百法币的工钱，并对他的学生徐复观、黄艮庸等给予他金钱视为理所应当。他离开复性书院转投梁漱溟的勉仁书院，也是由于梁漱溟的办学方针可以有更大的影响力。1949 年后，他写信给中共高层，提出其主张，并向中共上海市委统战部提出了诸多生活上的要求。这与当时的主流学者尤其是马一浮形成了鲜明的对比，自然引发了后人对他的议论与批评。按照正统的儒家标准，其生活上的某些行为确实不算是一个传统意义上的儒家学者的表现。因此，以一个标准的学人或一个传统儒者标准来看待熊十力在生活上的表现，认为他不是一个值得赞美和称颂的人，甚至是一个不让人喜欢或者有点讨厌的人，是一点也不奇怪的。“他所表现的不是传统儒者的形象，确未能做到中行的理想。”①

出身于社会底层的人，无论想在哪方面有所成就，都是极其困难的。这种困难不仅仅在于其外在条件的局限。更关键的是，困顿的生活和不安定感会造成其性格上的偏向。他不可能是洒脱的，他身上背负了太多的穷困经历，以至于他的焦虑感时时困扰着他，他总是顾虑重重，患得患失，以至于和他打交道的人都会觉得不可理解。他又是异常艰辛的，要想有所成就，必须依靠某种力量或资源，因为他本来无有这种力量或资源——无论是物质上的还是学问上的，依靠人就要有求于人，求于人而又想与人平起平坐，甚至比别人走得更远，内心必然承受某种煎熬，因而对世事的反应通常比较敏感。这种敏感会表露在生活行为上，不被人所理解，严重的时候会被认为是“疯狂”、“杂毒入心”。

熊十力从清末大变的时局中看到了改变国家与自己命运的机会，于是投身革命。武昌起义失败后又投靠孙中山。一方面固然是出于家国天下的情怀，另一方面却也有对自己未来的期待。而革命之后，熊十力不能够占据权力的中心，又因为对时局的失望转而投身学术。而就对思想史的了解与文献的掌握程度而言，熊十力也与从小就浸润于学术的学者有较大的差距。在学术的道路上，熊十力是一步一步地借力的。《熊子真心书》印行后，熊十力即寄给当时北大校长蔡元培。蔡元培为之作序并大力肯定，这无疑为熊十力正式迈进学术殿堂提供了莫大的帮助。之后他又写信给梁漱溟，在梁漱溟的帮助下从学于内学院，又因梁的推荐得以供职于北大。而《新唯识论》面世，虽有其强力之功，也得到主流学术圈的帮助，则更多地受益于马一浮，马一浮对《新唯识论》的下半部有着决定性的影响。由于马一浮和蔡元培的称道，熊十力很快在学术圈取得自己的位置。直到 1949 年，熊十力都与梁漱溟和马一浮在生活上和学术上都有千丝万缕的联系。虽然期间有一些不愉快，但熊十力的学术声望与影响力得益于梁漱溟和马一浮等人是确切无疑的。

梁漱溟和马一浮等人的成长经历与熊十力完全不类，梁、马学术功底深厚，成名很早，年轻时生活无忧，学术道路几乎一帆风顺。熊十力则是千辛万苦才取

① 刘述先：《儒学的理想与实际》，《儒家哲学研究——问题、方法及未来展开》，第 417 页。

得了在学术界的地位，并且是在这些人帮助下取得的。即使梁、马等人在主观上对熊十力没有任何的优越感，但熊十力在他们面前这种低人一头的感觉是可以想象的。加上熊十力又是一个极其清高的人，在这些学者面前难免心境复杂，进退失据。梁、马等人是先入的学术大家，熊十力是个被他们提携起来的后进者，把他们放在一个平台上，其中的情境必然让当事人有些不太自然。即便后来熊十力在学术圈取得了地位，其困顿的生活境况并没有得到多大的改变，与梁、马等人还是有差距的。更重要的在于，熊十力的根本关怀在于家国天下，因而必然与政治搭上关系。但他与国民政府的关系与渊源，与梁、马等人亦不可同日而语。梁漱溟在19世纪20年代以后一直在政界有一定的影响力，马一浮也是国民政府和地方官绅看重的人物。不管他们愿意承认与否，他们在19世纪三四十年代对社会和政治的影响力远不是熊十力所能比拟的。梁漱溟有资源去搞乡村建设、创办勉仁书院，甚至任民盟的主席，马一浮也有财力去创办复性书院，这都是熊十力求之不可得的。即使与他们的理念有诸多的不合，熊十力也只能追随他们。一个正常的人，面对这样的境遇时心境是可以想象的。越是对自己期望高，就越是失衡，此是人之常情。熊十力极度清高又想要有所作为，他思想独立却又不得不在现实中依附于他人。尽管他人不一定对熊十力有什么看法，但其内心的煎熬也未能为常人所知。

在后人看来，熊十力好吃，贪财，逐利，斤斤计较，与梁漱溟、马一浮等人相比，也表现出更多的自我中心。这种自我中心正是因为熊十力无法在客观上站到中心的位置，与其内心的期望有着相当的落差所造成的。当然，以这些外在条件来比较熊十力与梁漱溟、马一浮，并不是为熊十力的种种行为开脱。想要说明的是，后人所批评的熊十力的种种行为方式，是与熊十力的境遇密切相关的。而且熊十力在这些境遇面前，虽有小的瑕疵，却无大的过错。甚或说，熊十力的大节是值得肯定的。即使如徐复观在1949年以“汉奸”论处熊十力，也是因为对时局的看法与做学问的方法不同所致。徐复观在1968年《悼念熊十力先生》一文中，认为熊先十力“无一毫人情世故”，虽是出于对先人的尊敬而发，亦可以视为徐复观对熊十力的最终看法。

说熊十力“无一毫人情世故”，并不是说其不食人间烟火，而是就其真实的性格之展露而言。熊十力的生活细节是有诸多可议之处，然正是其真实地表露了这些细节，才展示了其原始的生命。爱也好，恨也罢，熊十力总是真实无疑地表现出来。即使其有些行为在传统学者或现代学人看来不符合礼节,但其毫无掩饰。其在生活上困顿,然却不掩饰自己的欲求,要吃乌龟牛肉,就很直接地表达出来,不管是在其学生面前还是在佛庙中。这样的行为确实不符合世俗的礼仪,但熊十力不管这些,总是很直接地表露自己的欲望和喜好,在学术上也丝毫不掩饰自己的雄心和傲气。他曾说:"当今之世,讲晚周诸子,只有我熊某能讲,其余都是混扯。"①这种傲气恐怕是每个知识分子或多或少都有的,但只有熊十力会如此率性地表露出来。而他讲出这些话,自然会令一些人不舒服。

如果硬要把学者划分成类的话,从学问与生命的角度,可以分为三类:第一类是学问与生命分离的学者,学问是学问,生命是生命,学问与生命没有必然的联系,学问或是其表现自身价值的工具,或是其谋生的饭碗。今世之学者,绝大部分属此类;第二类是以学问来改造生命,即将自己改造成真正的文化人,为人处世,都按照文化的标准来要求自己,行为符合世俗礼节,这些人自身修养较高,在为人处世方面亦能圆融无碍,颇受人尊敬,因而也有较高的社会地位。南宋的朱熹,现代新儒家中的梁漱溟、马一浮等人都是此中的佼佼者。第三类是将自己的生命当作学问,学问即是其生命气质的显现,除此之外,无所谓学问,因而其不会在文化中作修养的功夫,一切皆是其生命气质之展现。

熊十力就是把生命当作学问的人。准确来说,就生命气质而言,熊十力不能算是一个文化人。一个文化人,很多时候都需要表现自己的文化气,文化即修饰,一修饰,自然的原始气就没有了,因而表现得不是那么的率真与豪放。而熊十力则活脱脱地表现了原始气和野人气,他是不经修饰的,因而与文化人的身份又显得那么格格不入。牟宗三就说:"一般名流教授随风气,趋时势,恭维青年,笑面相迎。以为学人标格直如此耳。今见熊先生,正不复尔,显然凸显出一鲜明之颜色,反照出那些名流教授皆是鄙陋庸俗,始知人间尚有更高者,更大者。我在这里始见了一个真人,始嗅到了学问与生命的意味。"②牟宗三喜欢熊十力的这种气质,自然也与其自身的生命气质相关,两人都是率真而洒脱的人。与熊十力一样,牟宗三身上的狂气与傲气也很难让人受得了。③他们的生命就表现在学

---

①② 牟宗三:《我与熊十力先生》,《熊十力全集》附卷下,第1420页。

③ 参见刘述先:《当代新儒家的超越内省》,《儒家哲学研究——问题、方法及未来开展》,第71—74页。

问中。而在一般的文化人那里,学问和生命是分离的。梁漱溟、马一浮等人,他们的学问和修养都有很高的层次,他们的所行和所思也能保持一致。然而这是文化的展现,其表现优雅,甚至飘逸,但终究少了些生气,即原始气和野人气。此种原始气和野人气是一个文化人难以展现的,因为文化即修饰。而熊十力则恰恰表现了文化中所不蕴含的原始气、野人气、生气。此是由原始的生命所灌注并展现出来的,甚至盖过了文化本身的特质。一个表现出原始气和野人气的人,如果生活在乡野荒郊,自是不成问题。如果生活在文化圈子里,则显得十分的格格不入。因而无论是熊十力还是牟宗三都不是那种交际场上的宠儿,他们所表现出来的特质也绝不是一般的文化人所能接受和理解的。因为他们实在太野,太狂,太傲,很难与人圆融共处。他们只凭借自己的特质一往无前地奋进,只有一个"生"字能描述他们的气质。这与温文尔雅的谦谦君子的形象是完全不类的。与熊十力同时代的人,都能感觉到熊十力这种野气与傲气,这种傲气也只有其弟子诸如同样狂野的牟宗三、徐复观,极其谦和宽容的唐君毅等人才受得了。站在文化的角度而言,熊十力绝不是一个完人,甚至有过多的瑕疵,但这正表现了其真实的一面。梁培宽就曾说:"如果问我对熊先生最主要的印象是什么,我的回答是,率真和豪放,这是从好的方面说。从不好的方面说,他很容易起急和骂人。把两面合在一起,可以说他这个人不会约束自己,不想约束。这个不约束自己表现在一切行和生活习惯上……他的一些习惯(包括骂人)既像大知识分子又像乡下人。乡下人说粗话不一定有恶意,甚至亲热也用粗话表达。"①这就是现实生活中的熊十力,有知识分子的狂气,也有乡下人的野气。

熊十力的生命性格,确实又体现了传统心学的特质。心学的本质在于一切皆由心出,心即是一切存在的根据。心即是生命,生命即是心。但与梁漱溟和马一浮不同的是,在熊十力这里,此心不是文化所证成的,而是宇宙有史以来自然形成的,是原始的,因而其表现出来的生命必然带有原始的特质。②此原始的特质即是生,生生不已而能表现自身,虽原始却力用无穷。熊十力这一的性格特征自然也不是在文化熏染中的学问家所能理解的。学问与生命分离的人自然与此不类。

---

① 梁培宽:《熊十力与梁漱溟——各走一路的至交》,台湾《当代》第 106 期(1995 年 2 月),第 59 页。

② 笔者将儒家的本心仁体说为两层,一层是原始的,自然的,一层是文化的,由历史所证成的。前者表功能义,后者表普遍义(普遍的文化意义)。具体参见本论四的"心性论"部分。

即便如梁漱溟、马一浮这样的高洁者，虽然一切皆由文化的心所出，但亦对这种原始的生命有一层隔膜。他们是由学问、文化证成生命或心的存在，而熊十力则是由生命存在或原始的心来展现文化、学问。熊十力与梁漱溟、马一浮等学人的关键差异处，也正在此。而此种差异，也体现在他们做学问的方式上，相对而言，梁漱溟、马一浮等人，我注六经的色彩较浓，而熊十力则六经注我的色彩极为明显。这种六经注我的色彩，不仅专业的学者不喜欢，梁漱溟和马一浮也不会很喜欢。

今之所谓文化人看到熊十力那些不符合世俗礼仪，以及不符合思想史的言论，自然不会有什么好感，加上师承的原因与个别港台学者在政治上的歧见，因而对熊十力的人格作出负面的评价，是不难理解的。但我们只要深入地了解熊十力成长经历与其生命与学问的特质，自然会多一份同情甚至会有些许喜欢和赞叹。纠结于熊十力的生活细节来谈论熊十力的人格，本身即是以一种域外的视角来对熊十力生命与学问性格作评判。这样的学者是不能真正地理解熊十力及其弟子牟宗三、徐复观等人的生命情怀和学术特质的。只有以一种内在的视角，深入熊十力的生活世界，才可发现这种生命的可爱与难能可贵之处。就如刘述先所言：

> 或谓，熊十力不作修养功夫，言行不一，不适合做新儒家义理的载体，这是对他的学问的误解。他的新儒学并不是传统的一套，而是一种经过改造以后的儒学。他的“体”乃是人人与生俱来的生生不已的本心，所体现的乃是《易经》所阐发的“乾元性海”。只有这样，才能把握生命的意义的源头。事实上他并没有要去做宋儒的修养工夫。他所表现的自不是传统儒者的形象，确未能做到中行的理想。但他却是狂者，能够突破传统的藩篱；又是狷者，能够守得住寂寞，不去迎合时流；也从不隐瞒自己的本来面目，这才被视为“真人”，散发着无比的魅力，不时发出狮子吼，令人精神震拔起来，不失为一代开山宗师的地位。①

三 儒者的理想追求

熊十力曾说：“余伤清季革命失败，又自度非事功才，誓研究中国哲学思想，

---

① 刘述先：《儒学的理想与实际》，《儒家哲学研究——问题、方法及其未来展开》，第417页。

欲明了过去群俗，认清中国何由停滞不进。故余研古学，用心深细不敢苟且。”① 熊十力是因为辛亥革命失败而转向学术的，辛亥革命的失败让其有了思想与文化上的自觉，因此要“认清中国何由停滞不进”，其实也就是想找出辛亥革命失败的原因，以及现代中国问题的解决方案。

与近代以来的主流学者一样，熊十力也认为中国的根本出路在于思想解放。“吾国人今日所急需要者，思想独立、学术独立、精神独立，一切依自不依他，高视阔步而游乎广天博地之间。”②但与大多数学者有所区别的是：熊十力认为这些思想资源是中国文化中本来就有的。五四以后，人们往往把中国文化和封建主义、儒家文化和封建意识看成是一体的。熊十力则认为，恰恰是两千年来的专制主义，窒息了晚周学术特别是儒学的发展。他说：“中国民性，自秦汉以后，受帝制之毒与夷狄盗贼之摧残，卑辱而图苟全，早非三代直道之书，……”③很明显，他认为这种专制主义正是中国“停滞不进”的根本原因。

熊十力试图从传统中掘发出民主思想，以求国人的思想解放，带动民族的复兴。因此，他通过所谓的“辨伪”，区别真经与伪经、真儒与假儒、真孔子与假孔子，改写经学史和易学史，重新阐释《周易》《春秋》《周官》《礼运》，并把它们作为内圣学和外王学的总纲，在内圣学上透悟宇宙本体和人生真实，在外王学上确立人极、人道、大公、均平等社会政治原则，并赋予六经以“民主政治”的意蕴。熊十力认为，孔子所说的“万物各得其所”即与西方的“天赋人权”的观念类似，又以政治上的自由理念与空想社会主义来解释“天下为公”，并认为儒家的经典中具有共和、民主、民治原则的萌芽，如：“《周官》之政治主张在取消王权，期于达到《春秋》废除三层统治之目的，而实行民主政治”。④总之，熊十力对经典的解释服从了其对理想的追求与现实的需要，具有理想主义与六经注我的色彩。“他由现实的批判回复到历史的批判之后，仍然停留在重新解释历史上，没有再走出来。”⑤

熊十力的上述做法，自然为部分学者尤其是港台学者所不理解。他们认为

① 《乾坤衍》，《全集》卷 7，第 344 页。
② 《十力语要初续》，《全集》卷 5，第 25 页。
③ 《十力语要初续》，《全集》卷 5，第 36 页。
④ 《原儒》，《全集》卷 6，第 519 页。
⑤ 郭齐勇：《熊十力思想研究》，第 208 页。

熊十力不仅篡改经典，非议前贤，甚至趋炎附势。徐复观在1949年因为熊十力不愿去港台而借《韩非子评论》与熊十力交恶，徐复观对熊十力冷嘲热讽，叫熊十力“直接去问毛泽东先生中大（当时的中央大学，即现在的南京大学）可去否”，指责熊十力是在向中共“求饶”；又在晚年的日记中猛烈抨击熊十力的《乾坤衍》，不解其“何以疯狂至此”。

如实说来，熊十力处理经典的方式，确有不妥之处。但是否就如翟志成所说，其行为真是趋炎附势，如此不堪吗？显然不是。我们细读他的著作，从早期的《熊子真心书》，到抗战时期的《中国历史讲话》、《读经示要》，到1949年后的《论六经》、《原儒》与《乾坤衍》等著作，都可以发现虽然他的主观色彩甚浓，但他的“革命、民主”的思想是一以贯之的。“社会主义”的说法在抗战时期撰写的《读经示要》中就已经有了。不可否认的是，熊十力对1949年以后的政权抱有一定的希望。这种希望不仅是熊十力个人的身体或年龄原因造成的，也与其出身密切相关，这是出身于地主或知识分子家庭的当时其他学者所不能理解的。熊十力出身于社会的最底层，新政权这种“打土豪，分田地”的主张无疑比当时国民政府给予他实现“均贫富”理想的希望更多，也更有诱惑力。他选择留在大陆而没有去港台，也是因为对新政权有所期望。徐复观出身于地主家庭，虽然后来选择和国民政府保持距离，但总是无法理解熊十力的这种心境。出身的不同导致了二人在政见上的不同，最终两个人分途，而此种分歧实则无关人格的高低。徐复观自有其风骨，这点毋庸置疑，但熊十力毕生也没有背叛自己的理想。①熊十力在20世纪60年代即使受到各种打击，都没有表示自己接受唯物主义。如果要说熊十力“苟活”，也只能说其没有公开站出来反对政权以及政权所主张的意识形态。而这一点，批评熊十力的专家教授就能做到么？一个人奔向自己的理想，是自然之事，之后发现这不是原来想象的那么回事而又无能为力，甚至在

---

① 徐复观与其师熊十力交恶，不存在谁的人格高下的问题，而只能就当时的具体时代和两个人的政治主张来分析。无论是徐复观还是熊十力，都坚持了自己的理想和政治取向，都为此付出了代价。相对而言，熊十力的代价要更多一些，晚景也更为凄凉，受到的非议也更多。但我们认为，这是熊十力对理想的坚持与无法预测时局变化所造成的。但时局再变化，熊十力过得再凄凉，其依旧傲然挺立。徐复观以“汉奸”论处熊十力，是因为两个人的政治主张不同所致。而晚年对熊十力的批评，则是两人的学术观点不同所致。刘述先指出：徐先生与他的分裂，一半是学术的，一半是政治的；这一分裂的背景则是大陆易手所造成的天崩地裂的裂变。（参见刘述先：《如何正确理解熊十力——读〈长悬天壤论孤心〉有感》，《熊十力全集》附卷上，第1591页。）

这种境遇中消耗掉自己的余生，那种痛苦实在是难以想象的。后之学者不仅不对此有半点的尊敬与同情，还要对有这样境遇的人起而攻之，这就是挖三代祖坟的行为，与那些对熊十力的肉体与精神直接施暴的人相比，有过之而无不及。

客观上讲，熊十力对经典的解释是有问题的。但问题在于，熊十力为什么要这么解读，这种解读的思路是个人有意为之，还是代表了时代的某种趋势与需要。思考这个问题，不仅可以理解熊十力的处境，也可以看出儒学乃至现时代所面临的困境和问题。儒学原本不是知识系统，也不是一种思辨的哲学，与其说其要告诉人们如何思考，不如说其要告诉人们如何行为，如何生活。历史上的儒家思想的影响力是与中国独特的生产方式、历史传统、社会体制和家庭结构相关联的。在中国传统的相当长的一段时间里，儒学起着引导人生、影响社会、教化民众的功能，并在客观上推进了儒学义理的发展。儒学的精神价值本就是与世俗生活统一在一起，并通过世俗生活来体现的。传统的小农经济、家族体系和集权制度就是儒家文化赖以生存的土壤。虽然儒学产生于春秋战国时期，但儒学作为中华文明的主体却要到汉代“罢黜百家，独尊儒术”以后，即它与政治相结合才获得了发展的空间。无论说后人对先秦儒家的思想和理想有多少歪曲和误读，但儒学影响力的扩大与其政治化与世俗化的过程的确是密不可分的。

近代的资本主义发展，一方面让中国传统文化面临生存的危机，不得已谋求建立民族国家，一方面又破坏了原有的生产和生活方式，原有的经济体系、社会结构乃至价值认同被逐渐解构。民族国家的建立就意味着中华不再是世界的中心，文化和道德的自我评价已经不能支撑起自我的中心地位，而必须转向多元的建构才能与其他的民族国家打交道，“王天下”的政治理想已经失去了现实的生存土壤。而社会化大生产与交通信息的发展从根基上瓦解了小农经济和宗族结构，农村依附于城市，人口的大规模流动导致了社会结构的重组，大家族逐渐消解。因而，传统的文化必然遭遇到前所未有的挑战。虽然说儒家思想并不一定和现代社会完全不能相容，但现代化对其原有思想体系形成的解构和挑战则是毋庸置疑的。这种现象，有些学者称之为“传统的断裂”。①

---

①　参见郑家栋：《断裂中的传统》第一章“当代儒学与中国社会”，中国社会科学出版社 2003 年版。

在熊十力等现代新儒家看来，中国不仅是个地域、民族和政治概念，同样是一个文化概念。对于这一部分持保守主义立场的学者来说，近代以来中华民族在政治、军事、经济和文化上的遭遇对于他们而言有切肤之痛。梁漱溟“替中国人设想应有之结论”，说到：“我是感受中国问题之刺激，切志中国问题之解决，从而根追到其历史文化。”①牟宗三亦曾言：“信仰自由是一回事，这是不能干涉的，然而生而为中国人，要自觉地去作一个中国人，存在地去作一个中国人，这则是自己抉择的问题，而不是信仰自由的问题。从自己抉择的立场看，我们即应念兹在兹，护持住儒家为中国文化的主流。”②他们确信：我们不仅能在传统中领悟到生命存在的必然性及其意义，也能在现代社会中实现儒家“圣王”的理想，使儒家的理论发挥某种影响社会的实际功效。同时，他们在理论上把宋明理学视为最切近的活水源头，而又批评宋明儒“内圣强而外王弱”。

现代新儒家对于儒学的信念不仅是建之于对儒家内圣心性之学所包含的普遍性价值的确认上，而且建之于对传统儒家“内圣外王”的思想进路之客观有效性的确认上。甚至可以说，熊十力等新儒家就是在打着的“内圣”的旗号试图行“外王”之事。他们不仅蔑视那些以广博知识为尚的所谓“文人”、“名士”，也不甘于做某种只专注于探求形上义理的哲学家，与只关注于自我生命之解脱、安顿的“自了汉”。熊十力所关注的最重要的一方面，即在其试图从传统文化中阐发现代性的因素和根基。他认为宋明儒虽然在义理上有独到之处，但没有发挥孔子六经“大道之学”的传统，批评他们不敢创制易俗。而明末清初的儒者如王船山、顾亭林、傅青主等人真正继承了“大道之学”的真精神，复兴了先秦儒家的灵魂，也是中国走向现代化的新的起点。在他看来，明末清初思想的民主和民族思想，格物和实用之学，“足以上追孔孟，下与西洋相接纳”。

作为辛亥革命与五四之后的思想家，熊十力对民主、自由、人权等思想欣然接受。但熊十力却又将从传统文化特别是儒家原始经典中抉发出的人道原则，与上述人类普遍价值相沟通。熊十力解经，着力发掘其“革命、民主和社会主义”之意，但这并不完全是因为熊十力趋世使然，而是其立场与理想使然。熊十力出身底层社会，又恰逢国家和民族危机，因而对个人自由权利和国家出路有深入的

① 梁漱溟：《中国文化要义》“自序”，学林出版社 1987 年版。
② 牟宗三：《时代与感受》，鹅湖出版社 1984 年版，第 328 页。

思考。个人权利的实现必然要求民主和自由，而社会主义在当时能为底层百姓提供经济和政治上的希望。熊十力又是一个传统的中国人，服膺中国文化，所以其采用“我注六经”的方式对传统加以解读，实在是不值得奇怪的。至于传统到底是怎么一回事，那已经是另外一个问题了。而这样的方式招致很多人的批评，是必然的。但这些批评如果只是外在的，而不能深入熊十力的生命境况作出内在批评的话，则显得有些武断且无力了。

熊十力的生命、思想和行为充满了张力和矛盾，这些张力和矛盾是他的出身与经历所刻画的痕迹，更是时代问题的集中体现。历史不随着个别人的理想与情怀而有所改变，相反，个人的情怀在历史面前也显得那样的无力和弱小。对理想与现实之间的落差无能为力，恰恰表现在这一批新儒家学者的生命中。熊十力有光辉的生命，也有不讨人喜欢的小节。取予、去留之间，透显的正是时代的张力与他光明磊落的生命性格。

本论一

境　论

熊十力哲学的问题意识在于“见体”，所论的主要内容即是本体论。在新唯识论体系中，本体论又叫境论。对熊十力而言，本体论又是关联着知识论、人生论和宇宙论的。甚或说，其哲学就是本体论。本体论不仅是其哲学思想的核心，又是理解其量论、心性论和形上学的基础。熊十力的哲学体系中包含了一宇宙生成的模式，他认为宇宙实体即是本体，探讨宇宙的学问是其境论的主要内容。

熊十力的本体论继承了《周易》的基本观念，以易体为本体，以“体用不二”思想为中枢，打通了自然界和人文界，完成了对旧唯识学的改造与超越。在熊十力这里，本体即变易，空寂即生化，形色即天性，生命即创造，彰显了生生不息的宇宙观和健进不已的人生观，凸显了儒家思想的特色。

熊十力的本体论是一个不彻底的体系，他一方面肯定宇宙实体为唯一的本体，一方面又以宇宙生成的思路说人之本心与宇宙本体为一。本论通过对熊十力文本中材料的分疏，归纳出其对本体的一般看法，并对其境论思想作简要的衡定。

第三章 境论总义

熊十力哲学思想建构之鹄的在于见体，境论即是其本体论。熊十力用旧唯识学的言说方式，以心学的内在理路来阐释《周易》之易体，并通过"体用不二"、"理气不二"的架构，来说明本体的基本特征。

第一节 学在见体

熊十力在《为诸生授新唯识论开讲词》中说到：

> 哲学中略分类如下：
>
> 一、本体论，一名形而上学，即穷究宇宙实体之学。
>
> 二、宇宙论，即解释宇宙万象（现象界）之学。
>
> 三、人生论，参究生命本性及察识吾人生活内容，求去离染而发挥固有德用，复其天地万物同体之真。
>
> 四、知识论，亦云认识论。
>
> ……四类中唯本体论是万理之所从出，一切学术之归宿处，一切知识之根源。①

熊十力常讲："吾学贵在见体。""哲学之究极诣，在识一本"。②其思想研究的即是本体或本体论。研究本体的重要性体现在：一、学不究体，自宇宙论言之，物化无源，无物无本；二、学不究体，自人生论言之，无有归宿；三、学不究体，道德无内在根源；四、学不究体，治化无基；五、学不究体，知识论上，无有知源。③《新唯识论》即是熊十力的本体论，亦名"境论"。境之一词，熊十力解释说："如关于本体论及宇宙论、人生论等，有其所知、所见，或所计持者，通名为境。"④境论是《周

---

① 《为诸生授新唯识论开讲词》，《摧惑显宗记》，《全集》卷5，第537页。

② 《十力语要》卷一，《全集》卷4，第5页。

③ 参见《十力语要》，《全集》卷4，第6—7页，

④ 《新唯识论》语体本，《全集》卷3，第6页。

易》和心学思想的融会,包括两个方面,一为宇宙论,一为心性论。①

熊十力建立本体论,就是为了说明宇宙和人生的根源和价值。他认为学问的根本目的就是要对宇宙和人生的根本问题予以说明,以期为当下社会秩序"重立大本,重开大源"。在他看来,宇宙论、人生论、知识论都可统摄入本体论。因此,宇宙论、人生论、知识论,都是一本之展开。不识一本之学,则于宇宙只能认识现象界,不能认识万化之源头、万物之本体;于人生不能参究生命的本来面目,只以习气为生命;知识的源泉也不可能清楚明了,外王学终究没有根基。

> 中夏古哲之学,其唯孔子穷宇宙之原,究生人之性,(此性字就生生之源而言。生人之性即是宇宙之原,宇宙之原即是生人之性。)体大生广生之德于日常生活中,(大生广生,仁德也。此中体字是体现义,犹云实现。)成己成物,通为一体;(《中庸》言"成物",须与《易大传》"裁成天地、辅相万物"等文参究。辅相不仅是变化与改造物质,而化导人群,使其互相扶勉,互相合作,将来达到天下一家、群龙无首之盛,是乃辅相之主旨也。)动健静定,融成一片。……此乃千载暗室之孤灯,不可绝也。②

人生与宇宙的根源是一。本体乃超越心物、物我、主客两面,本体论将宇宙论、人生论、知识论融为一片。本体一词可有多种表达,依不同语境和用法可说为实体、本心、本性、良知、自性、性智、智、大用、万有之基等。

> 本体之所以成其为本体者,略说具有如下诸义:一、本体是备万理、含万德、肇万化、法尔清净本然。法尔一词,其含义有无所待而成的意思。清净者,没有染污,即没有所谓的恶之谓。本然者,本谓本来,然谓如此。当知,本体不是本无今有的,更不是由意想安立的,故说本来。他是永远不会有改变的,故以如此一词形容之。二、本体是绝对的,若有所待,便不名为一切行的本体了。三、本体是幽隐的,无形无相的,即是没有空间性的。四、本体是恒久的,无始无终的,即是没有时间性的。(此中恒久二字并不是时间的意

① 此又可说为宇宙本体论与道德本体论。

② 《明心篇》,《全集》卷7,第274—275页。

> 义，只强说为恒久。）五、本体是全的，圆满无缺的，不可剖析的。六、若说本体是不变易的，便已涵着变易了，若说本体是变易的，便已涵着不变易了，他是很难说的。本体是显现为无量无边的功用，即所谓一切行的，所以说是变易的。然而本体显现为万殊的功用或一切行，毕竟不曾改移他的自性。他的自性，恒是清净的、刚健的、无滞碍的，所以说是不变易的。①

本体备万理，含万德，肇万化，并且是绝对的一；本体又是幽隐的、变易的，必须表现为功用，非功用之外别有本体。在宇宙论上，现象就是本体的显现，现象之外无有本体。

在《体用论》中，熊十力有言："有问：'本体具何等义？'答曰：略说四义。一、本体是万理之源、万德之端、万化之始。（始犹本也。）二、本体即无对即有对，即有对即无对。三、本体是无始无终。四、本体显现为无穷尽的大用，应说是变易的。"②此段以体用关系论本体，其义不离《新唯识论》的基本立场，亦说明了见体对说明宇宙人生问题的重要性。总的来说，熊十力所言之本体具以下几种涵义：

一、大全义。本体是无所不包的，是"万理之源、万德之端、万化之始"。本体是万理之源，是万物造化之根据，理非待后成，而法尔本俱；是万德之端，为生生化化之根源和道德实践之依据；是万化之始，为宇宙万有之发端，宇宙万有乃本体之显现，离本体无万事万物可说。可见，本体即为大全。"夫所谓本体固具有许多潜能者，何耶？能者，犹言可能性也。因为本体是万理赅备之全体，而无一毫亏乏的。如其有所亏乏，便不成为本体。须知本体是圆满至极，德无不备，理无不备。"③本体即是潜能，而潜能又必然表现出来，非待别物而成就万有，因此说圆满之极，德无不备，理无不备。其在《明心篇》中更明确讲："物质、生命、心灵等性，皆实体所固有"。④物质、生命、心灵为本体所固有，即是说物质、生命、心灵皆本体之表现，实体即是本体，就现实世界之成立而言，物质、生命、心灵说为现象。熊十力常用大海水与众沤关系比喻体用关系，他将本体喻为大海水，现象喻为众沤，众沤为大海水之相，离大海水无所谓众沤，而大海水也必然显现为众

① 《新唯识论》语体本，《全集》卷 3，第 94 页。
② 《体用论》，《全集》卷 7，第 14 页。
③ 《新唯识论》语体本，《全集》卷 3，第 359 页。
④ 《明心篇》，《全集》卷 7，第 153 页。

沤。大海水为众沤之全体，众沤为大海水之显现。

二、无形义。本体非有固定的相。无形即无对，即无始无终，无分别相、无执着相、无对待相的实况，非有开端和结束，非有空间上的对碍，本然如此。无形是就本体显现为现象，但凭现象不能把握本体而言。本体是大全，大全是无相可言的。正因为其无相可言，因此以知识和科学的手段无法说明本体，而要求之于遮诠的方式和证会的办法。无形之本体又名恒转，恒即非断，非有开端，非有结束。有形之现象皆为心所执定，为心执本体之刹那刹那之变动的幻相为实有而成，现象无有自性，现象非实在。①熊十力将本体说为“恒转”，是指本体永远处在变化的过程中，无相可寻，只能依流行而假说现象。

三、性智、本心义。宇宙间万事万物的本体，与人的本心本来是不二的。本心即本体，又名性智。“性智者，即是真的自己的觉悟。此中真的一词，即谓本体。”本体本是无待，因而只能自己觉悟自己，到真自己觉悟自己，便已证得本体，除此之外无本体可寻，因此本体即是“真的自己”。“即此本体，以其为吾人所以生之理而言，则亦明真的自己。即此真己，在量论中说名觉悟，即所谓性智。”②熊十力将本体与性智、本心看作是一，是从本体恒转之辟势上讲。从本心讲本体，是因本心既是本体的辟势，也能体证实体、本体。本体即本心，是“生命”之原，万有之基。故本体论也可称为本体—本心论。这不仅是儒家重仁重心之体现，亦是建立道德形上学的前提。

四、宇宙本原义。在宇宙论中，说万物之本原，即是本体。本体是无形无相的，而要显现为一切的物事。“夫综一切色法，则曰器界。（犹俗云自然界。）器界者，貌似物各独立，疏离隔碍，而实则凡物互相系属，互相通贯，浑成全体。……故知器界实乃完然全体，虽其表象莞尔许多部分为各各独立之事物，而究极言之，各部分相属相贯，要不容截然离异也。”③宇宙中的各个事物是本然全体的显现，本体为宇宙大全，各各物为大全之部分，实则是恒转本体流行之相。“夫现界者，随俗假说故有。若据胜义，即现界诸相元无自体，故不应作现界相想，而现前

---

① 此只为熊十力在《新唯识论》中的看法，在后期《体用论》和《乾坤衍》中，熊十力在一定程度上肯定了实体的真实性，即其由《新唯识论》时期的“摄用归体”到晚期逐渐转变为“摄体归用”，此一思想之转变在熊十力后期甚为明显。

② 《新唯识论》语体本，《全集》卷3，第15页。

③ 《新唯识论》文言本，《全集》卷2，第73页。

莫非真体呈现矣，安有现界可得乎？”①宇宙万有原无自体，只是本体流行之相。在《体用论》中，熊十力对否认宇宙实有的看法进行了批评。他说：“还有许多哲学家承认宇宙万象是客观存在，但不肯承认有实体，甚至厌闻本体论。（实体与本体二名，则有一字之不同，而其义则一也。本者，言其本来有故，亦是宇宙万有的自身。实者，言其真真实实。）”②本体即是宇宙的真源，本体显现为宇宙万物，万物却非本体或实体自身。

五、翕辟能变义。本体能变，变有翕辟两种趋势——翕和辟。“翕则凝于动而乖其本也，……然俱时由翕故，……常有力焉，健以自胜，而不肯化于翕。以恒转毕竟常如其性故。唯然，故知其有似主宰用，……乃以运乎翕之中而显其至健，有战胜之象焉。即此运乎翕之中而显其至健者，名之为辟。一翕一辟，若将故反之而以成乎变也。……夫翕凝而成质，依此假说色法。夫辟健而至神，依此假说心法。以故色无实事，心无实事，只有此变。”③翕、辟为本体变化之两种趋势，二者是相反相成的，以翕势而说色法，以辟势而说心法，实则都是本体之变，因而色法心法都无实体。由翕势而说宇宙万物、世间科学，稳立住经验世界。由辟势说人之本心即是本体，心能主宰万物而不为物宰。由翕辟义又可说本体流行之两方面，一方面为宇宙论，一方面为道德本体论。

新唯识论一方面说明了宇宙万物乃至宇宙全体不离我的心而存在或存有，因此证得本心即是存有了宇宙万物和本体，此是心学的传统，亦为其唯识之根本义理；另一方面又要为宇宙自身的变化寻找最终的根源和规则，因此又肯定了实体或“恒转”之易体并由此说体用不二，乃以体用论为前提而建立唯识。就前者言，熊十力融会了旧唯识学与王阳明的良知学说，以良知为本体而开显现象界，说明了现象界是如何可能的，亦凸显了道德实践的主体和动力，以唯识为根本义理；就后者言，是《周易》宇宙论的思路，以体用关系为架构，是对形上之体和形下之器的关系说明。

熊十力的本体论所重乃在彰显本心本体的主宰义和功能义，凸显了本心在成物和成德方面的主宰作用。本心是万事万物和道德实践的本体，此乃程颢、象

① 《新唯识论》文言本，《全集》卷2，第55页。

② 《体用论》，《全集》卷7，第17页。

③ 《新唯识论》文言本，《全集》卷2，第41—42页。

山、到阳明思想的基本主张。熊十力一方面从唯识学的角度说明万物万物之可能在于心识的变现，一方面又继承良知学说明此心能主宰万物以及自身。顺此思路，新唯识论将会成为完全意义上的心本论，与阳明心学的路向无二。然而，他终究还是要回到《周易》对宇宙生成问题加以说明。他以《周易》之形而上的体与形而下的器与用来说明本体的体用源流关系，同时他也吸收了先秦道家、魏晋玄学、宋明理学之大化流行、即体即用、天人合一的思想，并以佛学缘生义中之刹那生灭、瞬息万变的观念强化了《周易》哲学的动态性和创生性。他很推崇王船山的哲学，将王船山哲学概括为："尊生，以箴寂灭。明有，以反空无。主动，以起颓废。率性，以一情欲。"①可见，他特重《易》之生、有、健。

> 吾平生之学，穷探大乘，而通之于《易》。尊生不可溺寂，彰有不可耽空，健动不可颓废，率性而无事绝欲。此《新唯识论》所以有作，而根柢《大易》以出也。（上来所述，尊生、彰有、健动、率性，此四义者，于中西哲学思想，无不包通，非独矫佛氏之偏失而已。王船山《易外传》颇得此旨，然其言散见，学者或不知综其纲要。）魏晋人祖尚虚无，承柱下之流风，变而益厉，遂以导入佛法。宋儒受佛氏禅宗影响，守静之意深，而健动之力，似疏于培养；寡欲之密功，而致用之道，终未有所宏。②

《周易》之健动不已的"生"义在熊十力的本体论中得到了最大程度的体现。由于其在说明本心即本体的同时还要考虑到宇宙论的问题，也决定了其思想终究和宋明心学有所不同。如果说宋明心学只能以良知本心说本体的话，熊十力则在此基础上还将客观的宇宙论纳入进来，并由此造成诸多的问题。

在熊十力看来，哲学虽可划分为本体论、宇宙论、人生论、知识论，但在一本的角度上，不能将他们"分解太甚"、"斠画太死"。他将以上四者融成一片，而以本体论统摄之。"盖哲学之究极诣，在识一本。"③熊十力一方面要讲主观的本心，一方面又要讲宇宙的本源。良知本心是万事万物的本体，是从主体发用而认知、涵摄和存有万物的角度而言；就宇宙的本源显现为万事万物而言，则是形而

① 《读经示要》卷二，《全集》卷3，第838页。
② 《读经示要》卷三，《全集》卷3，第916页。
③ 《十力语要》卷一，《全集》卷4，第5页。

上的道和形而下的器和用的关系。前者是良知本体论,后者是形而上学。在熊十力的哲学体系中,此两者是不能截然区分甚至根本是不能区分的。宇宙本原在熊十力这里,本来就是有道德意义的。新唯识论将宇宙论、人生论、道德论和知识论融成一片,并抓住了穷究宇宙实体的一本这个核心,从而继承和发扬了中国哲学的传统。此一思路,张东荪概括为:"其道德观念即其宇宙见解,其宇宙见解即其本体主张,三者实为一事,不分先后。"①

第二节 体用不二

熊十力的本体论,是以"体用不二"为总纲建立的,融宇宙论、人生论、认识论、方法论于一炉。他一再宣称,哲学最根本的任务,只在"证会本体",新唯识论即所谓"证体之学",对体用关系的说明则是本体论的核心内容。"证体"之前提在于明了体用关系。在熊十力看来,如果能够透悟体用义,即于宇宙人生的诸大问题,豁然了解,无复凝滞。"哲学上的根本问题就是本体与现象。此在《新论》即明之为体用。体者具云本体,用者作用或功用之省称。"②对体用关系的阐释是熊十力"见体"的理论基础,本体论核心的问题就是体与用的关系问题,其晚年定论便以《体用论》命名。体与用的关系问题厘定清楚,则本体可以证成,否则,本体只是一勾画出来的外境。

虽然《周易》中并没有明确阐释体与用这一对概念,然"形而上者谓之道,形而下者谓之器"之"形而上者"、"形而下者"即是一种体用关系。"形而下"之"器"即是"形而上"之"道"的用,"形而上者"即是体,"形而下者"即是用。因此说《周易》所体现的形而上学即是一种体用之学,不会有根本的错误。熊十力也认为"此体用不二之义,所以早发于《大易》也"。③又说:"夫唯《大易》创明体用不二。所以肯定功用,而不许于功用以外求实体,实体已变成功用故。肯定现象,而不许现象以外寻根源,根源已变成现象故。"④

熊十力不允许把现象和本体割裂开来。现象之所以为现象,是本体之大用

① 《张东荪答函》,《十力语要》卷二,《全集》卷4,第174页。

② 《十力语要》卷一,《全集》卷4,第76页。

③ 《体用论》,《全集》卷7,第104页。

④ 《乾坤衍》,《全集》卷7,第501页。

流行的显现故。宇宙论中的体即是本体或实体，用即是现象。本体是无形无方的，而现象是千变万化，前灭后生的。

> 体是无方所、无形象而实备万理、含万善，具有无限的可能，是一真绝待。故说不易。
>
> 用者言乎本体之流行，状乎本体之发现。
>
> 克就体而言，是一极绝待，无方无相。（无方所，物形相。）
>
> 克就用而言，是幻现相状，宛尔万殊。①

用之一词，在熊十力哲学中，有时指现象，有时指功能，又指本体——本心之用或性智之用。讲体必然讲用，反之亦然，无有离用之体或离体之用。

因为体是要显现为无量无边的功用的，而用是有相状诈现的，是千差万别的，体不可说，而用却可说，用就是体的显现，体就是用的体，无体即无用，离用元无体。所以，从用上解析明白，即可以显示所以成用的本体。

> 一曰，即体而言用在体。夫体至寂而善动也，……至无而妙有也。……体者，绝对的真实义。其德恒，其化神，所以为真实之极也。……动、有亦名体之妙用。……本然不可致诘，妙用有可形容，是故显体必于其用。……
>
> 二曰，即用而言体在用。……就体而言，本唯一真而含万化，……故用不异体。……今就用言，于兹万化皆是一真，……故体不异用。……由体不异用故，故能变与恒转及功能等词，是大用之殊称，亦得为本体或真如之异名。以体不离用故，遂从用立名。②

本体"至寂而善动"，"至无而妙有"，绝对真实，具恒德；本体流行而为万化，此万化之大用也可名为本体或真如。即体而言用在体，是说用不离体，用即体之显现，离体无所谓用。即用而言体在用，是说体必然待用而显，离用不可见体，因为体之显现，必然为用，体不离用。体之变化即为用，用之外也无所谓体。

---

① 《十力语要》卷一，《全集》卷 4，第 76 页。
② 引自《新唯识论》语体本，《全集》卷 3，第 239—240 页，有删减。

体和用虽可分说，实则不可分，因为体用本来是一。体是从用之实性和主宰而言，用是从体必然显现为大用流行而言。本体是无形和空寂的，可说为无为，而本体亦要表现为大用流行和生化不息，又可说为无不为。宇宙万象是本体流行之迹象，实则本无固定的宇宙万象可言。本体是恒转的功能实体，由本体之恒转而有迹象，因而可说万事万物，实则万事万物本不固定，只是妄心施设而计其为一一物。

本体显现为万事万物，是因为本体能变而有一翕一辟两个相反的趋势。

> 变复云何？（牒前次问。）一翕一辟之谓变。（两"一"字，显动力之殊势耳，非谓翕辟各有自体，亦不可说先之以翕而后之以辟也。）原夫恒转之动也，相续不已。（此言动者，变之别名耳。前一动方灭，后一动即生，如电之一闪一闪无有断绝，是名相续，非以前动延至后时名相续也。）动而不已者，元非浮游无据，故恒摄聚。（恒字吃紧。）惟恒摄聚，乃不期而幻成无量动点，势若凝固，名之为翕。（俗不了动点，故执有实极微或原子、电子耳。凝固者，言其趋势有如此，而非果成凝固之质也。）翕则凝于动而乖其本也。（恒转者，虽有而非物。翕则势若凝固而将成乎物矣。故知翕者，恒转动而将失其自性也。）然俱时由翕故，（俱时者，谓与翕同时。）常有力焉，健以自胜，而不肯化于翕。以恒转毕竟常如其性故。唯然，故知其有似主宰用，（本无作意，因置似言。）乃以运乎翕之中而显其至健，有战胜之象焉。即此运乎翕之中而显其至健者，名之谓辟。一翕一辟，若将故反之而以成乎变也。（答次问讫。）夫翕凝而近质，依此假说色法，夫辟健而至神，依此假说心法。以故色无实事，心无实事，只有此变。（事者体义，色法心法都无实自体故。）①

变即本体之用，变有翕辟两种趋势，"翕凝而成质"，"辟健而至神"，一为物化之趋势，一为神化之趋势。变有三义：一者非动义；二者活义；三者不可思议义。非动只是表明变未始有物。活义有以下几层：无作义是活义，幻有义是活义，真实义是活义，圆满义是活义，交遍义是活义。②以活义明本体即动即静，即静即动，非

---

① 《新唯识论》文言本，《全集》卷2，第41—42页。

② 参见《新唯识论》文言本，《全集》卷2，第48—51页。

知识所能把握，故说本体之变有不可思议义。既然用为本体之用，那谈用必然也不能离开本体。“我们要知道，体用二词，只是约义分言之，实则不可析为二片的物事。”①因为实体有复杂性而能成用，此用即本体之翕辟，翕辟变化便成物质、生命、心灵。宇宙万物之所以生灭不已，在于实体内在的矛盾（乾坤或翕辟）。“变不孤起，物理、人事，随在可征。宇宙开辟，必由实体内部隐含矛盾，即有两相反的性质蕴伏动机，遂成变化。”②用不离体，讲用只是方便说法，用即本体之变。本体能变，用为本体之所变。此能变与所变对熊十力来讲是其本体作用之全部义。非于用与变之外还有本体，本体流行即为大用，大用即是本体之流行。

熊十力从用上立体，非从外境说体。他频繁用大海水与众沤来比喻体用关系。

> 体喻如渊深渟蓄之大海水。
> 用喻如起灭不住之众沤。
> ……
> 体与用，本不二，而究有分；虽分而仍不二。故喻如大海水，与众沤。大海水全成众沤，非一一沤各别有自体，（沤之体即是大海水故。）故众沤与大海水本不二。（宗教家说上帝创造世界，而以上帝为超越于世界之上，即能造与所造为二。哲学家谈实体与现象，往往说成二界之嫌，其失亦同宗教。）然虽不二，而有一一沤相可说，故众沤与大海水毕竟有分。体与用本不二而有分，义亦犹是。沤相虽莞尔万殊，而一一沤，皆揽大海水为体故，故众沤与大海水仍自不二。体与用虽分而仍不二，义亦犹是。③

宇宙万物是生动活泼、生生不已、变动不息的一大整体，如众沤为大海水不可分割的全体一样。“宇宙原是大用流行，不妨说为一大动力。”④本体乃恒转之功能，方成“一大动力”。“功能是浑一的全体，但不是一合相，而是有分殊的。（即全中有分。）虽是分殊的，而亦不是如各别的粒子然，（即不同旧师种子。）却是

---

① 《新唯识论》语体本，《全集》卷3，第238页。

② 《乾坤衍》，《全集》卷7，第509页。

③ 《十力语要》卷一，《全集》卷4，第77页。

④ 《新唯识论》语体本，《全集》卷3，第9页

互相融摄，成为一体的。”①其主要涵义有：一、体用不二；二、相反相成；三、翕辟成变；四、刹那生灭。体用不二即是“即体即用”，“以用显体”；相反相成是从《周易》中发展出来的，熊十力将《周易》之《乾》卦解释为“一生二，二生三”，表示宇宙的变化是本体流转；翕辟成变即表明本体之恒转，本体显现为万殊的大用流行；刹那生灭即表示宇宙间无永恒之物，永远处在不断的变化和发展之中。

熊十力对体用关系的看法与自己的生命体验密切相关。他说：“余尝默然息虑，（虑者，俗云思想或推求等也。）游心无始，（游心者，纵心于虚，故曰游。息虑而后可虚怀契真。故息虑者，无妄虑耳，亦非无虑。无始者，泰初冥漠，故托言之以形容无物之地耳。）而知体用毕竟不可分为二片。使其可分，则用既别于体而独存，即是用有自体。不应于用之外更觅一物说为本体。又体若离于用而独存，则体为无用之体，不独是死物，亦是闲物。往复推征，体用毕竟不可分，是事无碍。”本体之流行表现为用，然用毕竟不失本体之自性，用即是现象，故现象即本体之显现，因此于现象可识本体，于用即可见体。用即本体之显现，故说即体而言用在体；本体必然表现为用，故说即用而言体在用。即用即体，即体即用，体用本不二。

第三节 理气不二

熊十力认为，本体即理体。“当知本体是万理赅备的。易言之，万理交容交摄，而为一全体，是名本体。由体非一合相。故言万理，故可假说种类，却非如分别事物之种类者然。切忌谬执。夫理唯至足，无所不备，而为潜在的无量的可能的世界。”②理不是现实事物的分类，而是事物之所以实现的原因或事物的根源。理本来是自足的，为潜在的无量可能的世界，必然表现和创生为万事万物。万事万物又是本体德用之显现。万事万物之所以成，是因为禀有本体所含之理故。万事万物之理与本体所含之理是“即用即体”的关系，万事万物是理体自身之显现。“理体世界的可能，恒是无尽藏。大用流行的世界，只是变动不居，而终不能尽其理体之所有，完全实现。理体是圆满的，用相有对而无恒，不能无缺憾。”③

① 《新唯识论》语体本，《全集》卷3，第286页。
② 《新唯识论》语体本，《全集》卷3，第361页。
③ 《新唯识论》语体本，《全集》卷3，第362页。

理体是圆满的、无穷的、本有的。理体之实现即是用，但用不是理本身。用是变动不居的，不是永恒的，因而用上所现之理不是圆满的、无缺憾的。但理的显现毕竟要由用才得可能，理现为用即理体之创生与创造，理气毕竟不可分。

理体即是本体，理体即是一本、大全，理气亦不可分为二物。

> 我以为，理和气是不可截然分成二片的。理之一词，是体和用之通称。气之一词，但从用上立名，气即是用，前面解释气的意义时，尽说得明白。理之一词，何以是体用之通称呢？因为就体而言，此体元是寂然无相，而现似翕辟万象，（翕辟即是万象，复词耳。现者，显现，或现起义。似者，以万象不可执定为实，故置似言。）即众理粲然已具。（万象，即是众理故。）故此体，亦名为理。又体之为言，是万化之原，万物之本，万理之所会归，故应说为真理，（佛家说真如名真理。）亦名实理，（程子每言实理，即斥体言之。）也可说是究极的道理。①

理体之理不是具体的条理，也不是物的形式，而是事物的根源。气本不实有，而为理体自身所包含，理体之外无所谓气，理之表现即为气之流行，因而气为体之用。气之流行即理体之流行，气之流行之所以成为物，是由理体所决定的。

气之流行而表现为器，气与器乃理体自身之显现，理体本无所不备的。器既成，即表现理体之用，理毕竟要流行表现为器才可显现自身。

> 若克就本体之流行而言理，于此当云“理者器之理”，不可离理与气而疑其有无不相俱也。于一真实流之过程中有众相现，谓之器。……器有其则，谓之理。……一真之体，含蕴无量理，即含蕴无量器之可能。……谓器未有而理先在，是离理与器而使之不可相属也。其实器未形时，即其理俱隐；器之已形，而其理俱显。然则器只有未形已形而为隐显，故不可析理与器为二，谓理先在而其器尚无也。无量理与无量器之可能，皆为一真之全体内所含蕴而无或亏。器未形时，有将形之可能性在，不得曰先本无是器，但其理固在也。……须知克就流行言，器之理与是器本不可离。即此真实流，现似

① 《新唯识论》语体本，《全集》卷3，第246—247页。

> 众相，则曰器；……众相有则而不可乱，斯曰理。理与器安可离，使或不相属乎？①

就本体而言，理是器所以成之原因。就本体之流行而显现为器而言，则不能离气与器而说理。因为理毕竟要显现为用，所以理器在流行之用上毕竟不可分。理为可能性，器为理之实现。无理不可成器，而无有器，则理亦不可见，于用上见体故。理与器的关系即体与用的关系，有其体必有其用，有其用必有其体。同样，有其理必有其器，有其器必有其理。理和器本不可分而亦有分，器本不实有，依本体理体之生化流行而有。

生化亦是本体、理体之流行。

> 《诗》曰："有物有则。"物者，依生生化化的真实流而立斯名。（生化之流诈现种种迹象，即假名为物。）有物即有则，无是则即无是物。可见真体现为生化之流，元是富有无穷之则，故曰备万理也。理亦则义。夫理或则元是真体自身中所备具，（先儒直名此真体，曰理或实理，最有深义。）其显为生生化化的真实流，是所谓众理璨著也。然即此众理璨著，便是一理平铺；所云一理，以真体无待故名。（无待名一，非算数之一。）一理谓无量理，故一即是多；无量理本为一理，故多即是一。一不碍多，多不碍一。（一为多，多为一，均无妨碍。）②

理体无形而有分，故表现为多。此多即本是一之展现，因此一不碍多，多不碍一。"知识界之理，（即理智思辨所谓之理型。）……即是形上之理之展现。"③本体即形上之理，而表现为无量多的形下之器和形下之理。这是本末源流的体用关系，而非形式与质料的关系。"夫理无不备，而用待以成。故用相之现也，乃即相即理。（相者用相，后仿此，用相即理之所成，故云即相即理。）用相有所未现，（未现见前注。）而理体元无不备，则不可妄臆相方未生，即无有此理也。"④理是可能的

---

① 《十力语要》卷一，《全集》卷4，第39—40页。
② 《十力语要》卷三，《全集》卷4，第358—359页。
③ 《十力语要》卷三，《全集》卷4，第359页。
④ 《新唯识论》语体本，《全集》卷3，第362—363页。

先在，此种先在是成物之原因，物是理之显现，或者说，物是理的实现方式。理相对器而言是逻辑先在，但理毕竟要表现为器才可显现自身。既然理为器之原因，那么理毕竟不是在器之理，而是器所以然之理。“理器不二”乃是指器是理之器，而非理是器之理。

理体即本体，器作为理或本体之用相，乃是理体之创生，是理之实现，无有器，理亦自在。理体即是本体，是器之本体、气之本体，器与气本不在本体之外，故理显现为器不待别立材质。

> 一曰，理者是实法，（实法者，谓其有实自体也。虽其自体不是具有形质的，要是实有，而非空洞的形式之谓。）非假法。（假法者，谓其只是空洞的形式，而无有实自体也。）
>
> 二曰，理之现为相，（相者具云用相。见前。）不待别立材质而与之合。
>
> 三曰，理体与用相，不可分为二界。①

理不是形式，而是实体。形式即是假法，是理智所推论出来的。理不是形式，自能创生和显现为万物。物即本体的创生之显现，本体流行创生之外无所谓物。可见，理体实则是宇宙实体，宇宙实体本有一翕一辟，能翕辟成变、相反相成而成物。成物即是理体、本体自身之创生和实现，理体、本体之外无器也无气之存在。因此理体创生和表现为器不待别立材质，即气本在理体之内，非在理体之外。器未为理体之用相，则器与理体是不一不异的关系。譬如水和冰，冰是水的显现，亦是水的自身。

> 余以为理者，斥体立名。（体者，本体。）至真至实。理之流行，斯名为用，亦可云气。（气者，非形气或空气等气字，乃即流行的势用。而形容之以气也。此气字，即谓有势用现起，而非固定的物事也。中卷有一段言及此。）故气者，理之显现。而理者，气之本体也。②

---

① 《新唯识论》语体本，《全集》卷 3，第 364—367 页，有删减。
② 《新唯识论》语体本，《全集》卷 3，第 367 页。

理气(器)二分,理和气(器)则为两物,实则理和气只是一体之两面,(器)气是为本体、理体之用。气是理之显现,理体之外,无所谓气。熊十力认为理是绝对的先在,而且为万事万物的根源,万事万物为理的创造和显现。这是以良知学解释《周易》宇宙论的结果,在这样的框架中,当然对朱子"理气二分"之格局与王船山"唯器论"的思想不相契。牟宗三解"虚空即气"与熊十力思路相同。他说:"依横渠之思理,体用圆融即是神体气化之不即不离。'虚空即气'即上段'太虚不能无气'一语之义。'不能无气'即不能离气。不能离气者即就气化之不滞而见神体虚体之妙用也。清通之神即在气化之不滞处见,即在气之聚散动静之贯通处见,此即'虚空即气'也。"①神化须依气而得,但气不即是神化之自身,也不能说神化在气之中,而只能说是神主宰气,依气而能见神化之理,理气虽不可分而毕竟以理为主宰。气只为理之用,非是气本,而是理本。

在熊十力看来,理为无量可能的世界,乃表明理具神义。

> 乾为神,坤为器。(以在人者言之,形体器也,属坤;心则神也,属乾。)神者固器之体,器成则神即器而存,故不可离器而求神。凡有质,皆器也,即皆神之运行也。然器有畛域,神则无畛域。一器别具之神与宇宙统体之神,实不可得而分隔也。昧于此者,乃以器之有畛域而疑神之亦有畛域,此神我神识诸说所由作也,是大惑。器成而碍,不能不毁。然器有成毁,神无断灭,如花有凋谢而花之类不绝。神者,万物之统体,乃生生无熄,时时舍其故而更新也。一器之成也,即资于统体之神而成其体焉,既成则犹息息资于统体之神以相续,及其顽钝而不能复资于神以续成,则毁矣。故器之既毁,而犹冀有个别之神不随此器俱毁者,则未知此器未毁以前,虽若有别具之神,而实即是统体之神。固不可以器之成其个别而疑神之亦为个别矣。神必著见而成乎器。宇宙未有荡然无器之一日也,然执器者,则昧乎神。②

坤元即乾元,乾即神,坤即器,因而神即器。乾元之自身的变化必然表现为坤,虽表现为坤,然而毕竟不失乾之神用。神毕竟要表现为器,虽为器,然神亦在其中

① 牟宗三:《心体与性体》上册,第392页。
② 《十力语要》卷四,《全集》卷4,第461页。

矣。器即为神之表现。神乃万物之统体,万物乃神之表现,神毕竟要表现为万物,但不可执器物为本,而不识器之神也。

熊十力以心学义理与《周易》的宇宙生成论来解儒学的本体思想,阐述理器(气)关系,将理与器(气)关系阐述为一种体用、本末、源流的关系,与其绝对的一本立场是分不开的。在他看来,本体是宇宙实体,而不是即是本心。此既不同于阳明,也不同于朱子。"所谓理者,一方面理即心,吾与阳明同;一方面理亦即物,吾更申阳明所未尽者。程子曰理在物。科学家实同意此意。如此,则先肯定实物,再于物上说有个理,是乃歧物与理分开。自吾言之,物之成为如是之物即理也,不可将物与理分开。"①

① 《新唯识论》语体本,《全集》卷 3,第 280 页。

第四章　宇　宙　论

熊十力以《周易》的宇宙论模型为基础，借鉴柏格森的生命哲学和达尔文的进化论，对宇宙万物如何可能及良知本心和宇宙本体的关系作了说明，构建了一宇宙论形上学。熊十力建构宇宙论的目的在于说明道德本体的客观根据，并凸显生生不息、精进不已的生命观。

第一节　功能实体

在熊十力的本体论中，贯穿了"体用不二"的基本观念。体与用之所以不二，是由本体的性质决定的。熊十力将本体称为"恒转"、"能变"或"功能"，将本体看成是功能实体，即是从体与用的关系角度而言的。"我们把本体说为能变，这是从功用上立名。(功用亦省称用)……因为本体全显现为万殊的功用，即离用之外并没有所谓体的缘故。我们从体之显现为万殊和不测的功用，因假说他是能变的。"①"用，亦曰作用，作者发动义；亦曰功用，功者能义。""动发的本身，只是胜能。……这种胜能的意义，是极其微妙而难以言语形容的。……这个胜能，只好说为无力之力，无能而无不能。"②"这种无力之力，无能而无不能，才是至大至健而不可称量的；至神至妙，含藏万德，具备众理，而不可思议的。这种胜能，是无有所谓空间时间性的，是圆满周遍一切处，而无有一毫亏欠的，……是显现千差万别，而复无固定形相可求的。"③恒转、功能、能变都是从本体之动上说，而不是从经验上说，因而无固定相可求。本体之动，经验无法觉识，但本体流行毕竟有迹象，经验只能从其流行的迹象上认取一一的心物像。实则本体无有不动，无所不能。说其无力，是其动无定向无目标；说其无能，是其动无执著不刻意。本体就是一恒转的功能，用中国哲学的"易"表达最为恰当。易者变易，本体即是永恒的变易之体。

易体作为实体，为 becoming 而非 being。"实则本体不可视同宗教家所拟为

① 《新唯识论》语体本，《全集》卷 3，第 95 页。
② 《新唯识论》语体本，《全集》卷 3，第 154 页。
③ 《新唯识论》语体本，《全集》卷 3，第 154—155 页。

具有人格的神，亦不可视为如人有造作一切事之能的。本体只是无能而无所不能。他显现为万殊的功用或一切行，所以说是无所不能。他不是超脱于万殊的功用或一切行之上而为创造者，所以说无能。故假说为能变。"①本体作为一个有自性的整体，它自身即是生生不已的变化之过程。"他是非常非断的。因此，遂为本体安立一个名字，叫做恒转。"②恒转即从本体相续流转的角度而言的。

> 本体是要显现为万殊的用的，因此假说本体是能变，亦名为恒转。我们要知道，恒转是至无而善动的。（无者，无形，非空无也。善者，赞词，乃形容动之微妙。）其动也，是相续不已的。相续者，谓前一动方灭，后一动即生，如电之一闪一闪，无有断绝，是名相续，非以前动延至后时名相续也。不已者，恒相续故，说为不已。③

本体为恒转的功能实体，是说本体首先是唯一的，其次是强调本体的能动性和变异性，再其次是肯定本体与功能的一致性。万事万物莫不是本体自身之变化的显现，万事万物即为本体之用。本体的变化无有断绝，前后相续，无固定相，所谓恒转即是说本体恒续变动。恒转之动，即无断绝，无时间相是为恒。因此，本体不是一个寂静的实体，而是一变动不息的势力。

> 心物诸行都无自体，宇宙唯是变化密移，……新新而起，故故不留，岂不奇哉！今有两大问题待解答者：一、有能变否？二、如何成功此变？先谈第一问题。余以为宇宙实体不妨假说为能变。云何知有实体，以万变不是从无中生有故。犹如众沤非无大海水可得起故。④

在熊十力看来，必然有能成此心物之能变的恒转实体，才有一一心物诸行。心物犹如众沤，实体犹如大海水。离大海水无所谓众沤，大海水是实在的，众沤

---

①② 《新唯识论》语体本，《全集》卷 3，第 95 页。
③ 《新唯识论》语体本，《全集》卷 3，第 98 页。
④ 《体用论》，《全集》卷 7，第 12 页。

是一一无自性的相，虽无自性，然必有有自性的本源，因此实体必然存在。所以“把一切行的本体，假说为能变了”。①本体是恒转实体，本身即是一变动不息的势力，永远处在流变之中。故实体又谓“能变”或“功能”。实体之外无有“能变”或“功能”，“能变”和“功能”之外也无有实体，实体即全体流行之“能变”或“功能”，“能变”或“功能”也即全体流行之实体。熊十力也常用大海水与众沤来说明实体变化的特点。“实体是完完全全的变成万有不齐的大用，即大用流行之外无有实体。比如大海水全称众沤，即众沤外无有大海水。体用不二亦犹是。夫实体浑然无象，而其成为用也即繁然万殊。故从其用而赞为能。实体所以名能变者，其义在此。”②大海水无有不动而显现为众沤，实则大海水即是“能变”与“功能”，众沤之外无有大海水，亦即大用流行之外无有实体。

以恒转说实体，表明了实体或本体无固定相，而只具流变相。实体总是在变化的，无有不变化之时，亦是说体总是要显现为用的，用之外无所谓体，体与用是不可分的。③所谓体用分离，是为俗见或情见。空宗“谈体而遗用，偏归于扫象，无法施设宇宙万象。有宗则与世间哲学家同堕情见窠臼，妄构想一个成象的宇宙，而无以透悟空理”。④空宗的本体是为真如，不能活动，只能“无为”而不能“无不为”，因此现象界无法施设，只证成体义，不能证成用义。有宗则分立种子与真如，将现象和本体分裂开来，不悟现象即是本体之用，因而宇宙论成为戏论，且真如与种子并建的思路有二重本体之嫌。空、有二宗之所以如此，根本原因在其不

---

① 《新唯识论》语体本，《全集》卷3，第95页。

② 《体用论》，《全集》卷7，第14—15页。

③ 吴汝均认为“这力动是纯粹的，是纯粹力动，没有经验内容。它是超越的力动，自身即是活动，是力用，不必为它向外面找一个实体性的东西，作为它的源头”（吴汝均：《纯粹力动现象学》，台湾商务印书馆2005年版，第31页），并批评熊十力的“本体如何能从抽象的状态变成具体的、立体的物体，始终是一个问题”（同上书，第10页）。吴汝均的目的在于建构一纯粹的力动作为本体，沟通“绝对有”和“绝对无”，并消除体与用的差别，其认为熊十力在逻辑上还存在体与用的分离，不够彻底，因而须对熊十力的体用论作出改造。实则，熊十力的本体即是“恒转”、“能变”、“功能”，就是纯粹力动，即体即用，即用即体，在本体论中本不须分体用，体用之分是从现象与本体的区分上说，说现象，必然说本体之用。吴汝均的纯粹力动现象学，也只是就本体的性质说，而就知识如何建构说，其也必须说其是纯粹力动的显现，此与熊十力从实体之流行大用上成立现象和知识无有差别。熊十力的本体论，就是一力动论、功能论。熊十力自己明言：“误解体用义的人，或以为本体上具有一种作用，即由此作用生起宇宙万有。如此便将体和用及万有析成三片，此便大误。”（《新唯识论》语体本，《全集》卷3，第240页）

④ 《新唯识论》，《全集》卷3，第237页。

能承认真如即是恒转、能变的功能实体，因此对现象和本体的看法都不得当。只有将本体看成是一功能实体，宇宙万物和现象都是实体自身的显现，才可证成“体用不二”。

熊十力以恒转的功能实体或易体为本体，证成宇宙论，是《周易》的理路。《周易》以易为体，即是以功能为体，功能自身即是变化，即是作用，因而即是易。易体显现为万殊而成为宇宙万物，宇宙万物莫不是易之显现。易即是变化之意，变化是易体自身之变化，无需外力，亦无有外力的参与。功能即是此意。

第二节　翕辟成变

本体是恒转实体，为能变，说明本体自身即是能动的。那熊十力又是如何看待“如何成功这个变”的问题，亦即变化的法则是什么。“这个法则是什么呢？我们以为就是相反相成的一大法则。”①相反相成之两面即是翕与辟。翕与辟这两个概念是《易传》中所引发出来的，《易传》讲：“夫乾其静也专，其动也直，是以大生焉。夫坤其静也翕，其动也辟，是以广生焉。”②在《易传》中，翕与辟都不被理解为本体的势用，而熊十力对翕与辟作了新的解释，使之成为本体论中一对基本范畴。他认为，本体有两种功用翕与辟，显现和生成宇宙间一切精神和物质的现象。

新唯识论的本体乃恒转实体。“恒”与“转”本身就是一对矛盾，此矛盾是本体内部的矛盾。“转”是舍故生新，是变异，不可言“恒”，但舍故生新是宇宙万物的本性，从全体的角度而言，无时间相和空间相可说，本体新新而起，永无断灭之“转”亦可说为“恒”。恒转就是易体。熊十力以《老子》“一生二、二生三”来解释《周易》的变化规则，认为本体的运动，有一相反相成的法则。

中国最古的哲学典册，莫如《大易》，太初义皇画卦爻，以明宇宙变化的理法。其书为六十四卦。每卦皆以两卦合成。然分观之，则皆以三爻成卦，（爻字含义深广，略言之，只表示变动。）从来解《易》的人，罕有注意及此。我

① 《新唯识论》，《全集》卷3，第96页。

② 《易传》系辞上，第六章。

> 常求其义于《老子》书中。《老子》说“一生二、二生三”，这种说法就是申述《大易》三爻成卦之旨，用以表示相反相成的法则。因为有了一，便有二，这二便与一相反。同时又有个三，此三却是根据一（三本不即是一，只是根据于一。）而与二反，却能转化乎二以归于和。《易》云“保合太和”是也。惟有两相反而成乎和，所以成其全体之发展。若惟单纯的固无变化，若惟矛盾而不相融和则摧伤必多。即胜之一方，亦将处亢而穷。①

变化是本体自身的变化，变化说为“转”，变化永远在本体自身说为“恒”。本体的变化由一转变为二，但本体毕竟不失自性，故还能转化为三，二、三虽不即是一，然不失一之德性，本体永远处在这样的变化状态中。

> 依恒转故，而有所谓翕，才有翕，便有辟。唯其有对，所以成变，否则无变化可说了。恒转是一，恒转之现为翕，而几至不守自性，此翕便是二，所谓一生二是也。然恒转毕竟毕竟常如其性，决不会物化的。所以，当其翕时，即有辟的势用俱起，（俱起，注见前。）这一辟，就名为三，所谓二生三是也。前来已说，所谓变化，只是率循相反相成的一大法则，于此可见了。②

翕、辟是本体功能的两种势用，因此本体在其自身的运动和变化方面上也可说为功能即是本体。功能既是本体之实性，又是本体之用。“因为变化是全体性的，是生动的，活跃的。”③一、二、三都是全体，恒转即是一，现为翕即为二，恒转不失自性而有辟的势用俱起名为三，一、二、三是变化的符号，表现本体变化遵循相反相成的法则，并不可截为一片一片。翕和辟即是本体之变化功用的表现，为本体之两方面的势用，也是本体之相反相成的法则。

所谓翕，即摄聚而成形的动势。本体为能变，亦名恒转，是一种“不已之动”。“这种不已之动，自不是单纯的势用，……每一动，恒是有一种摄聚的，（摄者收摄，聚者凝聚。）”④这由摄聚而成形向的动势，即是翕。换言之，翕就是本体之动

---

① 《体用论》，《全集》卷7，第15—16页。
② 《新唯识论》语体本，《全集》卷3，第99页；又参见《体用论》卷7，第17页。
③ 《新唯识论》语体本，《全集》卷3，第97页。
④ 《新唯识论》语体本，《全集》卷3，第98页。

而成为形质的趋势。“恒转(本体之别名)显现为翕的势用时,几乎要完全物化,若将不守他的自性,这可以说是一种反动了。”①恒转本来是不物化的,若物化,便已不是恒转了,但恒转内部有物化的趋势,此种趋势即是翕。恒转之所以为恒转,就是在现为翕的同时,又有辟的势用俱起。

他是依据恒转而起的。而这种势用上说,便说是依据恒转而起。若就恒转上说,便应说这种势用是恒转的显现,但恒转元是冲虚无为的,而其现为势用,却是有为的。由此,应说这种势用难以恒转为体,而毕竟不即是恒转,如说冰以水为体,而却不即是水,这个势用,是能健以自胜,而不肯化于翕的。(即是反乎翕的。)申言之,即此势用,是能运于翕之中而自为主宰,于以显其至健,而使翕随己转。(己者,设为辟之自谓。)这种刚健而不物化的势用,故名之为辟。②

辟是与翕相反的趋势,翕是物化的趋势,而辟是刚健的,是运于翕中自为主宰,使翕随己转。翕是对恒转的反动,而辟则是依据恒转而起的,毋宁说,辟虽不是恒转,却表现了恒转刚健的德用。

恒转现为势用,为一翕一辟,并不是单纯。此翕与辟是相反相成的,是一个整体不同的两方面,本非异体,只是势用有分殊而已。辟必待翕而后得所运用,翕必待“辟”而后“现”为流行,“识”由此才有主宰。实体就是在这种相反相成的势用中现为大用,相续恒转,前灭后生,无有断绝。“本体现为大用,必有一翕一辟。……我们应知,翕辟是相反相成,毕竟是浑一而不可分的整体。”③本体之一翕,即本体之用,表现为物象,俗称为物。然本体毕竟不失自性,犹如冰毕竟不失水性,此即为本体之辟性。因此物不是一固定的死物,只是假说为物而已,实则只是本体之翕象,毕竟也不失辟性。

翕势摄聚而成物。即依翕故,假说物行。(行字,见前。物即是行,故名物行。下言心行者仿此。)辟势运行于翕中,而能转翕从己。(己者,设为辟

①② 《新唯识论》语体本,《全集》卷3,第99页。
③ 《新唯识论》语体本,《全集》卷3,第105页。

> 之自谓。)即依辟故,假说心行。翕辟是大用流行的两方面,本不可破析,故心物非两体。①

翕势是摄聚,故有形相,说为物行,为理智所执定即为物。辟势是主宰,说为心行。本体为能变,一翕一辟而现起物质宇宙。此一翕一辟是两种相反相成的势用。

熊十力从本体之翕辟变化中抉发出五义:

> 一、幻有义。翕辟成变,刹刹突跃。譬如云峰幻似,率尔移形,顿灭顿起。(万有皆是一翕一辟之变革,虽有而不固定。故谓之幻有。率尔,乍起貌。)譬如风轮乍转,排山荡海,有大威势。万变之诡谲亦犹是,故云幻有。幻有者,繁然大有,无固定相,(相者,相状。《易》、《大有》之卦,宜玩。)故状之以幻。(此中幻字是形容词,不含劣义。)二、真实义。万变皆是真实流行。(真实,谓本体。)一华一法界,一叶一如来,(法界,谓实体。如来者,无所从来故名。今用之为实体之代词。)讵可离幻相而觅实相。谁有智者怀实而迷。(实,以喻真实。言人不当自迷其真也。)三、圆满义。大化周流,无往而不圆满。试以文字为喻。如一"人"字必含一切人,简一切非人。否则此字不立。故一"人"字已包通万有而无遗。人字如是,其余无量字皆然。……大化周流,千形万状,互相含摄,一切处无亏欠。其妙难思。四、交遍义。万变繁兴,故说无量世界。诸无量界(世界,省言界。)同所各遍。(无量世界同一所在,各各遍满。)非犹多马,一处不容……。五、无尽义。太极是无穷无尽的大宝藏,(太极者,实体之名。)故其流行自无穷尽。(流行便是用。旧稿有云,即于本体之流行而名为用。)万流澎湃,过去已灭,现在不住,未来将新新而起,刹刹故灭新生。②

本体之变化,无有迹象可循。变化即本体之大用,是真实之流行,大化流行是圆满无缺的,表现为无量的世界,前灭后生,无有断绝。

---

① 《体用论》,《全集》卷7,第17页。
② 《体用论》,《全集》卷7,第33—34页。

第三节　心物俱起

在本体论的角度上，熊十力是不允许把体与用分开来说的。但他毕竟要安立宇宙秩序与经验生活，因而必须对宇宙万物如何可能予以说明。宇宙论的关键问题在于说明心物的本原。在熊十力看来，本体是浑然流行的全体，而宇宙万物则是本体流行之一翕一辟所成的用相。

> 浑然全体流行，是云本体。依此流行现似一翕一辟，假说心物。说翕为物，说辟为心。都无实物可容暂住，是称大用。
>
> 以上体用别说，用上又假分心物。①

本体是全体流行，于流行分体用，于用上假说心物。心物之可能亦是在体用关系上而言。

> 自体上言，浑然全体流行，备万理、含万德、(德即是理，天则秩然名之以理，是为本体之所以得成为本体者，故亦名德，德者得也。)肇万化，说之为物，岂是物！说之为心，亦不应名心，心对物而彰名，此无对故。
>
> 以上体用分观，心物俱不立。②

本体不是心，亦不即是物，只有就流行的迹象方可言心物。流行即是用，本体必然发而为用，因而体用不可分。无用则无流行，亦无心物可言。

本体流行表现为一翕一辟，翕势即表现为物质，辟势即表现为心灵。翕与辟亦可说为乾和坤。“乾为生命和精神，(精神，亦称心灵。)坤为物质和能力，宇宙万有只是此两方面，何可否认。”③乾、坤为实体之两面，亦可说为实体之自身，实体表现为乾坤之两面，因而能现起现实世界。“实体，是以其全体统行变动，而成现象，所以说实体不是超脱现象而独在。一一现象都以实体为其自身，所以说现

---

①② 《十力语要初续》，《全集》卷 5，第 14 页。
③ 《乾坤衍》，《全集》卷 7，第 509 页。

象以外没有实体。”[①]现实世界即是实体之自身的显现，现象之外没有实体，而实体亦必然表现为现象。

宇宙万物之所以生灭不已，在于实体内在的矛盾（乾坤、翕辟）。“变不孤起，物理、人事，随在可征。宇宙开辟，必由于实体内部隐含矛盾，即有两相反的性质蕴伏动机，遂成变化。”[②]宇宙生成变化的根源在于实体内部的矛盾。此矛盾在熊十力看来即是心与物、精神与物质的矛盾。由于精神为主动的方面，遂成为宇宙万有从过去到现在以趋将来的永恒动力。

> 精神在物质中便显其主动力，而导引物质之构造改易形式，遂有生物继无机物之后突然出现。生物既出以来，又不断的改造其生机体，精神之发展乃日益便利，是故观测宇宙，从过去到现在，以趋于未来，本为发展不息之全体。此全体的发展，由一切无机物进至生物，精神始潜隐而骤显发。生物既出，复进进不已，以至高等动物。……宇宙自洪荒肇启发展不息，正是精神在物质中破除锢闭，争取主动，以变化裁成万物，方且任而直前未见其止也。[③]

宇宙一直处于不断“去故存新”的变化之中，刹那生灭，“前前灭尽，后后新生”，绝无暂住之时。在这种不停息的“才生即灭”中，事物发生了状态或性质的变化，这种运动和变化是永恒的、绝对的。佛家在说刹那生灭时偏重于“灭”，而熊十力则偏重于“生”，他认为刹那之际、生灭之间，无不包含着创新。“一切物的渐变，确是基于刹那刹那的顿变，而后形见出来的。”[④]一切物都永远处在不间断的顿变之中，不停地蜕故创新。“大化流行，刹那刹那蜕其故而创新，一切物都在蜕故创新的历程中。”“当物暂住之时，即是在蜕故创新之机，已经中断，如何得有续起的物事耶？据此说来，若许凡物相续起者，便应许凡物才生即灭。刹那刹那，前灭灭尽，后后新生，化机无一息之停，故万物得以相续起而不断绝也。”生灭是相互

---

① 《乾坤衍》，《全集》卷7，第512页。

② 《乾坤衍》，《全集》卷7，第509页。

③ 《体用论》，《全集》卷7，第136—137页。

④ 《新唯识论》，语体文本，《全集》卷3，第129页。

涵摄的,“说生便涵着灭,灭便涵着生。”①“万物有成必有毁,……有生必有死,有盈必有虚,……有聚必有散。”②实体由此展现为宇宙万象。

宇宙是一复杂的实体,现象是实体自身之表现,人的生命和心灵本是宇宙的生命和心灵。“孔子以乾为心灵者,通终始而言也,(举心灵,即含摄生命在内。)《乾》之六爻,始于初爻‘潜龙’隐藏之象,以譬生命和心灵隐潜而未发现也。中于二爻见龙在田之象,……以譬生物初出现时,即是生命力之冲动,能转化固闭之物质而造成生机体,心灵即从此渐发露也。终于五爻飞龙在天之象,以譬如生物发展至人类,即是生命和心灵发展达最高级,如白日丽天,赫然大明也。(赫然者,其光焰盛大也。)”③乾元是万物所资由生的元,由乾元而变化而成坤元,即成万物。万物既成,各用自力以生生不已,然此自力中实亦包含乾元,故说“一华一世界,一叶一如来”。

但新唯识论体系中,熊十力又否认了物质世界的真实性。

> 器界一切现象,世俗习见谓从过去生已便住,持续至今,当趋未来,故说器界可容久住。(虽不必恒住,而容有长久时住故。世间作此解。)此说似是而非其实也。器界果是实物,堪云久住?今既无实,住者其谁?如前已说,器界唯是无量动点,幻现众相。动点者,才生即灭,(即字吃紧,无有暂住时故。)刹那刹那,别别顿起,(前后刹那动点,各各新起,都不住故。别别者,不一义。)前不至后,此不至彼。(实无前后彼此等相,特顺俗而设言之耳。)本来无物,说谁久住?世俗计动点或为有质微粒,小莫能破。实则动点幻似凝质而本非质。俗顾未之审耳。④

---

① 《新唯识论》,语体文本,《全集》卷 3 第 123 页。
② 《新唯识论》,语体文本,《全集》卷 3,第 120 页。
③ 《乾坤衍》,《全集》卷 7,第 535 页。
④ 《新唯识论》文言本,《全集》卷 2,第 73—74 页。

第五章　本体赋义

新唯识论的本体，实为易体。在熊十力看来，本体即变易，至寂即神化，形色即天性，生命即创造。他通过阐明易体具有至神和至寂两方面的性质，阐发了生生不息的宇宙观与生命观，并以此来衡定儒佛道对本体的基本看法。

第一节　本体即变易

《乾坤衍》多是从《周易》来说明本体论和宇宙论，本体在宇宙论中即《周易》的易体。从这一立场出发，熊十力对乾坤二卦作了一元流变的解释。“乾元、坤元，唯是一元，不可误作二元。（王船山《易传》便有二元之过。）克就乾而明示其元，则曰乾元；克就坤而明示其元，则曰坤元。实则元，一而已。”①熊十力认为，乾坤只是就本体的不同面向说，实则本体只是一，因而乾元和坤元是为一元，无有二元。乾是就生命与心灵诸现象说，坤则就质与能诸现象说。

> 乾元一词，当释以三义：一、乾不即是元。譬如众沤各各有自相，（相，读相貌之相。）不即是大海水。二、乾必有元。不可说乾是从空无中幻现故。（空者，无所有之谓，空际是无。故以空无二字合为复词。譬如众沤不是凭空幻现，必有大海水为其本原。）三、元者，乾之所由成。元成为乾，即为乾之实体。不可说乾以外，有超然独存的元。（譬如大海水完全变成众沤，故大海水即是众沤的自身。不可说众沤以外，有超然独存的大海水。）夫惟乾以外，无有独存的元，故于乾而知其即是元。所以说乾元。
>
> 坤元一词，亦具三义：一、坤不即是元。二、坤必有元，不能说坤是从空无中幻现故。三、元者，坤之所由成。元成为坤，即为坤之实体。不可说坤以外，有超然独存于外界之元。既知坤以外无有独在的元，故于坤而谓其即是元。所以有坤元之名。②

---

① 《乾坤衍》，《全集》卷 7，第 524 页。
② 《乾坤衍》，《全集》卷 7，第 523—524 页。

熊十力在宇宙论中也经常以大海水和众沤的关系说明实体与乾元、坤元的关系。乾元和坤元都是实体的变体，实体之外无有乾元、坤元，而乾元、坤元之外亦无有实体，实体之变化是全体的，乾元、坤元也是就全体的变化说，非是就一一的现相说。

本体就是易体，即永恒流变的全体，这既不是西方哲学意义上的存在或存有(being)，也不是大乘所言的真如，亦不是王阳明所说的良知。以全体恒转流变说为本体，是为一种宇宙论的模型。以易为本体，以乾坤为实体流变的状态之模型，与以恒转为本体，以翕和辟为本体之用，实则是一样的。翕与辟、乾与坤都是从本体论的角度而言的。在现象界，则须说生灭了。“凡法本来无有，而今突起，便名为生。(此中法字，犹言事情。下言法者仿此。前面所说翕和辟或心和物，在此处则通名一切法。)例如我这现前一念心的现象，是以前本不曾有过的，而是现前一刹那顷突起的，就把这种突起，名之为生。凡法生已，绝不留住，还复成无，名之为灭。”①万法与现象不是本有的，而是生灭的、有时间相的，终要复归于无。有生有灭，才形成纷繁复杂的现象界。

万法和现象是生灭相续的，一切法和现象处在永恒不断的生灭流转中，没有固定的生相。

> 我们在谈变的时候，自不能不利用此刹那一词，以表示不断的变化，是刹那刹那顿起的。然若因此而以世俗时间的观念来理会此中所谓刹那，将把甚深微妙、不可测度的变化，箝入死的架格之内。(**世俗所谓时间和空间两系列，却是一个死的架格。**)甚至前后刹那之间，定有间隔，而变化也应中断了。如此，既已无法理会变化。应知，本书所说刹那，只是一种方便的设词，虽未尝不以刹那为至小至促而不可更析之时分，要是为言说之方便计，才用此词。学者于此，必须超脱世俗时间的观念，以理会变化之玄妙，庶几不以词害意。②

刹那源自佛经《大毗婆沙论》卷一百三十六中“壮士弹指间，经六十四刹那”，大乘的刹那义，不是世俗的时间义，是表示永恒相续的变化。熊十力也认为，在生灭

---

①② 《新唯识论》，《全集》卷3，第118页。

的问题上，刹那不是表时间义，而是表相续义。凡物才生即灭，一一生灭之间无有间隔。实则亦无一一生灭相可分，只是实体之流转而呈现的像，人执定其像而认定有一一生灭或一一现象。“他一切法绝不会有一忽儿的时间留住的。”①因此，世间无常存的物事。万物的成毁、生死、盈虚、聚散，都是无常的。一切的物，在实际上说，都是刹那刹那灭坏，刹那刹那变易的，生灭相续，诈现相状，人才执定其是存在的。“其实，物质既非实，动相亦是虚的。我们只承认万物是依着变化不息的过程，而假为之名。”②可见，在《新唯识论》中，无论是刹那义，还是对现象的看法，熊十力都受到了唯识学“诸行无常”的影响，从而认为现象界的物事是刹那生灭，无有自体的。又囿于其对《周易》的理解，认为本体是唯一实在的，而现象是没有自性的，只是实体流转诈现的相，不是实在的物事。

熊十力后期的著作中，对现象的看法与《新唯识论》有所不同。《新唯识论》更多地强调了本体自身，而《体用论》、《乾坤衍》则更多地说明了实体与乾坤以及现象的关系。前者所重在体，后者所重在用。《乾坤衍》认为，不存在没有变成功用的实体，不能说宇宙曾有一个尚未变成功用的时期，实体任何时候都是功用。本体存在的方式即是以功用或现相的形式存在的，不能离开后者而独自存在。他说：“实体是完完全全的变成万有不齐的大用，即大用流行之外无有实体。譬如大海水全称众沤，即众沤外无大海水。”③这里的体用关系的时候是从现象的角度而言的。正因为是从现象或现象的角度说本体，就更须强调本体的变化。实体是能活动的，凡活动必有变化。实体之变，而成为乾元、坤元以及万物。

现象真实，是就现象是本体的显现而言。从逻辑上讲，本体之变易必然显现为现象，此变易是真实的，因而亦可执定变易所显现之现象也是真实的。但现象却也是在不断流变的，不存在不变的现象，现象的流变即本体的变易之显现。本体的变易通过现象的变化而表现自身，现象虽然可执定为真实的，但实则只有变化才是唯一是真实的，只是现象表现了本体之变化而已。因而，无论是肯定本体是唯一的真实还是肯定现象是真实的，都说明了本体即是变易。在此意义上，才展现了体用不二的根本内涵。

① 《新唯识论》，《全集》卷3，第119页。
② 《新唯识论》，《全集》卷3，第128页。
③ 《体用论》，《全集》卷7，第14—15页。

> 万物是本体流行之过程，现似万有不齐之相，（相字，读相状之相，犹云现象。现似者，以其相非固定，故以似言之也。）所谓心物万象是也。先儒谓之万殊。（先儒，谓宋明诸儒。）故一言乎万物，即知其是本体之流行。①

天是实体、本体之代语，天命於穆不已，即因本体本来是流转不息的力用。一切物生灭灭生，正是本体力用的流行。本体的力用是全体的、恒时的，本体即是变易，变易无时间相和空间相，故以“於穆不已”形容之。心物万象都是本体流行过程所呈现的迹象而为心所执定，实则本无固定的心物可言。

对实体变易的恒时性和全体性的强调，是熊十力认为其思想不同于佛、道二家的关键点之一，也是不同于唯心论或唯物论的根本之处。实体变化之恒时性和全体性，表明实体即是易体，毋宁说，实体即是易、变易。除全体恒时的变易外，无有实体。但熊十力的本体实则即是一纯粹力动——易即是力动。除此力动之外，无有任何的实体存在，或者说，实体即是此力动。此变易的力动呈现为各种相，从而证成现象界的存有。

第二节 至寂即神化

熊十力思想所重在见体。在这个角度上，他认为空宗令人当下悟入一真法界的境界极高。

> 法相是千差万别的，若于法相而不执为法相，得悟入其真实本性，便离差别相。法相是生灭无常的，若于法相而不执为法相，得悟入其真实本性，便离生灭相。法相是变动不居的，若于法相而不执为法相，得悟入其真实本性，便离变动相。广说乃至无量义，恐繁且止。总之，空宗密意唯在显示一切法的本性。（此中一切法，犹云一切物。他处用法字者皆准知。）所以，空宗要遮拨一切法相，或宇宙万象，方乃豁然彻悟，即于一一法相，而见其莫非真如。空宗这种破相显性的说法，我是甚为赞同的。古今谈本体者，只有空宗能极力远离戏论。空宗把外道，乃至一切哲学家，各各凭臆想或情见所组

---

① 《原儒》卷下，《全集》卷6，第680页。

成的宇宙论，直用快刀斩乱丝的手段，断尽纠纷，而令人当下悟入一真法界。(一切法的本体，曰法界。真者不虚妄义。一者绝对义。)这是何等的神睿、何等稀奇的大业！①

《新唯识论》认为现象(法相)是千差万别而又没有自体的，因此证体必须不执法相，而要由现象悟入真实本性。就遮体而显真性的方面而言，空宗的理论是最为深刻的。熊十力的根本问题在于见体，因此对空宗的评价甚高，认为只有空宗的本体论能真见体。但是他接着上段又说："空宗的密意，本在显性。其所以破相，正为显性。此在空宗所本的经论中，反反复复，宣说不已，无非此个意思。然而，我对空宗，颇有一个极大的疑问，则以为，空宗是否领会性德之全，尚难判定。"②却是为何？

空宗由现象悟入真实，是就本体之寂静的一面说。但在熊十力看来，本体不仅是空静的，还是健动生化的。

本来，性体不能不说是寂静的。然至寂即是神化，化而不造，故说为寂，(凡有造作，则不寂。因为化之本体，是虚寂而不起意的，故无造作，而万化皆寂也。)岂舍神化而别有寂耶？至静即是谲变，(谲者，奇诡不测。)变而非动，故说为寂，(因为变之本体，是虚寂无形的，故不可以物之动转而测变。世俗见动物而不静，此变不尔，实万变而皆静也。)岂离谲变而别有静耶？夫至静而变，至寂而化者，唯其寂非枯寂而健德与之俱也，静非枯静而仁德与之俱也。健，生德也。仁，亦生德也。(即生曰德，曰生德，)曰健曰仁，异名同实。生生之盛大而不容已，曰健。(盛大，犹云至大至刚。盛者，刚强义。)生生之和畅而无所间，曰仁。(和者，生意融融貌。畅者，生机条达貌。间者，阻隔义。)③

性德即本体之德，不仅有至寂的一面，还有神化的一面。至寂即是神化。神化即是本体之健之仁，为本体之生德。至寂是说本体自如其如，不起作意；神化是说

①② 《新唯识论》语体本，《全集》卷3，第170页。

③ 《新唯识论》语体本，《全集》卷3，第171—172页。

本体有生德和仁德，因而能造化万物。生而不染，本自圆明，故可说寂；健动不已，生生不息，故可说神。本体必然是既寂又神的。《周易》说易体，不仅是就寂说，更是就神说。“易，无思也，无为也，寂然不动，感而遂通天下之故。”（《易经·系辞上》）

空宗只见到了本体之寂的一面，只许言寂，不能说神，只许言空，不能说有，故熊十力怀疑空宗未能见“性德之全”。在他看来，本体之寂与本体之神为本体不可分割的两面，本体不仅是寂静的，还是健动流行的。本体之“有”流行为万殊，才能说本体显现为大用。“佛氏谈本体，只是空寂，不涉生化；只是无为，不许说无为而无不为；只是不生灭，不许言生。”①熊十力则认为，空寂和生化并不是可以分开说的，只有真正识得本体之寂，才真正知生化。“凡谈生化者必须真正见到空寂，乃为深知生化。性体离一切相故说为空，离一切染故说为寂。于其寂而可识神化之真也，于其空而可识生生之妙也。”②本体之空寂和生化都为本体之性，真正识得空寂，才可说本体是无杂染而能起生化成无穷之大用，生化与空寂是本体两方面的性质。

> 是故会寂与仁，而后见天德之全。（天，本体之代词，非谓神帝也。）……夫寂者，真实之极也，清净之极也，幽深之极也。无形无相，无杂染，无滞碍，非戏论安足处所。默然无可形容，而强命之曰寂也。仁者，生生不容已也，神化不可测也，太和而无所违逆也，至柔而无不包通也。本体具备万德，难以称举。唯仁与寂，可赅万德。偏言寂，则有耽空之患。偏言仁，却恐末流之弊只见到生机，而不知生生无息的真体本自冲寂也。……故寂与仁，皆以言本体之德。寂故仁，仁亦无不寂。则本体不可执一德以言之也明矣。大本立定，……而征人伦日用之际，其斯为体用不二之学。③

生化即仁德，寂故仁，仁亦无不寂，因本体之生化本来是空寂的，无形无象的，非有实物之滞碍相。本体之寂静或本体之生化之一面，都不是全体的用德。本体之全德即仁即寂，仁与寂本不可分。“此静，只是无累、无扰、无倒妄，无束缚等

---

① 《印行十力丛书记》，《全集》卷 4，第 8 页。
② 《新唯识论》语体本，《全集》卷 3，第 192 页。
③ 《新唯识论》语体本，《全集》卷 3，第 405—406 页。

义，非谓其如实物之静止然。”①“仁只是太和。太和者赞词也，太和故流行无碍，焉有违逆。”②

熊十力认为，能否体认到性德健动的一面，正是儒佛二家最根本的区别。

> 如将儒佛二家的学说，仔细推勘，他们儒佛两家又有天壤悬隔的地方。佛家证到本体是空寂的，他似乎是特别着重在这种空寂的意义上。（着重二字，吃紧。）易言之，不免有耽空滞寂之病。……夫滞寂则不悟生生之盛，耽空则不识化化之妙。此佛家者流，所以谈体而遗用也。儒者便不如是。夫空者无碍义。（不独无质，并些微相状可得，故云无碍。）无碍故神，神者言乎化之不测也。（非思想所及，曰不测。）寂者无滞义，……无滞故仁，仁者言乎生之不竭也。（无穷无尽曰不竭）故善观空者，于空而知化，以其不耽空故。妙悟寂者，于寂而识仁，以其不滞寂故。我们于儒家所宗主的《大易》一书，便知他们儒家特别在生生化化不息真几处发挥。③

> 《新论》在本体论上，自性神的意义与儒佛皆有融汇处，而究与佛氏有大相殊别者。佛家于性体寂静方面证会独深，而不免滞寂；《新论》则明性体至静而健以动，至寂而生化无穷，此其所以归宗《大易》，终与佛氏有判若天渊者在。④

本体是否具创生义，或是否具仁德，是儒家与空宗最根本的区别。儒家讲本体有创生义，是从“体用不二”的角度来谈的。此创生即是仁，便是宇宙之生化、生命之健动。熊十力服膺儒家而批评佛家，最根本的原因也在此。

在熊十力看来，即便如宋明儒识仁也偏向于寂静而遗略健动之德。“朱子以柔言仁，由其学夹杂道家禅家成分太多，只向寂静处理会，却不曾于寂静中识生生不息之健，故误以柔言仁。柔者，寂相。（相，读相状之相。）明道《识仁篇》所谓‘以诚敬存之，存久自明’云云，亦只认取寂静相为仁体。宋明理学家，皆同此失，

---

①② 《新唯识论》语体本，《全集》卷 3，第 407 页。

③ 《新唯识论》语体本，《全集》卷 3，第 186—187 页。

④ 《十力语要初续》，《全集》卷 5，第 75 页。

不独朱子也。阳明虽亦识得生生不息之真几，然终着重寂静方面，取其《全集》而通观之自见。专从寂静处认取仁体，则遗其生生与健动之盛德大用，宋明理学之末流至于空疏、迂拘、萎靡不振，非无故也。”①

第三节　形色即天性

本体即大全，是熊十力的一贯看法，但对现象是否真实的看法则前后不一。《新唯识论》认为，所有的物理现象、心理现象，都是没有自性的，人们执有它们不过是执假象以为真实的存在，因而形色也是不真实的。在后期著作中，熊十力肯定了现象的真实性，对形色问题有了不同的看法。②他说：

> 体用可分而究不二，故于用识体，则可于心之方面（即辟之方面。）而径说为体，以心为辟、确与其翕之方面不同，翕有物化之虞，而心却不失其本体之自性，故严格谈用，心才是用。即用而识体，不妨直指心而名体，譬如于众沤而知其体即大海水，便于沤相而径名之曰大海水。
>
> 又复应知，翕虽物化，而不可偏执一义以言之，所以者何？翕非异辟而别有本事，毕竟随辟转故，则翕亦辟也，同为本体之显也。是故“形色即天性”，儒者不妄也；“道在屎尿”，庄谈不虚也；“一华一法界，一叶一如来”，禅师家证真而有此乐也。
>
> 以上即用识体，心物同是真体呈露。③

与《新唯识论》否定现象真实不同，《体用论》肯定了现象的真实性，并认为即用可以识体，故“隐体而直接谈用相”。

《体用论》有言：“人得天而生，乃一切人或一切各各物皆得天之全，以其为本体也。得天之全者，天是全体性，不可剖分，故曰全。”④天之全，是就天之全德

---

① 《十力语要初续》，《全集》卷5，第53页。

② 对于熊十力前后思想前后期的划分，没有明确的时间界限。但就文本而言，其对体用关系的看法在《十力语要初续》中已经与《新唯识论》时期有了不同。

③ 《十力语要初续》，《全集》卷5，第15页。

④ 《明心篇》，《全集》卷7，第288页。

说，天之全德即天性，即本体之德。一一人或一一物都具本体之德用。性德为真实的显现与存在，无须超脱现象界的一一人一一物去探求，即在一一人一一物之中，为一切事物的本性与潜能。

> 就实体言，实体非超脱乎万物而独在，乃是万物内在的根源。①
>
> 孔子既主张体用不二，即是以实体为现象之真实自体，现象以外，决定无有超越现象而独存的实体。（譬如大海水，是众沤的自身。【众沤，以比喻现象。大海水，以比喻实体。】故众沤以外，无有独存的大海水。）此理，孔子见之明，持之定。②

实体既是万物内在的根源，而显现为万物，因而实体不是超脱万物而独在的。说实体是万物内在的根源，就是说实体自身的变易即创生万物，并在万物中显现自身，譬如众沤即是大海水的显现，大海水必然显现为众沤。

同样，说“形色即天性”，即是说本体能生形色，并表现本体自身。

> 万物同资取乎一元实体，以成其始，以弘其生。③

> 凡有机物皆有生，有生谓之命；……凡无机物皆有成，……有成谓之命。……物之生也，道之生之；……其成也，道成之。……故万物皆以道为其本命。分之一词，自是就一切物各各禀受大道以生成而言，遂强名之曰分耳。其实，天道是浑然大全，每一物皆禀受混全之道以生成，易言之，每一物皆以混全之道为其实体。……是故庄生曰“道在瓦砾，道在屎尿”，宗门达者有云“一华一法界，一叶一如来”。④

在本体论中，万物不可作一一物分别看，而应将其看为本体自身的表现，本体的德用表现为万物之生，万物之生和变化即是本体自身的创生。本体只有一个，所

---

① 《乾坤衍》，《全集》卷7，第544页。
② 《乾坤衍》，《全集》卷7，第546页。
③ 《乾坤衍》，《全集》卷7，第550页。
④ 《原儒》卷上，《全集》卷6，第564页。

有变化发展的根源都在此实体之创生，一一物禀实体之生义，而成其自身之发展。一一物自身之发展变化也即表现了实体的创生。

实体表现自身而成万物，可以有两种说法：或说一一物或是实体变动诈现而取的相，只有实体是真实的；或说一一物禀得实体之德性而显现实体的大用，实体之自性即在一一物之中。前者是《新唯识论》的观点，后者是《体用论》和《乾坤衍》的观点。这两种观点都可用"体用不二"的框架加以阐释。

在《乾坤衍》中，熊十力用乾坤和万物的关系对此作了进一步说明。

> 乾坤，即万物也。万物各各禀乾以成性命，各各禀坤以成形体。离乾坤，即无万物；离万物，亦无乾坤。故曰乾坤即万物也。……乾坤与万物二名，语其实，不可离之为二；析其义，不得不有二名。①

> 是故即万物而言其本体，则无有一物不具乾之四德者。②

乾坤即本体之两方面，合乾和坤而言，即是本体。乾坤与万物的关系，即是本体与万物的关系，乾坤即万物，亦是说本体即万物；离乾坤无万物，亦是说离本体无万物；离万物无乾坤，亦是说离万物无有本体可寻，因本体（乾坤）创生万物以表现自身故。因而，万物都有乾之性与坤之性，因而说万物都具乾之四德。在此基础上，万物之一元本体，即表现为万物之自身。而在本体论的立场，万物必然是整全而不可分割的，"一一微尘摄三千大千世界，三千大千世界入一微尘"③，所以万物本来是相互流通与联系的。万物各各禀有本体的德用，德用是全体流行，无有差别的，因而万物是互相联系、互相贯穿、互相含入、互相流通的。一一物的根源即万物共有的根源，根源是一，万物各各禀有根源之性，因此万物本是一体，是相互流通与联系的。

> 万物各有之内在根源，即是万物共有之一元。万物共有之一元，即是万物各有的内在根源。万物本来是互相联系、互相贯穿、互相含入、互相流通，

---

① 《乾坤衍》，《全集》卷 7，第 563—564 页。

② 《读经示要》，《全集》卷 3，第 934 页。

③ 《十力语要初续》，《全集》卷 5，第 5 页。

> 不可分割、不可隔绝之全体。故就全体来说，万物是共一根源。（根源，即元之别名。）就每一物来说，每一物是各有内在根源。其实根源一而已。析义成说，则有万物“共有”、“各有”之异辞耳。①

万物都是实体自身的显现，表现实体的德用。因而一一物的根源是“各有”，也是“共有”。就乾、辟为实体的精神性方面而言，那么在一一人和一一物，都有此心，“就一一物各具之辟即是万物统体的辟以言，则自甲物言之，曰天地万物皆吾一体；自乙物言之，亦曰天地万物皆吾一体，乃至无量物皆然”。②这个辟，即为宇宙的心。“一一物各具之心，即是宇宙的心；宇宙的心，即是一一物各具之心。”③心即是本体之辟势。

> 《新论》在其即用显体之方面，……即于大用流行之辟势而说为体，（体字，具云本体。……）此辟是万物的统体，亦是一一物各具的，但一一物各具的辟，即是万物统体的辟，也即是一一物各具的辟。……从一一物各具言，是物自性神；从万物统体言，万物统体的辟，是超越乎一一物而绝待，是一神，亦即是依他神。由物对一神起超越感，便奉为他，而依归之，曰依他。④

> 神虽遍现作一一物，实不离一一物而独存，乃遍在一一物中而为之主。⑤

辟即心、即神，一一物之辟，即本体之辟，一一物“各有”之辟，也是万物共有之辟。一一物之神既是自性神，也是依他神，神为一，一一物“各有”之。实体是一，万物实则是实体的显现故。因而，离万物无所谓神。

万物是实体自身的显现，表现实体自身的德用，表现在道器关系上，乃为道器不二。

---

① 《乾坤衍》，《全集》卷7，第566页。
② 《十力语要》卷一，《全集》卷4，第14页。
③ 《新唯识论》语体本，《全集》卷3，第110页。
④ 《十力语要初续》，《全集》卷5，第80页。
⑤ 《十力语要初续》，《全集》卷5，第82页。

道者器之体，器者道之用，（器者，宇宙万象之总称。道不在器外，譬如大海水不在众沤外。器者，道之发现，譬如众沤是大海水之发现。）故形上形下，但随义异名，实无二界。①

乾元遍为万物实体，即于一一物而皆见为乾元，是故于器而见道，（器即道之著也。）于气而显理，（气即理之显也。）于物而知神也，（物即神之显也。）于形下而识形上，（形下即是形上，非可二之也。）于形色而睹天性，（形形色色，莫非天理著现，故睹天性则形色之间已亡。）于相对而证入绝对，（于万物而识其本体，即相对是绝对。）于小己而透悟大我，（若悟在己之自性与超越万有之实体，是一非二，则小己之相遣，而知天地万物皆吾同体，是孟子所云万物皆备于我，乃大我也。）于肉体而悟为神帝。（上帝非超脱肉体而外在故。）②

道器关系，即本体与现象，天性与形色，大我与小我的关系。道与器，本体与现象，天性与形色本不可分。本体表现为现象，形色亦与天性无二，天性之外，无有形色。

形色即是天性，就是即相显性而言，故不须破相即可显性。

孟子“形色天性也”一语，（天者，本体之名。性即天也）直含佛氏《大般若》无量甚深微妙义，有其长处而无其流弊。《般若》破相以显性，（相者，即孟子所云形色，亦即本文所云现象，或器界与小己相。）何如不破相而直于相显性？……破之固以遮执，而亦易流于耽空，且有性相不得融一之过，故孟子语更妙也。诚知形色即天性，则于世间直证为天性流行，岂复有世间相乎？于一一物象或器界直认为天性显现，岂复有物象或器界相乎？于小己而直证入天性，岂复有小己相乎？孟子即相显性，则不待破相而相缚已无。③

---

① 《原儒》上卷，《全集》卷6，第467页。
② 《十力语要初续》，《全集》卷5，第99—100页。
③ 《十力语要初续》，《全集》卷5，第92页。

就体用关系而言，道、天性为体，器、形色为用，体用不二，即道与器不二，形色与天性不二。熊十力在早期讲体用关系是从本体和形上方面讲，不能肯定形下和经验现象的真实性，因而未能证成道器不二、形色天性不二。其在《新唯识论》文言本已经说："大哉功能，遍为万物实体！极言其璨著，一华一法界，一叶一如来。"①但是其早期并未按照肯定一华一叶为真实的思路来构建其《新唯识论》。在其晚期著作中，则对道器不二、形色即天性更加肯定且彰显之。

熊十力晚期对本体与现象关系的看法与朱子之"理一分殊"观念、华严宗"一多相摄"的理路相近。本体是一，分殊而成为多。本体和现象的关系是理与物、一与多的关系。宋明儒此种观念又源于中土佛教尤其是华严宗。仅以朱子为例，朱子的太极说，深受华严宗的影响。朱子以为太极是天地万物之理，无论就天地言，还是就万物言，无不各具太极；乃至就人言，就物言，亦无不一一具有太极。"太极只是天地万物之理：在天地言，则天地中有太极；在万物言，则万物中各有太极。"(《朱子语类》卷一)"问理与气？曰：伊川说得好，曰：'理一分殊'。合天地万物而言，只是一个理；及在人，则又各自有一个理。"(《朱子语类》卷一)"太极只是个极好至善底道理，人人有一太极，物物有一太极。"(《朱子语类》卷九四)这都是取"月映万川"之理以解太极。熊十力在 1947 年撰写的《印行十力丛书记》中也说道："譬如月印万川，万川各具之月，实是一月。所谓一为无量，无量为一是也。"②又说："夫唯即现象即本体，故触目全真。宗门所谓'一叶一如来'，孟子所谓'形色即天性'，皆此义也。"③"唯儒家直下于形色显天性，故不必呵形器为虚妄，即俗诠真，融真入俗，所谓'极高明而道中庸'是也。"④理一分殊、月印万川、形色即天性，都是就现象与本体的关系而言。

第四节　生命即创造

在《新唯识论》中，"恒转"实体之辟显发本体自性，恒转之辟性即是本体之自

---

① 《新唯识论》文言本，《全集》卷 2，第 49 页。
② 《十力语要》，《全集》卷 4，第 9 页。
③ 《十力语要》，《全集》卷 4，第 35—36 页。
④ 《十力语要》，《全集》卷 4，第 36 页。

性。由此辟义说本体能生化。“辟者，开发义，升进义，生生不息义。”①本体本是健动不已、流动不息的。从本体之大用流行上构建宇宙论，则本体之辟即表现为心。

> 言心即本体者，即用而显其体也。夫曰恒转之动而辟者，此动即是举体成用，……非体在用外也。……夫本体之动，而名为用。……用之成也，恒如其本体，而无改于固有之德性。易言之，即体既成用，而恒不变其真实、刚健、清净、空寂之本然也。②

> 变也者，言乎生命之生生而不已也。此生生不已者，前无所预期于后，后起续前，而不用其故。③

生命即性，为宇宙万物与吾人所同具之本性。生命就是本体自性的显现，人生本来刚健即能证自性的德用。生命的本来面目是至刚至大的，知生命本是精进向上者，无有不发愤忘忧、创新生命。但生命的本来面目易为形气所遮蔽，一旦本来的生命被遮蔽，则生命不能显其全德。

> 性者，言其为吾人所以生之理也。若赅万有而言之，则亦假名恒转。形气者，谓身躯，此即恒转之动而翕所凝成者。易言之，即此形气亦是本来的性底发现。但形气现起，则幻成顽钝的物事，忽与本来的性不相似。所以性至此几乎完全物质化了。然尚能守其自性而不至全化为物者，此即所谓辟或心。但就其存乎吾身者言之，此辟或心，实可谓至少得一点。如《易》、《剥卦》中所剩下底一阳而已。这点真阳，是生命底本身。……盖此点真阳若不得显发，即未能主宰形气而为物役者，又随在可征。……此仅存之真阳，(**即性。**)虽遍运乎形气之内，而隐为主宰，然其运而不息者，固法尔自然，未有为作。④

---

① 《新唯识论》语体本，《全集》卷3，第372页。
② 《新唯识论》语体本，《全集》卷3，第377—378页。
③ 《新唯识论》语体本，《全集》卷3，第355页。
④ 《新唯识论》语体本，《全集》卷3，第463—464页。

性为人所以生之理,故说生命即性。生命元是本体之大生命,生命的本身可以主宰形气而不为形气所主宰,只要生命本身的真阳能运乎形气,则自然可以显发本来的生命之德。熊十力赋予本体以创生义,以“生”说本体的特征,目的在于证成健动精进的人生哲学。

> 实际上这一切行,只是在那极生动的、极活泼的、不断的变化的过程中。这种不断的变化,我们说为大用流行,这是无可呵毁的。我们依据这种宇宙观,来决定我们的人生态度,只有精进和向上。其于诸行,无所厌舍,亦无所谓染着了。①

生命本来只有精进和向上,无所厌舍,亦无有染着。生命本来是法尔自然的,是精进的、向上的、生生不息的。

熊十力认为,对宇宙论的说明,就是对身心性命之根源的说明。“须知真理非他,即是吾人所以生之理,亦即是宇宙所以形成之理。故就真理言,吾人生命与大自然即宇宙是互相融入而不能分开,同为此真理之显现故。”②

一方面,人的生命是从宇宙进化而来的;另一方面,人的心灵本宇宙之昭明、刚健的德用,能识人与宇宙本来一体。因此,宇宙生命即是人之大生命。

> 原夫人之生业,资取生生大流而生。(**生生大流,即是动而健之精,故不别言精。精者,精神之简称。见前。**)既生,则生生大流即是吾人自身内在的根源。(**吾人与万物生生的根源,曰生源。生生大流,是无定而无不在。从其在吾一身而言,则为吾身内在的生源。从其遍在于万物而言,则为万物各各自身内在的生源。生生大流,不是超脱于吾人与万物而独在。此须深切体会。**)吾人与万物,各有种类。要皆后先相继,各以己力开拓自身内在生源。是故综观宇宙发展不已的全体,则见夫生命、心灵步步出潜而大显,从微而盛著。人之飞跃,最为奇异、特殊。其以强力发展自身内在生源,遂腾生命之热力于大宇,耀心灵之光明于苍穹。虽云有源者不竭,而亦由斯人之能自辟其源耳。③

---

① 《新唯识论》语体本,《全集》卷 3,第 87 页。
② 《十力语要》卷二,《全集》卷 4,第 199 页。
③ 《乾坤衍》,《全集》卷 7,第 602 页。

宇宙进化是从植物到动物再到人类，人是宇宙生命进化的最高阶段，因而能显宇宙大心之全德。在动物阶段，心灵被锢蔽而不得显发。而动物的心灵完全锢闭于形躯，完全是生理的冲动。因而也不能完全显发宇宙生命之德用。只有人类的心灵原本昭明、刚健，虽然一方面有动物性，但本心的德用毕竟强大，可以超越动物性的一面。熊十力以宇宙发展从植物、动物进化至人类的阶梯，说明了人与动植物的区别，此区别即在人有此心灵。人的心灵即是宇宙的大生命，本来与天地万物为一体。人的心灵禀宇宙生生之业力，故人的生命本是刚健、昭明、精进不已。人能显心灵之生德，必能转物而不为物转，而能显发自身之生德。熊十力从宇宙进化的角度说明人的生命本有一往向上的性质，此是其宇宙论的落脚点。其宇宙论即是人生论，二者不可分割。

熊十力认为，解决宇宙人生的大问题，认清生命的本来面目，是儒学的根本要义。“孔子内圣之学，要在解决宇宙人生诸大问题。其义旨悉见于《乾》《坤》二卦。”①他亦以乾元实体之变动不息、生生不已来说本体之德性。

> 乾为性、灵，（此性字为生命之别以称。灵者，心灵。）其德刚健、昭明。坤为能、质，其性柔暗。（此性字，是性质之性，与上性字不同义。柔者，谓其无有乾之刚健与升进等性也。暗者，谓其无有乾之**昭明性**也。）故人生自强，唯在存养乾道，以健统坤。乾道既振，坤道自来顺承，归乎正大。（正大，谓乾也。乾称正，亦称大。）人之能自立者，必不“随顺躯壳起念”，“故曰乾统坤、坤承乾，是人生自强所必不可违之天则也”。②

> 乾为生命、为心灵，有刚健、生生、昭明、升进等性，而刚健为本。刚健者，至刚不可折，至健而直前，进进而不可停住、不可退坠，此生命力之刚健性也。生生者，蕃然万物变化密移，每一瞬间舍故生新，大生之力，其妙如此。③

以乾说生命和心灵，是说生命和心灵有刚健、生生、升进、昭明等性。熊十力说：“如我所知，心灵亦是大生的强盛势力。……从‘大生’的强盛势力，有刚健、升

① 《乾坤衍》，《全集》卷7，第592页。
② 《乾坤衍》，《全集》卷7，第650页。
③ 《乾坤衍》，《全集》卷7，第647页。

进、昭明等性而言,生命、心灵本来是一。"①生命和心灵有此德性,则可以不受物蔽,不仅能主宰自我之生命,也能主导物质世界之发展,此是生命心灵之力用。生命心灵之力,有两方面的作用:"生命心灵之力,一方面能裁成天地,变化万物;一方面能裁成自己,变化自己。"②

因为本体即宇宙实体,故只有把宇宙问题讲清楚了,人生的根源和价值才会清楚。

> 人生无有刚健、大生与富有、日新之乐趣。(**刚健至日新,皆见《易大传》。富有,谓生活内容丰富。**)而圣人倡导裁成天地、辅相万物之伟论,亦难振导迷惑、萎靡之群矣。……然则圣人以万物为主,而以实体为万物之内在根源。不以实体为主,避免降低万物,将于万物发生坏的观想。……大哉圣学,其至矣乎!③

宇宙实体即吾人生命的源头,宇宙间万事万物莫非实体之显现。人的心灵乃宇宙的进化而成,虽依着物质的变化,然终究不是物质。熊十力认为,只有先立起本体论、宇宙论,才能讲身心性命,宇宙论是人生论的论述前提,宇宙论的根本目的还是在于彰显生命与心灵生生不息的特征。他说:"难我者,如真正了解心灵:(一)应当体会知、情、意三方面,究以坚强的意志力为基本作用。最低等动物之知觉等作用,乃至人类高级心灵作用,莫不依赖于向外追求的强烈意志力鼓动于中。同时知觉乃至思维等等高级心灵作用,亦为意志力所倚仗之慧炬,而不至流于盲目追求。故知、情、意三方面,亦相互影响。今此不及深论也。(二)心灵和生命非两物,并不是妄持空论来作主张。如果体会到意志力之健而又健,便可信得心灵和生命根本不是两物。"④心灵有知、情、意三个方面,此三方面相互影响,但终究为意志力所主宰。意志力本是健动昭明的,是生命之表现。生命心灵之德性即表现为生生不已。因此生命心灵的本来面目即是精进不已,无有滞碍。

---

① 《乾坤衍》,《全集》卷7,第538页。
② 《乾坤衍》,《全集》卷7,第504页。
③ 《乾坤衍》,《全集》卷7,第532页。
④ 《乾坤衍》,《全集》卷7,第539页。

第六章　境 论 论 衡

熊十力的本体论，凸显了体用不二的基本观念，张扬了生生不息、健动不已的儒家精神。但由于其对本体的内涵以及本体论在近代转向了解不够，依然以宇宙论的思路来建构本体论，以宇宙实体为道德本体，因而出现了诸多的理论问题，其本体论也由于其思想前后期的矛盾而导致了诸多的争议。

第一节　形上学与本体论分殊

东西方的形而上学与本体论，无疑是有巨大差异的。中国哲学与印度哲学的本体论，差别也毋庸置疑。甚至有学者否认中国传统哲学中存在本体论思想。一般认为，儒家的本体论的明确表达要到宋明理学中才出现。当然，宋明理学中的本体论也和西方的本体论不同。在中国传统中，形而上学是以不同的面目一直存在着，传统儒家的形而上学可以分为两种进路：一是以宇宙论为中心的外在的形而上学，此关键在宇宙论和形而上学；一种是以心性本体为中心而透显出的道德的形而上学，此是以心性本体或道德本体为中心，上透到宇宙，使宇宙成为道德的宇宙，证成道德的形而上学，是为道德的宇宙论、道德的形上学或道德形上学。宋明儒所开显的本体论也并不是西方哲学意义上的宇宙本体论或理性本体论，而是以良知本心为基础的心性本体论。

一　形而上学与本体论

“形而上”一词，原出于《周易·系辞上》“形而上者谓之道，形而下者谓之器”一语。在西方哲学引进以后，通常用“形而上学”一词翻译 metaphysics。在西方哲学史上，人们把本体论、宇宙论、理性心理学和理性神学归入过形而上学。后来，宇宙论为天体物理学所取代，理性心理学则为现代实验心理学所取代，而理性神学本来就依附于宗教而产生，只有本体论始终留在形而上学内。因此，也有人将本体论等同于形而上学。本体论最初产生于柏拉图的理念论中。柏拉图指出我们可感世界之外存在着某种确定不变的对象，即理念，并以理念去说明事物的本质。但是，当用这样的理念去说明事物时，又遇到了新的困难。可感世界中独立存在的事物无不是复合的，且往往集相反的性质于一身，而理念的确定性决定了他们每一个只具有单一的性质，这样的理念是难以说明现象界的事物的。于是柏拉图又探讨了理念之间的互相结合或分有问题。试图以相互结合在一起的不同理念的集合，对应于集多种性状于一体的现象界事物，从而能够从理念方面对现象界的事物作出说明。柏拉图对理念间相互结合的关系的演示，并在此基础上提出了通种的学说，这已经是后人所谓本体论的开端。①

亚里士多德认为，事物之所以能形成的原因是多方面的，批评希腊早期哲学家往往只抓住其中某一种原因，如寻找万物始基的哲学注意到质料因，柏拉图关于理念是事物模型的说法缺少动力因等等。亚里士多德对柏拉图的理念论进行了批判。他认为"关于理念存在的那些证明方法都是不可信的"。②柏拉图和亚里士多德都用了 ousia 这个词，但对柏拉图来说，它是指理念"自身的存在"(自在的存在)③，而对亚里士多德来说，是"存在者之为存在者"的原因。亚里士多德认为理念本身是不能为事物所分有的，被事物所分有的只能是作为原因的东西，这就是本体。亚里士多德说本体是"形式"，"但是，这同一个词既指这个世界中的本体，又指理念世界中的本体"。④"本体和本体所是的那个东西的分离似乎是不可能的，因为作为事物本体的理念会怎样而分离存在呢?"⑤站在经验主义的立场上，对于存在不可见、不可触且离开实际的事物的观点，亚里士多德当然是不能同意的。他以经验作为自己哲学的基础，从来没有让哲学超出我们所在的现实世界之外。他也没有认为我们的世界之外有一个理念的或纯粹理念的世界，更不认为真实是在纯粹概念的推论中产生的。从这个意义上讲，亚里士多德是非本体论的，甚至是反本体论的。然而，亚里士多德在经验的基础上，划分了从个别到一般、从种到最高的普遍的大致层次，并使之结晶为表达各种普遍性的概念，同时又创造了形式逻辑，这些都为本体论的进一步发展打下了基础。

亚里士多德又制定了系统的逻辑方法，通过自下而上的抽象的方法或对语

---

① 参见俞宣孟：《本体论研究》，上海人民出版 2003 年版，第 269 页。

② 《形而上学》991b9—17。

③ 《巴门尼德篇》133C。

④ 《形而上学》991b10。

⑤ 《形而上学》991b1—3。

词的分类的方法得出了大量的普遍性的概念和范畴。基督教神学将亚里士多德的逻辑方法与概念和范畴应用到本体论中时，本体论才得以真正的完成。波埃修通过介绍亚里士多德的逻辑学说，并认识到其逻辑的方法是可以为神学所用的。[①]而且亚里士多德的哲学著作所处的希腊语境中，“存在”和“本质”的区分还不是那么明显，而在亚里士多德的著作被翻译成阿拉伯语后，此二者的意义被区分开来，并随着阿拉伯语被翻译成拉丁文而将此带进了西方哲学界和神学界。“存在”和“本质”的区分增加了神学的话题。经院哲学家通常认为，对事物来说，要么存在先于本质，要么本质先于存在。但有一点是共同的，即在上帝这里，本质和存在是同一的，上帝因此是自己存在的原因。基督教神学先是由于论述“三位一体”的问题，引入了柏拉图主义，后来又进一步通过亚里士多德主义的渗入，获得严密的逻辑手段。他们运用了三段论的逻辑，逐渐推进了纯粹概念的论证方法，主要用于论述上帝存在的问题。托马斯·阿奎那对这种论证方法作了理论上的总结，指出了它的“先天性”的特征。这一过程带动了本体论的发展。

哲学发展到近代，以笛卡儿为代表，进入理性时代。笛卡儿以“我思故我在”为第一原则，标志着哲学从神学挣脱出来。笛卡儿的沉思中关于上帝存在的证明与安瑟伦的证明几乎是一样的。只不过对笛卡儿来说，完满的上帝观念是经过思维滤取出来的，他这种思维的第一原则超出了神学藩篱。笛卡儿把神学中的上帝拉回到人的认识，把“存在”和“思”等同起来，去把握其意义的时候，已经使本体论起了变化，即柏拉图以来被假定为独立于现实世界之外的概念，才真正明确为能为人的思想所把握的概念。

西方哲学从泰勒斯开始一直到经院哲学，都试图从自然或对自然的知识、知识能力出发论证信仰的价值体系，此即是宇宙本体论。经验派和唯理派都可以归入宇宙本体论。经验派属于科学主义是没有争议的。唯理派由于其基本假设，也有科学主义的倾向。笛卡儿的二元论，明显包含了科学主义的倾向。斯宾诺莎和莱布尼茨则由于其在宇宙中而不是在理性上寻求上帝之证明，更由于其实用的逻辑（康德称之为普通逻辑），更多地带有科学主义的色彩。虽然笛卡儿的著名命题“我思故我在”标志着理性本体论的开端，即开始在理性处而不是在

① 参见赵敦华：《基督教神学 1500 年》，人民出版社 1994 年版，第 224—225 页。

自然中寻求安身立命的根据。然而，无论是笛卡儿、洛克，还是莱布尼茨，都沿袭了经院哲学的普通逻辑，因而并不能建立起划分两个领域的哲学体系，即仍然以科学知识、日常经验论证信仰。休谟看到了他们的困境，但囿于其经验哲学的立场，未能提出逻辑革命的任务，仍然未能开创出新的思路。直到康德创立了先验逻辑，才完成了笛卡儿所提出的任务，宇宙本体论才真正让位于理性本体论。

二 康德对本体论的转向

康德综合经验派和唯理派，提出先验哲学，扭转了传统的宇宙本体论，将宇宙本体论发展为理性本体论，此在哲学史上具有划时代的意义。西方传统中，宇宙论带有两种主要含义。其一，一般本体论(ontologia generalis)，关涉存在物的"存在"(be-ing of beings)问题。其二，"科学普遍性"(scientia universalis)，即"原理性科学"(science of pricinples)。科学的普遍主题是存在物，而一般本体论的主题则是原理的存在，即构成存在的原初实体概念。西方哲学的传统上，这两种思想形式一直都存在着，大多数思想家都试图同时提出这两方面的问题，尽管某一种哲学体系中占优势的总是其中一种。一般本体论和普遍科学二者都是神话逻辑论证的功能。二者都依靠宇宙从无序向有序的转化，将这设定为理性秩序和发展秩序。无论是从混沌的"本无"(nothingness)到有序的"存在物"的"存在"，还是从"混乱"(comfusion)向"秩序原理"(principles of order)转换，西方宇宙论思想从根本上都是宇宙发生论或宇宙生成论。

康德为科学知识建立了一种新的哲学理论，但这并非其目标所在。康德的意图在于说明：对上帝、自由和灵魂不朽，不可能有知识；无论对科学知识的发展推进到何种地步，对于证明此类信仰的对象不会有丝毫作用。由此，康德划分了自然与自由，知识与信仰的界限。"不可知论"不是说自然不可知，而是对上帝、自由和灵魂不朽不可能有任何知识。康德的目的是要为信仰的对象找到稳固的地位，他运用了两大武器：先验逻辑和辩证法。康德并不讨论个别人获取知识的心理过程或人类获取知识的历史过程，他仅讨论做成知识必须具备哪些前提或条件。经验知识分解后有形式，这形式又不可能凭感觉获得，因此不得不认为他另有来源。这样，经验知识之可能，必须承认纯粹思维的先天性。这一部分内容通常被称为认识论，但康德从经验知识中剥离出纯粹思维来，为的是建立人的二重性——人既是自然(现象),又是自由(本体),即:人既是感性存在体,又是知性存在体。所谓“知性存在体”,即是一社会的价值的存在。因此康德的先验逻辑与其说是认识论,不如说是本体论——康德自己就称之为本体论。因此,有学者把康德的先验论称作理性本体论,并区别于旧本体论——宇宙本体论。

康德的先验逻辑要为信仰找到稳固的地盘,但把信仰和知识对立起来,仅视知识为真理。这一思路遭到黑格尔的批判。黑格尔的逻辑学把信仰与知识统一起来。他认为科学知识是“不真的”,主张上帝可知而且只有关于上帝的知识才是真理。按照康德严格二分的思路,上帝只是为道德而安立的假设,那么信仰的对象毕竟不是那么牢靠——费希特就从康德哲学中引出了无神论,这是康德哲学之所以遭到黑格尔攻击的一个原因。另一方面,康德哲学中的上帝概念,尽管是一假设,但仍然有“造物主”的意味。黑格尔革命了上帝概念,主张上帝即绝对,也就是达到绝对理念的纯思维过程——上帝就是理性或人的本性。黑格尔不再通过自然的这一中介,而直接从上帝推出了社会。世界历史被看作是精神的展开与实现的过程,上帝的意义首先是在社会历史中。

但黑格尔哲学并不是没有缺陷的。“黑格尔哲学之弊在于他的绝对太‘绝对’了。本应该有两个绝对——一个是纯粹思维,另一个是本无;他却只留下了一个,留下了纯粹思维,而把本无纳入纯粹思维之中。”①康德的功绩是区分了自然领域与自由领域。在自然领域,他所说的现象背后的物自体的概念,实际上是“本无”。过渡到自由领域时,他区分了现象和本体的概念,此时的本体即是上帝了。但康德经常将上帝、自由和灵魂不朽等概念,以“物自体”一词替换,也就是说,本无、上帝这两个绝对,康德常用“物自体”一词指谓,黑格尔则将两者归之于一。这样说来,康德哲学中的本体本来有两个,这是其区分自然世界和自由世界的逻辑基础。而在黑格尔,本体只有一个了。正确地区分本体的两个面向,是理解宇宙本体论和理性本体论的区别之关键。

近代哲学以后的本体论,不可能再从自然领域论证信仰的对象。自然领域的事情,完全交给了科学知识。而信仰的对象,则由理性所把持——虽然到19世纪以后西方哲学中对理性主义的反叛颇多。由此,宇宙本体论在理性本体论

---

① 谢遐龄:《康德对本体论的扬弃——从宇宙本体论到理性本体论》前言,第5页。

建构的过程中被扬弃。这是康德哲学划时代的伟大贡献。

三 《周易》的形而上学

《周易·系词上》有言:“形而上者谓之道,形而下者谓之器。”老子说“道可道,非常道”已经说出了理解“形而上”或“道”之概念的艰难性。崔觐言:“凡天地万物,皆有形质。就形质之中,有体有用。体者,即形质也,用者,即形质上之妙用。言有妙理之用,以扶其体,则是道也。其体比用,若器之于物。则是体谓形之下,谓之器也。假令天地圆盖方轸,为体为器,以万物资始资生,为用为道。动物以形躯为体为器,以灵识为体为用为道。植物以枝干为体为器,以生性为道为用。”①此处之体,即为形体、形质,谓已成形者,非指目本体。而道和用扶其体,可说道和用为神之一面,有形体便有道有用,从天地到万物莫不有道。但形体或器是假说,只是就乾道、坤道的变化流行上说。就《周易》而言,天下万物莫非乾道和坤道,乾道和坤道即是易之道,变之道。“曲成万物而不遗,通乎昼夜之道而知,故神无方而易无体。”②万物资始于乾道,资生于坤道,“曲成万物而不遗”,即是说乾道和坤道,随物付形而资生,不遗细微。“通乎昼夜之道而知”,昼者乾也,夜者坤也,此是说通于乾坤之道而无所不知。孔子叹“逝者如斯夫,不舍昼夜”,此即是说道之流行不息。“故神无方而易无体”,易即神,神即易,言变化之无常无尽,无方无体。此即是说乾道、坤道未形时的变化之道,形而上者,即是说乾道坤道未形时的状态,此时即“神无方,易无体”,此即为道也。而形而下者,为乾道、坤道变化流行之象,非乾道、坤道本身也。从象上而言便已失乾道、坤道之神,因而不是道而是器也。

因此,形而上学,依《周易》的意思,是说乾道、坤道的神用之学。虽乾道坤道之神用表现为器之象,然器却不是乾道、坤道。形而上学,亦即探究未形之前的道。未形、已形,总有能形者,此能形者说为易,也可叫易体,亦即后来儒学中所说的本体。因此,《周易》所体现的形而上学也可泛说为本源论或本原论。而形而下者,即是成形之后为器者。中国传统思想中对器之所以为器,即知识论和科学上建构此器之范畴和逻辑向不发达,导致科学思想和知识论(科学和知识的逻

---

① 李道平:《周易集解纂疏》,中华书局 1994 年版,第 611 页。
② 李道平:《周易集解纂疏》,第 558 页。

辑和范畴的研究)的匮乏。

后来的学者就形而上与形而下所指多有争论。①朱子说:“道是道理,事事物物皆有个道理;器是形迹,事事物物亦皆有个形迹。有道须有器,有器须有道,物必有则。”(《朱子语类》卷七十五。)此形只是形迹,事事物物之形迹当然是易体、本体之迹,本体依道之变化而产生形迹,故能成器,非成器之后而有道也。戴震说:“《易》‘形而上者谓之道,形而下者谓之器’,本非为道器言之,以道器区别其形而上形而下耳。形谓已成形质,形而上犹曰形以前,形而下犹曰形以后。”②此是按时间先后言,与朱子之思路虽有差别,然其以“形以前”说形而上,“形以后”说形而下,还是指道非是形器之道,而是所以成形器之道也,所以成形器之道才是形而上者。在知识论的意义上,成形器之道即是构建器的概念和范畴,而所以成形器之道则超越于知识论,非知识论所及。所以,如果说形而上学是关于本源的道,那么形而下学就是关于成器的知识论。

四 道德的形上学之初显

在中国传统中,是否有如 ontology 一义的本体论思想,是个十分有争议的话题。有学者根本否认中国哲学中有本体思想的产生。③持这种观点的主要理由是:先秦思想家无现象和本体的区分,没有可感事物的概念,语言去把握的,直接是混沌。此种说法当然有其道理。但中国传统思想中,道、理、性、心、天在本体

---

① 关于《周易》“形而上者谓之道,形而下者谓之器”两句在中国哲学界的相关争论,参见陈赟:《形而上与形而下:以隐显为中心的理解——王船山道器之辨的哲学阐释》(台湾《清华学报》2001 年第 31 卷第 1—2 期)一文,该文对程颢、朱子、王船山和戴震关于此一问题的理解有详细介绍。

② 戴震:《孟子字义疏证》卷中,《戴震集》,上海古籍出版社 1980 年版,第 288 页。

③ 张岱年指出:印度哲学及西洋哲学讲本体,更有真实义,以为现象是假是幻,本体是真是实。本体者何?即是唯一的究竟实在。这种观念,在中国本来的哲学中,实在没有。中国人讲本根与事物的区别,不在于实幻之不同,而在于本末、源流、根支之不同。万有众象同属实在,不惟本根为实而已。以本体为唯一实在的理论,中国哲人实在不主持之。南宋初胡宏说:“释氏见理而不穷理,见性而不尽性,故于一天之中,分别幻华真实,不能合一,与道不相似也。”(《知言》)于一天之中,“分别幻华真实”,即分现象与实在为二。亦即现代英国哲学家怀特海之所谓“自然之两分”。此种分现象与实在为二的思想,中国哲人对之皆持反对态度。胡氏此语,实为一般中国哲学之普遍态度之明白表示。(《中国哲学大纲》,中国社会科学出版社 1982 年版,第 9—10 页。)谢遐龄指出:1.中国先秦哲学及魏晋玄学未曾区分可感世界与可知世界二者,换言之,中国本体哲学未曾产生过巴门尼德—柏拉图—亚里士多德所创建的本体论。虽然佛教哲学兴盛时期,分世界为空色两界的观念牢牢占据中国士人头脑,那毕竟是外来的,是根植于梵语之中的。所以,说中国本土哲学未产生本体论,不会带有根本性质的错误。2.古代汉语无系词。(谢遐龄:《从宇宙本体论到理性本体论——康德对本体论的扬弃》,第 22 页。)

论的角度上而言都属于形而上学范围内所讨论的问题。即使在没有明确本体论思想的孔子那里，其关于仁、性、天道等思想，后人还是将其解读为本体的意义。那么道、理、性、心、天的本体意义是如何获得的呢？

在先秦，天的涵义经历了复杂的发展过程，大体有主宰之天、自然之天、道德之天、形上之天，等等。《论语》中子贡说："夫子之文章，可得而闻也。夫子之言性与天道，不可得而闻也。"（《公治长》）但子贡说不得闻，背后已经隐含孔子有关性与天道的真实内容。春秋时期，已经将天、天命从人格神的性格，转化而为道德法则的性格。而《论语》中的天命，实际上就是指道德的超经验的性格而言，因为道德的根据是超经验的，所以只能用传统的天、天命、天道来加以表征。道德的普遍性、永恒性，正是孔子所说的天、天命、天道的真实内容。"五十而知天命"的"知"，是"证知"之"知"，是从十五志学以后，不断地"下学而上达"，从经验累积中，从道德践履中，证知道德的超验性。此种道德的超验性，在孔子处便称之为传统的观念中的天、天道、天命。孔子到五十岁才证知了"天命"，天就进入到他生命的根源中，成了生命的真实内容。只有孔子在自己真实的生命中，证知了天命，感到自己的生命与天命联系到了一起，才会说"天生德于予"。此种天命在后人看来当然具有形而上的意义。《中庸》开篇讲"天命之谓性，率性之谓道，修道之谓教"三句，即对应于子贡所说的天道、性和文章。此三句将天命、性、道、教连在一起，直贯而下，"天命之谓性"之"天命"与孔子"五十而知天命"之"天命"应是同义，只是将天命与性连在一起而讲，即说孔子所证知的天命即是人的本性，是以仁为内容为工夫的性。"率性之谓道"，是说顺着天命与性给人规定的方向发展即是道，人性以外无所谓道，道即在人性中，顺性而发的道，自然是人的真实生命的显现。《中庸》所言的性即是道德的本体，而性的来源就是天，天既是本体，也是根源。

郝大维和安乐哲认为，儒学的本体是一种现象本体论、内在宇宙论。"儒学却表征为一种现象本体论，而非实体本体论。理解人类现象不需要借助'质料'、'属性'或'特征'。因此，儒家不关注抽象美德的实质，他们更关注对特定语境中个体行为的诠释。这不是一种从行为者到行为的纯粹转换，因为这样的话还需要运用我们认为确然不适当的实体性语言。根据现象描述个体，戒绝了任何对行动者或行为的单方面考虑。行动者既是原因又是结果。"①这种模式，郝大维

① 郝大维、安乐哲：《通过孔子而思》，北京大学出版社 2005 年版，第 17 页。

和安乐哲称之为内在宇宙论。"内在宇宙论一个最重要的含义就是作为孔子思想基础的现象本体论。其他两个相关的即是：内在宇宙'秩序'和'创造性'。孔子的秩序从根本意义上讲是审美的而非逻辑的。'审美秩序'(aesthetic order)成就于新模式的创造中。逻辑秩序涉及终结行为；审美秩序则立基于揭示和打开。"①他们通过对孔子思想的分析得出一个基本的结论：中国的大儒们的思想都是"审美的"。提出儒学属于现象本体论、内在宇宙论，并认为儒家的根本特质是"审美的"，虽然可能会引起诸多争议，但却颇为新鲜。现象本体论和内在宇宙论之思路，即说明了此是以主观涵摄客观的宇宙，是一由内在而超越的模式。

传统西方的形而上学和宇宙论都不太可能成为儒家宇宙论思想模式或诠释范式。《论语》不大谈宇宙论和天等问题。如果硬要说孔子那里有宇宙论的概念，也不过是"天"、"道"、"德"。但此类概念所表达的无非是内在的主体涵摄外在的种种现象而有的意义和价值，他更多的是一个主观的道德意义的概念，而非表征客观外在的一个实然或实体概念。孟子的心性论将性落在心上讲，由心善言性善的实际内容，此心孟子说为"本心"，孟子认为此心是"天之所予我者"，天即成了道德根源和道德本体，由此可以区别于告子的"生之谓性"之性和荀子的性恶之性。这是从孔子到孟子关于心的看法的内在逻辑的发展。当然，这只是孔子性与天道发展的一个路向。对性、道思想的发展还有另外两个路向，即以《易传》为中心的阴阳观念，以及以礼的传承为中心的荀子一派。此三派相互影响，互有胜负。两汉时期，实以《易传》为主。宋代理学兴起，远承子思和孟子，但仍然援入《易传》思想。②《易传》所言都是从客观的外在的宇宙而说到的心与天的关系。但孟子学说的意义更多是在说明"尽心知性知天"，"万物皆备于我"，此是从主观的心说万事万物乃至宇宙本源的开显乃是人的本心之功用，此是从主观的内在的方面而言。

《易传》与《论语》、《孟子》的侧重点是不同的。《易传》侧重的是从客观的宇宙讲到主观的心性，主观的心性是客观宇宙变化发展所成；而《论语》、《孟子》则是由主观的心性上溯至客观的宇宙和天道。将《易传》与《论语》、《孟子》

---

① 郝大维、安乐哲：《通过孔子而思》，第18页。

② 参见徐复观：《中国人性论史》，华东师范大学出版社2005年版，第121—122页。

合而观之①,即是从客观的天说到主观的仁、心,又从主观的心到客观的万事万物和宇宙本源,此是一个圆圈的两个来往。前者是形而上的道和体与形而下的器或用的关系,是一种体用源流的关系;后者是心性本体涵摄宇宙万物,存有宇宙万物的思路,乃以唯识为首出。前者是《周易》意义上的形而上学和宇宙论传统,是由超越而内在,由客观而主观的模式;后者是一本心之开显,涵摄与存有宇宙万物的本心本体论,是由内在而超越的模式,乃以宇宙实体或易体为首出。当然,此种区分在先秦儒家中本是不大明显的,对于古人而言,宇宙或天的问题总和道德问题相关。

五 道德的形上学之证成

张载提出了德性之知与闻见之知之分,德性之知即是后来陆象山所说的本心与王阳明所说的良知,闻见之知即认知。大体而言,这是对孟子之心和荀子之心的区分与继承。朱子沿着闻见之知的心,建立起了理气二分、心性情三分的庞大体系。在朱子的体系中,性是孔子与《中庸》所说的天命之性,而心则是荀子所说的自然之心。朱子对孟子所说的良知良能不大重视。象山、阳明提出心即性即理,性是天命之性,心是本心、良心、良知。陆王的理论形态是孟子的,也并没有完全继承先秦儒家心学的全部内核。天命、性、道在传统儒家思想中本身有着形而上学的性质,这直到阳明的良知学说建立后才得以完整的展现。虽然宋明理学反对佛学对本体和现象的区分,但其心性论在很大程度上还是受到了佛学的影响。如果说先秦所讲的天还带有人伦道德的"立法者"与宇宙生成论的意义的话,那么宋儒所讲的"天理"则在相当程度上是"性体"、"道体"之代称。宋儒讲

① 《中庸》的地位当然是十分重要的,但《中庸》的地位比较特殊。《中庸》的形上学思想可以说综合了《易传》与《论语》、《孟子》,将天道、天命与人性、教化联系在一起,打通了形上之天和人之心性,成为一直贯的思想体系。单就超越的形上学而言,其和《易传》较为接近,就内在而超越形上学而言,其又和《论语》、《孟子》有所关联。所以有学者指出,《中庸》的形上课题有二:一是将仁与性打合为一,仁就内化为仁性,为儒学初步建立起道德本体。二是将天命与性打合为一,是为天命之性,性根于天,即成了道德终极根源。(参见杨少涵:《中庸原论——儒家情感形上学之创发与潜变》,社会科学文献出版社 2017 年版,第 126 页。)牟宗三心体与性体中将《中庸》与《易传》划为一类,是因为《易传》和《中庸》都证成了道德本体的终极根源,然道德本体的根源是否为天,此则另说(见本文心性论部分)。但就道德的形上学而言,实则《孟子》已经隐含,并由后来的象山和阳明所开出。由孟子、阳明之良知本心义而开出的道德的形上学并不需要一客观的天作为保证,只需通过良知本心之开显即可证成。

“天人本无二，更不言合”，亦即是说，“天道”与“心性”本是一体。

宋明儒学一方面在相当程度上继承了《易传》所体现的本末、源流思想。另一方面，他们所言的本体不再只是《周易》中所说的易体，而更多的是言良知、本心。此在阳明说“意之所在为物”和王龙溪说“明觉感应为物”时，已经甚为明显①。王阳明的四句教“无善无恶是心之体，有善有恶是意之动，知善知恶是良知，为善去恶是格物”②即是以良知为本体，来说明良知本心与外在世界的关系。良知是评判一切善恶之标准，但良知是“至善”的，或曰“无善无恶”的。良知不仅能评判一切善恶，也能感应和裁制万物，所以格物即是“为善去恶”。格物是“意之所在为物”，即是良知存有万物。良知正事事物物，于事事物物各得其所，此即已经包含思维与存在的同一性——说是思维也不妥，良知不是纯粹思维。存有万物即创生万物，良知本身即是创生天地、造化万物的本体。所以阳明说：“良知是造化的精灵，这些精灵，生天生地，成鬼成帝，皆从此出，真是与物无对。”③又说：“天地万物，俱在我良知的发用流行中，何尝又有一物超于良知之外。”④良知不是具体的事物，但天下万物又都在良知中呈现。

---

① 牟宗三认为：“王阳明之四句教尚不是究竟圆教，但只是究竟圆教之事前预备规模。究竟圆教乃在王龙溪所提出之‘四无’，而四句教则为‘四有’也。”（牟宗三：《圆善论》，《牟宗三先生全集》卷22，第307页。）牟宗三之圆教是就德和福的关系而言，也是就存有论的圆满而言，存有论之圆满即是道德的形上学之极致。牟宗三认为王阳明之“四有”不是存有论的圆满，亦即不是道德的形上学之极致，而“四无”则是存有论的圆满和道德的形上学之极致。但在笔者看来，王龙溪之“四无”实则包含在王阳明的“四有”之内。王龙溪言：“夫子立教随时，谓之权法，未可执定。体用只是一机，心意知物只是一事，若悟得心即是无善无恶之心，意即是无善无恶之意，知即是无善无恶之知，物即是无善无恶之物。盖无心之心则藏密，无意之意则应圆，无知之知则体寂，无物之物则用神。”（《王畿集》，凤凰出版社2007年版，第1页。）此中“无心之心则藏密，无意之意则应圆，无知之知则体寂，无物之物则用神”四句即是“四无”。钱绪山和王龙溪就“四无”和“四有”的关系问题有过争论，后来王阳明在“天泉证道”中说：“吾教法原有两种：四无之说，为上根人立教；四有之说，为中根以下人立教。……若能互相取益，使吾教法上下皆通，始为善学耳。”（《王畿集》，第2页。又参见《传习录》第315条。）可见王阳明对“四无”说并不否认，而且认为此是上根之人的教法。就“四有”之“无善无恶心之体”一句而言，实则可以包含“四无”的意义在内。另外，我们可以在《传习录》中发现类似“四无”句的说法，如“性无不善，故知无不良”（第155条）；“心也、性也、天也，一也”（第192条）；“性无善无不善，性原是如此”（第273条）。阳明之语，多是上下其讲，是指点语，针对不同的人开不同的方子，实则“四无”之意在阳明处也很明显。因此，阳明之良知学可以为道德本体论和道德形上学的圆教模型。

② 《传习录》卷下，第315条（本文中《传习录》的材料全部引自陈荣捷《王阳明传习录详注集评》，华东师范大学出版社2009年版）。

③ 《传习录》卷下，第261条。

④ 《传习录》卷下，第269条。

心学将传统的天、道翻转为心，将天理翻转为“心即理”，不再向外寻求本体，而转向自身寻求价值与存在的根源。阳明从庭前格竹大病一场到龙场大悟确立格物致知新说，直接呈现了心学的维度。阳明对朱子格物致知说的最大困扰来自于“物理吾心终判为二”的矛盾。到龙场大悟后，确认了理和心的一致，心成了所有物理、事理的根源。“格物”不是以内在的心去格外在的事物之理。相反，外在的事物就是“意之所在”，格物就是正物，就是正自己的意念，也即自己格自己的心——“君心”。理和心是一致的，不能心外有理。“心即理也。天下又有心外之事，心外之理乎。”①“吾心之良知，即所谓天理也。致吾心良知之天理于事事物物，则事事物物皆得其理矣。”②又说：“人的良知就是草木瓦石的良知。若草木瓦石无人的良知。不可以为草木瓦石矣。岂惟草木瓦石为然。天地无人的良知，亦不可以为天地矣。盖天地万物，与人原是一体。其发窍之最精处，是人心一点灵明。”③“夫人者，天地之心。天地万物本吾一体也。”④可见，心、良知即是天地万物存在的根据，也是万事万物的本体。

良知不仅是事物存在的根据，更是道德存在的根据。

> 爱曰：“如事父之孝，事君之忠，交友之信，治民之仁，其间有许多理在，恐亦不可不察。”
>
> 先生叹曰：“此说之蔽久矣，岂一语所能悟！今故就所问者言之：且如事父不成，去父上求个孝的理；事君不成，去君上求个忠的理；交友治民不成，去友上、民上求个仁的理：都只在此心，心即理也。此心无私欲之蔽，即是天理，不须外面添得一分。以此理纯乎天理之心，发之事父便是孝，发之事君便是忠，发之交友治民便是信与仁。只在此心去人欲、存天理上用功便是。”⑤

事物、人伦、政治甚至整个社会文化，都在我心之内，人人有此良知之心，良知就

① 《传习录》卷上，第3条。
② 《传习录》卷中，第135页。
③ 《传习录》卷下，第274条。
④ 《传习录》卷中，第179条。
⑤ 《传习录》卷上，第3条。

是天理本身。

良知是“不虑而知，不学而能”的，即工夫即本体，此是就其当下发用而言，只要顺从良知的命令即可。与朱子不同的是，由于阳明凸显了良知的本体义，天的意义在阳明处已经甚为微弱。朱子甚至还谈论过鬼神的问题，而在阳明处甚至天也已是不需要讨论了，鬼神对阳明而言更是不可能涉及。阳明学只强调一任良知主宰，即是天理显现，除此良知之外，无须任何保证和来源。肯定良知的唯一实在性，是阳明及其后学的根本特点。

有学者认为阳明的良知包含物理的意义①，但将物理自然和人伦秩序分开，应是阳明学的潜在意识。说阳明的良知学说包含了物理自然，即扩大了阳明良知说的范围。对阳明而言，物理自然在其格竹子失败以后已经脱离了其理论范围，而所谓天地万物一体的思想，是就万物因良知涵摄而有的道德价值而言，并不是指物理自然。如果非要说阳明的良知包含有物理自然在内，那阳明良知学说中的矛盾和张力将是无以复加的。将物理和人伦分开，此一倾向在孟子处即已经十分明显，阳明对朱子格物致知之内涵的翻转已经完全清晰。因此，宋明儒学尤其是心学已经不再是传统意义上以客观之天、天道为本的立场，而是以良知为本体，用良知裁制万物，良知即是万事万物的本体。

在阳明学派“意之所在为物”的模式下，包含着存在和良知本体的同一性。此种同一性乃良知与存在之理的同一，而非良知与实存的物理的同一。良知建构是价值之存在，非事理之存有。此种存有论思想在孔子处已经奠基，孟子有所发展，经程颢、陆象山，到王阳明达之顶峰。王阳明既从“四有”的角度肯定具体的存在价值，也肯定王龙溪“四无”路向中所说的圆教模型。②在良知的发用中，良知作为存在的唯一根据，既是具体存在价值的根源，因而良知本体论也是儒家圆教的最终模型。存在和良知本体的同一性即表明良知学是本体论与工夫论的统一。

阳明学的良知本体论，放弃了以《周易》为核心的形上学思想，并不考虑外在

---

① 如岛田虔次就认为“良知就是天地万物，也就所谓自然界的根据，也就是他们的原理”。（参见岛田虔次:《中国近代思维的挫折》，第 17 页。）

② 牟宗三认为王龙溪的“四无”教是圆教模型，是从圆善的角度而言的。但圆善之模型却必须建立在存有论的圆教模型之基础上。实则王阳明的体系中已经包含了此一模型，王阳明既肯定钱绪山从“四有”角度理解良知，也肯定王龙溪从“四无”角度阐发良知，就是肯定圆教有上下两种路数。

宇宙本来的面目，宇宙如何生成，事物自身如何发展变化，乃良知以外的存在。良知学只是以良知本心为基础，“一心之伸展，一心之朗现，一心之遍润”①，是真正意义上的唯心论或唯良知论。良知学也不考虑认识论的基本问题，只证成价值存在与道德存在，证成道德的存有论或道德的形上学。王船山即使对阳明学有所反叛，但对良知为存在或存有之本体的根本思路并没有异议。说阳明的良知学说是儒学本体论的典范，并不过分。岛田虔次曾说：“我认为，阳明心学是儒家思想（或者是中国思想）的极限，超越阳明心学，儒家思想在本质上就已经不再是儒家思想了。”②岛田的《中国近代思维的挫折》一书以及《阳明学的人的概念、自我意识的展开及其意义》一文虽然是从考察“人的概念”和“自我意识”来研究阳明学，但此一评价在考察儒学的本体思想时依然有效。以“一心之伸展，一心之朗现，一心之遍润”的良知作为存在的根源建立良知本体论，确实是阳明学的关键。

以心性本体为中心，透过道德的意识而呈现宇宙万物和宇宙实体，与《周易》的“形而上”和“形而下”之体用关系下的宇宙论有完全不同的思路。此是心性本体和道德意识而透显出宇宙，万物乃至宇宙实体的存在，根据是良知心性本体。心性本体在践仁尽性的过程中，无限扩大，最终由一种宇宙论的情怀，证成道德的形上学。此种思路牟宗三说得甚为分明。

> 儒家惟因通过道德性的性体心体之本体宇宙论的意义，把这性体心体转而为寂感真几之“生化之理”，而寂感真几这生化之理又通过道德性的性体心体之支持而贞定住其道德性的真正创造之意义，它始打通了道德界与自然界之隔绝。这是儒家“道德的形上学”之彻底完成。③

通过性体心体而贞定住宇宙生化之理的道德性意义，这才是道德的形上学的根本含义。在传统儒家中，以阳明的良知学为圆教模型，说其是道德的形上学的彻底完成，是因为其不仅凸显了良知的道德主宰义，更因其能通过良知之用而证成一道德的宇宙论。此道德的宇宙论，即是道德的形上学。

---

① 牟宗三：《心体与性体》上册，第 41 页。

② 岛田虔次：《中国近代思维的挫折》，《序》，第 4 页。

③ 牟宗三：《心体与性体》上册，第 155 页。

第二节 摄用归体与摄体归用

20世纪50年代中期,熊十力思想发生了比较大的变化。有学者指出,熊十力早年的《新唯识论》为了肯定本心、本体的唯一真实性,更多地强调"摄用归体",而晚年更多地肯定了万事万物的真实性,而更多地强调"摄体归用"。①"摄用归体"与"摄体归用"的矛盾,是熊十力"境论"的一个根本矛盾,这也可以从道德心性主体与宇宙万物存在的本体的关系而言。

在《新唯识论》中,熊十力对本体与现象关系的看法如下。

一、用不是体本身,现象不即是本体。《新唯识论》的主旨在"摄用归体",只承认"本体"的唯一真实性,并把宇宙万象看成是这一本体的变现。"本论摄用归体,(用即是体之显现,非别异于体而自为实在的物事,故用应摄入体,不可将体用析成二片。)故说功能即是真如;会相归性,(性者,体之异名。相,谓用,义旨同上,但更端言之。)故说真如亦名功能。以故,谈体无二重过。"②摄用归体,会相归性,是《新唯识论》要点,具体而言,"《新论》要义有三:一、克就法相而谈,心物俱在。(心起,即物与俱起;心寂,即物亦俱寂。)二、摄相归体,则一真绝待。物相本空,心相亦泯。(所谓'遮法相而证实体'者,即此旨。)三、即相而显体,则说本心是体,虽复谈心未始遗物,然心御物故,即物从心,融为一体,岂有与心对峙之物耶?"③又认为,《新唯识论》虽在设施法界相(假立现界)上与空宗不同,但在"摄相归性"的问题上与空宗是一致的。因此"在本体论上说,是要扫荡一切相的"。④《新唯识论》对空宗有较高的评价,也正是因为其空了现象。"我们玩味大乘空宗的说法,他们只是于现象不取其相。易言之,即空了现象,才得于现象而皆见为真如。"⑤

在体用关系上,"摄体归用,心物俱泯,一真无待。……举体成成用,心物俱现,万有纷若。……由举体成用言之,绝对即是相对。由摄用归体言之,相对即

---

① 参见郭齐勇:《熊十力思想研究》,第87—98页。

② 《新唯识论》语体本,《全集》卷3,第247—248页。

③ 《新唯识论》语体本,《全集》卷3,第499页。

④ 《新唯识论》语体本,《全集》卷3,第74页。

⑤ 《新唯识论》语体本,《全集》卷3,第82页。

是绝对”。[1]也就是说，从分疏上说，即体而成用，从融会上说，摄用而归体。熊十力此时认为现象不是真实的。他说：“一切物没有不是互相为缘而起的。所以，一切物都是没有自体的。换句话说，所谓一切物，实际上只是毕竟空、无所有的。既一一物都无自体，如何不是空呢?”[2]现象本身是没有自性的，现象只是执本体之变动的心相而有。故，所谓摄用归体与空宗的破相显性是相同的，只有把不真实的现象遮拨掉，才能显示本体的本来面目。“试就麦禾来举列罢，通常意味麦禾是有自体的，是实在的，但自了达缘起道理的人来看，就知道麦禾只是许多的缘，互相籍待而现起的一种相状。如种子为因缘，水土、空气、人功、农具、岁时等等为助缘，如是等缘，互相籍待，而有麦禾的相状现起。若将所有的缘都除去，也就没有麦禾了。所以麦禾并无自体，并不是实在。”[3]万物都是缘生的，将这所有的缘都去掉，便无所谓万物了，而且这些缘只是妄识所安立的，本身也不是真实的。因此万物都不是实在的物事，只有本体是唯一的真实。总之，《新唯识论》中的体用关系是：一方面摄用归体，另一方面原体显用；一方面遣相归性，另一方会性入相。但在这样的关系中，只有体、性是真实的，而用相是没有自体的。

二、本体为绝对的一。《新唯识论》主张本体是绝对的一。“一者，绝对义”[4]本体作为绝对的一，是从人之本心与宇宙本体为一的角度而言，心是圆满自足的。只要本心自证，就能得到绝对的全体。“本体是要反求自得的，本体就是吾人固有的性智。……到了性智显发的时候，自然内外浑融，(即是我所谓内我和外物的分界。)冥冥自证，无对待相。”[5]“因为摄用归体，即一一用都无差别故。”[6]这样，在《新唯识论》的框架中，只有本体或本心是唯一真实的东西。心的绝对性表现在他的圆满自足：“此具足圆满的明净的觉悟的真的自己，本来是独立无匹的。以故，这种觉悟虽不离感官经验，要是不滞于感官经验而恒自在离系的。他元是自明自觉，虚灵无碍，圆满无缺，虽寂寞无形，而秩然众理已毕具，能

① 《为诸生授〈新唯识论〉开讲词》，《摧惑显宗记》，《全集》卷 5，第 542 页。郭齐勇认为熊十力在此处吸收了华严宗的思想(参见《熊十力思想研究》，第 88 页注)。

② 《新唯识论》语体本，《全集》卷 3，第 51 页。

③ 《新唯识论》语体本，《全集》卷 3，第 51—52 页。

④ 《十力语要》卷一，《全集》卷 4，第 5 页。

⑤ 《新唯识论》语体本，《全集》卷 3，第 23 页。

⑥ 《新唯识论》语体本，《全集》卷 3，第 253 页。

为一切知识底根源的。”[①]只要本心能反证自己，那么就能证成唯一的绝对的真实的本体。熊十力在此一方面强调了本体即是宇宙实体，表现为一翕一辟而成流行大用；一方面又强调了本心的巨大的功用。一切现象皆是本体本心之自性的显现，唯一真实的只是此本体本心，现象是没有自体的。

三、本体的开显需要自证，需要遮拨现象。《新唯识论》的根本目的就是为了见体，见体的方式无非有两种，一是内心的自证自明；二是从遮拨掉现象使本体呈露。前者是工夫论，后者诠释学。《新唯识论》把本体的体证视为本心的自证自明，本体的呈现就是本心的自我呈现，也即本心自己认识自己，这个过程就叫觉悟。本心的呈现就是“本心的自知自识”。“换句话说，就是他本心自己知道自己。”[②]“自知自识的时候，是绝没有能所和内外及同异等等分别的相状的，而却是昭昭明明、内自识的，不是混沌无知的。我们只有在这样的境界中才叫做实证。而所谓性智，也就是在这样的境界中才得显现的，这才是得到本体。”[③]在理论上，熊十力以空宗遮诠的办法，在《新唯识论》上下两章，遮拨了境执和识执，即遮拨掉了现象和执心的真实性，而只剩下一本来的真性，且只有这个真性是真实的。

在 20 世纪 50 年代中期以后，熊十力的思想与《新唯识论》相比，发生了明显的变化，主要表现在以下三个方面：

一、现象即是本体的自身。熊十力晚年意识到，除了现象本身，无所谓本体，他说：“倘真知体用不二，则道即是万物之自身，何至有太一、真宰在万物之上乎？”[④]真实的本体就是现象自身，本体而不在现象之外，这是熊十力晚年的一个重要观点。他说：“余笃定现象肯定有根源，但根源不超脱现象而独在，别为不可知之物，根源不是别一世界。余肯定根源即是现象的实体，易言之，根源即是现象的自身。学者每将实体与现象析成两界，亦有知道不应如此破析，而其为说终难免自相矛盾，只是所见未彻底耳。实体一词，古今哲学家通用之，但其说到实体则只是无对；说到现象，又只是相对。而对两方面的说法，却不曾融会。如此，则实体毕竟被推出于现象以外去，如何可说是现象的实体。余将实体直说为现

---

① 《新唯识论》语体本，《全集》卷 3，第 15—16 页。

②③ 《新唯识论》语体本，《全集》卷 3，第 21 页。

④ 《体用论》，《全集》卷 7，第 5—6 页。

象的自身，譬如大海水是众沤的自身，便扫除障碍。须知实体本是现象之真实的自身，何可推出现象以外去。”①在这里，熊十力更多地肯定了现象的真实性，在体用关系上也有了新的说法。“体用不二，即是实体不离开现象而独在，……若真见实体不是离开现象而独在者，便不可偏向实体上说真实，偏向现象上说变异，因其将实体现象剖作两重世界故也。学者真正了解实体不是离开现象而独在，当然要肯定现象真实。肯定现象真实，即是以现象为主。实体元是现象的自体，所以现象真实不虚。反之，如偏向实体上说真实，偏向现象上说变异，则不独有体用剖作二界之大过，而且以实体为主更有佛家摄用归体、摄相归性、摄俗归真之巨迷。”②这里明确否定了《新唯识论》中的“摄用归体”、“摄相归性”的思想，认为其是“巨迷”。难怪熊十力要在《体用论》中说：“此书既成，《新论》两本俱毁弃，无保存之必要。”③又说：“（余）平生不敢著书，偶有小册，皆随便为之。《新论》……太不精。前所以印存者，则以体用不二之根本义存于其间耳。今得成此小册。故《新论》宜废。余之学宗主《易经》，以体用不二立宗。就用上言。心主动以开物。此乾坤大义，与佛氏唯识之论根本无相近处。《新论》不须存。”④

二、万物各自有元。熊十力晚年“收摄一元以归藏于万物”，认为万物自身各各有其自身的一元，一元即成万物自身的“自有之元”。《新唯识论》所主张的一本万殊观念在此得到了修正，现象之外的实体被否定，一切物共有的，即是每一物自有的。“一切物各各自有之大生命，即是天地万物共有之大生命。易言之，一切物各各自身之主公，即是天地万物各各自身共有之主公。”⑤显然，在这样的论述中，一一现象的真实性得到了肯定，而不复如《新唯识论》中否认现象真实。有学者认为，这种肯定现象个体真实的思想证显现了现代性的意义，这样的哲学“逻辑地蕴涵着对个体的尊重，对于多样性的现象世界的肯定，这些，使得熊十力在本质上告别了那种在早期还在坚持的古代的世界观，其思想也透露出更多的来自现代性的信息”。⑥

三、本体的开显即在现象中。20 世纪 40 年代末，熊十力在《摧惑显宗记》中

---

① 《乾坤衍》，《全集》卷 7，第 511—512 页。
② 《乾坤衍》，《全集》卷 7，第 546—547 页。
③④ 《体用论》，《全集》卷 7，第 7 页。
⑤ 《存斋随笔》，《全集》卷 7，第 820 页。
⑥ 陈赟：《熊十力晚年思想的转变》，《玄圃论学续集》，湖北教育出版社 2003 年版，第 185 页。

说:“孟子‘形色即天性’一语,……直含佛氏《大般若》无量甚深微妙义,有其长处而无其流弊。《般若》破相以显性,(相者,即孟子所云形色,亦即本文所云物象或器界与小己相。)何如不破相而直与相显性? ……破之固以遮执,而亦易流于耽空,且有性相不得融一之过,故孟子语更妙也。”①此时的熊十力虽然还是认为一一物都无自体,但已经不完全遮拨现象。对证体之思路也已经发生了变化,《新唯识论》一度赞同的“摄相归性”到此成了“即相显性”。而且其从空宗之“破相显性”转移到了孟子的“形色即天性”。他说:“儒者融贯天人之学,明万有资始于备万理、含万德、肇万化之一元,所谓乾元。……乾元遍为万物实体,即于一一物而皆见为乾元,是故于器而见道,(器即道之著也。)于气而显理,(气即理之显也。)于物而知神,(物即神之显也。)于形下而识形上,(形下即是形上,非可二之也。)于形色而睹天性,(形形色色莫非天性著现,故睹天性则形色之见已亡。)于相对而证入绝对,(于万物而识其本体,即相对即是绝对。)于小己而悟透大我。(若悟在己之自性与超越万有之实体,是一非二,则小己之相遣而知天地万物皆吾同体,是孟子所云万物皆备于我,乃大我也。)于肉体而悟为神帝。(上帝非超脱肉体而外在故。)”②儒家决不会否认外物的实在性,《摧惑显宗记》已经暗示了熊十力对现象的看法必然会发生转变,到写《体用论》时此种倾向完全显示了出来。

随着熊十力对本体与现象关系的看法在晚年的转变,其认识本体的工夫论也有所不同。此时,他认为,自证、内证等功夫容易导向对本体的错误看法。在《体用论》中他说:“古哲对于内心的体察,纯用返观法,而忽视内心与其躯体及外物之联系,实于无意中将心灵看作是无对的独立体。”③他认为这种“自证”、“自明”的工夫论取向在佛家中根深蒂固,且“流弊甚大”。他把这种工夫论为基础的佛道之学称之为“日损之学”,与自己所主张的“日新之学”差距甚大。他说:“惟所谓实体,即是现实世界的实体。……现实世界以外没有独存的实体,故吾人不能离开现实世界而空想或幻想有超越万有的实体。”④本体非是现象之外别有自体,本体即表现为现象,因此,要证得本体,必须深入现象和现实社会生活。这种看法与《新唯识论》中的思想相比,虽说不截然相反,却也有巨大的反差。这反映

① 《摧惑显宗记》,《全集》卷5,第435页。
② 《摧惑显宗记》,《全集》卷5,第442页。
③ 《体用论》,《全集》卷7,第219页。
④ 《乾坤衍》,《全集》卷7,第452页。

了熊十力晚期思想对现象的重视，以及其工夫论的微妙转变。其工夫论的转变是随着其对本体看法的变化而变化的。

在《乾坤衍》中，熊十力对“摄用归体”和“摄体归用”作了明确的区分。他说：“余玩孔子之《易》，是肯定现象真实，即以现象为主，可以说摄体归用。（摄字，约有二义：一收入义。二、包含义。此处所引佛说之摄字，应是收入义。即以用，收归于体，是佛之义也。）佛氏以用收归于体，即把用消除了，而只承认不生不灭的实体。佛氏毕竟是出世的宗教。……摄体归用，则万物皆有内在根源。即是真实不虚，自然变异日新，万物所以不倦于创造也。……摄体归用，即是将实体收归万物，方知万物真实。……摄用归用，则现象真实，万物真实，人生真实，世界真实。人生一切皆得自主自在，一切皆得自创自造。孔子倡导裁成天地、辅相万物诸弘论，实从其摄体归用之根本原理而出也。”①熊十力此时完全站在了儒家的立场，肯定了现象的实在性，并以现象为主。并强调“摄体归用”的重要性。他说：“……古今谈本体者，总不免将万物的真实自体，推出去说为无对。而不悟无对即是有对。此种见地正是消除了万物，只承认无对的实体，是谓摄用归体。佛家更悍然消除实体的功用，留下一个不生不灭的死体。故摄用归体之主张，至佛氏而已极矣。”②摄体归用，是肯定现象和万物真实，肯定自主之创造。而摄体归用则是将本体推出去说，只承认一个无对的实体，而不悟无对即是有对。孔子的思想是摄体归用，佛家的思想是摄用归体。这样，熊十力将其早年所主张的摄用归体思想推到了反面。

第三节　良知本心是体还是用

熊十力所论之本体，一方面是宇宙实体或易体，一方面是吾人本心。他以佛教中的“依他”与“自性”的关系来说明解释这二者的关系。

> 《新论》首立能变为万化之大原、万有之本体，……是依他义。即此能变妙体，……物物各具，是自性义。……自性与依他，可分说而究不可分，不可

---

① 《乾坤衍》，《全集》卷 7，第 547—549 页。

② 《乾坤衍》，《全集》卷 7，第 550 页。

> 分而又不妨分说。此义在《新论》中已甚显然。又应复知，《新论》在其即用显体之方面，……即于大用流行之辟势而说为体，……此辟是万物的统体。亦是一一物各具的，但一一物各具的辟，即是万物统体的辟，而万物统体的辟，也即一一物各具的辟。……从一一物各具言，是物自性神；从万物统体言，是超越乎一一物而绝待，是一神，亦即是依他神。由物对一神起超越感，便奉为他，而依归之，曰依他。①

一一物依本体而成，此是依他义，而一一物本身又具有自性，即是自性义。一一物不是本体，又待本体而成。人之良知本心亦如是，本心既成，而能自我主宰，故有自性义。这样，良知本心实则不是本体，只为本体之用。

那么，良知本心究竟是不是本体？熊十力一方面要说明宇宙万化，因此说本体是复杂，无此复杂性，则不能呈现为万殊的现象。另一方面，从心的角度而言，只能说本体是单纯的。一说本体是复杂的，则心不即是至纯至善的。梁漱溟对熊十力思想体系中的这一问题看得十分清楚，且批评熊十力是“自毁自杀”。

> 云熊先生自毁自杀，略言之：
>
> 有如其在学问上所见正不差者，临末却自己尽行毁弃。我所为《熊著选粹》，选录其所谈儒学十数则，皆甚正确，时或有胜前贤(朱子)，盖无不根于其亲觌性体而来。据熊著自述其觌体缘由，实受阳明咏良知诗句——无声无臭独知时，此是乾坤万有基——之启发。十数则语意一贯，略无出入之差。乃不料其晚年所著《明心篇》，第一一页却竟说出：
>
> 但阳明有时将良知说为本体，此乃大谬。
>
> 这怎么不令人骇怪！恰巧我于其书中检出他自己说过的话：
>
> 良知即本全，不用更为他觅源头。若更觅，却是头上安头。此话要说便常，明翁咏良知诗“此是乾坤万有基”甚可玩，(**见《十力语要》，卷一，第五七页，系答友人书“弟屡说兄只是未见本体”一句话下的注语，此友人实即伍庸伯先生**)
>
> 两相对照，又令人失笑不已。寻其转变，殆由“无声无臭”云云与他后来

① 《十力语要初续》，《全集》卷 5，第 79—80 页。

"余敢断言本体是具有生命、物质种种复杂性"(见《明心篇》,第一五页)不能相容,不得不改口。……

同样的情形亦还有之:

(上略)谈至此,有不容不辨者,宋明儒以仁为本体,甚失孔子之旨。仁是用,究不即是体。谓于用而识体可也,谓仁即是本体则不可。(见《明心篇》,第一六二页)

然而"仁即本体"这话恰好就是熊先生自己说的,其原文如次:

仁即本体。佛老于虚寂显体。《新(唯识)论》则于虚寂而有生生不息之健处认识体。生生,仁也。故说仁即本体。此是儒家一脉相承。仁守即体认之候。(见《十力语要》,卷一内"印行十力丛书记"第九页)

然则又是一个不认旧账。只责宋明儒甚失孔子之旨,而于自己原曾附和宋明儒却一字不提。何为如是,窃所不解。

其实这些都是小问题,这些小问题皆原从一大问题而来。真可惜痛的大问题乃是熊先生觌体承当之不终。他不循着既得端倪勉励此学,舍正路而不由,偏好搞什么本体论、宇宙论,自逞其才。由是良知非本体,仁亦非本体,——大约心亦非本体,因心包不得物,不够复杂不能成变化——过去自己会得的竟尔抛弃不顾,还斥之曰"大谬",曰"甚失孔子之旨意"……呜乎岂不痛哉!①

同此事例:必从其本体是复杂性之说,而拒斥阳明之说良知,拒斥宋明儒之说仁,(均见前)只凭后来意见推度,竟自背弃当初实悟之真。②

梁漱溟认为熊十力晚年思想主要问题有两个方面:一是其否认了良知是本体或仁是本体;二是其宇宙论不能成立。两问题实则是一问题,因以易体为本体,就无法证成良知本体。与熊十力不同,梁漱溟认为良知即是本全,不用再为它另觅本体,如果坐实了宇宙本体,则是在良知本体上"头上安头"。

熊十力晚年的本体论倾向探求万事万物发生学意义上的源头,其本体论就成了宇宙论。他一方面要把本体说为宇宙万物的实体,一方面说为人之本心。

---

① 梁漱溟:《读熊著各书书后》,《熊十力全集》附卷上,第769—771页。
② 梁漱溟:《读熊著各书书后》,《熊十力全集》附卷上,第774页。

本体为宇宙万物的实体必然要说本体具复杂性，又要说此本体即是本心，因而本心也具复杂性，当然与孔子之仁和阳明之良知不相契。梁漱溟说熊十力的本体论"头上安头"，就指出了其根本矛盾。从内在理路而言，这个矛盾早已在《新唯识论》中埋下，只是在熊十力晚年的著作中表现得更为明显而已。

熊十力在《新唯识论》中一方面讲宇宙论，一方面讲良知本心即是本体。前者是从宇宙生成的角度而言的，后者是从良知本体论的角度而言的。如果单从一方面说，毕竟不会有逻辑的混乱。但要从两方面来说，此问题则显得突兀了。这个问题的关键在于：心究竟是体还是用？熊十力对这一问题的表述始终是矛盾且含混的。他讲《新唯识论》的宗旨即在"究万殊而归一本，要在反之此心，是故以唯识彰名"。①又说："唯吾人的本心，才是吾身与天地万物所同具的本体。"②此是以本心指目本体无疑。但熊十力又要说本体即是万有之本原，他说："性智者，即是真的自己底觉悟。此中真的自己一词，即谓本体。在宇宙论中，赅万有而言其本原，则云本体。即此本体，以其为吾人所以生之理而言，则亦名真的自己。"③性智即是本心，此本心即是本体无疑。熊十力接着又说"赅万有而言之本原，则云本体"，万有之本原，实则即是宇宙实体或易体，而不即是本心。只是就心能涵摄万有的角度权说心即是本体，但心不是本原，而只是本体。

可见，熊十力从一开始就混淆了本原和本体。《新唯识论》"功能"章有言："总之，我们在这里，把物的现象（亦云法相。）和心的现象（亦云法相。）看做是称体显现的大用之两方面。所以，心和物根本没有差别，也都不是实在东西。"④"若如我义，心物根本不二。就玄学上说，心物实皆依真理之流行而得名。（真理即本体之名，佛家以真如名为真理。伊川、朱子好云实理，亦本体之名。）此义见透，即当握住不松。"⑤心和物一样，都是本体之大用流行。到此处熊十力才亮出了自己的底牌，实则心不是本体，而只是本体之用。到《明心上》则劈头就讲："夫心者，恒转之动而辟也。"⑥又解释道："心即本体者，即用而显体也。夫曰恒转之动而辟者，此动即是举体成用，……非体在用外也。……用之成也，恒如其本体，

① 《新唯识论》语体本，《全集》卷3，第3—4页。
② 《新唯识论》语体本，《全集》卷3，第18页。
③ 《新唯识论》语体本，《全集》卷3，第15页。
④ 《新唯识论》语体本，《全集》卷3，第154页。
⑤ 《新唯识论》语体本，《全集》卷3，第280页。
⑥ 《新唯识论》语体本，《全集》卷3，第370页。

而无改于固有之德性。……夫心者,以宰物为功,……此固是用。"①心即是本体之用,实则心不即是本体也,只是就本体之用的方面而说心显本体之德,才说心即本体。本体只有一个,只是宇宙实体。

梁漱溟批评熊十力晚年说心不是本体,仁不是本体,实则在《新唯识论》中,心即已不是本体了。梁说熊十力晚年坐实了宇宙论,实则在《新唯识论》中就已经坐实了宇宙论,只是在晚年的著作中表现得更为明显而已。《十力语要》亦明言:"一言心,便与境对。(或云与物对。)故心不即是本体"。②熊十力对宇宙论的偏好,与其所受《周易》的影响不无关系。他说:"'主之以太一。'注曰:太者,赞词。一者,绝对义,即本体之名也,此《易》之所谓太极也,心物同为太一之发用,太一是心物之实体,故道学家在摄用归体,以主一为究竟。"③以《易传》为首出,则心物被摆到了同一层面。心物都是"太一"之发用,只有"太一"是绝对的,心和物毕竟有对,心的本体地位甚至都可以被取消了。所以熊十力既反对唯心论,也反对唯物论之立场可以明了。物固不即是本体,唯物论不能成立,而心亦不即是本体,唯心论也不能成立。熊十力的本体论非唯心、非唯物,而是包含翕辟两种相反势用的宇宙实体。就翕的势用方面说为物,就辟的使用方面说为心。心物都不成为本体,只是本体之流行的势用。因而良知不是本体,本心也不是本体,只是本体流行的势用罢了。说心为本体,是就其能主宰物的方面而言,而此主宰亦只是宇宙实体之势用的流行。

可见,心究竟是体还是用,熊十力应该自始至终都无有清楚的理论意识。《新唯识论》"明心"章有些地方和《新唯识论》前半部分有所矛盾,甚至"明心"章前后部分的思想也不大一致④,实则是新唯识论体系内部产生的张力。他虽然说:"《新论》归宿处在'明心'章。欲令人反识自性,自本自根,自信自肯,……自发自造,此是第一义谛。"⑤但他作"明心"章,更多的是受马一浮的影响。"《境论》文字,前半部成于北都,后半则养疴杭州西湖时所作。……自来湖上,时与友

---

① 《新唯识论》语体本,《全集》卷3,第377—378页。

② 《十力语要》卷二,《全集》卷4,第183页。

③ 《原儒》上卷,《全集》卷6,第351—352页。

④ 《新唯识论》文言本《明心上》开篇就言:"吾前不云乎,心者恒转之动而辟也。……故心之实性即是恒转,而无实自体焉。"此乃顺着"转变"章的意思叙述了心如何演化而来。而"明心下"则以本心与习染对,本心的本体义甚显。

⑤ 《摧惑显宗记》,《全集》卷5,第423页。

人绍兴马一浮商榷疑义，‘明心’章多有资助云。（‘明心上’谈意识转化处，‘明心下’不放逸处，及结尾一段文字，尤多采纳一浮意思云。）”①熊十力在开始创作《新唯识论》时，更多的还是受到佛教义理与《易传》的影响，对心性之学无过多的了解。其对人生问题的看法还是从宇宙本原的问题着眼，较少关注宋明理学的心性议题。这一状况直到1930年遇到马一浮才有所改变。同师马一浮和熊十力的乌以风就说：“熊子真先生著《新唯识论》，至“明心”章觉下笔甚难，以风因以此意告先生。先生曰：心诚不易说。……所以寂然不动，随感而应，兼体、用而言也。若只以感应言心，则是说了一半，见其变易、生灭一边，而不见其不变易、不生灭一边。”②熊十力主变，其本体即是易体或宇宙本体，心是用而不即是体，因此遭到马一浮的批评。熊十力认为心只为本体之“用”而非即是本体，因而“明心”章难以下笔。而马一浮却认为心即本体，圆满自足，所以对熊十力以易体为本体的思路多所不契。正因为马一浮对熊十力的影响，所以熊十力在《尊闻录》中所主张的“成能创性”说在“明心”章中变成了“创起净习以复性”说，“创性”变成了“复性”，此即肯定了本心之绝对的圆满性。但这并不是熊十力的自觉，而是马一浮的影响。李清良指出：

> 马一浮的改定是深深地印上了他自己的思想烙印。致使熊十力在《尊闻录》中提出的重要思想如“明智本体”说、“成能创性”说、“创的工夫”论、“立志”说等，或被抛弃、或变义旨、或同虚设。从而使《新论》后半部在思想上发生了明显的变化……。此次转变，实为熊十力在1923年来所发生的第三次思想变化。……当然就熊十力本人而言，对于这第三次思想转变，他在当时也许并不具有明确的意识，而只以为是弥合自己和马一浮之间的思想分歧。③

正是因为马一浮的介入，“明心”章才与《新唯识论》前半部分之主旨不完全一致。但熊十力对此一问题又没有明确的自觉，认为这充其量只是为了弥和与马一浮

① 《新唯识论》文言本《绪言》，《全集》卷2，第9页。

② 《马一浮集》第3册，浙江古籍出版社，浙江教育出版社1996年版，第1142—1143页。

③ 李清良：《马一浮对熊十力〈新唯识论〉中〈明心〉章之影响》，《湖南大学学报》（社会科学版）2009年第5期。

之间分歧而作了些许改动。这一方面是熊十力没有意识到自身的理论问题,另一方面也是马一浮当年的声望太高,熊十力不好违逆。在《原儒》和《乾坤衍》等著作中,本体又成了宇宙实体,仁不即是本体,只是本体之用,实则只有宇宙实体或易体才是本体。

可见,良知本心的本体地位在熊十力哲学中是不牢靠的,他认为唯一的本体即是恒转的宇宙实体或易体。良知本心只是此宇宙实体之势用的显现,因而终究只是一种用,而不即是本体。良知本心既然只是用而不即是体,就与阳明学有了很大的距离。就本体论而言,熊十力与其说是阳明学的继承者,不如说是《易传》思想的阐发者。如果硬要说良知也是本体,那熊十力的体系中就不可避免地出现"二本",梁漱溟批评熊十力"头上安头",可谓一语中的。

第四节 宇宙论形上学的困境

出于对宇宙人生问题的根本关注,熊十力试图建立一本论。在其本体论中,宇宙实体才是本体,良知本心只为本体之用。即使我们承认熊十力的哲学为一本论,在现代哲学的语境下,还是会遇到难以克服的困境。对熊十力来说,本体论和形上学是一致的。这从他对本体一词的理解就可看出,他说:"中国哲学以'一'或'本根'、'本原'等词,为本体之代语。"①可见其认为本体即是本根和本原,实则即是宇宙实体。他既未对本体与本原概念作出区分,更未能区分不同的形而上学。从其将《周易》和阳明心学搅和在一起说,并肯定宇宙实体为唯一的真实来看,其更多地倾向宇宙论,心性论只是本体论中的辅线。越到后期,此一倾向越为明显。可见,熊十力的本体论所关注的依然是本原之学,宇宙实体是其最高的范畴。宇宙实体既是万物本原,又是终级根源和创生实体,最后才是吾人真性。人之本心本体的最终根据还是要追溯到宇宙实体。体用不二、万物一体的思想都在此宇宙实体之成立的基础上方得展开的。此是《易》的宇宙论路向,而不是心学的基本路向。这样一来,其理论就会碰到如下追问:

一、实体如何证成? 康德哲学之后,再从知识论和普通逻辑的角度建立科学主义的宇宙论来说明道德的根据已无可行性。熊十力也认为,科学的知识无

---

① 《十力语要》卷一,《全集》卷4,第33页。

法穷究本体，所以其诉诸遮诠和证会的办法。但是，遮诠只能说明本体不是什么，而不能说明本体是什么。用遮诠的办法说，本体实际上是无。所以本体之知只能用证会的办法。但证会是自己认识自己，此就心而言，确实可能，心能自识自己，证会自己。但问题是，熊十力认为本体是宇宙实体，宇宙实体如何自己证会自己？即使能证会，吾人如何得知？虽然熊十力说明了吾人之心即是宇宙之心，但此是一宇宙进化论的思路，无实在性可考。他一方面说本体只能用遮诠的方式说明本体不是什么，一方面却又用知识说明宇宙之心如何即是吾人的本心。此在逻辑上颇多矛盾。当然也可说用证会的方式可知吾人之心即是宇宙之心，但这实则是在唯识的意义上而言，是以本心为本体而开显的，而非先肯定一宇宙实体的思路。宇宙为何，既然要从本心上讲，就只能以本心为本体，宇宙万物的存在和价值是因为心而得可能的，而不必预设宇宙实体。预设实体为绝对的一本来说明道德的根据，一方面与良知本心即是本体的论点相矛盾；另一方面在现代哲学的背景下理论上也无可行性。

二、心、物究竟有无实在性？熊十力讲心为本体之辟势，物为本体之翕势。但他又讲，只有心是实在的，物不是实在的，只是心上所执有的一种相。但此物相必然也有基底在，若无基底，但凭心识，如何存有此相——毕竟此相不是梦境。那么物相之基底为何？有无实在性？根据熊十力对宇宙实体的看法，此物相之基底即是宇宙本体之动而翕。那么此翕势究竟是否实在？在《新唯识论》中熊十力认为，只有本体是实在的，因为心能显本体之德用，因而可说心即是本体。本体“本身却是具有内在矛盾的发展的。因为他是一方面诈现似所取的相貌，就叫做境；另一方面，诈现似能取的相貌，就叫做心”。[①]由此说来，心和物都不是实在的。20世纪40年代年末，熊十力说：“《新论》未尝否认物，而以心为主者，吾本其所见所信，非立异也。”[②]似乎又承认物的实在性。如果物是实在的，如何得知？毕竟我人只能见到一一的物相，而不可亲见宇宙实体变化之翕势。此翕亦是纯由我心构造出来的，物的实在性在本体论上确实无法说明。又，既然心物都为本体之一方面，如果物无实在性，心如何有实在性？如果心有实在性，物如何又无实在性？如果心物都有实在性，那么心如何即是本体，而物却不是本体？如

① 《新唯识论》语体本，《全集》卷3，第42页。
② 《摧惑显宗记》附录，《全集》卷5，第544页。

果心物都无实在性，那么良知本心究竟如何证成？熊十力认为本心即是本体，是从万物由本心存有来说的，实则万物和宇宙实体之实在性是由心所证成的。既然万物和宇宙实体的实在性是由心所证成，宇宙本体如何又成了绝对的一本，具有了绝对的优先性？如果宇宙实体有了绝对的优先性，成了绝对的本体，本心又如何成为本体？

三、本体和本源是否是一回事？熊十力批评大乘空宗之真如空寂而不能生化，又批评有宗一方面讲真如本体，一方面又讲赖耶缘起，有“二重本体之过”。此是混淆本体和本源，将本源看成本体。他说：“根源本始等字，皆本体之形容词。”①他认为佛家之真如理应亦是本源。实则大乘讲真如本体，是说万法空性，即一切行和物都无实在性。而有宗讲赖耶缘起，是讲一切行和物所产生的根源，因而也可说为宇宙论。前者讲事物的性质，后者讲事物所产生的原因和条件。前者是本体论，后者是本源(原)论。“缘起性空”是说万事万物都是待缘而起的，又说万事万物都无实性。“缘起”大致可说是本源论，“性空”大致可说是本体论。熊十力将此都说为本体，故批评有宗有“二重本体之过”。真正有“二重本体之过”的正是熊十力自己的本体论。他一方面讲本体即是宇宙实体，具有复杂性，是一恒转的功能实体，一方面又要讲本体即是良知本心，万物因心而证成其实在性。虽然熊十力说良知本心即是宇宙大心，但这实则是“头上安头”、“骑驴觅驴”。既然宇宙实体都是因我的心而得可能的，那么我的心即是绝对的唯一的本体，无须为心再找本体。熊十力讲宇宙本体和良知本心都是本体，实则亦是“二重本体”。

① 《摧惑显宗记》，《全集》卷5，第413页。

本论二

量　论

熊十力的《量论》分为“比量”与“证量”两部分。“比量”借用因明学而未据守原意，把据实测而作推求的“理智”之知，说为比量。“证量”则无能所、内外、同异之区别，是吾人固有“本心”的自明自了。“比量”复分上下：上篇论“辨物正词”，注重感觉、实测格物，通过概念、判断、推理以尽其用；下篇论“穷神知化”，则包罗万象，内含宇宙论、人生的辩证法与辩证逻辑。其旨不出实证本体，安立现象，悟宇宙和人生非外。

在唯识学的基本架构下，境物都不是离心而存在的，客观的事物并无实在性，而是识所变现出来的。否定离心而存在一一物或整全的观点。不仅如此，一一物或整全实在的认识也是不真实的，是为妄识。但现实世界之成立，却是识所建构的。为了说明现象，熊十力还是考察了认识发生的基本条件和发生机理，以安立现象界，并对宋明儒学关于格物致知的争论进行了衡定。

量论的根本目的在于说明本体的阐释方式。一方面，从性量分途的立场出发，熊十力认为量智的运用只能严格限定在科学知识的范围内，否认了科学知识能说明本体是什么，认为其只能说明本体不是什么，是为遮诠；另一方面，熊十力从儒学的立场出发，又认为性智可以自己认识自己，即本心能自识自体，是为证会。

熊十力以宇宙实体为本体，并从宇宙生成的角度说明宇宙实体与道德本心的关系，乃是从量智的角度说明本体，这与其限定量智运用范围的思路相矛盾，造成了理论上的困难。又因为其对现象是否真实的看法前后矛盾，量论也显得无说服力可言。另外，由于其学养不够，未能吸收近代以来知识论的积极成果，其量论也显得粗糙。

第七章 唯识总义

熊十力的量论是从属于其境论的。从新唯识论的立场而言，量论的根本目的在于遮拨现象以显本体，故需要破除别计一一物与总计实体都是离心而独在观点，以贯彻其唯识的基本立场。《原儒》对《新唯识论》中有关量论的思想有所修正，量论有相对的独立性。

第一节 量论架构

新唯识论中"唯识"一词，乃是对旧唯识学的借用。窥基法师所作的《成唯识论》"序"中曾言："唯遮境有，执有者丧其真，识简心空，滞空者乖其实。"此处之"唯"乃批驳之义，即是对执外境实有的见解加以批驳，是一种否定的意义。熊十力在《新唯识论》中则明言："识者，心之异名。唯者，显其殊特。即万化之原而名以本心，是最殊特。言其胜用，则宰物而不为物役，亦足证殊特。"①可见，新唯识论之"唯识"，已经与旧唯识学的涵义不一样了。在新唯识论中，"唯识"之"唯"有两层含义：一方面有如法相唯识学的否定批驳之义，另一方面又有主宰殊胜义。这与熊十力对识的看法有关。他在新唯识论体系中区分了唯识的两种用法。他说："唯识二字，当分广义狭义。狭义对境彰名；广则言识，便摄天地万物在内，以不许有离识独在之物故。"②就狭义而言，识与境对待，计万物为实在的物事，是为习心所建构之知识，这在本体论上来说是妄执的心，是空无的，是应该加以批驳与否定的。广义而言，识摄天地万物在内，此即为本心本体之识、本识，此才是真的本体，是为主宰殊胜。前者为知识论之对象，是为量论。后者是本体论所讨论的对象，是为境论。

《新唯识论》就是熊十力建构境论与量论的成果，新唯识论的构想如下：

原本拟为二部：曰《境论》，（境者，所知名境，本佛典。今顺俗为释，如关

① 《新唯识论》语体本，《全集》卷 3，第 3 页。
② 《十力语要初续》，《全集》卷 5，第 81 页。

于本体论及宇宙论、人生论等，有其所知、所见，或所计持者，通名为境。）曰《量论》。（《量论》，相当俗云知识论或认识论。量者，知之异名。佛家有证量及比量等，即关于知识之辨析也。）只成《境论》一部分，《量论》犹未及作。①

境论和量论实际上是不可分开的，作为境论的《新唯识论》已经基本包含了他对量论的思考。就熊十力本人而言，他再也不可能写出更为详尽的量论，这与其学养及对本体与现象之关系的看法密切相关。无论其境论还是量论，目标都在见体。量论分《证量篇》和《比量篇》，其提纲中所列的内容绝大部分已经在其《新唯识论》中展现出来了，且占有相当的篇幅。通过梳理《新唯识论》及相关论述，不仅可以看出其有关境论或本体论的论述，也可以清理出量论的基本架构。《比量篇》依实测而作推求，《证量篇》是内证本心本体的方法论。

《比量篇》又有二分：

《比量篇》复分上下。上篇论辨物正辞，实测以坚其据，（实测者，即由感觉亲感摄实物，而得测知其物。《荀子》《正名篇》所谓五官簿之云云亦此义。此与辩证唯物论之反映说亦相通。）推理以尽其用。若无实测而逞臆推演。鲜不堕于虚妄。此学者所宜谨也。

下篇论穷神知化。神者，不测之称，所以形容变化之妙（穷神知化，见《易》《系辞传》）。吾人如本诸一般日常经验的知识以测物。必有如是与不如是之分。（如是，犹云如此；不如是，犹云反乎此者。）……然则变化之道，非通辩证法固不可得而明矣。②

《比量篇》一方面讲实测，讲正名，此是知识论；另一方面讲穷神知化，即讲明“凡物皆属变动不居之过程，都无固定相，亦无各各离异相”③，此属于宇宙变化之道，在熊十力看来亦是一辩证的认识论。

《证量篇》则主要讲证体的方法：

---

① 《新唯识论》语体本，《全集》卷3，第6页。

② 《原儒》上卷，《全集》卷6，第316—318页。

③ 《原儒》上卷，《全集》卷6，第318页。

> 《证量篇》论涵养性智。性智者,人初出母胎坠地第一嚎,隐然呈露其乍接宇宙万象之灵感。此一灵感决非从无生有。足征人性本来潜备无穷无尽德用,是大宝藏,是一切明解之源泉,即依此明解之源说名性智。①

《证量篇》就是熊十力的心性论和工夫论,证量即如何证会本心本体,其最重要的即在"默然返照",而内自证知。

比量是从外在的实测而明宇宙本体,证量是从证会本心而明本体非外,实则都指向见体。熊十力哲学的根本目的是见体,而见体是内证工夫,与知识无涉。"是实证相应者,名为性智(性智,亦省称智)。这个智与量智是不同的。云何分别性智和量智?性智者,即是真的自己底觉悟。此中真的自己一词,即谓本体。"②"量智是缘一切日常经验而发展,其行相恒是外驰。"③在此基础上,"学问当分二途:曰科学,曰哲学(即玄学)。科学,根本从实用出发,易言之,即从日常生活的经验里出发。……把一切物事看作是离我的心而独立存在的,非是依于吾心之认识他而始存在的"。④但"科学所凭藉的工具即理智,拿在哲学的范围内,便得不着本体"。⑤性智对应的是哲学,量智对应的是科学,量智对于哲学无能为力。

从《比量篇》提纲看,乃是以科学知识探求宇宙本体,但熊十力在《新唯识论》中又对这种方法进行了否定。他说,"哲学家谈本体者,大抵把本体当作是离我的心而外在的物事,因凭理智的作用,向外界去寻求"。⑥"吾人底理智作用,对于某种道理或某种事物,而起计度或解释时,恒有一种坚持不舍的意义相伴着,这就叫作执。"⑦因此,求本体即"求诸己而已矣",求本体即实证自己的本心。而"获得实证,就是要本心不受障碍才行"。⑧只讲由本心证会见体,此是《证量篇》的思路。"唯吾人的本心,才是吾身与天地万物所同具的本体。"⑨因此,见性工

① 《原儒》上卷,《全集》卷 6,第 324 页。
②⑤ 《新唯识论》语体本,《全集》卷 3,第 15 页。
③ 《新唯识论》语体本,《全集》卷 3,第 16 页。
④ 《新唯识论》语体本,《全集》卷 3,第 14 页。
⑥ 《新唯识论》语体本,《全集》卷 3,第 17 页。
⑦ 《新唯识论》语体本,《全集》卷 3,第 24 页。
⑧ 《新唯识论》语体本,《全集》卷 3,第 21 页。
⑨ 《新唯识论》语体本,《全集》卷 3,第 18 页。

夫的重要一面就在于破除这种外在的执，即破相显性。为何要破相才能显性呢？因为本体本来不是一对象，非是知识的探索所能了别的，只有把外在的后起的执遮拨掉，才能显出本体的本来面目。熊十力在评价空宗时说道："空宗的全部意思，我们可蔽以一言：破相显性（此云相者，谓法相。性者，实性，即本体之异名。后仿此）。空宗极力破除法相，正所以显性。因为他的认识论，是注重在对治一切人底知识和情见。所以破相，即是斥驳知见，才好豁然悟入实性。"①新唯识论在见体的方法上，与空宗如出一辙，其境识双遣的格局，与空宗一样达到了"破相显性"的效果。

熊十力在唯识学的基础上，阐释了对心与物及心与境的关系的看法，认为物、境不是离心而独在的，物和境的存在都是识心之执的结果。在此基础上，一方面，说明一一物的存在是如何由心建构的，说明识的发生机理以及范畴如何可能；另一方面，站在本体论的角度上，一一物的存在都是不真实的。为了见体，境执和识执都需要遮拨掉，讲明本体不是什么，方可知道本体是什么。此虽与其《比量篇》所列的提纲有矛盾，但应该就是熊十力创作《新唯识论》时期对《比量篇》的思考。而见体的另外一层工夫就是证会本心，即是熊十力《证量篇》所列的内容，而有关见体的工夫的论述在熊十力的著作中随处可见。熊十力《量论》虽未作，但其基本框架已经在其著作中展现出来了。因此说，其境论和量论实际上是不可分开的，其境论已经基本表达了量论的基本思想。

第二节 首破别计

别计即是计离心外在的一一事物为实有。破应用不无计是破别计的根本，应用不无计一破，其余别计自破。

> 应用不无计者。此在日常生活方面，因应用事物的惯习，而计有外在的实境，即依妄计的所由而立名，曰应用不无计。应用不无计者，谓或别计有瓶和盆等物是离心而实有的，……或总计有宇宙物质，是离心实有的，……②

① 《新唯识论》语体本，《全集》卷3，第163页。

② 《新唯识论》语体本，《全集》卷3，第26页。

> 应用不无计者,或别计现前有一一粗色境,离心独存。(粗色境,犹言整个的物体,如瓶和盆等之类。)殊不知这种境若是离开了我的心,便没有这个东西了,因为我的识别现起,粗色境才起。(识别,即用为心的别名。)若离开识别,这种境根本是无有的。试就瓶来说,看着他,只是白的,并没有整个的瓶;触着他,只是坚的,也没有整个的瓶。我们的意识,综合坚和白等形相,名为整个的瓶。在执有粗色境的人,本谓瓶是离心实有的,(瓶境者,瓶即是心所取的对象,此用为复词。)但若以实事求是的态度来审核他,将见这瓶境,离开了眼识看的白相和深识触的坚相,以及意识的综合作用,瓶境还有什么东西在那里呢?由此可知,这瓶境在实际上说,全是空无的。①

瓶的形成,是由于意识综合感识②所感的坚白等相,而得到整个瓶。瓶由心所构造,一一瓶境实则是空无的,离开心的构造,无所谓瓶。此种说法是法相唯识学的基本观点。这里需要说明两个问题:一是白相、坚相等有无自体?二是心为何能综合此坚白等相而构造成瓶境?

熊十力认为,"坚白等相均不是离心外在的"③,且坚白等相必有境为因,但"这个为因的境,决定不是离心而在的"。④这牵涉到熊十力对本体与心境关系的看法,他认为本体有两个方面,此即是心和境(物),"境和心是一个整体的两个方面","境和心是互相对待着的,但又是互相和同的。境对于心有力为因,能引发心令与己同时现起。……心对于境能当机立应,即于心上现似境的相貌,能识别和处理这现前的境,而使境随心转,自在无碍。所以说,境和心是互相和同,所以完成全体的发展。照此说来,境和心是一个整体的两个不同的方面,断不可把境看做是心外独存的。如果说,心上现坚白等相有境为因,这是可许的。但若说是外境为因,便不应理。"⑤心和境为本体的两个方面,相对而又和同,境必随心转,离心无所谓境。坚白等相虽有境为因,但这境不是离心而存的境,而坚白等相也只有心境和同时才能存在,离开心也无所谓坚白等相。因此,坚白等相也是无自

---

① 《新唯识论》语体本,《全集》卷 3,第 26—27 页。

② 熊十力将唯识学中的眼识、耳识、鼻识、舌识、身识综合而名曰感识。参见《新唯识论》语体本,《全集》卷 3,第 27 页。

③ 《新唯识论》语体本,《全集》卷 3,第 28 页。

④⑤ 《新唯识论》语体本,《全集》卷 3,第 29 页。

体的,都不是事物的本相,只是现前之境在五识中的一种影像。

但只有坚白等相,心也不能构造出一瓶境。因为瓶不是坚白等相,而是另一事物。心对坚白等相综合而成瓶还需别的条件。熊十力区分了两种相:影相与种相。"心上所现相,名为影像。此影像有托现境而起者,如眼等五识上所现相也。有纯从心上而起者,如意识独起思构时,并无现境当前,此时意中影像,即纯从心上变现。"①从眼识等五识上所现之相为坚白等相:"纯从心现者,大抵是抽象的,虽无现境为所托,然必包含过去及未来同种类的事物所具有的的内容及通则等等,意中抽象的相方得现起。如于思维中构成一杯子的概念,此等概念在意识上即是一种相,而这个相并无现境如现前具体的杯子为所托,然必由过去时意识所了别的每个杯子所具的内容与通则等等,……并预测将来的一一杯子,在与过去的杯子同样情境之下,其所有内容和所循通则,也和过去是一致的。如此,才构成一杯子的概念。换句话说,必如上述情形,意中才得现起抽象的杯子的相。"②在思维综合坚白等相构成一瓶境或一杯子的概念之前,思维中已经有了一瓶或一杯子的概念,此"纯从心所现的相,也是于过去及未来的一一事物的共相,定有所似的"③,即构成一瓶境或一杯子的相。故除了坚白等触相之外,思维中必先存在一瓶或一杯子的种相或共相。

这样,意识综合现境在心上所现坚白等触相、先前意识中所具有的种相而构造成一具体事物的影像,此就成为现前的一一事物。这可从三个方面加以说明:"一、因意识一向习于实用故,恒追求种种境,必现似其相故。二、因意识富于推求和想象等力,能构造境相故。三、因意识起分别时,眼等五识及其所得境同入过去故,意识复行追忆,必现似现前境之相故。"④意识有求相的本性,能推求和想象而复形成概念和功能,又具有综合现前触识的功能,所以意识"恒现似境之相"。但熊十力却又认为坚白等相无似境之相,理由有二:"一、因眼识微劣,无推求想象等力故,故不能变现似境之相。二、境的本相,因其距离及光线等等关系,直接投刺官能而呈现于眼识的了别中,故眼识上更无须变现一似境之相,因为已经亲得境的本相之故。眼识如是,耳识乃至身识,皆可类推。由斯应说,所云现相,唯在意识,五识则否。"⑤因此,坚白等相是现起的,而非构造的,且与瓶境、杯

---

① 《新唯识论》语体本,《全集》卷3,第29—30页。

②③ 《新唯识论》语体本,《全集》卷3,第30页。

④⑤ 《新唯识论》语体本,《全集》卷3,第31页。

子等相不同。而五识所现起的坚白等相是了别现前之境的条件,“如果五识不曾现相,便是于所对的境冥然无知”。①

对于外在事物的了解,必须要有触识所形成的坚白等相和意识所具的共相或种相,否则,不可了别事物。上面说到坚白等相是心对境的感应形成的,不是事物的本相。而意识中的共相或种相也是意识的推求想象和构造,也不是事物的本相。无论是坚白等相还是共相,都不是境的本来面目。因此,心的取境“不能亲得事物的本相,而是把境制造或剪裁一番。来适应自己的期待的”。②所谓适应自己的期待,即是将现前之境纳入由经验而形成的共相或种相中加以了别。站在本体论的角度来看,这不是事物的本来面目,事物的本来面目非是此种了别所能证得的。因此,“世间所谓外境,只是依靠着取境的妄心而现起的一种妄境”。③不仅所取的境不是事物的本来面目,取境的心也不是本来的心,所以说为妄心。因此,熊十力在《新唯识论》中否认了现象的真实性,他说:“何谓现实世界?即吾人在实际生活中一切执著的心相是已。”④熊十力分析心了别境的基本结构和原理即在说明:心所执取的外在的事物不是实在的,而只有破除外在境物的实在性,才能显示本体。破除外境的实在性,即是破应用不无计。

除破应用不无计外,还须破除极微计。“极微计。此实从前计(应用不无计)中,别处言之。乃依计所谓为名,(极微是所计故。)曰极微计。”⑤极微计原由古印度学者所创造,古希腊学者所说的原子,以及近代科学所设立的原子、电子等概念,都属此类。此类思想的最大特点,即是将事物还原成一个个极小的微粒,所有事物都是由极小微粒组成的,是为还原主义的表现,对近代科学的发展起到了巨大的推动作用。但站在新唯识学的角度,此类思想当成戏论。按照上述破应用不无计的思路,此类极微概念即属妄心所执取外境而成的。熊十力介绍了古印度持极微计的几种理论及大乘对这些理论的驳斥,简述如下:

古印度萨婆多师,执定有众多实在的极微,所有实在的事物都是由一个一个极微和合而成的。一一极微都是实法,眼识只是缘实法,以眼看一一事物的时候,实际上是一一极微各别为眼识的境。此已为大乘所驳斥,即说明一一极微不

---

① 《新唯识论》语体本,《全集》卷3,第31页。

②③ 《新唯识论》语体本,《全集》卷3,第33页。

④ 《十力语要》卷一,《全集》卷4,第37页。

⑤ 《新唯识论》语体本,《全集》卷3,第26页。

是眼识所知的即可。因为我的心，对于所知的境而起知解的时候，心上必现似所知境的相貌，如果心上没有起知解，则如何可说知道有一一事物呢？如果有一一的极微，则是说心上必有曾现出相似的一一极微的相。但心上的一一极微相是无法证成的，因为在思维中不能想象和构造最小的微粒。因此，极微根本不是眼识所知的，也不可能说极微是感识亲得的境界。

经部师认为众多的实在的极微和合而成大物，得为感识所缘的境。并认为一一极微不能知解为眼等识的境，因为眼识上没有现似极微的相。但一一极微和合成为一大物，眼等识缘这些大物时，却现似其相。因此，一一极微，虽不是感识所知的，而多数极微和合成的大物，乃确是感识所知的境，所以以极微为实在。大乘认为，大物本身虽毕竟不得为引发眼等识的一种缘，但因他和合的大物是和合假（离开各个极微即没有大物，故说和合假），实际上并没有大物这个东西，如何能引发眼等识得缘？在大乘、小乘，都认为只有实在的境界才能引发五识的发生，完全没有实在的东西是不能引发五识的。而经部师本身也承认大物是虚假的，因此，在大乘和小乘看来，极微计也不成立。

正理师认为，众多实在的极微，互相和集，得为眼等识所缘的境。和集即许多的极微，同在一处，各各距离不远，叫做和，虽许多的极微同在一处，然各各相逼，不至混合成一体，叫做集。一一极微，眼等识不能缘，而在一处所，互相和集起来，一一极微，互相资藉，即各个极微之间，都显出一种大的相貌来，因此各个极微都显出大物的相。看大物的时候，实有无数的大物相，因为所证得的大物相是不能质疑的，所以一一极微的相，也是可以成立。大乘认为，一一极微本身是始终如一的，并没有由小而变大，如何可说它一一极微和集相资，各各成其为大相，而为眼等识所缘呢？因此，正理师的极微计也是不成立的。

当然，熊十力也认为，世间设定极微为实有的事物，来发展科学的理论，是可以接受的，否则无有现实世界和实际生活。但此种看法不能应用到玄学和哲学的范围来，一到玄学和哲学，认为有极微的物事存在的观点就是错误，只成为一种谬论。

第三节　次破总计

总计，是计本体是离心而实在的大全。熊十力认为本体是离心而存在的物事的看法，也是应加以破除的。窥基法师有言："唯遮境有，执有者丧其真，识简心空，滞空者乖其实。"此"唯"字是批驳义，即是对执外境实有的见解加以批驳，是一种否定的意义。熊十力也明言："识者，心之异名。唯者，显其殊特。即万化之原而名以本心，是最殊特。言其胜用，则宰物而不为物役，亦足证殊特。"①"唯"字在法相唯识学的否定义，在熊十力思想中，唯识却有了两层涵义（一是旧唯识学意义的否定义，二是儒家本心意义上的主宰义）。这两层涵义都需破除计本体是离心而实在的大全之总计。

在熊十力看来，哲学和玄学的根本任务，即是见体。而从来各个派别的哲学家对本体都有不同的看法。熊十力说："哲学家谈本体者，大抵把本体当做是离我的心而外在的物事，因凭理智的作用，向外界去寻求。由此之故，哲学各用思考去构画一种境界，而建立本体，纷纷不一其说。无论是唯心唯物、非心非物，种种之论要皆以向外找东西的态度来猜度，各自虚妄安立一种本体。"②熊十力对此种构画本体的学说，看作是总计本体为一物事的思维向度。而新唯识论的一个重要任务，就是要破斥此种思想后显出真实的本体。熊十力破总计是站在哲学和科学、性智和量智分途的角度上而言的。熊十力认为："哲学自从科学发展以后，他底范围日益缩小。究极言之，只有本体论才是哲学的范围。……哲学建立本极，只是本体论。"③

对熊十力而言，心与物是不一不异的，所谓不一，即心和物是本体的两个方面，而心能主物。本体作为一个整体，"我们只承认心和境是整体底两个方面，不能承认境是离心独在的。我们要知道，从我底身，以迄日星大地，乃至他心，这一切一切，都叫做境。……我底身这个境，是不离我底心而存在的，……无论任何人，都不会否认的。至若日星大地，乃至他心等等境，都是我的心所涵摄的，都是我的心所流通的，绝无内外可分的。"④虽然本体有心和境两个方面，然而毕竟境不离心而独存，因为心是这个整体主动的方面，能涵摄、流通境，而境如无有心的涵摄和流通，则不成其为境，而为本无。由于境不离心而存在，一说心，实已包含境在内，因此此心就是真正的本体。

---

① 《新唯识论》语体本，《全集》卷3，第3页。
② 《新唯识论》语体本，《全集》卷3，第17页。
③ 《新唯识论》语体本，《全集》卷3，第14—15页。
④ 《新唯识论》语体本，《全集》卷3，第42页。

> 唯识的说法，但斥破执有外境的妄见，并不谓境是无的，因为境是非离心独在，故说唯识。唯者，殊特义，非唯独义。心是能了别境的，力用殊特，故于心而说唯。……心是了别的方面，境是被了别的方面，境必待心而始呈现。应说唯心，不言唯境。①

一切外在的物事，都是由此心所展开而存有的。没有这个心，境的存有便不可能。“夫心者，以宰物为功。”②物因心之主宰而存在，所以本体不是外在的物事，此心即是本体。而此心却是人人所具有的，因此，“各人的宇宙，都是宇宙大全整体的直接显现，不可说大全是超脱于各人的宇宙之上而独在的”。③

人有此心，则万物与我同体，非别所本也。“是故即于我而见万物皆备。仰视天，天不离我而独在。俯察地，地不离我而独在。中观人与一切有生之物，则皆我之情思所流注贯通。故我备万物，我乃无待也。”④天地万物，即唯此心，此心即是宇宙的本体。故求本体不能向外，内证吾人之本心即可。

内证本心确属心性上的工夫，但熊十力对此并无理论上的说明。钱学熙所翻译的《新唯识论》语体本上卷说道：“……本体非是理智所行境界者，熊先生本欲于《量论》广明此义。但《量论》既未能作，恐读者不察此义。”⑤实则熊十力的量论思想已经基本包含在《新唯识论》当中，以本心为本体，实证本心之工夫论是宋明以来心学的基本理路，此本为易简工夫，无法用理论加以说明。熊十力只能说到此，心学也只能说到此。因内证的工夫不属向外的求知，没有范畴和逻辑可言。所以，熊十力只能说以科学的方法不能实证本体，凡是以科学方法来追求本体的路数都是外铄之功。

> 须知哲学所究者为真理，真理必须躬行实践而始显，非可以真理为心外之物，而恃吾人之知解以知之也。质言之，吾人必须有内心的修养，直至明觉澄然，即是真理呈现。如此，方见得明觉与真理非二。中国哲学所昭示者

---

① 《新唯识论》语体本，《全集》卷 3，第 43 页。
② 《新唯识论》语体本，《全集》卷 3，第 378 页。
③ 《新唯识论》语体本，《全集》卷 3，第 13 页。
④ 《新唯识论》语体本，《全集》卷 3，第 412—413 页。
⑤ 《新唯识论》语体本，《全集》卷 3，第 14 页。

> 唯此。……而哲学所穷究者，则为一切事物之根本原理。易言之，即吾人所以生之理与宇宙所以形成之理。夫吾人所以生之理与宇宙所以形成之理，吾人所以生之理欲宇宙所以形成之理，本非有二。故此理非客观的，非外在的。如欲穷究此理之实际，自非有内心的涵养工夫不可。唯内心的涵养工夫深纯之候，方得此理透露而达于自明自了自证之境地。前所谓体认者即此。故哲学不是知识的学问，而是自明自觉的一种学问。①

证会工夫作为哲学的根本方法，在理论上却是至难说明的。熊十力认为只有儒佛二家有圆熟的内证之学，“佛家确是由理智的而走到一个超理智的境地，即所谓证会。到了证会时，便是理智或理性转成正智，离一切虚妄分别相，直接与实体冥为一如。”②

科学的领域与哲学的领域不可混淆，科学绝不能解决宇宙人生的根本问题。科学的发展，是人类经验生活进步的重要条件，但如果只谈科学，而抛弃自家本有的道德本心，或以科学理论构画本体，则是不识自家本来的宝藏。“若是不求自家本有的自明自识的性智，而只任量智，把本体当作外在的物事去猜度。或凭臆想建立某种本体，这都是自绝于真理的。”③

---

① 《十力语要》卷二，《全集》卷 4，第 202 页。
② 《十力语要》卷二，《全集》卷 4，第 189 页。
③ 《新唯识论》语体本，《全集》卷 3，第 22 页。

第八章 相由心生

熊十力哲学的根本目的虽然在见体,但也必须安立现象,对现象与经验知识的性质与发生机理进行说明。肯定与认识现象,就是规定现象,建构经验知识。

第一节 习心取境

在新唯识论中,本心即本识,性智即实智、本心、本体、真谛等。量智与性智相对,与习心、妄心、妄识、俗谛等意义相同,是了别知识的心,经验的心,后起的心,取境的心,也即与道心相对的人心。熊十力对这两类的智、心、识是有明确区分的。"本心是绝对的、真实,……至于妄心,就是取境的识。""妄执的心或取境的识,是根本没有自体的。"①妄心、习心没有自体,其所建构的相当然也不可能有自体。

> 心相者,心上所现之相曰心相,此相非实有,但是意识上现似某种物相而执着为有,故云一种执着的心相。②

一切物互相为缘而起,是没有自体。"所谓的一切物,实际上只是毕竟空、无所有的。"③妄心、妄识也是此类事物,其只是随缘而起的,因此,此种心是缘生的。"缘字的意义,本来是一种凭藉的意思。生字的意义,是现起的意思。"④换句话说,即妄心、妄识不是本有的,而是凭藉各种缘而现起的。"这个心就是许多的缘互相籍待而现起的一种相貌,当然不是有自体的,不是实在的。"⑤若没有众多的缘,妄心、妄识自然也就没有了,所以说他是毕竟空、无所有的。

就心与物的关系而言,心是本体之自动力,从宇宙论上讲是恒转之辟、宇宙之大心。在此意义上可言本心即是本体。"本心亦云性智,……是吾人与万物所同具之本性。……所谓真净圆觉,虚彻灵通,卓然而独存者也。非虚妄曰真,无

---

①③④ 《新唯识论》语体本,《全集》卷3,第51页。
② 《十力语要初续》,《全集》卷5,第6页。
⑤ 《新唯识论》语体本,《全集》卷3,第52页。

惑染曰净，统众德而大备、烁群昏而独照曰圆觉，至实而无相曰虚，至健而无不遍曰彻，神妙不测曰灵，感应无穷曰通，绝待曰独存。道家之道心，佛氏之法性心，乃至王阳明之良知，皆本心之异名耳。"①而妄识、习心是后起的。"习心亦云量智，此心虽依本心的力用故有，……而不即是本心，毕竟自成一种东西。原夫此心难以固有的灵明为自动因，……但依根取境，而易乖其本。"②本心是原来固有的心，而习心虽依本心的力用而起，但已经不即是本心，此即是量智、妄识、妄心、人心。此心必凭藉五根之识而取境，追求构画并执定外在的物事，虽依本心之力用而起，然不能依乎根身，假本心之力用，迷逐于物。"故本心之流行乎根门，每失其本然之明"③，成为习心。

性智为本心之异名，不待外求，不假而成。而量智只是一种向外求理之工具。执心虽然依真心而有，但因其夹带习染，与本心不一，故不能把握本体，以习染之心构画本体，只能认为本体之流行所现的象为实在。此乃熊十力所反对的。玄学真理不同于一件件外在的事物，不可以直接表述，因此必须斥破种种迷妄、执着，尤其是需要否定、遮遣理智病态发展之后所造成的种种偏见，使人自悟真理。此遮诠之作用主要就是否定科学、理智对于玄学真理的分割和遮蔽。其在与谢幼伟的论学中表示，东方哲学的重要目的是"见体"。"见体"不是别以一心见一心，而是本心的自觉自证，此没有量智的插足之处。

本心是本来具有，无待而成的。习心依本心的力用而起，毕竟无得。知识、经验、常识无非是习心所成的，虽为后起，然一旦形成，力用甚大。"一般人大抵都为无量无边的习气所锢结，而习气直成为吾人的生命。"④而习心又可说为人心，与道心相对。"人心者，则形而后有者也(形者，形气或形骸)。凡血气之伦，以其一身，交乎万物，而有心知出焉。此其心知，则以听役乎身，而逐物以与物化者也，故谓之人心。人心者，言其非天然本有也，非真性也，故谓形而后有。道心则吾人之真性，天然本有，不由后起。"⑤人心、习心以本心的力用为因缘，前念对于后念为次第缘，外境为所缘缘，六根并习气等为增上缘，方乃得生此心。此四缘中，增上缘意义最广，势力最大，所缘缘与次第缘皆属增上缘。增上缘中，又以

① 《新唯识论》语体本，《全集》卷3，第374—375页。

②③ 《新唯识论》语体本，《全集》卷3，第375页。

④ 《新唯识论》语体本，《全集》卷3，第379页。

⑤ 《新唯识论》语体本，《全集》卷3，第373—374页。

习心或习气势力最大，足以障蔽其固有的因缘，而自成一种力用。熊十力“一方面依真谛的道理，说心和境都无自体”，“一方面安立俗谛，说心和境都是依着真实的显现，而始起此妄计所执的相，并不是骨子里全无所有的”①，在通过境识双遣透出本体自识自明的同时，又安立俗谛，建立科学。

第二节 四缘生义

与法相唯识学一样，新唯识论认为现象与知识需要依待各种各样的缘方可成立。而不同的缘，对识的作用也是不同的。熊十力依据印度佛家的说法，分别说明了四种缘生义：因缘，等无间缘，所缘缘，增上缘。

一 因缘

缘是一种凭藉的意思，因是“凡是具有能生的力用的东西，亲生他自己的果，才把他说明为因”。②因缘义是法相唯识学为了建立种子为识的因说明宇宙万有而建立的。熊十力将此因缘义分解为三项：“一、对于果而作因缘的东西，决定是实在的，否则没有生果的力用，不得为因缘。二、因所生的果，是别于因而有他底自体的，换句话说，因和果不是一物。三、因是决定能亲自创生果的，这个意义最为重要。”③因有生果的力用，因果非一物，因亲自创生果，此三个条件都成立，因缘义才能成立。此三个条件中，第三个条件包含前面两个条件，而且第三个条件也是因缘义与增上缘义区别的关键。

熊十力本不认同法相唯识学中种子的说法，因此其在用因缘义时，所面对的对象已经发生了改变，由多的种子变成了一的本心本体。他认为：“识的现起，虽依仗旁的缘，……但他决定是具有一种内在的、活的、不匮乏、自动的力。我们假说这种自动的力，是识底现起的因缘……”④此种自动力是识本身所有的，而此种力用则表现为识总是前灭后生，无由断续的。

---

① 《新唯识论》语体本，《全集》卷 3，第 85 页。
② 《新唯识论》语体本，《全集》卷 3，第 52 页。
③ 《新唯识论》语体本，《全集》卷 3，第 53 页。
④ 《新唯识论》语体本，《全集》卷 3，第 54 页。

> 所谓识者念念都是新新而起的。(前念刚灭,后念紧接着生起。念念都是新生的,但前念后念之间亦无间隙。)换句话说,此识念念都是新新的、自动的力。何以见得他是自动的力?识是无形无相的,我们所以知道他是有而不无别。因为他具有一个特征,就是了别。他能了别一切的境,应该承认他是自动的力。虽说他是要凭藉官体才起的,……但不可说他是官体的副产物,因为他是能主宰官乎体的。……虽说他是凭藉境界才起的,……但亦不可以刺激物的反应来说明他,因为他是能转化一切境,……并改造一切境的。我们内自体认,就知道识的现起,是具有一种内在的自动的力才得现起的。这种自动的力,是找不着他底端绪的,也看不着他底形相的,他好像电光一闪一闪的,不断地新新而起!这也奇怪啊!我们以为,识的现起,就是具有内在的自动的力。只有把他底本身的自动的力推出来,而假说为因缘。除此之外,无所谓因缘。①

识的现起原因也不是外界的刺激,而是识自身的活动,是自主的、自在的、自创的。

熊十力在说识的现起是心的自动力发用的时候,面临一个理论上的矛盾:说本心是有内在的自动力的,是自主的、自在的、自创的,当然可以,且是必然的如此的,但此处所说的识是妄识,本身是无自体的,说其具有内在的自动力,这个自动力从哪来的呢?

> 此中所谓自动的力,实即性智的发用。……但克就发用上说,则是性智的力用发见于官体中,……而官体易假之以自成为官体的灵明,是故由其为性智的发用而言,应说此自动的力是固有的,非虚妄的。若从其成为官体的灵明而言,又应说此自动的力是后起的,……是虚妄的。②

无论是性智还是妄识,根本的动力都是性智的自动的力,只是妄识的力用需要假官体以现起,因而也可说是后起的。此自动的力为妄识的因缘。因缘是为了说

---

① 《新唯识论》语体本,《全集》卷3,第55页。
② 《新唯识论》语体本,《全集》卷3,第56页。

明事物的自动的内在的力用，不是事物之间的相互联系，因而不是通常所谈的关系(增上缘)。明了事物有内在的自动的力，才能以说明其本身是前灭后生，新新而起的。在此，熊十力借用了佛家因缘义来说明识所以产生的机理。

二 等无间缘

等无间缘，亦名次第缘，是说前念识能引发后念识的生起，故前念识对后念识而言是次第缘。“为什么说前念识是后念识的缘了？因为识是念念起灭的。换句话说，他识是念念前灭后生的。其所以前灭后生的缘故，就因为前念识能对于后念识而作次第缘，能引发后念的识令他生起，所以生灭不断。”①所以次第缘有两义：一、等而开导义，二、无间义。等而开导义是说前念引导、招引后念的生起，并把处所让与后念。无间义是说，前念灭的时候即是后念生的时候，生和灭中间是没有时分、没有间隙的。熊十力认为等无间缘表达了心识活动的重要特征，他说：“我们的心，具有等无间缘，念念是前的灭而开辟，后的被前所导引而新起。心就是这样迁流不息，常常是新新的，没有故故的保留着。可见精神作用，元来具有至刚健的德。因此，其几之动，至神妙而不测。……我们要知道宇宙间没有旧的对象滞积着。”②由等无间缘不仅可知妄识本来是迁流不息，新新而起的，也可知本心刚健的德用。不仅心灵如此，宇宙间的“物质常常由一状态变成另一状态，后者的变起也是以前的状态为其等无间缘的”。③

三 所缘缘

所缘缘乃说明境对认识的作用。“云何所缘缘？一切为识所及的对象，通名境界。识是能缘的，境是所缘的。(此中能缘和所缘的缘字，其含义有攀缘和思虑等等意思。)能缘识，不会孤零零地独起，决定要依托一个所缘境，他能缘识才会生起来，因此，把境界说名所缘缘。”④所缘缘说明的是识所及的对象，无此种对象，识不能生起。熊十力认为：“譬如白色的境当前，对于眼识作个所缘缘，便令眼识和他同时现起。”⑤他根据佛家的相关理论，将所缘缘归纳为四义。

其一，所缘缘，决定是有体法。“此中有体法的法字，略当于俗所谓物质或东

---

① 《新唯识论》语体本，《全集》卷 3，第 56—57 页。
② 《新唯识论》语体本，《全集》卷 3，第 58—59 页。
③④⑤ 《新唯识论》语体本，《全集》卷 3，第 59 页。

西的意思。有体法者，谓世间共许为实有的东西，不是虚假的。”①而凡是对识所缘缘的这种东西，定是有他的自体的，所以有一种力用，能够牵引缘识，令其生起。“如白色境，是有自体的。不是虚假无实的，他就能牵引眼识，令他眼识和己同时现起。”②白相如此，坚相等相也是如此，坚和白等相都是有其自体的，才可与识作所缘缘。熊十力认为一切相包括坚白等相都是识所现，在此为何说为实境而有自体了？他说：“凡感识所现坚白之相，皆托实境而起。（实境，亦名现境，是先前实有的东西故。）一方面说依识现，一方面亦可说为实境的相貌，故应以坚白等相摄属实境，说为所缘缘。”③坚白等相随时由识现起，然坚白等相的显现，除识之外应该还须肯定一实在的境，无此境，单凭藉识的作用，坚白等相也无从显现，而此境说为实境，是说其毕竟还是有的。因此，就决定所缘缘的有体法而言，必有实境。虚假无有的东西，就无所谓所缘缘了。比如瓶子，实际上是没有自体的，就不能成为缘。但为什么坚白等相是有体法，而瓶子等相是无体法呢？熊十力认为，坚白等相是依托实境而有的，人的感识（前五识）只能得着坚的境和白的境，眼识只得着白的境，触识只得着坚的境。五识本身不能得着瓶子的境。那瓶子的境识如何可能的呢？乃因人的意识综合前五识，追忆坚白等境，而构造成为一瓶子。实则坚白等感识所缘的境，是有自体的。而意识构造的瓶子，则是无自体的，是后起的妄识。

其二，所缘缘，为识所托义。所托即心必须依托一种境，方才得生。而所缘缘是为有体法，有一种牵引的力用，可以为识所托，令识和境同时现起。没有此境，心也无从生起。

其三，所缘缘，具为所带义。此即是说，识所缘之境，可以为识所带，识与境浑然不可分。如眼识，在没有意识的思虑作用时，见白色便与白色浑成一事，无可分。此时眼识便携带白色境，是为识所带义。

其四，所缘缘，具为识所虑义。识为能虑，境为所虑。如果没有能虑的识，把境界看成是其所能虑，则境的所缘缘义也不能成立。此义重在说明，能虑是唯识所以成立的关键，如果没有能虑，则唯识义不得成立。如果识的能虑不成立，则识只是一镜子，境只是镜子之所照，而不是镜子之所虑。

---

①② 《新唯识论》语体本，《全集》卷 3，第 60 页。

③ 《新唯识论》语体本，《全集》卷 3，第 61 页。

四　增上缘

乙不是甲所亲自创生的，但乙必然依着甲才有可能，若没有甲，乙也不可能有。这样，甲便是乙的增上缘，乙是甲的增上果。也就是说，一物为另一物的缘，但此缘不是因缘。熊十力区分了增上缘的两种作用：

（一）具有胜用的功用。“凡一物是对于他物事而能作增上缘的，必是具有殊胜的作用，方能取果。”[1]所谓殊胜的功用，即谓甲对于已有很大的扶助作用，但不一定要如此，只要其作为增上缘能助增上果生而不为增上果所生的障碍，即是其殊胜的作用，其作用不一定是积极的，只要不是破坏性的就行。在此意义上讲，每一事物的现起，其增上缘是宽广无外的，一微尘乃至一地球，都需要无量的宇宙作为其增上缘。对于心的增上缘来说，一念的产生，自然也有无数无量的增上缘。识的原因便只取最近的几项便可以了。比如色识的生起，注意其最切近的官能缘，以及所取的境，就可以了。也就是说，识的现起，要注意其最切近的增上缘，即注意事物之间的关系最密切者。

（二）增上缘是有顺有违的。增上缘对于增上果，可以作一种顺缘，令果得生；也可以对此果所起以前的事物（能亲自创生此果的事物），作一种违缘，令前物不得生，增上果亦无从生。此一顺一违，可见增上缘的力用甚大，其在识的作用上也是如此。一念生的时候，总有无数的增上缘。我们每一念起的时候，总有一种作动或警策的作用，和这一念的心伴随着，这种作动或警策的作用，不是本来的心，因而只是一种增上缘，永远和心伴随着。作动或警策的作用对心是有顺有违的，此即是作意，不善的作意起来了，能使坏的习心产生，好的作意以来了，便是善的作意增上。

识的几种缘说明如上。“由识的现起，是他本身具有内在的自动力故，遂立因缘。由识的现起，是他的前念对于后念为能引故，遂立等无间缘。由识的现起，是有所缘境，为所仗托故，遂立所缘缘。除前三种缘之外，尚有许多的关系，……所以立增上缘。”[2]由此四种缘之成立，识方可成立。外在世界方可能得到说明，因此，四缘生义是识所能发生的基本条件。但此四缘只是说明经验与成立知识的必要条件，单凭此四缘生义无法说明现象界。要说明经验与成立知识，

---

① 《新唯识论》语体本，《全集》卷 3，第 68 页。

② 《新唯识论》语体本，《全集》卷 3，第 72 页。

还得说明认识的发生机理。

第三节 识的现起

新唯识论关于成立知识的概念有四个:触相、共相、范畴和意识的综合作用。

一 触相

眼识、耳识、鼻识、舌识、身识,此五识熊十力通名感识。此五识必然对境有所感,比如眼识感触白的境时,有白相,身识感触坚的境时,有坚相。此类相依熊十力的逻辑说为现相,即为感识对境所现之相,此不是事物的本相。"凡相,托现境而其者,即此相与境的本相,非一非异。此相是心上所现影像,不即是像的本相,故非一。虽从心现,要必有现境为所托故,故与境的本相亦非一。由非一非异故,此相与境的本相,决定有相似处,但不必全同。"①依熊十力之意,识对于境的现起,首先是由感识对于外境的识别,比如眼识对于白境,身识对于坚境。在意识的作用参与之前,识对于外境所起之相只是诸如此类的白相、坚相等触相,而无有别的东西。此类感相的性质,是外境而又不离我的识而存在。他说:"今汝触瓶的坚,忆从少壮以至老衰,所得坚度前后不同。各人触坚,更不一致。是知坚相并非固定,唯随着能触的身识而现为或种样子的坚相。"②坚相等是随着触识而起的,其虽有外境在境为因,但此境是不离识而独存的。"心上现坚白等相,必有境界为因,是义可许。但是,这个为因的境,决定不是离心独在的。"③相不离心而存在,心是相存在的因。现象由感识而起,为感识摄境的结果。

二 共相

相不离识而存在,心上存相即久而形成共相。熊十力认为,共相的形成是心物互动的产物。"凡相,纯从心现者,大抵是抽象的,虽无现境为所托,然必包含过去及未来同种类的事物所具有的内容及通则等等,意中抽象的相方得现起。如于思维中构成一杯子的概念,此等概念在意识上即是一种相,而这个相并无现

---

① 《新唯识论》语体本,《全集》卷 3,第 30 页。

② 《新唯识论》语体本,《全集》卷 3,第 28 页。

③ 《新唯识论》语体本,《全集》卷 3,第 29 页。

境如现前具体的杯子为所托，然必由过去时意识所了别的每个杯子所具有的通则与内容等等，(内容，谓如各种杯子，不论磁制和金制，而同具人工制造的条件，同有盛水或酒的用处等等。通则，谓如可毁坏等等。)并预测将来一一杯子，在与过去的杯子同样情境之下，其所有内容和所循通则，也和过去是一致的。如此，才构成一杯子的概念。换句话说，必如上述情形，意中才得现起抽象的杯子的相。举此一例，纯从心上所现的相，也是于过去及未来一一事物的共相，定有所似的。这种相，和前面所说眼等五识托现境而起的相依世间情见上说，都不是贫乏的，都不是空洞的，都是有相当实在性的。"①相的形成，一方面要依靠心识的作用，一方面要有外在的境。外在的境在心上所现之相，经识的抽象而成共相。但共相毕竟不纯是由识所产生的，即其不是一个先在的理念。"共相的构成，还是要依靠一一具体的东西，如果没有兰和梅等等的花，则花的共相如何凭空构成得来？应知，共相不是与实境无关的。况且心上现似花的共相。这种共相就是一种境界，即在思量一切道理的时候，心上也要现似某种道理的相状。如我方才思量这种道理，分明和别的道理是不同的。这就是心才有所思时，总得要现似一种相状。这种相状也是一种境界。我们要知道，心的一切思维都要现似所思的相。这个相亦名为境。他虽然是眼识不可得见，乃至身识不可得触，然而此境，是分明内在的，昭然内自识的，不是空洞无物的。"②

三 范畴

"物所具有的若干基则，为一切科学知识所发见之法则或律则之所待以成立，实即吾人对于物的知识之所由可能之客观基础，其在知识论或认识论，则为之范畴。"③熊十力说：

> 康德自知识论之观点言，范畴是主观的，是先验的，不待经验而成立，只为经验所以可能之条件，易言之，即知识所以可能之条件。康德此种主张，其立言之分位，固与吾异。然吾亦实未敢苟同。即自知识言之，吾以为范畴，亦不能纯属主观，亦当兼属客观。(此中客观，即俗所谓外界的事物。下

① 《新唯识论》语体本，《全集》卷3，第30页。
② 《新唯识论》语体本，《全集》卷3，第61—62页。
③ 《新唯识论》语体本，《全集》卷3，第309页。

> 仿此。与康德所用客观一词的意义，不必全符。）如果范畴是主观的，即于客观方面全无根据。好似思维方面预储有许多格式（范畴），去应用在客观的事物上。此实不可通。如果说此等形式，不是预定的，则必是吾人认识的能力，或想像力，（如康德之意，此种想像力，不只如常途所谓把一度发生的事实使之再度或再生而已，却是完全从自己能有所造生的这种想像力。）于得到经验时，（如已表现在直观中的东西，即是经验的。）恰巧出生此等格式，来应用在事物上去，自然是有效的。（这个有效一词，含有超越个人的意义。即是一般皆可公认的。否则不名有效。）若尔，则主观上的格式，于客观的事物上全无依据。即科学上求知的方法，根本用不着实测。科学知识如何可能，毕竟是一大问题。康德似未注意及此。吾待《量论》再加评判，此姑不详。吾本主张范畴是主客兼属的。今克就物的方面言，则名为物则，亦云物所具有的基则。①

康德认为空间和时间观念完全是内感觉，熊十力则认为康德“科学上求知的方法，完全不用实测”，这完全是误解。另外，空间和时间在康德那里原本不属于知性的范围，而只属于感性的直观形式。熊十力在此表明了自己对范畴性质的基本看法：范畴是既主观又客观的。他共例举了五对范畴：空时、有无、数量、同异、因果。

空时。空时，即空间和时间。

> ……空间时间的相，是由人心执定有外在的境才有的。因为执定有外境，就于一一的境觉得有分布相，如东西等方、远近等距离。这种分布相，就叫做空间相。同时，于一一境也觉得有延续相，如过去、现在、未来。这种延续相，就叫做时间相。所以空相和时相，都缘在日常经验里，执有外境而始现的，并非不待经验的。②

外境——空间和时间——是可以有的，只是不离心而有。“既许有境，则空相（分

① 《新唯识论》语体本，《全集》卷3，第309—310页。

② 《新唯识论》语体本，《全集》卷3，第48页。

布)时相(延续)自是境的存在的形式。换句话说,空、时是与境具有的,因此,我人对于一切物的知识所由构成的最根本的基础,不会摇撼的。"①"我以为空相和时相,若克就物而言,只是物的存在的形式。我们假设物是有的,即是存在的。如此,则凡物定有扩展相,否则此物根本不存在。有扩展相故,方乃说物是存在的。亦复又扩展相故,即显上下四方等空相。故知空间非实有,只是物的存在的形式。又凡物定有延续相,若延续义不成者,即此物根本不存在。由延续相故,方乃说物是存在的。亦复由延续相故,即显过现未等时相,故知时间非实有,只是物的存在的形式。"②物的存在形式,即是物的存在条件。若空相和时相不成立,则物相也不能成立,因为物相是以空间和时间的成立为条件的。由于空间和时间都为事物存在的形式,因此,首先空时本身是不可分离的。不能说一物只有空间相而没有时间相,或只有时间相而没有空间相。但各个事物之间,因组合与位置的不同,可以形成各个不同的时空系列,即空间相和时间相虽不可分离,但其组合的方式却大有不同。如"飞机速度与航程所经各地之距离相组合而成之空时系列,较之汽车速度与所经各地段距离相组合而成之空时系列,两方迥然不同"。③其次空时非离物别有,而亦不即是物。"故空时,本缘于物上而具有此形式。意识作用依之,得有空时相起。(即构成空时的概念。)然意识因由空时相故,乃反以规定感识中未经分别之各物,而条析之,综理之,使证会中之物,成为客观的。"④

空间、时间只是事物的存在形式,而事物的存在又不离识,所以主观方面的识历物既久,就可以依个别的时空相,而构成抽象的空间和时间的概念。"这种概念,不自觉地推出去,把空时当作了客观的实有,就是绝对的空间,绝对的时间。"⑤而绝对空间概念和绝对时间概念的作用就在于"直接将感识中亲证之有,(感识所冥证者,只是有,而不曾作物想。)扦入两大格式(空时)之内。令其忽然固定化,而成为客观的事物了。科学知识于此始有可能,……"⑥此即是说,感识所证得东西在时空概念中方可成物。熊十力在此处将感识和时空概念分开来,

① 《新唯识论》语体本,《全集》卷3,第49页。
② 《新唯识论》语体本,《全集》卷3,第310—311页。
③ 《新唯识论》语体本,《全集》卷3,第311页。
④ 《新唯识论》语体本,《全集》卷3,第313页。
⑤ 《新唯识论》语体本,《全集》卷3,第313—314页。
⑥ 《新唯识论》语体本,《全集》卷3,第314页。

而在康德，时间和空间本来就是感性的基本形式。在熊十力所例举的五对范畴中，时空范畴在理论上是最受争议的。

有无。

> 有无这种范畴，就物的方面而言，便是物所具有的一种型范，也兼含有证符的意义。凡物，具有某种用等等，是名为有。（相者，谓凡物各有自共相故。自相，如圆的桌子。共相，如圆，为圆桌与其他圆的物所共有之相。用者，谓物皆有作用故。又言等等者，以凡物所有，不可遍举故。）既具有如是相用，同时不更具其他相用，物各有其所有，即各无其所无。（其所本无者，即不复能有之。故云无其所无。）①

有无乃表明事物本身的特征，比如此事物是方的，不是圆的，是冷的，不是热的。亦表示事物某种作用，比如此物有此用、无彼用等等。所以，有无是规定事物性质的范畴。

数量。“数量者，谓一多或大小等数也。”②数量表示一切物之间互相有差别而又互相联系。“没有差别，故无数量可言。假如只言差别，完全没有关联，亦无所谓数量。”③数量的意义，就是于差别中有综合，即是在此数量下的物都有某种关联。此种关联是差别中的关联，并不否认事物之间的差别。

同异。“夫万物繁然，一一自相，莫不互异。但举共相，又莫不齐同。然自共相。亦由互相观待，现差别故。”④同和异依据事物自相和共相的关系而言，而自相和共相又随其所观待而为推移，自相和共相都不固定，同和异也不固定。比如桌子与杯子，以桌子或杯子的共相观之，当然为异，而以人造物为共相观之，则又为同。如此类推。同异之关系对于事物之了解相当重要。“一切事物，无有异性，则莫由予以解析。无有同性，则莫由致其综会。”⑤

因果。因缘，是从心与识的念念生灭讲。因果范畴，是从事物之相互关系讲。“每一事物在其极复杂或无穷的关系之中，必有其相依最切近的事物，假说

---

①②③ 《新唯识论》语体本，《全集》卷3，第315页。

④ 《新唯识论》语体本，《全集》卷3，第316页。

⑤ 《新唯识论》语体本，《全集》卷3，第318页。

为因。”①一事物之所以为一事物，有无量的原因，熊十力言因果只是从事物与事物的关系上说，且不说某因决定造生某果，因现实中的事物不能一物自动造生一物。比如人把钢铁造成汽车，你不能说钢铁决定造生汽车，因钢铁无所谓决定，无所谓生，你又不能说人造生汽车，因为人不能无中生有、造出一汽车来。钢铁之所以能变成汽车，有无量的原因。与汽车的关系中最切近的原因，说为因果。因果是在最近的关系上假立，而非如阿赖耶识种子生现行的因果。此种因果比增上缘的范围要小。因此，因果关系熊十力将其说为“不一而相即”。不一，即因和果是两事，没有创生关系，相即，即是说两者关系切近。

最后，熊十力对范畴的性质作了总的说明：“余以为范畴，当兼属主客。（客观谓物界，曾见前注。）在主观方面，只是含有无穷分理，随宜发现之可能的裁制力，并不是预储就若干有限的格式，在客观方面，即事物上决定具有与主观的裁制相符应之法则。”②事物的范畴是本属客观物的，因而说其是客观的，但是此客观物不离我的心、识而有，又可说其是主观的。而从范畴的本来面目讲，客观的意味更重。因此，熊十力当然不能同意康德有关范畴的看法，且对其时空观念也颇有微词。康德当然也认为范畴是客观的，但是此客观非彼客观，康德范畴的客观义是指其普遍有效性，而不是指物的本来性质。

四　意识的综合作用

前面讲到的所缘缘中的所虑义，即是意识对于所取相之思虑。

> 意识起时，恒现现境之相，（决无有不现相的时候。）所以者何？一、因意识一向习于实用故，恒追求种种境，必现似其相。二、因意识富于推求和想象等力，能构造境相故。三、因意识起分别时，眼等五识及其所得境同入过去故，意识复行追忆，必现似前境之相故。由上三义，意识恒现似境之相。③

意识的特点即惯于实用，恒追求境，并能推求和想象，以构造境。而此构造之境

---

① 《新唯识论》语体本，《全集》卷3，第319页。
② 《新唯识论》语体本，《全集》卷3，第326页。
③ 《新唯识论》语体本，《全集》卷3，第31页。

却又有记忆中境的相。

意识与前五识的关系：

> 我所谓五识和意识本非各个独立的，只因他们（五识和意识）的发现，有分位的不同，故须分别来说。眼等五识是凭藉眼等官能而发现的，他五识是先于意识而追求当前的境的。（此种所谓追求，其作用极细微，是不自觉的一种追求。）意识虽是自动的现起，但他意识非不藉待五识的经验的。五识创起了境，本无粗显的分别，意识紧接着五识而起，便忆持前境，更作明利的分别了。（此中前境，谓前念五识所了的境，以下言前境皆彷此。）由此应知，意识一向习于实用，恒于种种境起追求。他们是以五识为前导的，……我们须知道，心的知境，就因为心上必现所似之境的一种相，否则不成知。……可见心的取境（此中心字，通五识和意识而总名之。）不能亲得境的本相，而是把境制造或剪裁一番，来适应自己底期待的。①

意识与共相的关系：

> 试就瓶来说，看着他，只是白的，并没有整个的瓶；触着他，只是坚的，也没有整个的瓶。我们的意识综合坚和白等形相，名为整个的瓶。②

> 坚和白等相均不是离心外在的，至于综合坚白等相，而名为整个的瓶，这纯是意识因实用的需要而构造的。③

> 凡相，纯从心现者，大抵是抽象的，虽无现境为所托，然必包含过去及未来同种类的事物所具有的内容及通则等等，意中抽象的相方得现起。如于思维中构成一杯子的概念，此等概念在意识上即是一种相，而这个相并无现境如现前具体的杯子为所托，然必由过去时意识所了别的每个杯子所具有的内容与通则等等，（内容，谓如各种杯子，不论磁制和金制，而同具人工制

---

① 《新唯识论》语体本，《全集》卷3，第31—33页。

② 《新唯识论》语体本，《全集》卷3，第26页。

③ 《新唯识论》语体本，《全集》卷3，第28页。

造的条件，同有盛水或酒的用处等等。通则，谓如可毁坏等等。)并预测将来一一杯子，在与过去的杯子同样情境之下，其所有内容和所循通则，也和过去是一致的。如此，才构成一杯子的概念。换句话说，必如上述情形，意中才得现起抽象的杯子的相。举此一例，纯从心上所现的相，也是与过去及未来一一事物的共相，定有所似的。这种相，和前面所说眼等五识托现境而起的相依世间情见上说，都不是贫乏的，都不是空洞的，都是有相当实在性的。①

意识所现起的相，虽然不是空洞的，但毕竟不是真实的本相，故谓妄识执为妄境。

所谓妄境者，非以心上现似境之相，方说为妄。心于境起了知时，便有同化于境的倾向，所以必现似境之相。这个相，又好像是对于所知境的一种记号，如了知白时必现白相。他所了知的是这样的一个白，不是旁的。准此而谈，心的现相，是知的作用自然会有的，无可非毁的。但是，心上才现似境的相。便很容易赋予境以实在性，并且很似有封畛的。换句话说，我们知的作用，就把所了的境当作离心独在东西来看，这才是吾所呵斥为妄境的，因为他妄境纯是依靠着那浸渍于实用方面的妄心而起的缘故。②

由此，认识的心本来是妄心，勾画一一境物的识是妄识。但人类的生活总是在客观物成立的前提下方得可能的，因此，说明认识是如何可能就显得很重要了，其关乎现实世界的成立。熊十力哲学的目的在见体，但他也还须安立知识和现象，以贞定住客观世界。

第四节 格物致知

熊十力一方面要遮拨现象呈现本体，一方面又要安立现象与经验生活，这表现在他试图调和阳明和朱子的立场。他认为《大学》“三纲领”是从本体论上分开

① 《新唯识论》语体本，《全集》卷3，第30页。
② 《新唯识论》语体本，《全集》卷3，第33页。

说，实则是一事。“《大学》开端，举三纲领。曰‘明明德’。曰‘新民’。曰‘止至善’。三纲领，实是一事。一事者，‘明明德’是也。”①明明德、新民、止于至善，实则都是“明明德”。“明德，指目本心也。本心有自知自证之用，故云自照。”②明明德者，“明德谓本心。上‘明’字为工夫，工夫只是反己”。③“明明德”即是反诸本心，此是阳明旨意。

> 朱注：“明德者，人之所得乎天，而虚灵不昧，以具众理而应万事也。”详此所云，其迥异后来阳明之说者，不唯虚灵不昧，未即是本心而已。其甚相水火者。朱注云“具众理”，则心不即是理，但具有此理而已。（王船山疏解朱注，于具字看得吃紧，船山盖反对阳明者。）阳明却云“心即理”，（即者，明不二。如云孔丘即仲尼。）此为程、朱后学与阳明聚讼最烈之一问题。余以为自玄学或心学言之，阳明之说是也。（穷究宇宙本体之学，谓之玄学。阳明则直指本心，盖以宇宙本体，不待向外求索。反诸吾之本心，当下即是，岂远乎哉？吾心之本体，即是万物之本体。非有二本也。故阳明派下，又立心学之名。其实阳明派之心学，仍是玄学。）……程子曰：“在物为理。”朱子云：“心具众理。”夫理既在物，而非即心。则心如何得具此理？程、朱所不能说明也。④

明德是心之本体、万物之本体，此是阳明的立场而非朱子的立场。

在“新民”和“亲民”的争议上，熊十力取“新民”而不取“亲民”。“在新民。新字，经文本亲字，朱注引程子曰：‘亲当作新。’今从之。”⑤取“新”而不取“亲”，是就“明明德”之生生不息、健动不已的角度而言的。

> 天地之化，新新而不守其故，皆我之自新也。……天地之德新新。而动以不得已，皆我之自新也。……天地之撰，（撰犹言功用。）新新而悠久无疆，……皆我之自新也。……夫自新，必新民而后无憾。……所以者何？我

①② 《读经示要》卷一，《全集》卷3，第629页。

③ 《读经示要》卷一，《全集》卷3，第632页。

④ 《读经示要》卷一，《全集》卷3，第635—636页。

⑤ 《读经示要》卷一，《全集》卷3，第639页。

> 与人同此本性,同此本心,同此明德。故我自新矣,必期人之自新,以人我同体故。①

从宇宙之新新不已与本心之自新的角度说“新民”而不说“亲民”,与良知学无差。熊十力的本体论,着重一“生”字,也必然重“新”意,此在逻辑上有内在的必然性。

“新民”是“明明德”固有之意,而“至善”即是“明德”之目。

> 朱注:“止者,必至于是而不迁之意。至善,则事理当然之极也。言明明德,新民,皆当止于至善之地而不迁。盖必其有以尽夫天理之极。而无一毫人欲之私也。”王阳明《大学问》云:至善者,明德亲民之极则也。……天命之性,粹然至善,其灵昭不昧者,此其至善之发见,是乃明德之本体,而即所谓良知也。……详此所云,与朱注大概从同。如云明明德亲民之极则,与朱注言“明明德新民皆当止于至善之地而不迁”,其义一也。言天命之性,粹然至善,至民彝物则之极。不容少有议拟增损于其间,与朱注言“夫天理之极,而无一毫人欲之私者”,义相发明。阳明径指出至善是良知,似较朱子更认识亲切。②

“明德”即是“至善”,“明明德”即是“止于至善”,因此“明明德”和“止于至善”是一事。在熊十力看来,“新民”和“止于至善”都是“明明德”之目。阳明虽然训“新”字为“亲”字,但在此一根本问题上的理解与朱子应是一致的。

又,熊十力一方面将《大学》的“致知”解释成为“致良知”;另一方面,为了肯定知识,又兼采了朱子格物的思路。

> 推致吾良知之明向事物上去格量,此是良知随缘作主,无所谓外向也。格物之格即是良知之用,知之流通处即是物,非物在心外。故格物实非外向,(俗计为外,而实无外。)知之流通处即是物,而知之格量作用周遍于其流通处,(即物,)而得其有则而不可乱者,是谓格物。格物工夫不已,即是吾良

---

① 《读经示要》卷一,《全集》卷 3,第 640—641 页。

② 《读经示要》卷一,《全集》卷 3,第 645—646 页。

知之流通不息，展扩不已。①

“知”为良知，“致知”为致良知，这是阳明学的立场，亦是熊十力本体论的应有之意。从这一立场出发，熊十力当然不会同意朱子对“致知”的解释。“朱子《集注》训致知之知，曰：‘知犹识也。推极吾之知识，欲其所知无不尽也。’夫人之知识，是否可推极以至于无尽。姑置勿论。而知识多者，遂可诚意正心乎？此则吾所不敢苟同也者。”②从熊十力本体论的立场而言，对朱子“致知”之说不契，是应有之意。

因熊十力要对知识的问题加以说明，又得同意朱子关于格物的说法，表现出融会阳明和朱子之说的倾向。以阳明之“致良知”为根本，兼采朱子的立场，显示了熊十力的两难。他一方面要肯定良知本心的唯一真实性，一方面又要对知识问题予以说明。前一问题是本体论的问题，后一问题是知识论的问题。熊十力在此将“格物”与“致知”分开说，一方面说“致知”已包含“格物”问题在内，一方面又要肯定“即物而穷理”的合理性。

> 余以为致知之说，阳明无可易。格物之义，宜酌采朱子。……阳明以为善去恶言格物，谪成赘义。非经旨也。……朱子不悟致知之知是本体，而训为知识，此固其错误。而注重知识之主张，要无可议，但知识本在格物处说，经义极分明。朱子训格物为即物穷理，知识即成立。此宜采取朱子《补传》，方符经旨。格字训为量度。……朱子训格，不取度量义，而以穷至言之。于字义固失。然即物穷理之意，犹守大义。③

阳明不能给知识以地位，因此成立知识需依朱子的理路，而朱子之短在于不悟致知之知即是本体，格物也是良知之发用。

> 如不能致良知，而言即物穷理，则是徒事知识，而失却头脑，谓之支离可

① 《十力语要》卷三，《全集》卷 4，第 405 页。
② 《读经示要》卷一，《全集》卷 3，第 663 页。
③ 《读经示要》卷一，《全集》卷 3，第 667—668 页。

也。今已识得良知本体,(良知本体四字,作复词用。)而有致知之功,则头脑已得,于是依本体之明,(即良知。)去度量事物,悉得其理。则一切知识,即是良知之发用。①

知识即量智,良知即性智。量智为性智之发用,则知识为良知之发用。良知与知识,为体与用的关系。此似发牟宗三所言"良知坎陷"之先声也。

① 《读经示要》卷一,《全集》卷3,第668页。

第九章　遮诠明体

新唯识论主张，现象与一一物从本体论的角度而言都不是实在的，而只是妄心的执定和变现。要明体，就须遮拨掉现象。遮拨现象，并不是说现象中的一一境物都是无的，而只是说一一境物的存在离不开识，即为唯识。识是心之识，明体即明本心，明一一境物不离心而独在。

第一节　唯识而非唯境

熊十力通过对识与缘生义的阐释，安立了现象界的存在。执一一物为实有虽为妄识，但站在经验生活的角度上讲却是不可破斥的，为经验知识和科学安立基础。新唯识论之所以新，一个重要的方面，就是其在说明心和境的关系上区别于旧唯识论。熊十力的心和境的关系可说为：心境并建，心境不离，心为主宰。在熊十力的本体论中，心和境（物）实则是本体之两面，但熊十力为什么要说唯识（心）而不说唯境（物）呢？熊十力解释说："本来，境和心是不可分的整体之两面，我们似乎不必说识名唯，但因对治他们把一切境看作是心外独立的这种倒见，所以要说唯识。"①他对心物关系的看法，与其对宇宙论的看法密切相关。在他看来，宇宙即是一恒转本体，此本体本身是具有内在的矛盾和发展的，一方面是翕，此为凝聚之势，诈现为所取的相貌，就叫作境；一方面是辟，为神，使恒转本体不至于物化，是为主宰。又诈现为能取的相貌，就叫作心。

翕、辟同为恒转本体的两方面，翕即是境，辟即是心，境和心是不能分开而又以心为主宰。此种关系落实到心物关系上，即心为主宰，为辟，为能取，物境为翕，为所取。物不离心而在，心也不离物而独存。所以，《新唯识论》"说无外境，并不谓境无"。②

既然心物为本体的两方面，但为何说唯识、唯心，而不说唯境呢？熊十力解释说。

---

① 《新唯识论》语体本，《全集》卷3，第47页。

② 《新唯识论》语体本，《全集》卷3，第49页。

> 唯识的说法，但斥破执有外境的妄见，并不谓境是无的，因为境非离心而独在，故说唯识。唯者，殊特义，非唯独义。心是能了别境的，力用殊特，故于心而说唯。岂谓唯心，便无有境。或有问曰："说心，便涵着境，故言唯心，说境，也涵着心，何不言唯境？"答曰：心是了别的方面，境是被了别的方面，境必待心而始呈现。应说唯心，不言唯境。或复难言："境有力故，影响于心，如脑筋发达与否，能影响智力大小，乃至社会的物质条件，能影响群众的意识。应说唯境，不当唯心。"答曰：意识虽受物质条件的影响，而改造物质条件，使适于生活，毕竟待意识的自觉。智力大小，虽视脑筋发达与否以为衡，但脑筋只可以说为智力所凭藉的工具。……所以，着重心的方面而说唯心，不言唯境。①

说唯心(唯识)不说唯境的理由有四：一、境和心是同体的，才有感，必有应，才有应，必有感，此两方面缺一不可；二、心的方面，是有自由的、向上的、任持自性的、不为境缚的主宰力，而境则是下坠的，没有自性的；三、心是能取相的，而境是所取的相，即是说一切境的显现都要在心上方得可能，因此，说境，即是心上所现之境，境不能离心而独在；四、心虽可以受境的影响，但心毕竟为主宰而能自觉改造境。

本体有心和物两方面的趋势，但心毕竟能主宰物，而显发本体之德。因此熊十力不仅说唯识，而且将此心说为本体。他认为，要对治把一切境看作是心外独存的这种倒见，所以要说唯识。

> 一、会物归己，得入无待故。如果把万物看作是心外独存的境，便有万物和自己对待，而不得与绝对精神为一。今说唯识，即融摄万物为自己，当下便是绝对了。二、摄所归能，得入实智故。能谓心，所谓境。心能了别境，且能改造境的，故说心名能。但境是心之所了别的，且随心转，故说境名所。唯识的旨趣，是把境来从属于心，即显心是运用一切境而为其主宰的，是独立的，是不役于境的。②

---

① 《新唯识论》语体本，《全集》卷 3，第 43 页。

② 《新唯识论》语体本，《全集》卷 3，第 47 页。

说唯识，是因为万物不离我的识而存在，万物之所以能成其存在，是因为我的心识的了别和主宰。没有我的心识，万物之存在无法证成，故说唯识，而不说唯境。唯识就是说心能了别境，能主宰境，非谓境无。

新唯识论固然不同于传统的唯物主义，同时也要注意其与传统唯心论的区别。熊十力认为新唯识论与传统唯心论的区别在于：首先，传统唯心主义认为心是唯一实在的本体，而熊十力则认为心只是本体的一个方面，本体本身具复杂性，本体之一翕一辟即表现为心和物，但心为物主，境随心转，只有心能表现本体之德用，故心是本体最本质的特征，因此可将心说为本体。实则心不是本体，而只是本体之用。其次，熊十力认为，传统唯心主义执定宇宙万物都是由心创造出来的，心即是本体。宇宙万物不离我的心而存在，并不谓我的心创造了宇宙万物。物即是宇宙实体之翕势之变现，但又不离我的心识而存在，故说唯识，而不说唯心。

第二节 新旧唯识学辨

熊十力在谈《新唯识论》的创作缘由时说："吾先研读佛家唯识论，曾有撰述，渐不满旧学，遂毁夙作，而欲自抒所见，乃为《新论》。夫新之云者，明异于旧义也。"①"《新论》之作，元由研习有宗《唯识论》，渐悟其失，久之旁参博证，终归求己一路，困而后通，乃不容已于言，如蚕吐丝，如蜂酿蜜，岂复有所为而然哉！"②可见，他创作《新唯识论》是由于对旧唯识学的不满。但说其对佛家不满，并不是要全面否定佛家思想，而是要对佛家思想进行批判地继承。他认为，佛家思想自有其过人的地方，这个地方便在看穿人生坏的方面。

> 余通玩佛家大旨，约有三义是其超越古今处：一、于人生惑染方面深观洞察，详悉说与人看，好令自反。孔子不訾毁人生，不肯从这方面说。佛家偏要揭穿，虽不无短，（佛家出世思想由此，而且把人生看得太坏，更有许多不好处。）却亦是万不可少的说话。吾以为人生惑染方面识得最透者，自有

---

① 《新唯识论》语体本，《全集》卷3，第3页。

② 《新唯识论》语体本，《全集》卷3，第521页。

天地以来恐无过于佛家。(中外文学家揭人生坏处者虽多,然其态度冷酷,且从其小知小解、世间聪智而说出来,不是从悲心发出,更不能见大见深,此意难与世俗言。)二、佛家书形容一真法界空寂、清净、真实,远离一切倒妄或戏论,无上庄严,真令人有颜子欲从末由之感。吾于此,直是穷于赞叹,人生不识此味,甚可惜。孔子于此方面只是引而不发,大概恐人作光景玩弄,欲人深造自得之,孔子甚切实,但有佛家说一番却好。三、佛家书破除知见或情识处,直是古今中外无量哲人罕有如斯深远。老庄虽反知,迹其言说,犹未臻妙境,其境界自不及佛家之高。欧西哲人大抵不出思议窠臼,更难望老庄矣!孔子境界高,却不肯向这方面说话,应有佛家一说。①

新唯识论对佛家有所资取,但因其理论针对旧唯识学而发,又与佛家有所不同。这些不同大体有以下几个方面。

一 关于心之看法

《成唯识论》言:

世间、圣教说有我、法,但由假立,非实有性。我谓主宰,法谓轨持。彼二具有种种相转。我种种相,谓有情、命者等,预流、一来等。法种种相谓实、德、业等,蕴、处、界等。"转"谓随缘施设有异。如是诸相若由假说,依何得成?彼相皆依识所转变而假施设。"识"谓了别。此中识言亦摄心所,定相应故。"变"谓实体,转似二分,相、见具依自证起故,依斯二分施设我、法。此我、法虽在内识,而由分别似外境现。诸有情类无始来,缘此执为实我实法,如患、梦者。患、梦力故,心似种种外境相,缘此执委实有外境。愚夫所计实我实法都无所有,但随妄情而施设,故说之为假,内识所变似我似法,虽有而非实我、法性。然似彼现,故说为假。外境随情而施设,故非有如识,内识必依因缘生故。非如无境。由此便遮增、减二执。境依内识而假立,故唯世俗有,识是假境所依事故。亦胜义有。②

---

① 《新唯识论》语体本,《全集》卷3,第525页。

② 《成唯识论校释》,玄奘译,韩廷杰校释,中华书局1998年版,第1—2页。

《成唯识论》对于心和境的看法，大体如次：(1)我、法等诸相都由假立，诸相都由识所转变随缘假立而有，非实有，心外之境(如我法等诸相)确实是空无。(2)外境只缘内识而假立，故说世俗有，胜义无；但识是真正存在的，故说胜义有。(3)外境是由内境(识)随缘所变现出来的，但一一相有一一的相分和见分，境和识毕竟是分离的。由于有宗对三性[①](偏执所计性、依他起性、圆成实性)的第二性即依他起性的说法与空宗有异，有空肯定依他，就可以成立法相，法相本非实有，但不能说成立此法相的众缘是空无，故成立依他起性。因此，(4)由依他起说可成立法相(宇宙论)。

对第一点，熊十力是同意的。"世间执为有离心外在的实境，这诚然是一种妄执，应该当驳斥。"[②]新唯识论为了显体，一个重要的工作即是破除执外境实有的这种看法。

对第二点，熊十力有所区分和修正。《成唯识论》虽然区分了净识和染识，但认为净识和染识都是实有的，阿赖耶识中有净种子，有染种子，这些都是胜义有的，都是无可破斥的。熊十力则认为："至于妄执的心，虽亦依本来的心而始有，但他妄执的心是由官能假本心之力用，而自成为形气之灵，于是向外驰求而不已。故此(妄执的心。)是从日常生活里面，接触与处理事物的经验累积而发展，所以说他是虚妄不实的，是对境起执的。他与本来的心，毕竟不相似的。……我们以为，妄执的心实际上是空无的，因为他是后起的东西。只有本来的心，才是绝对的、真实的，基师在此处把妄执的心说为不空，这是应当修正的。"[③]熊十力明确区分本心和习心(妄心、妄执)，但认为只有本来的心才是实有的，而后起的习心、妄心不是实有的，因此他不同意唯识学把心全部看作实有的观点，而应该要加以区分。

对第三点，熊十力明确予以否定。在他看来，心是无所不包的整全的一，非为能分别和剖析的东西。他批评说："旧唯识论师，以为心是能分别境物的，就说心只是分别的罢了。……旧师对于心的看法，是极粗浅的。我以为流行无碍而不可剖析的和刚健的与向上的势用，即所谓辟，这才可说名心。须反躬深切体

---

① 三性之说，本起于空宗，其目的在于说明：三性中偏执所计性和起性都是空无的，只有证得圆成实性，才是证得真如。说偏执所计和依他其皆为空无，就是为了破相显性。

② 《新唯识论》语体本，《全集》卷3，第24页。

③ 《新唯识论》语体本，《全集》卷3，第25页。

认，自可识得。如果只能他底迹象上看，为以心只是分别的东西，如同镜子一般，……那就大错而特错了。”[1]在熊十力看来，心不仅能了别境物，亦能主宰境物，亦即是说，心不仅有认识义，还有主宰义。因为境是由识所主宰的，所以境与识是不可分的。

对第四点，熊十力虽然同意可以随俗安立现象界(法相)，但对此中之义理却与有宗根本不相契。其中最关键的一点是因缘义。他说："我尝说，有宗全盘错误。只于其谈缘起或依他起性处便可见。”[2]有宗把所讲的因缘归为依他起性，而依他起性实则只是增上缘，而非因缘。在熊十力看来，宇宙之因本不是依他起，而有其自身的根本原因在，即宇宙之因是本体自性之用而非待他起的，所以熊十力批评有宗认依他起为因缘的说法。在熊十力的体系中，心上所现起的法相本是本体流行过程中的迹象，是有其自动的原因的，虽为妄相，但毕竟是有内在的动力的。因此，对法相的成因自然与有宗不同。

熊十力所说的是本心即本体，本体即万化之原，万有之基，有主宰义，并认为旧唯识学的“识”是本心和妄心的合体。对心的看法的不同，可以引申出新旧唯识学在义理上的基本差别，对真如本体与阿赖耶识关系的看法就是二者根本差别。

二　关于真如本体

熊十力认为，旧唯识学的根本问题是以阿赖耶识与真如为两个不同的实体，由此造成“二重本体”。大乘空有二宗都认为真如是万法的实性。但在佛家，真如虽为万法的实性，但不能说真如现为万法，即从真如而言只能说无为，而不能说无为而无不为。“所以他们佛家是离用谈体。这个意思前面已经说过，他们有一共同点，即是不许说本体显现为大用。(如本论所谓翕辟和生灭流行不息，即大用之谓。)易言之即不许说真如显现为宇宙万物。”[3]有宗也不例外。“有宗在本体论上始终恪守小乘以来一贯相承之根本义，即本体不可说是生生化化的是也。有宗虽自标异空宗，而这种根本的理念仍与空宗不异。”[4]有宗一方面要坚

---

[1] 《新唯识论》语体本，《全集》卷3，第110—111页。
[2] 《新唯识论》语体本，《全集》卷3，第221页。
[3] 《新唯识论》语体本，《全集》卷3，第208页。
[4] 《新唯识论》语体本，《全集》卷3，第210页。

持真如只是无为，一方面又要谈宇宙论，其不得不另外构建一套系统以成立宇宙论，就是坐实依他起性的阿赖耶识理论。有宗不满意于空宗于法相只有遮拨，而无施设的基本观点，以依他起性和阿赖耶识成立宇宙论。

首先，有宗将空宗缘起之遮诠义变换为表诠义。“表诠承认诸法是有，而以缘起义来说明诸法所由成就。”“遮诠欲令人悟诸法本来皆空，故以缘起说破除诸法，即显诸法都无性。(亦云无实自体。)”①空宗讲缘起，是讲一切由缘起之法相本无自体，即是空，由此空相，透悟圆成实性。在此一解释中，依他起性也是无自体的，是需要被遮拨掉的。因此，空宗的缘起只是一种遮诠的意义。而有宗变空宗的遮诠为表诠，执定产生一切法的缘是实有，因此将空宗遮拨的依他起性变成实性，即成立法相的各种各样的缘有了实性。有宗与空宗的分歧，也就在依他起性有无实性的分歧上。

其次，因缘在小乘教中本来是就一切法之间的关系而言，是一种较为宽泛的说法，而有宗则将依他起性说为因缘，只是小乘教宽泛意义上的因缘义，而不是大乘教严格意义的因缘义。准确说来，依他起性大致只相当于大乘中的增上缘，即不一定是事物所生的根本原因，因此不能说为因缘。但有宗将依他起说为因缘，而在此诸因缘中，谈第一缘起，即阿赖耶识。将阿赖耶识说为第一缘起，建立种子做因缘。即阿赖耶识含藏诸种子，此一切为心物诸行生起之因。由此，宇宙万物之因得以说明，宇宙论得以建立。根据有宗，一切识，或一切相、见，通名现行，总称现行界，推求此现行界的根源，遂建立一切种子。种子潜藏于阿赖耶识中，自为种界。现界虽从种子亲生，但现行已生，即离异种子而别有自体，如亲与子，截然二人。所以，种、现二界，元非一体。一为能生，一为所生。种子有两种：本有种与新熏种。本有的种子，是法尔本有的，不依他起。新熏的种子，则由现实中的习气熏习而成。有的认为既有本有种，又有新熏种；有的认为只有新熏种，而无本有种。但无论持何种观点，都认为现界和种子是对立的，而业种子是一一聚集的，非为一的。

熊十力认为，有宗将空宗遮拨缘生法的遮诠转变为肯定缘生法的表诠，本身就是有问题的。对于本有种子，熊十力在一定程度上是承认的。但对于以后起的熏习种子为现界之因，则万不能同意。他综合有宗缘生义与种子说的看法，认

---

① 《新唯识论》语体本，《全集》卷 3，第 219 页。

为有宗堕入“二重本体之过”。“有宗既建立种子为现行作因缘,其种子即是现行界的本体。”①“他们既建立种子为诸行之因,即种子已是一重本体。然而又要遵守佛家一贯相承的本体论,即有所谓真如是为万法实体。”②这样真如和种子都成为实体,而种子不是真如,故有二重本体。熊十力认为原因在于有宗对于本体的理解未能透彻。

> 空宗谈三性,依他亦是所遣,即遮拨宇宙万象。……他们只从空寂的方面来显真如,唯破相而后空理自彰。……故从宇宙论方面的观点来衡量它,(空宗。)他并无理论上的矛盾。有宗却不然,他们有宗谈依他,既改变空宗遮诠的意义,而持构造论。于是,一方讲宇宙论。要建立多元的和生灭不断的种子,来作诸行的因缘。……这个种子自然是诸行或宇宙的本体了。另一方又谈真如。只许说不生灭的或无起作的。这却别是一重本体了。如是二重本体作何关系,有宗也无说明。真如本身既不可说是生生化化或流行的物事。种子之中如本有种法尔有故。不可说是真如现起的。以真如自体无起作故。后来以习气名新熏种。其非真如所显,尤不待言。据此所说,种子自为种子,真如自为真如,此二重本体,既了无干涉,不独与真理不相应,即在逻辑上也确说不通了。……总之,有宗种、现对立,已是谬误。既立种子为诸行因,此种又不即是真如现起。真如直是间物,所以说,有宗有二重本体过。③

又说:

> 有宗既立本有种为现界之因,即本有种已是诸行实体,(**诸行谓一切相见,亦即现界。**)而又承诸佛菩萨相传之旨,说法性即真如。此真如者,既不是种子,又不可说本有种即真如之显现,然则本有种与真如究竟是如何关系?有宗于此既无说明,此实其在理论上之最不可通者。学者稽考有宗诸经论,其谈种子义则与真如无融会处,其在三性中谈圆成实即真如,又与依

① 《新唯识论》语体本,《全集》卷3,第230页。
② 《新唯识论》语体本,《全集》卷3,第231页。
③ 《新唯识论》语体本,《全集》卷3,第231—232页。

他性中种子无融会处。由有宗学说之体系衡之，种子既是现界根源，而又于种界外别说真如法界，则不得不谓之有二重本体，可谓支离极矣。①

熊十力对本体的看法与空宗和有宗不同，他既要肯定只有一个绝对的本体，又要肯定万象森然、变化无穷的宇宙世界。因此，从本体之无为而说，世界是绝对的一，无有外在神我的造作，从本体之无不为而说，现实宇宙生生不息方能有其最深刻的根源。只有将本体看成是无为而无不为的，才能在肯定现实世界的基础上又能坚持一本论。

三　关于阿赖耶识

站在唯识的立场，世间一切事物都是虚幻不真实的，都是识所变现的，宇宙万有是所变，识是能变。而能变有三种：异熟、思量和了别境识。“异熟”是初能变，即第八识阿赖耶识。“思量”是二能变，即第七末那识。“了别境识”是三能变，即前六识：眼识、耳识、鼻识、舍识、身识、意识。在三能变中，第八识是本识，其他七识皆从第八识中转生，因而称为转识。阿赖耶识可以从前生转到后生，生生世世相续不断，直至涅槃解脱。唯识宗正是由阿赖耶识建立起生死轮回理论。阿赖耶识有三相：自相、果相和因相。自相是阿赖耶识的自体之相。阿赖耶是梵音，又称为藏识，含能藏、所藏、执藏三义，是一切善恶种子寄托的所在，阿赖耶识是能藏，种子是所藏。第八识又称异熟识，这是就阿赖耶识的果相而言。阿赖耶识又称为“一切种识”，这是第八识的因相。第八识中含有各种有漏种子和无漏种子，可以熏生各种现行，成为一切心法、心所法、色法和心不相应行法生起的原因。自相是阿赖耶识的第一位，果相是其第二位，而因相是其第三位，自相是因相和果相的总和。

唯识宗认为，阿赖耶识之所以有这样大的功能，是因为它含藏有各种种子。《成唯识论》卷二云：“谓本识中亲生自果功能差别。”也就是说，阿赖耶识含有各种产生色法、心法等现行的功能，这就是种子。种子本身有六义：刹那灭，果具有，恒随转，性决定，待众缘，引自果。这六义主要是讲种子的性质，因为种子有这些性质，才能引出色法、心法等现行功能。种子从价值意义上分，又可分为有

---

① 《新唯识论》语体本，《全集》卷3，第483页。

漏种子和无漏种子两类。有漏种子又分为言种子和业种子两类。无漏种子又分为：生空无漏，即我空无漏，此属见道无漏；法空无漏，属修道无漏；二空（我空、法空）无漏，此属无学道无漏。

习气有三种：名言习气，由名相概念熏习而成；我执习气，即虚妄执着有“我”和为“我”所有的习气；有支习气，即招感、色、无色三界果报的种子，有漏善种子是能够招感善报的业种子，不善种子是能够招感恶报的业种子。由三类不同习气熏成的种子都藏于阿赖耶识。熏习即是由能够长出种子的现行之熏发作用而成的。分为三种：名言熏习，即是第六意识分别名言概念所产生的染分之相；色识熏习，由第六识分别色境而成的染分之相；烦恼熏习，即由第六识所起的贪、瞋、痴等烦恼所起的染分之相。熏习有所熏和能熏两方面，所熏有四义：坚住性，即第八识可以持续不断地保任种子，可以持续受熏；无记性，即对一切事物都平等受熏，皆不可拒绝；可熏性，即受熏事物是独立存在的；与能熏共和合性，每个人接受自己前七识中处在同一时间、同一处所的既不合一、又不乖离的能熏事物。而能熏也有四义：有生灭、能熏的事物必须是变化无常的，有生长习气的作用；有胜用，有生灭变化，势力强盛，能够生引习气；有增减，能熏的事物是可增可减的，无增减则不可成为能熏；熏与所熏和合而转，在同一时间、同一处所，既不合一，也不乖离，就可成为能熏。具备所熏四义和能熏四义，就可以形成熏习，形成习气或种子。前念种子可生后念种子，现行又可以熏习形成新的种子，储存在阿赖耶识中，形成三法二重因果。三法即能生的旧种子、种子熏成的现行和现行熏成的种子。二重因果是种子熏现行和现行熏种子。

当然，佛家内部对阿赖耶识种子的来源的看法是有差异的，有认为只有新熏种子而无本有种子（法尔本有种子），有认为既有新熏种子又有本有种子。总的来说，后一种观点占主导地位。以阿赖耶识是本心与妄心的合体，新熏种子即由无明而起的妄想概念称为阿赖耶识的见分，又因这妄想概念而幻现一种对象的境界，称为阿赖耶识的相分。一切众生，每一个起心动念，或是语言行为，都会造成一个业种，这种子在未受报前都藏在阿赖耶识中，所以阿赖耶识有能藏的含义。前七识的作用是能熏能缘，第八识是前七识所熏所缘，也有所藏义。

在熊十力看来，阿赖耶识系统有三大问题。

（一）新熏种子只是妄识、习气，非本有，不能与真心混为一谈。在熊十力看来，本有种子的说法，还可以接受，但新熏种子的说法，则完全成为戏论了。新熏种子无非习气所熏而成，“他们所谓新熏种，即习气是也”。①在熊十力看来，只有唯一的本心本体是真实的，习气、习心、妄识都是后起的，是不真实的，两者的性质根本不一样。因此，“既建立本有种，便不应以后起的习气与之混同。徒增无谓的矫乱”。②由此本有种和新熏种所构成的阿赖耶识系统中，孰为本有，孰为后起，根本就是一团混乱。“《新论》于流行识体，以流行即是真体呈现故也；佛家说流行，如就众生分上言，只是妄习流转，岂《新论》所谓流行。如云‘从初发心，历一切胜行，至获无边智力德用，此有为净法亦曰流行，是不得以妄习言之’，殊不知，净法流行虽非妄习，然在佛家，并不谓此净法即是真体，智与真如，犹分能所故。……《新论》于流行识主宰，即工夫即本体，与空宗犹自不同，有宗更无论矣。”③

（二）由阿赖耶识说轮回，有构建“神我论”之嫌。“有宗不见本体，直妄构一染性之神我当做自家生命，（此中神我者，佛家虽遮拨外道神我，而其赖耶说实不异神我，故此直以我目彼赖耶。）此其大谬。”④

（三）阿赖耶识的种子生现行，即成为宇宙的本体，而同时不否认真如本体的存在，故有“二重本体之过”。

熊十力只就本心讲本体，当然与阿赖耶识系统不相契，同时因其本心无为而无不为，也翻转了佛家真如思想的基本观念。因此，他对心与性的看法自然也与印度佛家有了根本的不同。此一分歧清楚地反映在熊十力与吕澄在 20 世纪 40 年代关于“性寂”还是“性觉”的争论上。

四　关于性寂性觉

本体为恒转实体，乃表明本体不能不动，动则有一翕一辟两相反的趋势，由翕的一方面，可说为物，本体毕竟恒如其行，决定不物化者，乃凭之以显发自性力耳。物即本体显发自性力之资具，因为成物的趋势毕竟不离恒转之动而辟。“辟者，开发义、升进义、生生不息义。”⑤“夫心者，恒转之动而辟也。”⑥“性者，言其

①② 《新唯识论》语体本，《全集》卷 3，第 229 页。
③ 《新唯识论》语体本，《全集》卷 3，第 521 页。
④ 《新唯识论》语体本，《全集》卷 3，第 486 页。
⑤ 《新唯识论》语体本，《全集》卷 3，第 372 页。
⑥ 《新唯识论》语体本，《全集》卷 3，第 370 页。

为吾人所以生之理也。若赅万有而言之，则亦假名恒转。”①心即是此恒转之辟势，即本体是性由心而显。辟之义即心之义，故心有开发义、升进义、生生不息义。“本心亦云性智，……是吾人与万物所同具之本性。……所谓真净圆觉，虚彻灵通，卓然而独存者也。”②本心即天地万物之本体，无为而无不为，本心即性。因此，性即有圆觉义、灵通义，在这个意义说，此性是“性觉”义。熊十力认为佛家无论是空宗还是有宗，其谈性都是从寂的方面而言的。但本体只言“寂”的一方面是不够的，还须言“觉”的一方面，“觉”即仁也。

仁者，生生不容已也，神化不可测也，太和而无所违逆也，至柔而无所不包通也。本体具备万德，难以称举。唯仁与寂，可赅万德。偏言寂，则有耽空之患。偏言仁，却空末流之弊只见到生机，而不知生生无息的真体本自冲寂也。夫真实、清净，生生所以不容已也；幽深、微妙，神化所以不可测也。无方相乃至无滞碍。而实不空无者，唯其仁也。故寂与仁，皆以言乎本体之德。寂与仁，仁亦无不寂。③

印度佛家是从寂之方面言性的，性当然不能自起而创生德行，故其从坏的方面看人生，尤为透彻也。但由于其性本身不能创生，其为德的功夫，即以对治习染的戒定为本，形色对为德而言都是有害的，因此现实生活不能得到肯定。此与儒家根本异趣。

熊十力认为：“若无形气，则性亦不可见。且形者性之凝，即形莫非性也。故孟子曰：‘形色，天性也。’形何碍于性乎？形之役夫性者，本非其固然，特变态耳。如水不就下，而使之过颡或在山者，此岂水之固然哉？染习与形俱始终，随逐增长，以与形相守，而益障其未来。（染习与形相守，故学者难于变化气质也。）遂使固有之性，无所引发，而不得显。如金在矿，不见光采。反之，性之主乎形者，则以善习力用增长，与性相应，引发不穷，故全体顿现。”④这与佛家完全从坏的方面看人生是完全不同的，原因就在于对性的看法不同。佛家以性不能显发，只有

① 《新唯识论》语体本，《全集》卷3，第463页。
② 《新唯识论》语体本，《全集》卷3，第375页。
③ 《新唯识论》语体本，《全集》卷3，第406页。
④ 《新唯识论》语体本，《全集》卷3，第464页。

寂灭义，自然不能由形色显发出来，更不能主乎形色。而儒家之性生生不已，发之不容已，因此，一旦性为主宰，自然能说“形色即天性”，形色莫不是性之所显。由此，人自能创生净习，以显发天性，而不为染习所左右。人能创发性习，即可说人能弘道。顺性而行，人之生命莫不是性之显现。

熊十力以“性寂”与“性觉”判定佛家真如和儒家的本体，在其自己的理论体系中当然有理有据。且站在儒家的立场，这种判定也确实有其道理。在印度佛学的立场，熊十力的说法必然遭到非议和批评。在这些争论中，以熊十力和吕澄在 20 世纪 40 年代的那场争论最具代表性。1943 年，欧阳竟无去世，吕澄将卜文函告熊十力，并要他撰文悼念。熊十力以自己待师日浅，“思想未纯为佛家”为由作了婉谢，同时又将自己所作的《与梁漱溟论宜黄大师》一文附寄吕澄。文中除称赞欧阳“愿力宏、气魄大”，“开辟一代风气”外，对欧阳之“从熏闻入手”也作了不少连带性的批评。这样的做法激怒了吕澄，于是，一场从“熏闻”入手，溯及“性寂”与“性觉”的佛学学理的大论战，便以书信的形式在熊十力和吕澄之间展开了。此一争论往来信件十余封，可谓现代学术史上的一大公案。吕澄在给熊十力的第一封回信中，指出熊十力《新唯识论》完全从“性觉”立说，“与中土一切伪经、伪论同一鼻孔出气”。

熊十力回信说：

> 吾以为性觉、性寂，实不可分。言性觉，而寂在其中矣。言性寂，而觉在其中矣。性体原是真寂真觉，易言之，即觉即寂，即寂即觉。二亡，则不见性也。主性觉，而恶言性寂，是以乱识为自性也。主性寂，而恶言性觉。是以无明为自性也。即曰非无明，亦是枯寂之寂，堕断见也。何可曰性觉与性寂相反耶？①

吕澄针对熊十力的观点指出：

> 性寂与性觉两词，乃直截指出西方佛说与中土伪说根本不同之辨。一在根据自性涅槃（即性寂），一在根据自性菩提（即性觉）。由前立论，乃重视

① 《致吕澄（一九四三年四月七日）》，《全集》卷 8，第 426 页。

所缘境界依；由后立论，乃重视因缘种子依。能所异位，功行全殊。一则革新，一则返本，故谓之相反也。说相反而独以性觉为伪者，由西方教义证之，心性本净一义，为佛学本源，性寂乃心性本净之正解。……性觉亦从心性本净来，而望文生义，圣教无征，讹传而已。……中土伪书由《起信》而《占察》，而《金刚三昧》，而《圆觉》，而《楞严》，一脉相承，无不从此讹传而出，流毒所至，混同能所，致趋净而无门。不辨转依，遂终安于堕落。①

吕澄以"性寂"和"性觉"分殊印度佛教与中土佛教思想以及熊十力的新唯识论，是有其道理的。但两人各有其立场，熊十力是从自身的理论立场出发来说性寂和性觉的关系，吕澄则是从印度佛家的立场出发指出只有性寂才是真正的佛教理论。立场不同，自然无法达成共识。从这场争论中可以看出熊十力对心性的问题的看法与印度佛家的不同。就义理而言，性觉的看法确实与坚守《起信论》"心性本觉"义理的台、贤、禅的立场更为接近。依内学院欧阳竟无、吕澄等人，熊十力当然是与"中土一切论、伪经同一鼻孔出气"。难怪太虚在 1932 年所作的《略评新唯识论》与 1942 年所作的《〈新唯识论〉语体文本再略评》两文中都指出，熊十力的新唯识论属于真心系统，而不属于唯识系统。

熊十力并不讳言自己受台、贤、禅的影响，在《新唯识论》中大篇幅举禅宗中公案说明其义理，即是明证。以下一段话更明确表明其对印度佛教和禅宗的取舍态度。

夫诸大乘师，以言说方便，引令学者发生超越感，固非以此为究竟。而在学者当发生超越感时，其自身犹未能与真理为一，盖未免心外有境。（**超越的本体世界，却是其心外之境。**）庄子所为呵列御寇犹有所待者也。必自居超越，而漠然亡感，（**漠然者，浑然无对貌。**）始无立无待。是故禅家兴，而直指本心。心即是理，（**真理云理。**）理即是心，于是心外无境。……宗门直指本心，其视大乘空有二轮，又益进而亲切者也。《华严》为有宗六经之一，其"三界唯心，万法唯识"之旨，宗门实与之默契。空宗《般若》，荡然破一切

① 《吕澄复熊十力（一九四三年四月十二日）》，《全集》卷 8，第 428—429 页。

执,而其智始显也。智,本心也。宗门通空有二轮,但其入处乃较亲切,学者宜知。①

熊十力对空宗破相显性之遮诠方式评价甚高,但他对真如之说的赞许,只是就其本体之寂与空的方面而言。就其本体论而言,禅宗直指本心更为亲近。在关于"性寂"与"性觉"的看法上,熊十力的取向确实倾向于中土佛教,而非印度佛教。

熊十力既不是印度佛教,也不是台、贤、禅等中土佛教。其讲"性觉",是要挺立起道德的自我和道德主体。可见,无论熊十力受印度佛教和众土佛教的影响再深,其根底依然是儒家,虽然其对空有二宗的批判可能有诸多的不当之处②,但正因为他是个不折不扣的儒者,这些不当之处才显得可以理解。

第三节 遮诠以明本体

本体是否可说,如果可说,以什么方式来说,在熊十力看来是要认真加以讨论的。"本体是什么,此非想所及、非言可表。然则毕竟无说乎?曰,只有在本体之流行处,假设言诠而已。"③本体不可说而亦可说,不可说是就不能直接说本体是什么,可说则可说本体不是什么。前一种方法是表诠,后一种方法是遮诠。

表诠者,这种言说的方式,对于所欲诠释的事物和道理作径直地表示。……遮诠者,这种言说的方式,对于所欲诠释的事物和道理,无法直表,只好对人心迷妄执着的地方,想方法来攻破他,令他自悟。④

遮诠是一种否定和批判的方式。在熊十力看来,它恰好是表达玄学或形上学的重要方法。因为玄学所穷究的,是至一的理,是本体。"这至一的理,是遍为万有的。……这理至玄、至微,故名言难以表示。"因此在说明本体的问题上,想用表诠的方式是不可能的。所以,熊十力在见体的方式上,对经验知识与逻辑之运用

① 《新唯识论》语体本,《全集》卷3,第394—395页。
② 参见郭齐勇:《熊十力思想研究》,第四章第三节。
③ 《十力语要》卷一,《全集》卷4,第58页。
④ 《新唯识论》语体本,《全集》卷3,第76页。

划定了界限。

康德作《纯粹理性批判》一个重要目的就是限定思辨理性的应用范围，防止思辨理性的滥用，以便为实践理性留下地盘。在康德看来，思辨理性对应于经验和知识，一旦思辨理性越过其界限试图去认识上帝、自由、灵魂不朽等对象时，其在逻辑上无可避免地会陷入二律背反。因此，思辨理性的作用只限于经验和知识领域。康德认为，对于不朽的认识只有智性可以直观，而这种直观是有限的理性存在者所没有的，所以人不能对上帝等不朽对象有任何的认识，虽然在实践领域可以认其为真。无疑，熊十力认为经验知识对本体认识之局限与康德同。但是对于本体认识之可能，却与康德有着不同的思路。与康德认为人不可能有把握本体的能力之观点不同，熊十力认为人可以直观本体，此关键在心。那么熊十力又如何以其特有的理论方式说明宇宙本体与道德本体是可知的呢？亦即熊十力从何种意义上说明本体可知呢？

在熊十力看来，本体不可思，非不可知。“……本体是一个怎样的物事，那是我们无可措思的。”①不可思（思维），并不等于其不可知（证知），此知之方式就是实证、体征、体悟、当下呈现、反求诸己。在熊十力看来，“反求诸己”为中国哲学特有的方法。一切功用乃本体之功用，本体之功用外无功用可言。此功用唯“识”可摄，此区别于佛家说现象为心之幻相，也区别于从认识论角度讲本体的思路。此识为本心之识，本心能自证本体，故说言识即已摄境。识与境不离，识能了境，说识便已摄境。但本体却是很难把握的。“自性难言，（本非言说可及。）假与诠辨，故有境论。”②可见本体非是能以表诠之方式可说。为了说明本体，熊十力不得不通过对外境与内识进行双遣而只剩余意识的澄明性与空无性。这就消解了通过知性认识本体的可能性。

夫妄执有识外境，诚为丧真，不可无遮。而取境之识，是执心故，即妄非真，云何而不可空？若以妄识认为真心，计此不空，是认贼作子，过莫大焉。今谓妄境唯依妄识故有，而非实境，观识则了境无，于是遮境无过。（此中境者，均谓所执外境。）妄识亦依真心故有，而实乖真，（识者，依作用得名。以

① 《新唯识论》语体本，《全集》卷3，第93页。
② 《新唯识论》文言本，《全集》卷2，第8页。

作用幻现而无自体故，又杂习染故，所以说之为妄。夫用依体起，故说妄识依真心故有。然用之起也，既不能无习染之杂，故至乖其真，而有妄执外境之咎。）证真则了识幻，故应说识是空。（真心依本体得名。见体，则可了知用之刹那幻现，本无实法可得，至习染无根，元为虚诳。然不见体者，则直以作用之与习染夹杂流行者认为实在，此过之大也。）①

执心虽然依真心而有，但因其夹带习染，与本心不一，故不能体证本体。玄学真理不同于一件件外在的事物，不可以直接表述，而必须斥破种种迷妄、执着，尤其是需要否定、遮诠理智病态发展之后所造成的种种偏见，使人自悟真理。遮诠的作用主要就是否定科学、理智对于玄学真理的分割和遮蔽。熊十力在与谢幼伟的论学中表示，东方哲学的重要目的是“见体”。“见体”不是别以一心见一心，而是本心的自觉自证，此没有量智的插足之处。

康德划定理论理性应用的界限，否认了物自体的可知性。他认为，如果我们要洞察灵魂不朽、上帝存有等实践理性意义的对象，就必须拥有智性直观，而人类是没有这种直观的。因此，从思辨理性的角度讲，对于不朽的设定只是个假设。但思辨理性不能证明的对象却不能认其为假，反而在实践上可以认其为真，因为不朽的对象在实践上有其必要的作用。“这些悬设就是不朽的悬设，从积极意义看（作为一个存在者就其属于理知世界而言的原因性）的自由的悬设，和上帝存有的悬设。第一个悬设来源于持续性要与道德律的完整实现相适合这个实践上的必要条件；第二个悬设来源于对感观世界的独立性及按照理知世界的法则规定其意志的能力，亦即自由这个必要的前提；第三个悬设来源于通过独立的至善，即上帝存有这个前提来给这样一个理知世界提供为了成为至善的条件的必要性。”②对于不朽的设定是为了保证道德实践的可靠性，而且这些假设只是因其思辨运用中的某种需要而导致假设，但纯粹实践理性的需要则可认其为真。即思辨理性运用中无法证明的对象，却在实践理性的运用中有其必要性。上帝、自由和不朽一类的物自体从一开始就不属于一个对思辨理性而言的概念，而是一个道德的概念。

---

① 《新唯识论》文言本，《全集》卷 2，第 13—14 页。

② 《实践理性批判》，第 152 页，邓晓芒、杨祖陶译校本，人民出版社 2003 年版，第 181 页。

康德对物自体与自由、灵魂不朽、上帝之设定乃是逻辑上的推证，并认为在道德实践上可以认其为真，但对此对象之任何知识论的说明却都是辩证的。康德在《实践理性批判》一书中指出，为了保证至善成为可能，必须悬设某种不朽的东西，这就是自由、灵魂不朽和上帝存有。当然，这个悬设只是为了实践上的需要，而思辨理性却对此无任何认识。康德认为人作为有限的理性存在者，不能有智性直观，因而人不可能对物自体有任何的可知性。以康德之方式设定一本体而从信仰上认其为真的方法，从理路上必然为熊十力所反对。熊十力讲："盖云即用显体者，固谓用亦实法，但不离体，乃即用而显体。不知体上固无可建立，又安可于用上建立乎？设计用为实法而建立者，则用已与体对，谈用何足显体？"①

熊十力虽然否定了逻辑证明与日常经验能说明本体，但却而采取另外一种方式来说明本体，此方式就是熊十力所说的遮诠方式。熊十力认为，只有遮诠这样一种方式才能说明本体，以知识论之逻辑推证方式只能是勾画揣量，不能见体。如果我们把康德的不朽的对象也看作是一本体，那就可以有两种开显本体的方式。一种是直观本体的方式，一种是悬设本体的方式。这两种方式的路径固然不同，却都指向道德实践的需要。对于熊十力来讲，本体虽然无法以科学知识来说明，但儒家传统中却有"当下呈现"之方式，这样一种直观可以在一定程度上达到对本体的把握。因而，对于本体的体证和洞察也就取代了关于不朽的悬设，而成为道德生活真实的终极依据。需要指出的是，无论是康德还是熊十力，其对普通逻辑与经验的运用都划定了严格的界限。无论是对本体的体证还是对于不朽的洞察，都是普通逻辑与经验所不能及的。康德认为本体不可知，而熊十力也认为本体难言。康德由不可知之限制而不说，熊十力则试图说明本体为何。

熊十力与康德的区别在于：康德是以理论的层层批判而进入本体，其进入方式决定了本体在理论上无法说明，物自体无法为有限的理性存在者所把握，自由、灵魂和上帝最终成为实践理性之需要而认其为真的必要设定。熊十力采取的则是一种呈现的方式，这种方式非是逻辑上的重重批判，而着重强调本体之呈现。"体用哲学所强调的是存有的开显，这着重的是呈现，而不是经由预设来建构理论，而所谓的呈现是要回到事物自身的。这样一个回溯的方式与经由批判

① 《新唯识论》文言本，《全集》卷 2，第 39 页。

而安立这样的方式是迥然不同的。”①

张庆熊对胡塞尔与熊十力的哲学方法理论进行了比较。他认为，胡塞尔哲学方法的准则就是“面向事物本身”，把历史遗留下来的一切关于哲学问题的观点都悬置起来，暂时不作判断，其中特别要把关于外部世界是否存在的观点悬置起来，这包括自我的经验的存在问题。胡塞尔由此构建起以先验的自我和先验的意识，这些是认识的可能条件。由此，在先验现象学领域，胡塞尔完全抛开了外部直观和经验知识的作用，而完全求诸内直觉。熊十力也有类似的看法，在内知觉中寻找哲学的真理。其哲学方法的基本思路是：我们每一个人都具有本心，我们每一个人也都具有那种内直觉中通过返观自照的（“返缘”）的方式认识本心的能力。一旦我们直觉地体验到本心，我们也就体验到了宇宙的本体和哲学的终极真理。不过我们通常却不能认识本心，这是因为我们通常受对象化的思维方式支配，总是向外求知。这样，熊十力认为，对象化的思维方式只适用于经验知识，不适用于哲学知识。②

本体虽然不能直接言之，还是要言的，熊十力不得已采用遮诠方式来说明本体。表诠、遮诠原是佛家因明学的方法，表诠即肯定判断，遮诠即否定判断。对本体义诠释只能是遮诠而非表诠。

> 夫言说有遮诠、表诠。表诠者，直表其事，如在暗室而对彼不睹若处有几者，呼告之曰若处有几。遮诠者，因有迷人于暗中几妄惑为人为怪，（怪者鬼怪。）乃从所惑而遣除之，即以种种事义，明其如何非人，以种种事义，明其如何鬼怪，而不复与直说是几，卒令彼人悟知是几。③

对本体内容是以内证的方式把握，对本体的表述是以遮诠方式言说。

熊十力认为，遮诠方式是说明玄学最根本的方式。从认知意义上讲，概念是为了表达事物，就必须是执的存在，概念一定和对象相对应。熊十力讲缘生义（因果关系）本是为了遣除俗执，而俗又计缘生为众缘和合而生，是与众缘相对。

---

① 林安梧：《存有、意识与实践》，台湾东大图书公司 1983 年版，第 57 页。

② 参见张庆熊：《熊十力的新唯识论与胡塞尔的现象学》，上海人民出版社 1995 年版，第 282—288 页。

③ 《新唯识论》文言本，《全集》卷 2，第 37—38 页。

从体用关系讲，体与用本是一体，无相可对。缘生义本是为说明本体转变而随俗说，其本身无一一相待之缘。一切的功用乃本体之用，本无可分。可分即为对象，此是科学所及的范围。而本体(本心)归根到底只能体验和自证，是不能以知识论方式说明的，不得已而言之，就只能以遮诠方式，破除各种对本体的错误看法，使人不再向外寻求本体，不以对象性思维去猜度本体。“我们应知，玄学上的修辞，其资于遮诠之方式，实属至要。”①

本体不是一物。这是新唯识论第一个否定性的命题。认为物离心而存在，有两种立场，一是日常生活的立场，一是科学的立场。熊十力肯定其在各自领域内是有效的，但却认为这是不真实的。在哲学领域，任何经验直觉都是通过心识的作用而可能的，都是“把境剪裁一番，来适应自己的期望的”。②其只是“似境之相”，而非“境之本相”。可说境不能离开识而存在，但不能说境无，因为心也是境而彰显的。“世间以为心是内在的，一切物是外界独存的，因此，将自家的生命无端划分内外，并且将心力全向外倾，追求种种的境。愈追求而愈无厌足，其心日逐于物，卒至完全物化，而无所谓心。”③

不但心外之物不是本体，共相也不是本体。“我们思维的作用是从日常的经验里发展起来的。一向于所经验的境，恒现似其相。因此，即在思维共相时，亦现似物的共相，……若思维本体时，不能泯然忘相，即无法亲得本体，只是缘虑自心所现之相而已。须知，本体不可作共相观，作共相观便是心上所现似的一种相，此相便以物化……，而不是真体呈露。”④冯友兰的“新理学”之所以为熊十力所不满，就因为其把共相当本体，真际实际分为两端，呆板而无生气。

唯物论不对，实在论(共相论)也不对，那熊十力的本体论是一般意义上的唯心论吗？似乎也不尽然。熊十力把心分为本心与习心，认为世俗所谈唯心论之心多系习心。“习心亦云量智，此心虽依本心的力用故有，而不即是本心，毕竟自成一种东西。”“即此逐物之心，习久日深，习已为根之用，确与其固有灵明不相似。而人顾皆认此为心。实则此非本心，乃已与物化者也。此心既成一物，如其

---

① 《新唯识论》语体本，《全集》卷 3，第 77—78 页。
② 《新唯识论》语体本，《全集》卷 3，第 33 页。
③ 《新唯识论》语体本，《全集》卷 3，第 45 页。
④ 《新唯识论》语体本，《全集》卷 3，第 93—94 页。

所交接之一切境，又莫非物也。……夫心已物化，而失其本。”[①]这种习心是本心的派生物，它凭感官的作用，运用量智，追逐外境，也叫“妄执的心”或“取境的识”。这种心也是后起的，是没有自体的，因此也不是本体，唯识宗的错误正是认此心为本体。

熊十力运用遮诠的方法，试图将“本体”上的意识污垢层层剥离。他运用唯识学反对唯物论，用空宗破有宗，最后运用儒学衡定佛学，在说完本体不是什么之后，才讲如何能证得本体。

---

① 《新唯识论》语体本，《全集》卷3，第375页。

第十章　量 论 论 衡

新唯识论阐明了知识与科学在认识本体方面的局限性，而在《原儒》的《量论》提纲中，熊十力又试图从实测和科学的角度探求宇宙变化运动的规则，这成为其思想中的一对矛盾。这个矛盾与熊十力对本体的看法有关。

第一节　本体能否说明

《新唯识论》对心、物或境的说明要点大致有三：(1)虽不谓境无，但境毕竟不离心而独在；(2)一一物本不是实在的物事，是恒转宇宙本体的迹象，由习心执定而有；(3)科学知识无法探求本体的真实，对体的说明只能采取遮诠的办法，而对本体的体悟只能以证会本心的方式才得可能。《原儒》绪言中所列的《比量篇》提纲中，又说《比量篇》包含穷神知化的内容，有两个方面：一是辨物正辞，肯定外在之物，并说明对此的认知是如何可能的；二是论穷神知化，说明知识论和宇宙论是合一的。就第一个方面而言，属于认识论的范围，将其放在《比量篇》中，是名如其份。但穷神知化，把探究宇宙本体的运动过程放在《比量篇》中，则与《新唯识论》中说"科学知识无法探究本体的真实"一说有矛盾。

《原儒》有言："神者，不测之称，所以形容变化之妙(穷神知化，见《易》《系辞》)。吾人如本诸一般日常经验的知识以测物，必有如是与不如是之分。(如是，犹云如此；不如是，犹云反乎此者。)申言之，即于一切物皆作固定相想。(相者相状。后皆准知。)作各各离异相想。"①"于一切物皆作固定相想"，是《比量篇》上篇的内容，是辨物正辞的基础，也为科学和知识可能之基础。如一切不作固定相想，则无法辨物，无法正辞，科学和知识都不得安立。辨物正辞即是格物和博文之功，推而广之，即成知识论，熊十力说为名学。在此基础上说《比量篇》是知识论，不会有大问题。但要在此基础上说"穷神知化"，则是需要讨论的。熊十力说："今试深进而体察一切物，则知凡物皆属变动不居之过程，都无固定相，亦无各各离异相。一切物刹那刹那，变化密移，方其如是即已不如是，如是与不

---

① 《原儒》上卷，《全集》卷6，第317—318页。

如是相反而相俱,(相俱者,相反而实相成。)盖莫得而分焉。"①说一切物"皆属变动不居之过程",此在熊十力处已经属于宇宙本体的内容,而非知识论所谈论的范围。说"一切物刹那刹那,变化密移,方其如是即已不如是,如是与不如是相反而相俱"等等皆是"穷神知化",而不是知识与科学。

"穷神知化"即探索宇宙真实,是要明了宇宙本是一相反而相成的辩证过程。

> 余尝言,宇宙论中(此云宇宙是广义,即通本体与现象而言。)无对与有对相反也;而无对统摄有对乃反而相成。(统摄者,统谓统一,摄谓含受而主领之也。后凡言统摄者,皆仿此。)
>
> 本体是无对。本体之流行至健无息,新新而起,其变万殊,是名为用。用既万殊,便是有对。由体成用,即无对已含有对,相反在是。然赖有此反,乃以显发本体之盛德与大化。用毕竟不违体,故曰无对统摄有对。
>
> 无限与有限相反也;而无限即统摄有限,乃反而相成。②

"宇宙是广义,是通本体与现象而言",乃是就现象与本体关系而言。现象是实测的范围,以成知识和科学;本体是就其自身相反相成的法则而言。前者是本体之用的显现,是有对、有限,后者是本体之自身,是无对、无限。《比量篇》即是由实测正名而进至探索本体自身运动的法则,前者是知识论,后者是宇宙论。与《新唯识论》截然划分知识论与本体论不同,熊十力在此将二者统一起来了。

> 知识论当与宇宙论结合为一,离体用而空谈知识,其于宇宙人生诸大问题不相干涉,是乃支离琐碎之论耳,何足尚哉?学者必通辩证法而后可与穷神。
>
> 感觉、量智(亦云理智。)、思维、概念等所由发展与其功用,在上篇(《辨物正辞篇》。)固应论及,本篇(《穷神知化篇》。)当进一步讨论量智、思维等如何的洗涤实用的习染而观变化,但二篇今皆未能作。(实用的习染,将一切物析为各别与固定的,以此而测大化必极不相应。)③

---

① 《原儒》上卷,《全集》卷6,第318页。
② 《原儒》上卷,《全集》卷6,第318—319页。
③ 《原儒》上卷,《全集》卷6,第324页。

宇宙论即是人生论，知识论当与宇宙论合一。知识当有主宰，当为人生之用。但知识论与宇宙论合一是否就可说由知识论可进至宇宙论，或者说知识论中谈宇宙论是否有必要，是个问题。

《新唯识论》所论见体有两种方式，一是用遮诠的方法，遮拨掉一切知识，从而说明本体不是什么，一是用证会的方法，在证会本心时明了本体是什么。前者是理论的说明，后者是见体的工夫论。这说明本体不能以知识论的进路来说明。以知识说明宇宙论的思路，《新唯识论》就已经排除了。科学凭藉理智为工具，为各部门的知识，用在哲学的范围内，便得不着本体。用科学说明本体，也只能从遮诠的角度，说明本体不是什么，而不能说明本体是什么。《新唯识论》关于科学和哲学的区分，已经否定了从科学知识的角度来正面说明本体的可能的，《量论》提纲所表明的则是要从知识论进至宇宙论，是就肯定现象真实的基础上而言的。这展现了熊十力思想中的张力。

《新唯识论》阐明了宇宙变化的法则即是翕辟成变、相反相成。但此种理路在理论上却是无法说明的：一方面，以知识论角度说明宇宙变化的法则的思路在《新唯识论》中已经被熊十力所排除了，知识无法说明宇宙变化之道，此是至论；另一方面，本心的自证自识只能证会本心的无穷德用，而不能证会客观宇宙的变化之道，客观宇宙如何变化，本不是心识的作用范围。在唯识的角度来说，宇宙本体翕辟成变、相反相成的说法只是心识的建构，无客观的实在性可考。《新唯识论》对宇宙变化生成之道的说明，实则带有独断和假设的成分。因此，《新唯识论》一方面排除知识对宇宙论的说明，一方面又说宇宙本体有翕辟成变、相反相成的法则，本身已经有了矛盾。而此种矛盾，在《量论》提纲的说明中完全表现出来了。

产生这些矛盾和错误的根本原因乃是熊十力坐实了客观的宇宙论。他一方面继承了《论语》、《孟子》到象山、阳明一系的心学，讲良知本心即是本体；一方面又从《周易》说一客观的宇宙本体。在其主观意图中，总是试图将此二者打通为一，说为绝对的一本。从良知本心本体开显或唯识的角度而言，是应有之意。以良知本心之涵摄和流通，将天地万物统摄到心，说心即天地万物的本体，天地万物也只此一本，本是没有问题的。但他又要肯定客观的宇宙生成及其规则，因此就必须对宇宙变化的法则作一说明，故又建构翕辟成变、相反相成的宇宙论模式。翕辟成变、相反相成是心对宇宙变化规则的建构，宇宙本身变化为何，却不是心所能知的,因为此不属于知识的范围。而证会本心的方式也无法证会出此一客观宇宙的翕辟成变、相反相成的法则。此翕辟成变、相反相成的法则如何实有,是熊十力所须解决的问题。在《新唯识论》中,熊十力只说明宇宙有此法则,并不说明此法则是如何被认识到的,为一独断和假定。而在《量论》中,熊十力却须对此作出交代,他没有别的办法,只能由知识论角度进入探求宇宙变化的法则,说为"穷神知化"。这样,其《比量篇》的提纲一方面是知识论,一方面是宇宙论也就不奇怪了。

从唯识或良知学的角度而言,客观宇宙实体为何,是心识所不可知的。心识所能知的,一方面是习心染识对境物的感摄,并通过概念、范畴而建构成客观的实在;一方面是本心自己证会自己,明本心有无穷的德用,进而发为道德的行为。在本体论的角度,习心对宇宙本体并无感识,习心并不可认识宇宙的全体,因而在知识论上谈宇宙论是为戏论;而本心既不向外求,则客观宇宙为何是本心所涉及的范围?本心只是自识自觉,发出实践的命令,并无建构知识论的企图。心性本体和客观宇宙本体完全不是同一个物事,因而将心性本体可客观宇宙本体说为一,必然产生客观宇宙本体为何,以及其变化法则如何而知的问题——此问题是心所不可知的。当然,说心是宇宙本体还有另外一种理路,即从心涵摄宇宙万物从而使物随心转、境随心转,但这不是客观的宇宙论,而是本心存有万物之思路的心性论或存有论。

第二节 现象是否真实

新唯识论认为现象是不真实的。熊十力说:"吾人的理智作用,对于某种道理或某种事物,而起计度或解释时,恒有一种坚持不舍的意义相伴着。这就叫做执。妄执者,他所执定以为怎样怎样的,其实是一种虚妄,而不能与真理相应,故名妄执。妄执的过患甚大,故应斥破。"[①]对外物的计度是一种妄执,过患甚大,应加以破斥,此是熊十力新唯识学的主张。识是一种执,由识和执而起计度,从而认为外物实在。实则外物只是执心所执的妄境,并不是实在的,而是空无的。心上所现的现象即是对外物的一种计度,也是一种妄执,应加以破斥。

---

① 《新唯识论》语体本,《全集》卷 3,第 24 页。

> 至于妄执的心,虽亦依本来的心而始有,但他妄执的心是由官能假本心之力用,而自成为形气之灵,于是向外驰求而不已。故此心(**妄执的心。**)是从日常生活里面,接触与处理事物的经验累积而发展,所以说他是虚妄不实的,是对于境起执的。他与本来的心,毕竟不相似的。……我们以为,妄执的心实际上是空无的,因为他是后起的东西。只有本来的心,才是绝对的、真实的。①

境、物不是实在的,是因为执有境物的心是妄心,不是本心,妄心实际上是空无的,所以境物实际上也是空无的。在此,认知的心与心上所起的现象都被说成是空无的。

> 何谓现实世界?即吾人在实际生活中一切执著的心相是已。如说窗前有一棵树,这一棵树在吾人意识中与其他的东西相互分离而固定的,这种分离而固定的东西决不是事物的本相,只吾人决计中一种执著的心相而已。②

现象是一种执著相,是没有自体的。熊十力又说:"夫唯现象即本体,故触目全真。宗门所谓'一叶一如来',孟子所谓'形色即天性',皆此义也。"③现象即本体,那么现象的实在性本应得到肯定。

到晚期,熊十力对现象的真实性作了更进一步的肯定。《体用论》有言:"万变皆是真实流行。(真实,谓本体。)一华一法界,一叶一如来,(法界,谓实体。如来者,无多从来故名。今用为实体之代词。)"④一切现象皆为实体所变,为实体自身的现象,一一现象和物皆有本体之自性,故"一华一法界,一叶一如来"。早期认为一一现象和物都无自性的观点在此已经得以扭转,现象的真实性得到了肯定。到《乾坤衍》,此一倾向更为明显。

> 然则圣人以万物为主,而以实体为万物之内在根源。不以实体为主,避

---

① 《新唯识论》语体本,《全集》卷3,第25页。
② 《十力语要》卷一,《全集》卷4,第37页。
③ 《十力语要》卷一,《全集》卷4,第35—36页。
④ 《体用论》,《全集》卷7,第33页。

免降低万物，将于万物发生坏的观想。①

肯定现象真实，是《乾坤衍》的理论基点。这是熊十力“摄体归用”思想的体现，也是其谈宇宙论所必然导致的结局。他早期肯定本体的唯一真实性，主张“摄用归体”，而晚期肯定现象真实，又主张“摄体归用”。

熊十力一方面说本心为本体，一方面又说此本心本体和宇宙实体是一。《新唯识论》更多地是从心的角度而说明现象和万物，而到《原儒》、《体用论》尤其是《乾坤衍》中，则更多地是从宇宙论的角度说明万事万物和现象。从本心的角度说明万事万物和现象，则万事万物和现象都为心的变现，本身是不真实的，此在理论上不会有大的差池。然从宇宙论角度说明万事万物，则必须肯定万事万物和现象的真实性，因为单就宇宙全体而言，心识无法对其作出感摄和认识，其在认识论意义上是本无，因而只能从现象出发，说明本体。这样，现象在宇宙论的框架下即成了真实，成了有自性的物事。一一物都有了实体的自性，所以说“一华一法界，一叶一如来”。

宇宙本体和心性本体合一的思路，在《新唯识论》中已经显明。因此，现象是否真实这一问题在《新唯识论》中就已存在。熊十力在《新唯识论》中更多地肯定了本心作为本体的思路，因此必然导致其认为现象的执有是心识的变现，而执有现象的识不是本心，因而是妄识。但其还是要讲宇宙论，肯定宇宙实体的运动、变化、发展规律，既肯定宇宙实体及其运动、变化和发展，则又必然要说明现象的客观实在性，因为宇宙实体是真实的，那么宇宙实体变化所呈现的现象也不能说是虚妄和空无的。这样，一方面是本心的唯一真实性，一方面是客观事物的实在性，其中的矛盾可想而知。到晚期，熊十力更多地倾向宇宙论，则其必然倒向对现象的实在性之肯定。

将宇宙本体和良知本体说为一，也导致了其格物致知说的矛盾。就良知学说而言，说其“致知”即是“致良知”，不会有问题。但若牵扯到格物问题，则矛盾必出。要格物，即须肯定物的存在，物虽是不离心的，毕竟不即是心，此不即是心之物为何？显然，良知不可能有此物，只可能是宇宙之物，这样，宇宙作为提供质料的物质性得到的肯定，宇宙本体无疑是有物质性的。但熊十力又要将宇宙本

---

① 《乾坤衍》，《全集》卷 7，第 532 页。

体说为良知本体，则此中的关系显然不能处理。在致知的问题上，一方面要肯定良知本心的唯一实在性，一方面又说明即心而在的物其本身是如何可能的。此矛盾在绝对肯定良知本体和宇宙本体绝对同一的框架下是无法解决的。要解决此一问题可能有两条出路，一是肯定宇宙本体的唯一实在性，并说明良知本心也是本体之用，而不即是本体；另一方面，在肯定良知本体的基础上，并不否认有本心之外的东西，此种东西我并不否认其客观实在性，但在我本心之外，因而说其为本无，亦即康德所说的现象背后的物自体。熊十力说："先谈穷理，其观点略说有二：一、假定万殊之物界为实在，而分门别类以穷其理者，是为格物学之观点。(古之格物学，犹今云科学。)二、由万殊以会入一本，虽重在穷极根源，而亦不遗万殊，是为圣学之观点。"①假定万殊，是说万殊非固定相，然万殊必然有其基底，在熊十力看来，此基底是本体之翕的方面。然此翕的方面也不是良知本心，只以致良知说格物当然是不够的。熊十力又要将良知说为本体，那宇宙实体之翕的方面必然不是本体之发用。实则良知也成了本体之用，而非本体自身。

熊十力一方面从阳明的路向说良知本心即是本体，一方面又说宇宙实体才是最终的本体。阳明的路向走得不够彻底，所以在格物和致知的关系上也出现了矛盾。有此矛盾，在格物问题上又得肯定朱子之路向，而对阳明有所批评。他说："夫格物之学，其观点在万殊，所谓物界。阳明学派反对程、朱《大学》《格物补传》而讥其向外求理，实则就格物学而言，非向外求理固不可。陆、王后学误陷于反知与遗物之迷途，而不自悟其失也。"②在致知方面肯定阳明之路，而在格物方面又反过来附和朱子。实则阳明和朱子在格物之问题，在本体论的意义上不可调和，而熊十力非要将二者扯在一起，且试图融会二者，故造成为一生拉硬扯之格局。

第三节　范畴如何可能

《新唯识论》《成物》章列举了五对范畴：时空、有无、数量、同异、因果。

先来看时间和空间概念。熊十力说："我以为空相和时相，若克就物言，只是

①② 《原儒》上卷，《全集》卷 6，第 343 页。

物的存在的形式。"①熊十力如此说的理由是:"我们假设物是有的,即是存在的。如此。则凡物定有扩展相,否则此物根本不存在。由扩张相故,方乃说物是存在的。亦复由扩展相故,即显上下四方等空相。故知空间非实有,只是物的存在的形式。又凡物定有延续相。若延续义不成者,即此物根本不存在。又延续相故,方乃说物是存在的。亦复由延续相故。即显过现未等时相,故知时间非实有,只是物的存在的形式。"②熊十力说空间和时间是物的存在形式,则空间和时间本有客观性,也正因为如此,空间和时间非离物而存在。因此空间和时间本无实在性,只是依附于物而存在。但空间和时间却又是一主观概念,此概念"只是主观方面历物之久,乃依各别的空时相,而构成一抽象的概念耳"。③空间和时间一旦成为一主观的抽象概念,则意识能利用其规定一切物,"即置一切物于空时两大格式中,于是明理辨物之功以彰"。④空间和时间本是客观的,主观抽象成为概念,反过来又去规定客观的物,因此说为范畴。而空间和时间又因为其不同的组合而形成各个不同的时空系列。⑤

康德将时间和空间看成感性直观的纯形式。借助空间和时间,对象被给予我们的感性,因而形成感性直观,此即是一个未被规定的对象。康德对空间概念的形而上学阐明主要有四点:(1)空间不是从外部经验中抽象出来的经验型概念,相反,外部经验本身只有通过空间表象才是可能的;(2)空间是一个作为一切外部直观之基础的必然的先天表象,必然成为外部现象的基础;(3)空间不是关于一般事物的关系的推论的概念,或普遍概念,而是一个纯直观;(4)空间被表象为一个无限的给予的量。⑥康德从纯粹几何学的角度说明,关于空间的定理是一种先天的直观,因而必须是纯粹的而不是经验性的直观。所以康德说:"空间所表象决不是某些自在之物的属性,或是在他们的相互关系中的属性,也就是说,决不会是依附于对象本身的那些属性的规定性。"⑦空间无非就是使我们的外直观成为可能的主观感性条件,因而绝不是外在事物的属性。

---

① 《新唯识论》语体本,《全集》卷3,第310页。
② 《新唯识论》语体本,《全集》卷3,第310—311页。
③ 《新唯识论》语体本,《全集》卷3,第311页。
④ 《新唯识论》语体本,《全集》卷3,第313页。
⑤ 参见《新唯识论》语体本,《全集》卷3,第311—312页。
⑥ 参见康德:《纯粹理性批判》,邓晓芒、杨祖陶译校本,第28—30页。
⑦ 康德:《纯粹理性批判》,第31页。

再来看时间概念。与空间概念的属性一样，康德同样认为：(1)时间不是从经验中抽象出来的经验性概念；(2)时间是一切直观奠定基础的一个必然的主观表象；(3)时间只有一维，是严格的普遍性和确定性，因而不是经过经验教导给我们的；(4)时间不是推论性的，或如人们所说的普遍性概念，而是感性直观的纯形式，不同的时间只是同一时间的各个部分；(5)时间的无限性只有通过对一个唯一的、作为基础的时间进行限制才有可能，因而时间的本源的表象必须作为无限制而被给予出来。①可见，康德认为时间不是独立存在的东西，但也不是附属于物的客观规定，因为其必须也只能凭借主观的条件才能被保留下来，这样时间不过是内部感官的形式，是我们自己直观活动和我们内部本有的状态，但却是所有一般现象的先天形式条件。

康德认为，由于我们的直观永远是感性的，因而经验中绝不可能有不是空间和时间条件下的对象给予我们。空间和时间既不是绝对的独立的存在，也不是依附于物的存在，而只是我们先天直观的主观条件。这样看来，康德对空间和时间概念的说明却像是在全盘反驳熊十力的空间和时间观。熊十力认为空间和时间是物的存在形式，而空间和时间概念则是主观对经验之物存在方式的抽象，此都是康德所不能同意的。而熊十力又认为有各个不同的时空系列，即认为空间和时间组合不是一维的，而是多维的，此同样也是康德所不能认同的。而且熊十力把空间和时间说为范畴，范畴在康德哲学中是为先验逻辑，而康德的先验逻辑讨论的则是纯粹知性概念，而空间和时间则属于先验感性论部分，是感受表象的接受方式，此本是熊十力感识所说的内容，而熊十力将空间和时间说为范畴，其感识的形式则成空了。此也是两者的不同。康德批评亚里士多德将纯粹感性的样态混入纯粹知性概念——范畴②，此一批评对熊十力也适用。更不用说熊十力的空间和时间概念本来就是从经验中抽象出来的了。

熊十力又认为范畴“兼属主客”。

> 总之，范畴本属主客。在客观方面，名为范畴。在主观方面，亦名为裁制。……所以者何？物上具有种种轨范和形式或法则，是名范畴。此其属

---

① 康德：《纯粹理性批判》，第34—35页。

② 参见康德：《纯粹理性批判》，第73页。

客观方面也。心缘物时,(缘者,攀缘及思虑等义。)物之轨则,顿现于心,而心即立时予以制造,是名裁制。此裁制,即物上范畴经过心思的营造而出之者也。心之摄取物上范畴,并非如照相器之摄影而已。故范畴不唯属物或客观,而亦属心或主观。但在主观的方面。范畴乃成为活活的、有用的,并且变为离事物而独立的东西,可以把感识中未经分别的事物呼唤出来,使之客观化,而予以控制。此知识所由可能。①

心在认识方面又两种作用,一是裁制,此是能力,一是范畴,来源于客观而成为主观,此是形式。范畴是客观的,此是熊十力对范畴属性的第一规定。范畴又可为心所摄取,从而成为主观形式。所以说范畴兼属主客。

在康德那里,先验逻辑有两个方面的含义:一是作为判断的逻辑机能,一是作为纯粹的知性概念,即范畴。康德例举了四组共十二个范畴。量的范畴:单一性、多数性、全体性;质的范畴:实在性、否性性、限制性;关系的范畴:依存性与自存性、原因性与从属性、协同性;模态的范畴:可能性—不可能性、存有—非有、必然性—偶然性。康德对这些范畴的规定是先天的、本源的,而且"只有通过这些概念才能在直观杂多上理解某物,也就是才能思维直观的客体"。②这些概念被看成是经验之可能的先天条件,一个经验对象只有借助范畴才能被思维。因而,纯粹知性概念本身并无经验上的来源,而只为经验可能之基础。

这样,熊十力的范畴与康德的范畴在性质上就完全区分开来了,熊十力的范畴是主客兼属的,即是说其有经验的来源而又成为主观的概念,而康德范畴则完全是本源性的先天主观概念。另外,在熊十力所讨论四个范畴(除空间和时间外)与康德四组范畴的对应关系上,我们可以看出,两者有一定程度的重叠性。有无范畴与模态的范畴、数的范畴与量的范畴、同异范畴与质的范畴、因果范畴与关系的范畴,都存在一定程度上重叠。但此重叠并不能说明两者的同质性,熊十力的范畴,在康德看来毋宁是普通逻辑而不是先验逻辑的机能。因为在性质上而言,熊十力所言的范畴是从经验事物中抽象出来的,而不是完全纯粹的知性概念。

---

① 《新唯识论》语体本,《全集》卷3,第328页。
② 康德:《纯粹理性批判》,邓晓芒、杨祖陶译校本,第72页。

熊十力提出范畴概念,应该受到过康德的影响,他在讨论范畴的时候多次说到康德的范畴学说。他讨论范畴的主观目的即在给科学知识如何可能作一说明,他认为范畴是主客兼属的,就是为了说明科学知识的客观性。在此基础上,他批评“康德似未注意及此”。[①]又说:“范畴论,莫详于康德。康德有十二范畴,并且与判断种类一致。又不以时空为范畴。(吾所见关于介绍康德之文字,虽不完备,但大体可窥。)本论的体系和根本主张,元来与康德异轨,故谈及范畴,亦不必合于康德。”[②]熊十力的范畴概念与康德范畴概念之异同,已解于前。熊十力批评康德未注意科学知识的客观有效性,则是因其对康德几乎全无契会。本来,知识论不是中国传统哲学的强项,甚或正是其弱点。在康德之后要想成立知识论,就必须在消化康德哲学的基础上才得可能。熊十力对康德的思想了解不多,其在知识论和本体论上,都带有前康德哲学的痕迹。其范畴学说,毕竟比较粗陋,相对康德的认识论或知识论而言,理论的完整性和说服力自不可同日而语。

---

① 《新唯识论》语体本,《全集》卷 3,第 310 页。
② 《新唯识论》语体本,《全集》卷 3,第 325 页。

本论三

心 性 论

熊十力通过对体用关系的阐释,将心、性、理、命、仁、天等概念打通为一,在唯识的角度言心即是理,本心即是本体,呈现了传统心学的维度。其工夫论也以"良知是呈现"而彰显,提倡反躬自求,当下即是,成德的关键在识得本心。从心性论的架构看,熊十力哲学是现代的新陆王学。

道德本体的构成一方面是能力,一方面是内容。前者是道德本体的功能义和动力义;后者是在由人文历史和社会生活所形成的普遍性内容,是为道德本体的普遍义。道德本体的内容在发生学意义上是在人文历史和社会生活中形成的,是历史的、经验的,但在道德实践的过程中有着先在的意义,是先于当下经验的。也就是说,本体虽然有经验与历史的来源,但却是道德本体的真实普遍内容。本体的形成离不开教化的过程,"尊德性"和"道问学"在此种意义上可以达成统一。道德本体的普遍义需要由功能义彰显方能达至"知行合一",一个完整的道德本体必然是功能义与普遍义的统一。

熊十力的心性论以一明觉之心凸显了道德本体的动力义、功能义,而其道德本体的普遍义(普遍性内容)是否证成则是值得商榷的问题。原因在于熊十力的本体论预先设定一客观的宇宙实体,并从宇宙生成的角度说道德本体的客观性,又不能肯定人文历史和社会生活建构道德本体普遍义的作用,因而终究不能证成人文历史和社会生活中所形成的本体价值。

第十一章　心性论总义

心与理的关系问题是宋明儒学的中心课题。熊十力在其本体论的架构下继续探讨此一课题。在熊十力的思想架构中，证成了良知本心作为本体的功能义，凸显了道德的主体的自发性和道德实践的动力，弘扬了心学的根本精神。

第一节　天命与心性

熊十力的心性学，是与其本体论和宇宙论密切相关的。或者说，心性学即是其本体论的内容。他说："君子务本原之学，所谓仁学是也。仁者乾元，为万物始。其在于人，则谓之性，以其主乎吾身，亦谓之心。"①而心、性、理、命、天、仁等概念在熊十力的哲学体系中，都具有道德本体的意义。

> 本心即万化实体，而随义差别，则有多名。以其无声无臭，冲寂之至，则名为天。（此与宗教家所言天者不同。《中庸》末章可玩。）以其流行不息，则名为命。（命字有多义，而天命之谓性，五十知天命等命字，则皆以目实体之流行。）以其为万物所由之而成，则名为命。（命字有多义，而天命之谓性，五十知天命等命自，则皆以目实体之流行。）以其为万物所由之而成，则名为道。（道者由义，王辅嗣《老注》：道者，万物所由之而成。）以其为吾人所以生之理，则名为性。（《庄子》《庚桑楚》"性者，生之质也"。）以其主乎吾身，则谓之心。（此中心字谓本心。《管子》云："心之在体，君之位也。"以其秩然备诸众理，则名为理。《易》曰："易简，而天下之理得矣。"其所云易简之理，乃实体或本心之异名耳。宋儒言天理，亦本之《易》。）以其生生不容已，则名为仁。（孔门之仁，即谓本心。仁乃生生之德，生生便有温然和悦义，故仁以爱言。）以其照体独立，则名为知。（阳明良知，《新唯识论》性智，皆本心之目。照体者，言本心自体，元是明觉的，无有迷暗。独立者，绝对义，主宰义。）以

① 《读经示要》卷二，《全集》卷3，第937页。

> 其涵备万德，故名明德。明德之明，赞词也，言其德明净。①

在宇宙论中说本心即是本体，是就心能显实体之德用而言。在心性论中，心即是本体，是就心能存有事与物而言。熊十力认为，心、性、理、命、仁、天是一而非二也。“理、性、命只是一事。皆斥指本体而目之也。本体者，万化之大源，是名真理。但以其在人而言，则曰性。以其赋予人而言，则曰命。穷理者，谓穷究吾人与宇宙万有所共同之真实本源也。尽性者，谓已证知此真实本源，即是在己之真性。”②理、性、命即是一，即是本体，亦即是心。因此，心、性、理、命只是一事，即此本体而已。

在《解孟子口之于味章》一文中，熊十力对性和命的关系问题作了详细的梳理。

> 孟子曰：“口之于味也，目之于色也，耳之于声也，鼻之于臭也，四肢之于安佚也，性也。有命焉，君子不谓性也。”
>
> 朱注：“程子曰：‘五者之欲，性也。然有分，不能皆如其愿，则是命也。不可谓我性之所有而求必得之也。’愚按：不能皆如其愿，不止为贫贱。盖虽富贵之极。亦有品节限制。则是亦有命也”云云。程朱之说甚迂陋。《孟子》此章，道理极广大深微，程、朱全失其旨。夫命与性，本非二也。以其为生生不息之理，则曰性；以其流行而成生机体，则曰命。命者，流行义。原夫性者，万物之一原，虽复无声无臭。而万善万德，无不具足，故谓之理。此理之流行，而赋予吾人，吾人禀受之，遂自成独立的生机体，即有生命而具一切意欲。所谓声色臭味安佚等等之欲，推起原皆自性生。孟子是以谓之性也。但虽自性生，毕竟非性之本然，（此语吃紧。）要自流行而成生机体，乃始有之耳。孟子故曰：“有命焉，君子不谓性也。”
>
> “仁之于父子也，义之于君臣也，礼之于宾主也，智之于贤者也，圣人之于天道也，命也。有性焉，君子不谓命也。”
>
> 仁、义、礼、智、天道，后儒皆以为性所固有。其说虽是，顾未识孟子此处

---

① 《读经示要》卷一，《全集》卷 3，第 636 页。
② 《读经示要》卷二，《全集》卷 3，第 732 页。

意思，则其失不小。自性之本然以言，虽万德具足，然仁义理智等德，则待有伦类之交而始见。有父子，则显其仁焉；无父，而事父之仁无有矣；无子，而慈子之仁无有矣。有君臣，则显其义，复通前例。推之，有圣人，则克尽天道；无圣人，则天道亦隐矣。故仁义礼智天道者，若迹其发见，要自一原之性，流行成物而后，（张子云：性者，万物之一原。）有物有伦，（伦，类也。物莫不有类，如夫子、君臣、宾主等是也。）而仁义等等始显现焉。孟子故曰命也。假若性体只是洞然空无，而无流行可言，即无物可言，更从何说仁义等等耶？然仁义等等，虽于凝命以前无可说，要是自性固有，不是本性上元无之却从有生以后外铄得来。孟子故曰"有性焉，君子不谓命也"。此中解释，亦与程朱异。命是气质之始，自天化言，则曰命；（天者，本体之别称耳，非谓神或帝也，语本体之流行，亦云天化。）自吾人禀之而成独立的生机体言，则曰气质。声色臭味等等之欲，莫非气质上事，但如推其原，则亦自性生。以欲缘气质而发。气质者，性之所凝成，故云欲亦自性生也。然欲，要非性之本然，究属气质凝成而始起，即是后有的，故不谓之性也。仁义礼智天道，皆一心之全体大用，即皆自性固具，然若无这气质，则性德如何显现？当命之流行而吾人禀之以有生时，（流行即命。而曰命之流行者，凡言语须有主词故。上一命字用为主词，实则命即流行。）即仁体、行义、复礼、发智与证知天道等等的可能性，便与气质俱时始起，故孟子曰命也。然此理（谓仁义等。）毕竟不限于气质，故复曰性也，非命也。①

熊十力以"性生"和"性原"区分孟子之"性"与"命"。口之于味，目之于色，耳之于声，鼻之于臭，四肢之于安佚，是"性生"，而非"性原"。仁之于夫子，义之于君臣，礼之于宾主，智之于贤者，圣人之于天道，是"性原"，而非"性生"。孟子将"性原"之义说为"性"，将"性生"之义说为"命"。"命者正是气质之肇始，……而仁义礼智天道虽皆自性故有。……要必于凝命之际，即气质肇始之际，始可说为具有仁义等等性德。"②在熊十力看来，性德必由气质而显，这与其对理气关系的看法是一致的。仁义礼智是天之所命，然毕竟要在气质上显现，要凭藉人之形躯

① 《解孟子口之于味章》，《十力语要》卷二，《全集》卷4，第278—280页。
② 《解孟子口之于味章》，《十力语要》卷二，《全集》卷4，第281页。

之生方有，因而说为性而不说为命。而口之于味，目之于色，耳之于声，鼻之于臭，四肢之于安佚，是形躯生时即有，但毕竟为仁义礼智之天命所主宰，因而说为命而不说为性。人之形躯亦是本体自身之德用所显，非本体之外别有气质形躯也。因而，性和命都为本体之德用，实则只是一事。孟子所言“形色即天性”即是此意。

形躯之性为仁义礼智之命所主宰，性即是命，命即是性。

> 《中庸》曰：“天命之谓性。”“之谓”二字可玩。非天命之外别有性也，亦非性与天命可判层级也。无声无臭曰天，流行曰命。（《诗》云：“维天之命，於穆不已。”不已即流行义。）流行者，即无声无臭之真体显成大用也。（譬如大海水，举体成众沤，非众沤外别有大海水在。）……大用流行，人禀之为性，故性即命也，即天也。《孟子》言尽心则知性、知天，此了义语也。天命在人则曰性，以其主乎吾身则曰心。（此本心也，非心理学所谓心。心理学之心固非离本心而别有源，但不可以此为即是本心。此义非反省功深者不能自知也。）故心、性、天、命，名异而其实则一。是以尽心则知性知天也。①

性在人为心，因而知心即能尽性，即能尽天命。心学中，心即是理。理即是本体，“尽心知性知天”即是穷理，亦谓见体。

> 中国哲学思想，归于《易》所云穷理尽性至命。理者，至极本原之理。即此理之在人而言，则曰性；即此理之为万化大原，是为流行不息，则曰命。穷者，反躬而自识之谓；尽者，实现之而无所亏欠之谓；至者，与之为一之谓。《新论》所谈本体，即此理也，性也，命也，名三而实一也。穷也，尽也，至也，则《新论》所云见体或证体之谓也。②

理即是本体，即是心，是性，是命，是天，是吾人所以生之理，穷理即是“尽心知性知天”。

---

① 《十力语要》卷三，《全集》卷4，第338页。
② 《十力语要》卷三，《全集》卷4，第353页。

熊十力认为,将心、性、理、命、仁、天打通为一,是心学的根本义旨所在。"儒者之学,唯阳明善承孔孟。阳明以天也、命也、性也、心也、理也、知也、(良知之知,非知识。)物也打成一片,此宜深究。程朱支离,只在将心性分开,心与理又分开,心与物又分开。"①"阳明彻悟本体,故将心与性、理、天、命、道等名词,均说成一片。"②熊十力在心性论上,无疑是承接阳明之血脉,以心说性,说理,说天,说命。以一良知之开显而说宇宙万物。熊十力认为,此是正统儒学和中土佛家所共尊之法。"《新论》《明宗章》揭出性智,即通《楞伽》等之如来藏,与《华严》之合毗卢遮那文殊普贤观音而为一性海,并《成论》之四智,及《大易》之仁,宋儒德性之知,阳明良知,皆融会为一。"③"余以为经学要归穷理,尽性,至命,方是哲学之极诣。"④

近世言儒学者,有汉学宋学之争。汉学一词,本始于清人之反宋、明而上追两汉考据之业。宋学一词,本指两宋濂、洛、关、闽诸大儒心性之学或义理之学。(钦夫、伯恭皆朱子同调。永嘉一派,亦伯恭开之。)其实,言宋学即已摄明学。明学以阳明为主,阳明仍是承两宋心性之学,但自有创发,且与陆子较近。其视伊川紫阳,即入手工夫不必同。而陆、王之彻悟,实有高过程、朱者。此心性学之内部,所以有程朱、陆王二派之争也。(亦可云宋、明之争。)⑤

熊十力不取汉学而取宋学,在宋学中实则又主取心学,因此其心性论的根本路向和象山、阳明是一致的。在此基础上,熊十力又吸取了《易》和佛学的资源,来充实其对心性问题的讨论,成为一集大成者。

这样,在体用不二的框架下,熊十力融合《易》、心学与中土佛家的基本义理,打通了心、性、理、命、仁、天、性智、如来藏、性海、仁、良知,将其统摄到其本体论中,成为其心性论展开的基础。

---

① 《十力语要》卷二,《全集》卷4,第296页。
② 《读经示要》卷二,《全集》卷3,第840页。
③ 《十力语要初续》,《全集》卷5,第153页。
④ 《读经示要》卷二,《全集》卷3,第731页。
⑤ 《读经示要》卷二,《全集》卷3,第811页。

第二节 心体与理体

罗钦顺曾指出，性即理还是心即理，是为程朱理学与象山心学各自的核心命题。“程子言性即理也，象山言心即理也，至当归一，精义无二，此是则彼非，彼是则此非，安和不明辨之？”(《困知记》,《明儒学案》卷四十七。)虽然“性即理”与“心即理”是否有如罗钦顺所说的巨大的差异和张力还有待商榷，但以此来区分程朱理学和象山心学则是至论。依朱子，在天为命，在人为性，主于身为心。象山则认为天命之为性，在人为心。朱子以性谓天命，而象山以心为天理。天理、天命之意义在朱陆二人处争议不大，关键是心是否即是性的问题。如果心即是性，则心即是理。如果心不即是性，则心不即是理，而只能说性即理。朱子以心为全部知觉活动的总体，认为理虽在其中，而心不即是理，从而有“心统性情”之格局。而且就朱子在“心统性情”、“理气二分”的格局中，理不仅为事理，也可说物理。而象山讲“心即理”，其本意在指本心即理，本心即排除了认识的感性活动之外的纯然的道德之心，理则应是就事理而非就物理而言。因此，朱子所讲的理范围要宽，包含事理和物理两个方面，而象山所讲的理的范围要窄，主要是指事理。另外，虽然朱陆并未就心的涵义进行过具体的讨论，但在陆学中的“心”与朱子之“心统性情”之“心”显然不是同一层次的心。

阳明说“心即理”，主要是从事理上说，主张说理并不存在于与心所对应的对象之中，如孝的法则并不存在于父母身上，忠的法则并不存在于君主身上，这些理只是人的心通过实践或行为赋予事物的，因此说“心即是理”。象山和阳明所讲“心即理”的命题是从事理上而言，对于物理，他们并未多加关注。由于象山和阳明独尊孟子学，所以只重本心、良知，只讲“一心之伸展，一心之朗现，一心之遍润”，心就是一切价值存有的根据和来源。

新唯识论在心、性、理的关系上，继承了象山和阳明的理路。“心也，性也，名异而实一，即吾人所固有健动之本体也。”①“人得此动而健者以生，是本体在人，乃为吾人之性。即此性德澄明，所以运乎吾身，而御物不失其则者，是谓本心。”②

---

① 《读经示要》卷二,《全集》卷 3,第 715 页。

② 《读经示要》卷二,《全集》卷 3,第 714 页。

又说:“夫人皆秉天命以有生。即秉至美之理,以为成人。”[①]又“天命原是自家真性,至富而备万理”。[②]可见,在熊十力这里,心、性、命、理是一体的。熊十力论理,当然也有两方面的含义,一方面讲物理,一方面讲事理。此两种理都是从本心之发用上讲的。熊十力认为物理本不在哲学的讨论范围,此是属于知识论和科学的范围。量论包含了熊十力讨论的物理之所以可能的义理框架,但他认为对知识的探求同样是本心良知之发用,只不过是另外一种发用而已。因此在解释理的问题上,将物理和事理放在一起说。他解《大学》“格物致知”的理路,也是以良知来解“知”字。

> 《大学》曰:“致知在格物。”此知字即《易》与《论语》之所谓“智”,孟子、王阳明亦谓之“良知”,是乃吾人本心天然之明,(《易》《乾卦》谓之“大明”。)不由外铄得来,不因学习始有。(假若人心本无天然之明,便与土石一般,又何能学习?唯人心本明,故能学习。然本心亦只是灵明而已,却要学习而后显发其灵明之用。譬如刀锋甚锐,而藏其锋不以割物,则与无锋何异?)阳明重视此致字,吾极赞同。(致字,是启发灵智的工夫,汉以后群儒于致字不注意。)……必推动、扩大吾本心之明,用于外在的一切物,(本心之明谓智。)穷究事物之规律与其本质,而变化裁成之,以尽物性而利于用。(《中庸》言尽物之性,尽性者,因物之性质与功能而改造之,使其质量能量大起变化,遂成新物事,故曰尽物性。)于是吾人始有经验事物、钻入事物、制驭事物、创造事物、利用事物的知识,故曰“致知在格物也”。(朱子《大学集注》释致知之知为知识,此大误。阳明释此知字为良知,确得文旨。本心之明唤作知,【亦称智,又云良知。】培养本心之明便是致。培养之道无他,只要将此良知推动、扩大到事物上去运用。良知用在事物上,即是格物。格物才成就知识。朱子不知有良知,试问格物者谁乎?然阳明解格物却谬误,……)[③]

对具体事物的知识,不能说只在事理上,也应包含物理在内。熊十力对理的解释

---

① 《读经示要》卷二,《全集》卷3,第716页。
② 《读经示要》卷二,《全集》卷3,第717页。
③ 《明心篇》,《全集》卷7,第239—240页。

覆盖了朱子的理之涵义，但其对理的属性的解释却又与朱子相反，而更多地倾向阳明。他认为即使是物理的探求也是本心灵明的发用，"致知"即是将本心之知推广于万事万物，本心之知即是良知，万事万物之理莫不是良知本体之发用。站在唯识学的立场，"心外无理"这一命题，在熊十力这里是毋庸置疑的，而且他认为理不仅包括阳明意义上的事理，也包括朱子所说的物理。

熊十力以心学之"致良知"涵盖朱子所说的事理和物理，与其对本体和本心的看法密切相关。他说："本体是含藏万理的，不妨说他（本体。）是具有无量可能的世界。"①"万理交容交摄，而为一全体，是名本体。"②"理体成为大用，（理体者，以本体是万理赅备，故名。）是不容已的向前开展。"③"理体是圆满的，用相有对而无恒，不能无缺憾。"④本体就是心体，理体也是心体，心体亦是理体，理全在一心之展现。在此问题上，熊十力和王阳明没有根本的差异。但熊十力又认为此理不仅是事理，而且也是物理，即是万物所以生成之理。这就是说，其以陆王心学的立场来理解理的性质，又以朱子的立场来阐释理的范围。与朱子不同的是，他认为理与气本来是一体的，这又与王船山对理气关系理解一致。他说："一曰，理者是实法，非假法。二曰，理之现为相，不待别立材质而与之合。三曰，理体与用相，不可分为二界。"⑤

站在这一立场，他批评了朱子理气不离不杂的说法。"宋儒说理不离气，亦不杂乎气，是直以理气为两物，但以不离不杂，明其关系耳。此说已甚误。明儒则或以气为实在的物事，而以理为气之条理，则理且无实，益成谬论。后之谈理气者，其支离不可究诘。"⑥理是实法，非虚法，是就理体即是本体，万物即理体自身之展现而说。理体自身即有物质的基底，不可别立材质即可成物。而阳明所讲"心之所在为物"是就心能涵摄物与物必在心上显现而言。离开了心，物必然无从显现，此在《传习录》"观岩中花树"一段中表现得最为明确。理即是用，不待材质而立论，此在阳明"心之所在为物"的意义上也可说通。但阳明所说的物多指事理或意义而言，对于物理，阳明不多加讨论。从物理的意义上讲，理为用，却不得不说材质，朱子在此处引入了气的概念，认为理气不离不杂，以理气之二分

---

①② 《新唯识论》语体本，《全集》卷3，第361页。

③④ 《新唯识论》语体本，《全集》卷3，第362页。

⑤ 参见《新唯识论》语体本，《全集》卷3，第364—366页。

⑥ 《新唯识论》语体本，《全集》卷3，第367页。

说成物所以然之理。熊十力却认为从本体兼含心物二义,对朱子此一说法当然不能赞同,他认为气即是理之显现、理之流行。"理者,气之本体"是从理能主宰气的角度而言,实则说来,理与气、心与物都为本体之展现。而熊十力又以心指目本体,是以心能主宰物故,实则心不即是物。因此说,熊十力思想中理的范围兼容了心学和理学的两方面,并试图将心学中理的意义涵盖到理学中理的范围。

熊十力的此一看法,也表现在对礼的理解上。

> 《记》曰:"礼者理也。"以其发见而有条理,故谓之理或礼;以其为吾一身之主,则谓之心;以其为吾所以生之理,则谓之性。故《论语》言"克己复礼",其所谓礼者,非就仪制度数言,乃即礼之本质而言。("本质"二字或不必妥,然难得下一恰好之词,读者须善会。)礼之本质,即心也,(此谓本心,非心理学上所谓心。)亦即性也,是吾所固有,故于此言复也。若以仪制度数为礼,则礼是后起,是末节,如何言复耶?夫唯本质(即心即性。)具备万善知条理,(所谓固有。)本此以为主宰,而万变不恒之物感,凡足以起吾之欲者,一切不能眩乱此主宰,而所欲皆循其天则。(天则即固有之条理。)夫如是,始云欲当即为理也。①

礼即是理,即是心,即是性。此是就礼的本质而言,非就具体的礼而言。礼之本质,即心。礼即是本体,非是具体的仪制度数,因而说其为吾人所以生之理。

将"礼"解释为心性本体,是为了说明即本体即工夫,说明道德的践履问题。

> 礼者履也。吾人践履中无不由礼者,日常作止语默,何在非礼之表现。动作必不乱,(不乱即礼。)静止必不昏,(不昏即礼。)言语必成章无悖,(成章无悖即礼。)含默时必中心昭昭而不昧,(昭昭不昧即礼。若动于游思妄想纷扰即非礼。)无在不实践乎此礼也。故曰礼者践履也,是吾人所日常践履而无须臾违失者也。朱子以天理之节文、人事之仪则言礼,意义甚深。推礼之原,则本乎性矣,所谓"天理节文是也"。礼之用,则显于万事而无不在。所谓"人事之仪则是也"。礼之原即天理,此不变者也。礼之用即仪则,此随时

---

① 《十力语要》卷二,《全集》卷4,第229页。

而酌其宜者也。①

“礼者履也”，因此“礼”必自然发动而不由己而成为道德的实践，此甚合阳明“知行合一之旨”。“礼”是法则，又是本体，即本体即工夫，道德实践动力的法则全由此出。可见，熊十力完全是以心学的思理来看待“礼”。而以心为事理和物理的本体，不能不说与熊十力的唯识学义理有密切的关系。

第三节　天理与人欲

熊十力对欲的看法，与道学家之去欲主义有很大的不同。总的来说，熊十力主张正欲或养欲，而不主张去欲。他认为，欲望乃是天理的表现。“吾人固有天性，为能动之内因，外物为缘，以引发吾人天性之动，此动由感物而起，则其缘于吾人生存之必需，而有所不容已，可断言矣。故曰感于物之动，是天人交会而成也。孔子以此说为性之欲，(天性，亦省言性。)而不说为人之欲。”②感物而动，即是欲望，是人生之所需。遵循天理之欲，即是性之欲。此种欲望是本有的，不是后起的，无所谓去除。去人欲并不是要去掉人的自然欲望，只是要强调顺天理发欲。

人欲者，非离天理而别有本也。吾人不能保任本心，遂至身失所主，而顺形骸之私，迷以逐物，而与之俱化。……迷妄谓之人欲。此虽无根，而足以违碍天理之心。如浮云无根，而可以障太阳也。故去人欲者，去迷妄之谓也。存天理者，存养本心而无放失，使本心常为一身之主，则随心所欲，皆不逾自然之则也。理欲非二元，则以欲本无根，只是迷妄而已。③

天理即本心，顺本心而发，欲望莫非天理，故要将欲望框定在天理的范围之内，此是正欲，而不是去欲。“《关雎》之诗始终是欲之动，而不是染污习气之窃发，此其所以为天理之至也。天理即是人欲，人欲无非天理，去人欲而求天理，天理其可

① 《十力语要》卷一，《全集》卷4，第48页。

② 《原儒》卷下，《全集》卷6，第666页。

③ 《读经示要》卷二，《全集》卷3，第698页。

得乎？”①天理即在人欲之中，人都有欲望，如好色，好食等等。

> 孟子言欲有见得甚好处，如其曰：“鱼，我所欲也；熊掌，亦我所欲也，二者不可兼得，舍鱼而取熊掌也。生，我所欲也；义，亦我所欲也，二者不可兼得，舍生而取义者也。”案前之一说，鱼与熊掌均是生存之所必需，然二者同时不可得兼，则舍鱼而取熊掌，何尝不是性之欲？何尝不是天理之动？则舍熊掌而取鱼，未免矫情，矫情即非天理也。后之一说，生与义不可得兼，则舍生而取义，其为天理之动、为性之欲，更不待言。夫生，固我所欲也，然失正义而偷生，则丧其生之本，不如舍生而取义也。②

舍鱼而取熊掌，是自然而然之事。故意取鱼而舍熊掌，则“未免矫情”。矫情即非自然之事，反而不即是天理。因此，人选择利欲是天生的，也是天理之表现，合理的欲望即是天理。“夫二《南》之诗，其表现人生，乃即人欲即天理，即天理即人欲也。”③《周南》、《召南》表现了人自然的欲望，孔子说为“思无邪”，熊十力说此种欲望即是天理。合理的人欲就是天理，人欲之外无所谓天理。譬如“舍生取义”之理亦是合天理之欲望，人欲即天理也。

欲望必须发自性之自然才为天理之呈现，后天所起之欲望，即是好恶，好恶即不是性。

> 夫好恶不是性之，其来源何在乎？好恶，后起者也，吾人自有生以来，恒与万物相酬酢，前前后后每一刹那顷，感于万物都有快不快之领纳。此个领纳虽若当念谢灭，实则当其灭时，即有残余的影像继续而生，等流不绝，潜伏于下意识中。……是故无量数之快不快的影象，潜伏于下意识者，都是活活跃跃、有气势的，并非如纸上所染墨迹等影像，徒有其迹而无生气也。当吾人感于物时，性之欲固已发动，而潜伏之无量数快不快的影象亦同时乘机跃起，与性之欲相应合而参加活动，性之欲，是谓天理；而过去领纳于万物时，

① 《原儒》卷下，《全集》卷 6，第 666—667 页。
② 《原儒》卷下，《全集》卷 6，第 668 页。
③ 《原儒》卷下，《全集》卷 6，第 674 页。

> 所以快不快的影象从潜伏中跃起者，是为好恶之情。此种好恶之情，既从下意识中跃动而出，故力用大，如节之令其归于平，即可以顺从性之欲而为善有力，如无以节之，则将任其横溢而性之欲乃受其障。犹如豪奴夺主，（**主谓性之欲，豪奴为好恶之情。**）其作坏之力大极，例如小人好势力而恶君子，一旦当权，才足济奸，则可以大祸天下，好恶之烈也如是。好恶之情，是不可抑制，抑之将更横溢，惟有节之使平而已。好恶平，即不横溢，则性之欲可得其助，而为善更有力也。①

好恶存在于下意识或潜意识，是由熏习而成的。天理发动时，好恶随之而起。天理无所谓节制，而好恶则必须顺从天理或性之欲才可使情不滥发。因此，“性之欲（即是天理之动）自然有则而不乱，若夫好恶之情则动而无则也，故可以顺从性之欲而成其善，亦可以障性之欲而成其不善，故好恶之情未可遏绝，要在有以节之。使归于平而已。”②好恶之情无则，情之滥发，即不是天理，而可能成其为恶。故必须以天理对好恶之情加以节制，使之归于平。情与性毕竟有别。

> 情与性，不可作二元看去，则以情非别有本故也。然情、性毕竟有分。性是本有，情则后起之妄也。此意须详《新论》、《功能》、《明心》诸章。船山挟一反对阳明之成见，故终不悟性。时而说得近是，时而又成差谬。既不见性矣，而心之发用，何以不即是性，而成乎妄情或私欲，则亦不能知其所以也。③

性是本有的，情是后起的。心之发用，必有情与性之两面，顺性而发，则即是天理，顺情而发，则成乎妄情或私欲。妄情和私欲要归之于平，以天理节制才可不成其为恶。

心性学所欲彰显者即在顺天理而正人欲。“圣人之所以为圣人，唯以其心之纯乎天理而无人欲。则我之欲为圣人，亦惟在于此心纯乎天理而无人欲耳。欲此心之纯乎天理而无人欲，则必去人欲而存天理。务去人欲而存天理，则必求所

---

① 《原儒》卷下，《全集》卷 6，第 669 页。

② 《原儒》卷下，《全集》卷 6，第 668—669 页。

③ 《读经示要》，《全集》卷 3，第 918 页。

以去人欲而存天理之方。”①去人欲，存天理，本是朱子和阳明都论述的问题。熊十力言：“学者，觉义。觉者，去人欲而存天理也。”②此“去人欲”，实则是正人欲，或者说养人欲。人欲并不一定是恶的，只有违天理而发的人欲才可能成为恶。

存天理，正人欲，关键在立志。“夫求圣人之道者，必有高尚之志。未有志趣卑污，而可闻大道者也。故学问有基本焉，立志是也。”③学圣人，首先应有高尚之志，此不仅是成德的基本功夫，更是“闻大道”的首要条件。熊十力在解释孔子成德的进路时，强调立志的重要性。“孔子圣人也，犹曰‘吾十有五，而志于学，三十而立’。立者，志立也。虽至于不逾矩，亦志之不逾矩也，志岂可易而视哉！夫志，气之帅也，人之命也。犹木之根也，水之源也。源不浚则流息，根不植则木枯，命不续则人死，志不立则气昏。（须反己察识。）是以君子之学，无时无处，而不以立志为事。”④立志是为学的首要条件，而且贯穿为学的始终，不得有一毫放失。“此志常立，神气清明，义理昭著。”“盖终身学问之功，只是立得志而已。”⑤能立志，即是去人欲而存天理。

立志之关键在存养本心，存养本心即立志。“使此心，……常为主于中，……是谓心有存主。……是谓志。故志者，内自立。”⑥学圣人即学圣人立志，非效仿圣人之行为。行为固可效，然立志才是真的学圣人。“立志之立，只是顺吾所固有天理之心，而任其自然之发。顺字，正是工夫。……吾人只须顺有保任之功，而不令此心放失，他自然会发。”⑦立志即是存心，存心即能立志，存心之工夫实则即是立志之工夫。“若知志者，只是心有存主。则万理之宗，万善之源，反己体之而即是。……无须向外模仿，知其在己之谓默识。……尽其在己之为思诚。……实其在己之谓据德。”⑧因此立志只是不放失本心，存主本心而已。

立志的工夫，为成德的工夫之关键。能立志才可说学圣人。

---

① 《读经示要》卷二，《全集》卷 3，第 694—695 页。
② 《读经示要》卷二，《全集》卷 3，第 697 页。
③ 《读经示要》卷二，《全集》卷 3，第 694 页。
④ 《读经示要》卷二，《全集》卷 3，第 695—696 页。
⑤ 《读经示要》卷二，《全集》卷 3，第 696 页。
⑥ 《读经示要》卷二，《全集》卷 3，第 699—700 页。
⑦ 《读经示要》卷二，《全集》卷 3，第 701 页。
⑧ 《读经示要》卷二，《全集》卷 3，第 702 页。

> 夫学者必自有其志，而后可读经。何者？六经，圣人之言也。圣人之言，发于其志。学者在由圣人之言，以通其志，非徒诵其言而已。通圣人之志者，必自有其志者也。所以者何？一言乎志，则众人与圣人同也。同而后可以相喻。由志同故，其量之无所不涵也同，其智之无所偏蔽也同，其思之无所不运也同，其仁之无所不周也同，其力之无所不无注也同。唯同也，故相喻。①

圣人之学只在立志，六经皆立志之言，不立志而读经，不可通圣人之意，而只是诵读文字而已。我之志与圣人之志本同，读经只在以我之志于圣人之志相喻，实则是明我之志耳。“故学者如不能立志，责志，则其读经，如童子诵数而已，终不可喻圣人之志。”②熊十力认为，六经即在教人克治私欲而存天理，即是立志之学。

> 经学者，使人克制私欲，而以天地万一体为量者也。道在反身而诚。诚则无私，而后知天地万物皆备于我，本性自尔，(自形言之，我与天地万物元是同体。故孟子言“万物皆备于我”，乃见性而谈。)非意之也。(物我无间，实理如此，岂由意想安立。)夫求诚只是责志，责志必毋近名。名者，务外之私，与志不两立者也。志者，中有存主，无羡于外也。③

立志不求于外，不求近名，只要自识本心，存有本心即可。立志之学本乎本心，存乎本心，与一切外在的牵连无涉。立志即在断绝一切外在的羁绊，只任本心之发用，不起意，不作意，使欲望之发合乎本心之则，则一切欲望莫非天理之流行发用。

立志，乃证心而存心。能存心，则自无人欲而皆是天理。人欲本不用“去”，只要存心即可，能存心，则人欲即天理，天理之外非有人欲也。说有人欲，即是不能存心之谓。欲望得正，即是天理。此与理学“存天理，去人欲”之思路有了很大的不同。

---

① 《读经示要》卷二，《全集》卷 3，第 704 页。

② 《读经示要》卷二，《全集》卷 3，第 704—705 页。

③ 《读经示要》卷二，《全集》卷 3，第 708 页。

第十二章　本心即功能

在心性论中，本心是本有，即是本体，说为智，习心是后起的，是后天之染，说为识。本心通过感物而成为习心，建构现象世界，此即后起之识。熊十力既讲转智成识，又试图讲转识成智。但从其理路出发，实则只能证成转智成识而不能证成转识成智。其本心即是功能，亦只是功能，不能证成其存在性或存有义。

第一节　本心与习心

熊十力认为本体为一，为宇宙实体和宇宙本体，又说本体即是吾人之本心，是从两个方面来讲的：一是从宇宙生成的角度；二是从本心与宇宙万物的关系而言。本体本是恒转的功能实体，有翕和辟的两种趋势。就翕之凝聚相而言，可说为物，就辟之主宰而言，可说为心。就宇宙论而言，此心为宇宙本体之心。但宇宙之心如何即是人之本心呢？熊十力以进化论的方式进行了阐释。

> 实则人人各具之心，即是宇宙统体之心。……人类未生时，此心未尝不在。……人类生时，此心因人而善贷，（善贷，本《老子》语，贷犹予也。）随人而贷予之，未尝吝于给。以其本来自足，而发用无穷也。自统体之心，望人而言，则曰贷予于人。自人而言，则此心是人所以生之理，非从他得也。①

> 心灵则自当无机物呈现时，隐而不显，迄至人类，乃特别发达。②

宇宙实体本是法尔完具的，人的本心只是宇宙大心和理则的显现。宇宙本有大心，在此基础上用宇宙生成和生命进化的原理说人的心灵即是贷于宇宙大心，因此说人的本心即是宇宙大心。熊十力受到达尔文生物进化论的影响，一方面认为人类的形成是生物进化的结果，人类心灵是生物进化之最高级；另一方面又认

---

① 《新唯识论》语体本，《全集》卷 3，第 343 页。
② 《新唯识论》语体本，《全集》卷 3，第 362 页。

为人类心灵即宇宙大心，肯定宇宙本有灵明，宇宙之大心待人类的心灵之出现而得显发。他说："然复须知，唯人类心灵特著。充其智，扩其量，毕竟足以官天地，府万物。……其不幸迷惑而至自私自小者，非其本然也。故人类之在天地万物之中也，殆犹大脑之在人体内，独为神明之司，感应无穷之总会焉。自然界之发展，至人类而益精粹，心灵于是乎昭现。斯盖真实之显所不容掩遏者，（真实，谓万物之本体。）其不得谓之偶然也甚明。"①宇宙本有灵明，宇宙进化的极致是人类。人类的大脑是宇宙发展和生物进化之极致，官天地，府万物。人之心是宇宙大心之用，与宇宙大心无二。就心主宰物的方面来说，宇宙之大心乃是宇宙本体，人之本心亦是宇宙本体。

本心即是本体，表现在心、意、识三方面，分别是主宰义、定向义和唯识义。就心的方面而言是主宰义，心不是物，也不物化，恒表现本体之自性；就意的方面而言是说人有定向，既能主宰自身，也能涵摄和流通万物；就唯识的方面而言，是说心必然感识万物，证成万物之存有，因而能够成立现象界，建立知识和科学。在此意义上，心、意是体②，而识为本体之发用。从宇宙本体的角度而言，心、意亦是用，是本体之德用。他一方面肯定宇宙实体，另一方面又离不开心而讲本体，是因为其所言的本体必由人之本心而呈现。"是故此心，（谓本心）即是吾人的真性，亦即是一切物的本体。"③讲心即本体，一方面是就人之本心在宇宙生成和进化论意义上贷于宇宙大心而言，一方面是就物不能离心识而存在而言。

把本心与本体说为一，是就心能呈现本体之德而言。"本体说是物，固不得，说是心，亦是错误，心物以对待立名，要皆就本体之流行而假说。（流行，即名为用。）然于心可以识体，以心不失其本体之德故。（德字，具德性、德用二义。）《新论》以唯识立名，而释之曰'唯者殊特义，非唯独义'。可知《新论》与一般唯心者

---

① 《新唯识论》语体本，《全集》卷 3，第 345—346 页。

② 熊十力并不认为心与意是两个层面，而是认为良知即主宰，不能"离良知而别觅主宰"，"意"是依良知本心之发用而得名。并批评刘蕺山在良知中，又建立一层主宰为"意"，"念台言意有定向，不悟有定向者，乃良知之发用自然如是，非可于良知或心体之上别构一重意来说有定向也。"（《十力语要初续》，《全集》卷 5，第 219 页。）又说："良知备万理，无知无不知，是吾人内在主宰，不可于良知或心体之中又建一层主宰名意。"（《十力语要初续》，《全集》卷 5，第 220—21 页。）在关于刘蕺山以"意"为主宰的问题上，熊十力和唐君毅有比较激烈的争论。此一问题参见郭齐勇：《论熊十力与唐君毅在刘蕺山"意"与"诚意"观上的讨论与分歧》，载《玄圃论学续集》，湖北教育出版社 2003 年版，第 251—259 页。

③ 《新唯识论》语体本，《全集》卷 3，第 19 页。

截然殊趣。”①心物固然都不是本体，但本体之流行而为用，必以心为主宰，因此说心为本体。本心即是仁体，因此，“仁者本心也，即吾人与天地万物所同具之本体也”。②以仁为万事万物的本体，万事万物之仁即是本心之仁，万事万物由本心之涵摄、流通而具有了仁之义，仁即是本体之德。“盖自孔子以迄宋明诸师，无不直指本心之仁，（实则，仁即本心，而本心之仁者，为措词方便故。）以为万化之原、万有之基。即此仁体，无可以知解向外求索也。”③以本心之仁说为本体，仁即本心之发用，仁即本心，因此，本心即本体。在本体宇宙论的意义上而言，本体流行有多种特征，以其不同方面而说为天、命④、道、性、心、理、仁、知、明德，这些说法皆可说为本体之用，而以心统名，由此而说心即本体。此非从本来义上讲，而是从本心的主宰义上立论。“心者恒转之动而辟也。（见《转变章》）故心之实性即是恒转，而无实自体焉。（心者，非遗恒转有自体故。）”⑤以心能显发恒转实体之自性力，则不妨说心即万物的实性。心为本体功能之一方面，翕为凝势，而由辟主宰，此辟即是心。正因心为主宰，才可言心即本体。人之本心乃就本体流行之辟势而言，人之躯体乃就本体流行之翕势言。心物本为一体，心能主物，又能体物，故说心为本体。吾人之心能脱小己躯体之限制而能自己认识自己，认识即体证，以此心本无内外而即是体，故心能见体。

本体说为心，是从主宰万物而言；说为意，是从主宰自身生命而言；说为识，是从心能了境，能体证本体之功能而言。这三种功用皆为心之功用，心能主万物和自身，能体证本体，非心之外别有物能有此功能。“熊氏的观点可以概括为：一、本体只有一个，它是能变的，不应当也没有必要建立无量的种界；二、认识论的最高范畴同时就应当就是本体论的最高范畴，‘真如’和‘藏识’（即阿赖耶识）应当合二为一。其实，将世界上一切物理和心理现象统摄于一个最后的精神实体，那就是‘本心’。它既是宇宙万象的本原，又是人们反求自识的绝对真理。”⑥

本心说为本体、实体，亦可从体用关系而言。本体具复杂性，而能相反相成，

① 《新唯识论》删定本，《全集》卷 6，第 21 页。
② 《新唯识论》语体本，《全集》卷 3，第 397 页。
③ 《新唯识论》语体本，《全集》卷 3，第 398 页。
④ 在熊十力的理论中，命之一词非从命定论，而是以生命言。
⑤ 《新唯识论》文言本，《全集》卷 2，第 79 页。
⑥ 郭齐勇：《熊十力与中国传统文化》，第 104 页。

有翕辟两种趋势，从翕势流行的方面说，可说为物，从辟的作用言，可说为心。他说："夫辟，即是本体之流行，非与体为二也。"①"故物者，本体所以显发其自性力之资具也。"②上面讲心能主宰物，而说心为本体、实体。此心不仅能主宰自身，也能主宰万物，为万物之主。由此，本心不仅是道德之心，也可说为绝对的"本体"、"生命"，是万化之原，万有之基。由此，"心体即性体之异名。以其为宇宙万有之源，则说为性体；以其主乎吾身，则说为心体"。③由此，熊十力将本体—本心直贯而下，说为一体，心体即性体，即本体，即天道，即理，即仁体……"因此，他把'本体'规定为活生生的生命本体、心性本体。在'天—人'统一场中，把宇宙论和人生论，把天体、道体与心体、性体都打通了。"④熊十力以本体之大流行而说心物，以心能主物，能体天地万物一体之仁说本心即本体。

现实世界的人都具有本心和习心，"夫人之生也，莫不有本心。生而成为独立体，亦莫不有习心"。⑤熊十力明确区分了本心与习心之概念。

> 本心亦云性智，（从人生论与心理学的观点而言，则名以本心。从量论的观点而言，则名为性智。）是吾人与万物所同具之本性。（本性犹云本体。以其为人物所以生之理，故说为性。性者，生生义。）所谓真净圆觉，虚彻灵通，卓然而独存者也。非虚妄曰真，无惑染曰净，统众德而大备、烁群昏而独照曰圆觉，至实而无相曰虚，至健而无不偏曰彻，神妙不测曰灵，应感无穷曰通，绝待曰独存。道家之道心，佛氏之法性心，乃至王阳明之良知，皆本心之异名耳。习心亦云量智，此心虽依本心的力用固有，（习心非本心，而依本心之作用故有，譬如浮云非太空，要依太空故有。）而不即是本心，毕竟自成一种东西。⑥

本心是本来的，习心是后起的。本心是"吾人与万物所同具之本心"，是真净圆觉，虚彻灵通，卓然独存的。亦即是王阳明之良知。此是从本体上说。但习心毕

---

① 《新唯识论》语体本，《全集》卷3，第335页。
② 《新唯识论》语体本，《全集》卷3，第371—372页。
③ 《新唯识论》语体本，《全集》卷3，第173页。
④ 郭齐勇：《熊十力思想研究》，第48页。
⑤ 《明心篇》，《全集》卷7，第149页。
⑥ 《新唯识论》语体本，《全集》卷3，第374—375页。

竟而成其权用，即不能不依乎根身，一依乎根身，即成习心。习心是依本心的力用，依根取境，虽不是物质，但已经与本心不同。可见，本心与习心是体与用关系。

本心是本有，习心是后起，习心是本心之用。本心能体一切物而不为物役，习心则凭官能而起，藉根身为资具。“本心”是吾人与天地万物所同具的本体，本然的实相、实体、本性、真性，本心即性、即天、即仁、即理、即良知、即真宰。本心是绝对的全体，不与物相对，是宇宙的根源、人生的根据。本心是宇宙生命的精神，是乾阳之性，因而不与物化，而又能显现为无穷无尽的大用。“‘习心’指凭借感官本能地追逐外在利益、事物、满足感性欲望的习惯，是习气之现起者。”①

本心能见体，即自己认识自己，从而为道德实践找到动力和依据。自己认识自己，即是洞察心之动能和趋势，按心之理去规定事物之价值，发为道德之实践，即是良知的呈现。而习心非能见体，只是在攫取现象，依现象而发用，为本心之变种，而非本心之本来。本心为根本智，功用在实证本体，为玄学之把握方式。慧与智对，说为量智，为后得智，由经验而起，功用在认识事物，为知识所以可能之基础。从另外一个角度讲，即可说本心为体，习心为用，是说本心可以支配习心故。

本心即性智，习心即量智。

> 是实证相应，明为性智。（性智，亦省称智。）这个智是与量智不同的。云何分别性智和量智？性智者，即是真的自己底觉悟。此中真的自己一词，即谓本体。在宇宙论中，赅万有而言其本原，则云本体。即此本体，以其为吾人所以生之理而言，则亦名真的自己。即此真己，在量论中说名觉悟，即……量智，是思量和推度，或明辨事物之理则，及于所行所历，简择得失等等的作用故，故说明量智，亦明理智。此智，元是性智的发用，而卒别于性智者，因为性智作用，依官能而发现，即官能得假以自用。②

性智一词，与本心、真解、智、本体、本性、真性、真宰等同义。性智可以自己认识

① 郭齐勇：《熊十力思想研究》，第 187 页。
② 《新唯识论》语体本，《全集》卷 3，第 15—16 页。

自己。量智是官能假性智之作用逐物而有,即凭藉感官追逐外在的利益、事物,满足感性欲望。只有性智之真解始能见体,而量智只在知识论上有其意义,于本体之认识上无所作用,甚至是认识本体的障碍。“哲学家谈本体者,大抵把本体当做是离我的心而外在物事,因凭理智作用,向外界去寻求。”①“唯凭量智来猜度本体,以为本体是量智所行的境界,是离我的心而外在的境界。”②量智超出自己的应用范围勾画撰量,是熊十力所反对的。“唯吾人的本心,才是吾身与天地万物所同具的本体,不可认习心作真宰也。”③“若是不求诸自家本有的自明自识的性智,而只任量智,把本体当做外在的物事去猜度,或则凭臆想建立某种本体,或则任妄见否认了本体,这都是自绝于真理的。”④性智与量智之区分是从其功用上立论,是心的两种不同的认知方式。前者能够把握本体,后者为经验与知识的基础。

故,性智与量智(本心与习心),两者都有各自的应用范围。智,乃性灵之发用。一义,用晦而明,光而不耀,智之恒德也。二义,无知无不知,智之性也。三义,天地万物发展到人类,始有内部生活。人道乃顺天德,一切乃是智之流行,一切皆是智之开拓。四义,知识不即是智。⑤知识以客观世界为引发因,却为吾人内识了别而成。因此,智是知识的必要条件。孔子论智更多地是从学上立论,熊十力不仅将智赋予了知识论的含义,而且将其提到内识与自证之高度。性智不仅是本体之德用,也是成就知识的必要条件,因习心乃本心之发用也。

习染分为知见方面之习染与情见方面之习染。前者为知识之条件,一切知识都是有“执”才可能的,有执即有分别,分别即为知见之习染。从道德实践之用上讲,后者只有坏的用途,于实践毫无益处。熊十力只承认知见之习对知识有作用,对道德实践却无益处。情见方面之习染则障蔽天明,影响下劣,使人不入正理之门。知见之习染则为知识之可能的条件,为实际生活所需要,毕竟还有可益的用途。因此,习染之区分在认识论的意义上并不是着眼于气禀的先天作用,而是强调经验作为构成知识条件的意义。“熊十力习染论与传统儒学的气质论或习气论的一个很大的不同,是他的习染论不仅是一个伦理学的探讨,而且明确包

---

① 《新唯识论》语体本,《全集》卷3,第17页。

②④ 《新唯识论》语体本,《全集》卷3,第22页。

③ 《新唯识论》语体本,《全集》卷3,第18页。

⑤ 参见《明心篇》,《全集》卷7,第234—238页。

含着认识论的成分。”①

本心是本我，习心是人由经验而起的自我；本心是直觉的，习心向外求勾画揣量；本心是本体，习心是本心之用。生命的意义在于本心之仁的扩充。熊十力对本心习心之分，本身并没有突破传统儒家心性论的范畴。这种本心习心严格分野的立场，在理论上也会导致诸多的问题。而且，“熊氏根本上不承认人性有负面，负面只在习上，而习、业方面的杂染只是循形骸之私，随顺躯壳起念。这种性习论、净染说本身不是没有毛病的。熊十力没有深究形骸之私对于个体人和类的人的本性的沉淀。实际上，不能否认它亦是人之性。……例如，就是分疏‘净习’与‘染习’的发展、发展及相互作用，熊十力所论还是十分狭窄的、平面化的，维度不够的”。②在道德实践的角度而言，新唯识论所论的习心只是其中负面的因素。

情见方面的习染在熊十力哲学中无地位，是作为道德实践的负面资产而应加以排除的，而知见方面的习染是知识得以可能的条件，有重要的作用。习染之成立在熊十力而言，主要是强调经验作为知识的条件的意义。如果一切经验之习染都不存在，则无所谓知识。所谓知见习染为习藏种子是指经验能够在意识结构中储存起来并成为进一步认识的基础。因此与在道德上对习染之遮拨不同，熊十力在认识论上对习染有充分的肯定。

熊十力认为性智应用于五官经验而成知识，只要以性智主乎五官经验，经验知识是有积极意义的。“夫唯孔子，格物而本乎致良知。（良知是人之所本有，须将良知推广出来，用在事物上，便是格物，而知识由此成。吾人若无良知，便与木石无异，何能格物？何有知识？故良知是知识之本也。）阳明亦得孔子之恉，尝曰：良知作得主时，则一切知识莫非良知之发用，知识亦是良知也。”③以本心、性智、良知主乎知识，则知识与良知通而为一，知识必为良知之发用。从此一立场出发，熊十力对朱子和阳明之思路有所简别：“阳明之学以致良知为主，有《大学》格物致知义可证，程朱后学群起而非之，其识太陋。然阳明又反对格物，即排斥

① 陈来：《熊十力哲学的明心论》，原载《当代新儒学论文集》（内圣篇），台湾文津出版社 1991 年版，又载《熊十力全集》附卷下，第 1319 页。

② 郭齐勇：《熊十力思想研究》，第 198—199 页。

③ 《明心篇》，《全集》卷 7，第 252 页。

知识，则由其学杂老与禅，遂成此大错。”①熊十力用心良苦，以良知主知识之用，知识为成德之资具。

熊十力把知识能力附属于道德本心之下，这成为牟宗三“良知坎陷”的思想来源。牟宗三说：“知体明觉之自觉地自我坎陷即是自觉地从无执转为执。自我坎陷即是执。坎陷者下落而成为执也。不这样坎陷，则永无执，亦不能成为知性（认知的主体）。它自觉地要坎陷自己即是自觉地要这一执。这不是无始无明的执，而是自觉地要执，所以也就是‘难得糊涂’的执，因而也就是明的执，是‘莫逆于相视而笑’的执。”②此处无疑是牟宗三对熊十力本心与习心思想的发挥，并用康德的知性接熊十力的习心（量智），并将此知性说为良知之坎陷。③“良知坎陷”转出知性，种种差别、区分和对待也就产生了。此即是从良知坎陷而说明现象的形成，以证成现实世界和知识，即“执的存有”。

在本心与习心的问题上，熊十力克服了传统心学单以良知之发用而欠缺分疏的弱点，提高了良知本心的地位，其开创性无疑是难能可贵的。这些思考，“虽然沿袭了宋明心性之学的思考路线，但他的课题兼容并包主客内外，接触面涵盖极广，他的‘体用合一’、‘心物合一’、‘知行合一’为主的哲学，采取不失偏颇而又以整体统贯的方法处理宇宙人生各个层面的问题，为了紧扣人为万物主宰的主体性哲学，其理论脉络都由‘心体’的关键辞去承转接合而展开，所以熊十力的思想体系，万象包罗而会归统摄为一，无论在本体论，宇宙论，认识论都是条贯秩然，一多相融的境地”。④将天地万物收摄于人之本心，由此说人之本心即是宇宙之本体，此是熊十力本体论、宇宙论与心性论联结的关键点。说人之本心即宇宙大心，以人之心能涵摄宇宙万有故；由此本心，可说道德主体与道德自我的自发

---

① 《明心篇》，《全集》卷 7，第 254 页。

② 《现象与物自身》，《牟宗三先生全集》卷 21，第 127 页。

③ 郑家栋认为，牟宗三的良知坎陷一方面“以佛家‘执’之观念来融摄康德所说的现象界”，即用“识心之执”来说明康德哲学的知性范畴的性质及其作用；另一方面则要以“康德的《纯粹理性批判》之分解部来充实这个‘执’，因为佛家言识心之执是泛心理主义的，重在说烦恼，认知主体不凸显故”。（参见郑家栋：《断裂中的传统》，中国社会科学出版社 2001 年版，第 108—109 页。）此即说牟宗三是以“一心开二门”开说明良知本体与良知坎陷，此与熊十力用体用关系来说性智与量智、本心与习心，当然不同。但牟宗三对良知的绝对肯定以及如何说明良知与知识和现象界（执的存有）的关系之问题意识则是从熊十力那里过来的。

④ 姜允明：《熊十力哲学思想中的“本心”概念及其恒转功能》，载《玄圃论学集》，北京三联书店 1990 年版，第 197 页。

自觉。熊十力为了说明现实世界与经验知识之可能,又在本心之发用的基础了说明了习心,无疑有了更广的视角。但习心和本心,即人文历史和生活世界与道德本体的关系,却是熊十力无有措思之处。

第二节 智慧与知识

熊十力对道德本心本体之功能义的肯定与阐发是无多大争议的。但新唯识论是否有由人文历史与现实生活世界的提升而获得本体普遍义的可能途径,证成完整的道德本体呢?就熊十力的主观意图而言确实是有过努力的,这从他"转识成智"的思路可以看出。

"智之一字,在先哲经籍中有泛称,有专称。专称则简称智,其义与知识迥别。泛称则知识亦得名智。智与知识有别,儒家义旨如是,道家义旨如是,佛家义旨亦如是。但是,三家对于知识的看法则互有不同。其所以互不同者,实由于三家各有其所谓智在。智与知识有分,此一主张在中国古学确是中心问题所在之处。每一宗派的哲学,其各方面的思想与理论都要通过这个中心问题而出发,仍须还到这个中心来。"①智是"性灵之发用",性指生命,性即"昭明之德"。智是道德主体的功能,知识则是习心之用,习心为科学与知识之基础。在《明心篇》中,熊十力从如下四个方面分析智之含义:(1)用晦而明,光而不耀,智之恒德也。其意指智常凝敛于内,不向外驰散,因而有其深厚的涵养。(2)无知无不知。智一方面寂然无妄,故说无知;另一方面又感应万物,故说无不知,其"穷理抵乎普遍",习心也是智之用,是知识成立之条件。(3)天地万物发展到人类,始有内部生活;动物进化至人类,始著见内部生活,其源则深远、充实、不可测;其内容则扩大、丰富、不可量。②智既是道德生活本身,亦是道德生活的发动者和完成者,为道德生活之主宰。(4)知识不即是智。一方面,认识离不开智;另一方面,若无外物引发,亦无知识。③智与知、识是一种本有与后起的关系。

与佛家和道家不同,在儒家,知识是必不可少的,道德生活也绝不能摒弃知识。

---

① 《明心篇》,《全集》卷 7,第 232—233 页。

②③ 参见《明心篇》,《全集》卷 7,第 234—235 页。

> 老氏以返无为归根，……佛氏以趣寂证无生。……无生是竭逆生命之流，非贞常之道也。返无即是人生蕲向于虚无，而废弃自己本有的生命力。道家不敢开创世运，……亏其本也。佛氏有抗拒大化之雄力，而道家乃最下。余以为佛氏之道，以思议为方便之门，而卒归于不可思议。……佛氏所短者，在其入手用思议时已先有宗教的感情在，故好逞空相或幻想，与圣人“致知在格物”之旨相去天渊矣。（圣人，谓孔子。）佛氏注重内部生活之修养，在于断尽一切惑，破尽一切障，知识是其所必舍，（舍者，舍弃。）究竟寂灭，诚哉如损也。老庄之内部生活，去知去欲，要在返于虚无，其为日损不待言。……吾儒之内部生活，唯恒时保任良知作主，绝不屏斥知识。①

儒家和佛老的根本差别之一就是对待日常生活和经验的态度，儒家不仅要在玄学的角度上重智，而且要在科学和知识的角度上肯定知的积极意义，肯定现实世界的真实性。

知既指道德知识同时又指自然知识，即其所说的量智和习心。无论是道德知识还是自然知识，都与经验相关，都属于外部的知识而不属于“内部生活”。“转识成智”就是将外部的道德知识或经验知识转化为人的“内部生活”，亦即转化为人的道德实践活动。习指习染，是指人类的外部经验生活，是一种宽泛的经验知识。人生在世，各人的习染各不相同，甚至相距甚远，由此而有不同的外部生活。性是指人的道德本心或德性。虽然由于环境的不同，由此而有不同的习气，但人毕竟有共同的道德本心或德性，这些德性和本心不因人习心的不同而有所不同，亦即是说，本心不会因为习心的变化而有所变化。因此习心之识最根本的目的还是在于识得本心或为体证本心创造条件。从熊十力的主观意图而言，其主张“转识成智”，即是孔子所谓“博学于文，约之以礼”，其认为此乃“学者所当奉为金科玉律”。②识是“博学于文”，智是“约之以礼”，“转识成智”是说明“博”和“约”的关系。他在给美国学者柏特教授的信函中说：“博文而能约礼，即是博洽乎百氏之学而一皆运之以敬慎之思，于彼于此，各求其真是真非，而后乃于彼此之是是非非，可任其各止一隅而大通之道自见。是故博文必归约礼而后可语通

---

① 《明心篇》，《全集》卷7，第256—257页。

② 《十力语要初续》，《全集》卷5，第18页。

融之业，否则以轻心泛涉众学，欲免于耳剽目窃、杂乱比附，其可得乎？孔子在吾国古代即通融群经之学，故孟子称其集大成，孔子之大博而有约故也。”①

习或习心分为两种：净习（善习）与染习（恶习）。“本、习二心之辩，主张转化旧染之恶习，创生新的善习，以弘大本心之善端。”②只有净习才可以转化为性，染习无法转化为性。那净习与染习又是如何分的呢？熊十力提出了人是“独立体”的存在来解释这个问题。人作为独立体自身就有本心，这种本心是产生净习的原因；但人既为独立的存在体，是被抛在世上的动物，其形躯常驻在“变化密移”中，未有暂时歇止之时，这种前后密移的过程有“余势潜流”产生，这种余势潜流相当于人的行为习惯，就是习。他说：“夫人之生，莫不有本心。生而成为独立体，亦莫不有习心。杂染之习（即不善于习），缘小己而起，善习依本心而生。”③按说，人作为独立体既被抛在世上，就容易为习心支配和左右，其习只会是“染习”。但他又认为，人的本心究竟是不可泯灭的，善习的发生亦时时不容已。这样，人生事实上是善习与染习的战场。而人生道德意识与道德行为的确立，就在“人生要在保任本心之明几，……而常创起新的善习，以转化旧的杂染恶习，乃得扩充本心之善端而日益弘大”。④

转识成智得以可能的原因在于本心是一切的动源。本心可创起新的善习，转化旧的恶习。这种本心，熊十力称之为“自力”。“人生而含灵禀气，已成独立体，便能以自力造一切善行与不善行。”⑤熊十力认为，道德的本心是人生有具有的，可以“变化气质”：将染习去除，扩充善习。既然净习与染习都是广义上的经验知识，就为人的转识成智提供了可能。对于熊十力来说，他承认知识不等于智慧，知识有待转化为智慧，但他并不否认知识的作用，并且一再强调两者之间的联系。他认为知识除了有其独立的认识外部事物，形成经验生活的作用之外，还有助于形成智慧。或者说，真正意义上的“转识成智”不仅不鄙视知识，毋宁说，是建立在知识的基础之上的，智与本心只有发用在知识之上，才能成就现实生活的真正价值。另外，知识也有其独立作用的问题，即在形成科学。

虽然智与本心有独立的作用，并且可以发用为习心，但习心与知识中本来就

---

① 《十力语要初续》，《全集》卷5，第19页。
② 《明心篇》，《全集》卷7，第150—151页。
③④ 《明心篇》，《全集》卷7，第149页。
⑤ 《明心篇》，《全集》卷7，第148—149页。

蕴含着智慧。熊十力在谈到作为知识的“染习”时说:“吾人幸有经历于事物之一切习染不曾消失,其成为习藏中种子常出现于意识界而为记忆。人心本息息与天地万物流通,息息有未知的事物相接触,记忆作用则恒与天明之动叶合为一。时时唤起以往一切经验,协助而且策动天明,俾解决新接触之许多未知的事物有所依据,而后对于新事物之了解减少无数困难。习染之助于智,此乃事实昭然,不容否认也。”①知识有助于策动天明之智,以解决许多新的问题,因而能创生新的世界。科学知识是如此,道德知识更是如此。人要转识成智,须以具体的经验的道德知识为条件。熊十力认为传统儒家其实并不轻视知识,毋宁说,还十分“尊知”。他说:“孔子不独不反知,而且尊知。《易大传》曰:‘知周乎万物而道济天下。’又曰:‘吾尝终日不食,终夜不寐,以思。’其重理智、爱知识之精神,可谓强烈矣。孔子尊知,故倡导格物之学。”②可见,熊十力并不否定知识对于人生道德有积极的意义。

除了强调“转识成智”外,熊十力也强调“转智成识”。所谓“转智成识”,是指将智慧转化为知识,即认为识即是智的发用,其与“转识成智”刚好是一相反的过程。他说:“知本无昏扰相,……然必用在万物万事上发气一切知识,方见其有神龙变化、春雷震动之妙。”③又说:“人生而有良知,良知必发用于事物,而开展为知识,此无可遏绝也。”④所以,“孔子之学以知识与智合一为常道,其要在保任良知作得主,知识自不离于智耳”。知识须有智慧运乎其中,方为真知识。“知识固始客观现实世界的反应,然知识之称,毕竟有内在的主动力深入乎物、了别乎物,才成知识。此主动力即吾人本心天然之明,所谓智是也。”⑤因此,所谓“转智成识”即是为了说明习心与知识的根源在本心和智。

“转识成智”与“转智成识”,与熊十力的体用思想息息相关。站在“即用即体”“即体即用”的立场,必然破除现象界与本体界,知识与智慧的对立,因而也必须破除本心与习心、性智与量智、智慧与知识之间的对立,并将这些关系纳入到体用论的框架下来思考。在这样的体用关系下,识与智本来是一体的,不可分割的。初看起来,熊十力“转识成智”和“转智成识”的思想,是圆融和周全的,如果

①③ 《明心篇》,《全集》卷7,第244页。
② 《明心篇》,《全集》卷7,第242页。
④ 《明心篇》,《全集》卷7,第251页。
⑤ 《明心篇》,《全集》卷7,第245页。

照此思路，其道德本体也必然有功能义与原理义两个方面的要素。但在熊十力的思想体系里，智与识的关系是单向度的，习心与知识并没有独立的作用，最根本的还是要本心自识自己，而能转化习心，从而和本心一致，这样才能叫“转识成智”。而本心是本然的，即只有本心对习心产生影响。无论习心与识怎么变化，都不会对本心与智产生任何影响。只有习心和识转化成与本心和性智一致的状态才能叫“转识成智”。既然本心、智与习心、识的关系是单向度的，熊十力的思想中实则只有“转智成识”而无“转识成智”。

第三节 良知是呈现[①]

一 良知是呈现

牟宗三曾经回忆说：“是以三十年前，当吾在北大时，一日熊先生与冯友兰氏谈，冯氏谓王阳明的良知是一个假设，熊先生听之，即大为惊讶说：‘良知是呈现，你怎么说是假设’！……”[②]后来牟宗三写《五十自述》时，亦提及此事：“那时冯氏《中国哲学史》已出版。熊先生和他谈这谈那，并随时指点说：‘这当然是你所不赞同的。’最后又提到‘你说良知是个假定。这怎么可以说是假定。良知是真真实实的，而且是个呈现，这须要直下直觉，直下肯定’。冯氏木然，不置可否。这表示：你只讲你的，我还是自有一套。良知是真实，是呈现，在这当时，是从所未闻的。这霹雳一声，直是振聋发聩，把人的觉悟提升到宋明儒的层次。”[③]

熊十力一生之学术努力，即在见体；牟宗三亦用三十年消化其师“良知是呈现”之论。可见，现代新儒家尤其是“十力学派”所论之中心课题，当属此良知学也。“良知是呈现”之义，亦为其所见之、守之。“良知是呈现”，当包含两方面的含义：一是以良知为体，二是良知必然发而呈现为用。在熊十力的哲学体系中，强调“有其体必有其用，有其用必有其体”，决定了此呈现之用与良知之体必然为一而不为二。故，本体与工夫不可分。有本体必然有工夫，由呈现自然可见体。良知之呈现，又可有良知实践与道德存有之二分。前者与社会行为直接相关，后

---

① 本节曾以《“良知是呈现”如何可能？》为题发表于《安徽大学学报》（哲学社会科学版）（2017年第3期），有改动。

② 牟宗三：《心体与性体》上，上海古籍出版社1999年版，第153页。

③ 牟宗三：《五十自述》，《牟宗三先生全集》卷32，联经出版公司2003年版，第78页。

者则证成存在物的道德意义，有形上学的意味。因此，有学者认为，"'十力学派'的思想内核可以用'一体两现'加以概括。所谓'一体'就是'吾学贵在见体'的那个体"，"熊十力所谓的呈现，可细分为两层意义，一是道德践行意义的呈现，一是道德存有意义的呈现"。[①]其中之体，即良知、心体，体之呈现，即为良知之发用。

在这样的架构中，熊十力首先面对的问题就是如何说明良知本体。他在《原儒》中提出的量论提纲，第一类就是证量，所拟论的即为见体；第二类是比量，即对现象的认识。这个提纲如早期的《新唯识论》一样，坚持了对本体与现象不同认知的区分。熊十力虽未作量论，然其基本思想却可从《新唯识论》等相关著作中梳理出来。熊十力对体的认识可从思辨与体认两方面加以说明：

一方面，从理论上而言，本体不能以表诠的方式直接说明其是什么，而只能以遮诠的方式来说明其不是什么。熊十力借用了佛家尤其是大乘空宗的方法来对本体进行诠释。他说："本体是什么，此非想所及、非言可表。然则毕竟无说乎？曰，只有在本体之流行处，假设言诠而已。"[②]熊十力对空宗的遮诠方式给予了非常高的评价，与空宗一样，熊十力亦主要以遮诠的方式对本体进行诠释。他认为，空宗之破相显性即是遮诠义，空宗遮拨掉依他起性，只立真如为实性。儒、佛、道三家，都有"为学日益，为道日损"之路，对体之说明只能做减法，不能做加法。减法就是遮诠义，即说明本体不是什么。**首先，本体不是一物**。这是《新唯识论》第一个否定性的命题。认为物是离心而存在的，有两种立场，一是日常生活的立场，一是科学的立场。熊十力认为其在各自的领域内肯定此物是有效的，但却又认为这两种立场都是不真实的。在哲学领域，任何经验直觉都是通过心识的作用才可能，都是"把境剪裁过一番，来适应自己底期待的"。[③]故其只是"似境之相"，不能亲得"境之本相"。**其次，共相也不是本体**。"我们的思惟作用是从日常的经验里发展来的。一向于所经验的境，恒现似共相。因此，即在思维共相时，亦现似物的共相，……若思惟本体时，不能泯然亡相，即无法亲得本体，只是缘虑自心所现之相而已。须知，本体不可作共相观，作共相观，便是心上所现似的一种相，此相便已物化，……而不是真体呈露。"[④]冯友兰的"新理学"之

① 杨泽波：《"心体与性体"解读》，上海人民出版社2016年版，第5—6页。

② 《十力语要》卷一，《全集》卷4，第58页。

③ 《新唯识论》语体本，《全集》卷3，第33页。

④ 《新唯识论》语体本，《全集》卷3，第93—94页。

所以为熊十力所不喜，就因为其把共相当本体，真际实际分为两端，呆板而无生气。

另一方面，本体虽不能从理论上言说，却可以自识证会的方式来让人透悟本体是什么。对见体之描述在熊十力的著作中处处可见。如十力所言："真见体者，反诸内心。自他无间，证物我之同源；……动静一如，泯时空之分段。……至微而显，至近而神；冲漠无朕，而万象森然；……不起于坐，而遍周法界；……是故体万物而不遗者，即唯此心。见心乃云见体。……然复应知，所言见心，即心自见故。……心者不化于物，……故是照体独立，而可名为智矣。吾人常能保任此智而勿失之，故乃自己认识自己，而无一毫锢蔽焉。云何自己认识自己？以此认识离能所、内外、同异等分别相，而实昭昭明明，内自识故，……故假说言自己认识自己。"①在《明心篇》中，熊十力以哲学的心理学为题对见体又有一番论述。他说："哲学的心理学，其进修以默识法为主，亦辅之以思维术。默识法者，反求吾内部生活中，而体认夫炯然恒有主宰在，恻然时有感来。有感而无所系，……有主而不可违，此非吾所固有之仁心欤？识得此心，非可曰只守之而勿失也，要在事物上磨炼。随事随物，知明处当，以扩充吾之仁。"②默识即本心之自明自了，非别有一心来见本心。默识之法，无非十力所言之"呈现"，"呈现"即体认本体，如阳明《咏良知诗》所言之"无声无臭独知时，此是乾坤万有基"。举默识法而言见体，又言以本体之仁扩充到事事物物，亦只是见体后之状态的描述，而不能予以理论上的论证与说明。如能说，即已不是默识了。熊十力以性智、量智分途，便已经说明本体不能以科学的方法或语言说明的了。

以上两方面，为熊十力识体之途，他说："余之学，以思辨始，以体认终。学不极于思辨，毕竟与真理隔绝；学不证真而持论，总未免戏论。"③故思辨与体认，皆不可废。然"十力学派"之显，皆因张体认之功，"良知是呈现"，以"吾学贵在见体"为旨趣。

二　良知是个"实"

实则，"良知是呈现"是"吾学贵在见体"之落脚处。在熊十力，对"体"之说明

---

① 《新唯识论》文言文本，《全集》卷 3，第 10—11 页。

② 《明心篇》，《全集》卷 7，第 220—221 页。

③ 《十力语要初续》，《全集》卷 5，第 58 页。

只能以遮诠的方式,而"见体"之功,只能是呈现。本体探寻之路,乃"归显于密",呈现工夫如何亦不可从理论上明言。"见体"之学,纯属实践之事。何以不能言而成为实践之事,只因良知是个"实"。因良知为实不为虚,才有实践的力量,才有可能自如地呈现自身。

在熊十力体用不二的思想框架中,心性论亦有工夫即是本体,本体即是工夫之特征。他说:"有本体,自有工夫。无工夫即无本体。"①本心本体是道德工夫的依据,工夫是本体之必然呈现。本体即是吾人之道德本心,因此其工夫论即是道德本心自己体证自己,自己认识自己,即是良知呈现而为道德实践。对熊十力来说,良知本体呈现首先解决的是道德实践的问题,良知不仅为道德的依据,亦必然发而为道德的行为。本心本体不能自已,必然发用,好善如好好色,恶恶如恶恶臭,发出不容小己的命令,鞭策人去行善。熊十力说:"居处时便恭,执事时便敬,与人时便忠。此本体即工夫。(力按:恭与敬及忠的心,是本体发用,故云即本体即工夫。)学者求仁,居处而恭,仁就在居处。执事而敬,仁就在执事。与人而忠,仁就在与人。此工夫即本体。仁体与恭、敬、忠,分析不开。(力按:恭也敬也忠也,皆工夫之名。实则此工夫即仁体,如何分得开。)此方是真当下,方是真自然。"②"居处""执事""与人"时,"恭""敬""忠"自然由本体呈现出来,此乃即本体即工夫。而识体亦在此段工夫中:"中土学者,大抵皆从伦理实践上纯粹精诚、超脱小己利害计较之心作用,以认识心体。(如孟子举乍见孺子入井而恻隐之心,亦最著之例。盖此种作用,绝不杂以小己之私,不受形气之蔽,是所谓无所为而为的。乃依真实的心体发现,所以于此可认识心体。自孔孟迄宋明诸师,都只于此着功夫。)"③

在熊十力看来,良知本心是个"实",是儒家思想不可置疑的理论与实践前提,也是其有力量的根本原因。儒家与佛家、道家的区别,也就在本体是否为"实"。因佛家之真如为空为净,道家的之道体为虚为静,故二家无实践的力量。由良知是个"实",则"良知是呈现",就是儒家必然的工夫。对熊氏来说,儒家工夫之首要就是体证自家的本心,证得之即呈现之,呈现为不容已的道德实践。他说:"人之德行出于性,德修矣,而性适赖人之得以弘。德行亦简称德,性犹云生

---

① 《新唯识论》语体本,《全集》卷3,第402页。

② 《新唯识论》语体本,《全集》卷3,第403页。

③ 《新唯识论》文言本,《全集》卷2,第81—82页。

命,屡见前。生命具有生生、刚健、昭明、通畅等德用,是一切德行或善行之所从出。然生命之德用,必须吾人返回自家内部生活中,亲切体认良心,而不敢,且不忍失之,确然自动乎中,直发之为行事,始成为吾人之德行。”①生命只在自己的本心,良知本心有一种自然向上的力量。因此,只需在人的内部生活中体认良心并保任之,道德实践即成为可能,生命之生生、刚健、昭明、通畅等德用皆从本心呈现出来,而成为具体的道德行为,生命始充实广大。他说:“我们须知道,真理唯在反求。我们只要保任着固有的性智,……即由性智的自明自识,而发见吾人生活的源泉。……我们凭着性智的自明自识才能实证本体,才自信真理不待外求,才自觉生活有无穷无尽的宝藏。”②性智即良知也。不反求自家之性智、良知,有如阳明所讥:“不识自家无尽藏。沿衔持钵效贫儿。”③

在儒家,良知本心是个“实”,有实践的性质,因而不是假设或空洞的形式,甚或不是固定的法则。熊十力说:“中人的修养是从其自本自根,自明自了,灼然天理流行,即是实相显现。而五行百常,一切皆是真实,散殊的即是本原的,日用的即是真常的。如此,则所谓人与人相与之际,有其妥当的法则者,这个法则底本身元是真真实实,沦恰于事物之间的,可以说事物就是由他形成的,若反把他看作是从人与人的关系中构成的,那法则便是一种空虚的形式。这等义外之论是不应真理的。”④因此,良知本心不是构成原则,而是呈现原则或创生原则。良知不是概念做成的具体知识,而是本体真实的呈现,呈现即显体之用,体是实,用亦是实。“盖云即用显体者,固谓用亦实法,但不离体,乃即用而显体。”⑤用为实法,为本体之显现,而心即本体。“然以此心不落于物而为恒转自性力之显发也,(心即恒转自性力,故吾人须自察识,确有个浑然充实迥然虚明的体段在。)……则又不妨曰心即实性。易言之,心即恒转本体也。”⑥恒转即本心本体之不容已的呈现,是本心本体的形容词,心即恒转之本体。心即实性,乃表示良知本心之不容已地创造、实现本体之德用。

① 《明心篇》,《全集》卷 7,第 227 页。
② 《新唯识论》语体本,《全集》卷 3,第 22 页。
③ 王阳明:《咏良知四首示诸生》,《王阳明全集》卷 20,上海古籍出版社 1992 年版,第 790 页。
④ 《十力语要》卷一,《全集》卷 4,第 109 页。
⑤ 《新唯识论》文言本,《全集》卷 2,第 38—39 页。
⑥ 《新唯识论》文言本,《全集》卷 2,第 80 页。

三 良知与本体

良知的呈现原则不仅是就具体的道德实践而言，也可就良知本心与宇宙万物乃至宇宙实体的关系而言。阳明在言“意之所在便是物”时，已经与熊十力之新唯识论思想殊途同归了。与阳明不同的是，因为熊十力的本体论融心性论与宇宙论，宇宙为一易体，心体实为易体之辟，心体与易体或本体的关系如众沤与大海水的关系，或如万川之月与一月之关系。心体之本源是易体或者本体，故心体从源头上不是易体或本体，但从功用上说又有易体或本体之功能。又因心体之神用涵摄宇宙万物或宇宙本体，因此在唯识或唯心的框架下，心体实则又是真实之本体。从本体论或形上学的角度而言，良知、本心或心体之所以为本体，在于其能证成万事万物乃至宇宙实体的存在，不仅能通过“良知坎陷”建构起现象世界，亦能因良知、本心或心体的实践价值赋予万事万物乃至宇宙实体道德价值。站在熊十力的立场，良知本心的来源为易体或宇宙实体，良知本心又能证成易体或宇宙实体的存在和价值。前者为宇宙论，后者为道德的形上学。

熊十力的宇宙论，意在说明良知本心与现象的根源。在他看来，良知本心之实性即生。他说：“……吾之生也，息息与宇宙同其新新，而无故故之可守。命之不穷，化之不息也如是。”①说人的生命与宇宙之大生命本来无二或天人不二，一方面是就“吾之生，息息与宇宙同其新新”而言。宇宙实体，在体用不二的架构中实为易体，即变易之体，熊十力将此说为“恒转”“能变”或“功能”。他说：“本体是显现为万殊的用的，因此，假说本体是能变，亦名为恒转。我们要知道，恒转是至无而善动的。”②“本体现为大用，必有一翕一辟。而所谓翕者，只是辟的势用所运用之具。这方面的动向，是与其本体相反的。至所谓辟者，才是称体起用。此中称字，甚吃紧，谓此用是不失其本体的德性。譬如冰，毕竟不失水性，故云称也。辟却是和翕反，而流行无碍，能运用翕，且为翕之主宰的。然翕虽成物，其实亦不必果成为固定死的东西，只是诈现为质碍的物，只是一种迹象而已。我们应知，翕辟是相反相成，毕竟是浑一而不可分的整体。”③现象或世间所执定的物即是本体在恒续变动的过程中翕势显现的相，故现象是本体自身的显现，但无有自体。心则承本体之辟，不失本体之生德，称体起用，能主宰物而不为物宰。可见，

① 《新唯识论》文言本，《全集》卷2，第85页。
② 《新唯识论》语体本，《全集》卷3，第98页。
③ 《新唯识论》语体本，《全集》卷3，第105页。

单就宇宙论而言，心与物都只是本体或宇宙实体之用，而不是本体。梁漱溟、徐复观等人对熊十力多有批评，主要原因亦在于此。

而从新唯识论或心性论的角度而言，则良知心体才是真正的本体。道德的形上学之鹄的，在于建立一超越的存有。此超越为内在的超越，或曰既内在又超越。就内在言，本体即吾人之良知本心；就超越言，良知、心体必超越小己而为宇宙之主。此一过程就是良知心体不断突破现实的痼弊而自我实现的过程。良知心体之自性即是要不断突破而创新实践，永续不断地追求与宇宙大化同流。熊十力说："穷神知化而不为诬诞，体玄极妙而不蹈空虚。盖生物进化，至人类而为最高者。其能直接通合宇宙大生命而为一，以实显本体世界无上价值者，阙为人类。故人类有伦理实践上纯粹精诚、超脱小己利害计较之心作用，破形物之锢缚，顺性真而创新。"①不为诬诞，不蹈虚空，认本体为生生不已之实体，故只有精进创新，以显本体世界之价值。本体世界价值之呈现，即良知本心之自我呈现。呈现之即创新之、实现之，所实现者，乃事物乃至宇宙之价值也。价值之源，从宇宙论上言，是宇宙实体或易体；从新唯识论或心性论角度而言，是良知、本心或心体。

这样，熊十力从两方面阐释了良知本心与宇宙实体之关系，一方面是客观地就能生与被生，本体之称体起用而言本体以良知为用，讲宇宙秩序即是道德秩序，或曰由超越而内在地说；另一方面，是主观地讲良知本心为万事万物的本体，讲道德秩序即是宇宙秩序，是即内在而超越地说。前者是宇宙论上的"体用不二"，后者则证成道德的宇宙论（非道德底宇宙论，即非道德底形上学）。牟宗三后来讲"明道两方面皆饱满"，并批评象山阳明"不免使人有虚歉之感"②，其理路亦如此。总之，无论是客观面还是主观面，熊十力所要彰显的，就是良知本心之主宰。他说："故心灵焕发，特有主宰之权能，乃足以用物而不为物用，转物而不为物转。"③心能宰物乃至宇宙，即是通宇宙之大生命，"以天地万物为一体"。见体之学所呈现者，即呈现良知本心之主宰而通于万物一体也。

故，良知本心或心体超脱小己之利害，不仅能创生道德善行，也能通合宇宙大生命，呈现万事万物乃至宇宙的道德价值。心体呈现万事万物之价值，即是宰

---

① 《新唯识论》文言本，《全集》卷2，第82页。

② 参见牟宗三：《心体与性体》上，第41页。

③ 《新唯识论》文言本，《全集》卷2，第84页。

物，即是“以天地万物为一体”，证物我之同源和天地万物一体之仁。到处，宇宙即成为道德的宇宙。此道德的宇宙论，牟宗三后来明确为道德的形上学。他说：“儒家惟因通过道德性的性体心体之本体宇宙论的意义，把这性体心体转而为寂感真几之‘生化之理’，而寂感真几这生化之理又通过道德性的性体心体之支持而贞定住其道德性的真正创造之意义，它始打通了道德界与自然界之隔绝。这是儒家‘道德的形上学’之彻底完成。”①应该说，通过牟宗三之阐发，从理论上打通了自然与道德、内在的心体与超越的道体，熊氏所论的见体之学，至此方完全彰著开来。

四　良知与工夫

熊十力最重要的哲学活动乃是“见体”的活动，他反复强调说：“吾学贵在见体。”“良知是呈现”，所呈现者，乃良知本体之主宰进而通于天地万物之一体。良知本心超脱小己之私，既主宰道德善行，又能证成道德的形上学。此是本体宇宙论。然“良知是呈现”之义，必有实在的入处，否则即如镜花水月、空中楼阁。心学所领受之批评，亦多因此。因思想资源与问题意识的不同，与宋明儒相比，熊十力在此一问题上思路要清晰得多。他借助佛学与西学的资源，对传统儒学的概念进行了清理与补充，并划定了良知学的领域。

首先，熊十力严守性智与量智、真谛与俗谛的分途。良知即性智、真谛，只有性智、真谛才能自识自己或本体；而量智、俗谛只能认识现象。说：“我们不应该于境起妄执，只可随顺世间，设定一切物是外在的境，从而加以处理及思维等等。仅如此设定，这是无过的。……随顺世间，设定境是有的，并且把他当做是外在的，这样，就使知识有立足处，是为俗谛。泯除一切对待的相，唯约真理而谈，便不承认境是离心而外在的，驯至达到心境两忘、能所不分的境地，是为真谛。”②真谛、俗谛，是借用佛教之概念，熊氏关于俗谛之说法与佛教无太大差别，而关于真谛(本体)之论述则有诸多的争论。③熊十力借用真谛一词来说明本体或见体

① 牟宗三：《心体与性体》上册，第155页。

② 《新唯识论》语体本，《全集》卷3，第49—50页。

③ 因熊氏之立场渐由佛归儒，对佛家之真如与有宗之阿赖耶识理论有诸多的批评而日益肯定《周易》之易体与陆王之良知本心，在《新唯识论》出版后，与佛家产生了激烈的争论，这场争论自20世纪30年代开始，至80年代还有余波。关于熊氏对佛家本体的理解，梁漱溟等人也有所批评，参见《读熊著各书书后》(《梁漱溟全集》，山东人民出版社2005年版，第734—786页)。

的工夫论,用俗谛说明现实世界如何安立,又在真谛和俗谛之间划定了严格的界限,以此来区分见体的工夫与对现象的认识,这对于厘清传统儒家的相关论争有重要的作用。经此一厘定,现象界与本体界、自然界与道德界、科学与哲学在理论上有了严格的区分。

在熊十力看来,哲学探讨的就是本体,或者说,哲学就是本体论。道德的实践根据即是本体,对良知的追问就是本体论。良知是本体即工夫的,见体的工夫即是良知的自我呈现。故见体之工夫,如何保任良知且任良知为主宰是关键。他说:"真宰不为惑染所障而得之以显发者,则以吾人自有保任一段工夫故耳。保者保持,任者任持。保任约有三义:一、保任此本心,而不使惑染得障之也。二、保任的工夫,只是随顺本心而存养之。即日常生活,一切任本心作主,却非别用一心来保任此本心也。三、保任的工夫,既是随顺本心,即任此心自然之运,不可更起意来把捉此心。"①保任良知即随顺良知,不可以他意来障蔽、琢磨、把捉良知。良知只是如此,不起意即可。故恒任良知做主,良知自然呈现。"任何人如肯返己体会,便见得人生本有仁心在。仁心常为吾人内部生活之监督者,吾人每动一念、行一事,仁心之判断恒予小己之私以适当的对治。"②如此说来,良知之呈现即是良知之自如其如,非别有一知来见此良知也。

"良知是呈现"之工夫论与熊氏之体用思想密切相关。《易经》曰"寂然不动,感而遂通"(《易经·系辞上》)。"寂然不动",是从体上说,"感而遂通",是说体之用,"寂然不动,感而遂通",便是说体用一如,即体即用。《中庸》曰"喜怒哀乐之未发谓之中,发而皆中节谓之和"。"呈现"是寂然之体与未发之中感而为用,发之为和。寂然之体为未发,中节之用为已发,未发与已发就是体用的关系。程颢强调:"善观者……,却于喜怒哀乐已发之际观之"③,便是于用处见体。胡宏言"未发只可言性,已发乃可言心"④,亦是此路。至阳明则更清楚地讲明了体用关系。他说:"盖体用一源。有是体,即有是用。有未发之中,即有发而皆中节之和。"⑤此明说中与和是体和用的关系,而对王阳明而言,"良知现成"就是说有

① 《新唯识论》语体本,《全集》卷3,第395页。
② 《明心篇》,《熊十力全集》卷7,第215页。
③ 程颢、程颐:《二程集上》卷十八,中华书局2004年版,第201页。
④ 胡宏:《与曾吉甫书三首》,《胡宏集》,中华书局1981年版,第115页。
⑤ 王阳明:《传习录》上,第45条。

“中”之本体，必然有“和”之显现，“和”是当下即是，无所隐遁。“良知现成”在熊十力哲学中就是“当下呈现”“称体起用”“即用即体”。后来牟宗三用康德的“智的直觉”概念来阐释“呈现”，引起了诸多的争论。①

可见，熊十力“良知是呈现”的思想，与其“体用不二”思想一脉相承，也是其本体论思想的重要组成部分。呈现即本体之用，也即本体自身，呈现之即实现之。此不仅在具体的道德实践中如此，就万事万物和宇宙全体道德价值之实现而言，也是如此。很明显，熊十力强调体用合一，就是天人性命相贯通，即在熊十力看来：“‘体万物而不遗’与‘见心’及‘见体’这三者是同一件事。熊十力意下的道体之体，与心体之体，乃至物体之体是同一个体，而这样的‘体’是即存有即活动的‘体’，落实于道德实践，他的关键则在于对本心之体的体认，对于本心之体的体认即是对于道体之体的体认，同时即是对于物体之体的体认。”②

五 良知即生命

良知即道德的自我，一方面为道德实践的主体，另一方面为天地万物的主宰。因儒家的实践性格，故特别强调良知的实践意义，此亦是儒家与释、道二家在理论性格上的区别。然此种区别，又与其本体特点之不同互为因果。也就是说，“良知是呈现”之义，只有在确认了本体之生生不息、健动不已的特性，肯定本体为“仁体”的情况下，才可能成立。

> 《新唯识论》中卷以健德与生德言仁，（见《功能章》上评佛家空宗处。）虽本《大易》，而确是自家体认得来。朱子以柔言仁，由其学夹杂道家禅家成分太多，只向寂静处理会，却不曾于寂静中识生生不息之健，故误以柔为仁。柔者，寂静相。（相，读相状之相，下同。）明道《识仁篇》所谓“以诚敬存之，存久自明”云云，亦只认取寂静相为仁体。宋明理学家，皆同此失，不独朱子也。阳明虽亦识得生生不息真几，然终着重寂静方面，取其《全集》而通观之自见。专从寂静处认取仁体，则遗其生生与健动之盛德大用，宋明理学之末

---

① 参见杨泽波：《贡献与终结——牟宗三儒学思想研究》第3卷，上海人民出版社2014年版，第202—250页。

② 林安梧：《存有、意识与实践》，台湾东大图书股份有限公司1993年版，第53页。

流至于空疏、迂拘、萎靡不振，非无故也。[①]

在熊氏看来，从寂静处言体，则本体之生德与健德无以得彰。熊氏批评宋明儒认取寂静之相为体，固然与对阳明后学的态度相关，亦是其思想疏佛近儒的体现。实则在儒家中，熊十力对《周易》一直情有独钟。其所念念在兹的本体实则是易体。宇宙大化之迁流不息，诚然不是空寂之体所创。宇宙实体为易体，则生生不已、健动不息之仁德，自可彰著而无有遗漏。

在《新唯识论》中，熊十力批评空宗只就寂静言本体，不讲健德与生德，因而其不能识性德之全。而朱子和阳明也对本体之健德与生德体会不够，因而造成了诸多的问题。所以其哲学的根本任务就是说明本体之生生不息、健动不已，克服佛家与宋明儒偏向于寂的缺点。他在《新唯识论》"明心"章中，在说明本体与心之关系后，便讲生命即是心，他说："又以生命言心，显示殉物缠惑难征心故。（殉物者，没于物也。缠惑者，惑结不解也。人皆殉物缠惑以丧其心矣，故难令自征此心也。）夫心即本体，云何剖析？（若可剖析，便非本体。）心即生命，便非积聚。（生命本依心而得名。设以心为多数分子积聚者，则是生命如散沙也。惟物质乃是积聚性，而生命则浑然全体流行无息。未可以积聚言之也。）"[②]心即生命，生命即心。生命由本体（宇宙实体、易体）而得，心与本体为一，故说心即生命。

说心即生命是说心具创生义，有自发性，良知即仁，其呈现便是创造，不可只以寂言。"上天之载，无声无臭"，"无声无臭独知时，此是乾坤万有基"，所言乃是本体之既寂又生，既静又健之特性。因呈现是自如其如之创造，只寂静而无健动，则无所谓创造，即无所谓呈现。熊十力说："佛法毕竟反人生、毁宇宙，余在《体用论》已衡定之，自信无妄。此种思想，与孔子之道亦相反相成，看穿人生坏的方面，庶几猛省，可以进于孔子敦仁日新之道。"[③]佛家看穿人生，故于人生无积极看法，更无有创造，其行善非是从人性出发，而是要断绝一切惑染。道家也返无为根，不敢开创世运，比佛家更糟糕。只有"儒学返己之道以敦仁日新为主，而克治小己之私，无令妨碍仁德发展，则亦兼有二氏之长而无其短"。[④]在熊十力

① 《十力语要初续》，《全集》卷 5，第 53 页。
② 《新唯识论》文言本，《全集》卷 2，第 88 页。
③ 《明心篇》，《全集》卷 7，第 286—287 页。
④ 《明心篇》，《全集》卷 7，第 298 页。

看来，宇宙生化的最终目的是人，人的心灵即宇宙之心灵，能显发宇宙之创造性。生命、心灵、良知实为同义语。他说：

> 余以为生命、心灵同有生生、刚健、亨畅、升进、昭明等等德用。……如上诸德用，皆是生命、心灵所法而本有，而不可诘其所由然者。（法尔，犹云自然。）唯人独能努力实现生命、心灵之一切德用，此人道所以尊也。然人与万物本为一体，人乃万物发展之最高级，则人之成功即万物之成功也。总之，生命、心灵本来不二，而有两名：特举其生生不已之德而言，则曰生命；特举其昭明无暗之德而言，则曰心灵。①

人之生命就在流行不息之心灵，在于心灵与本体之德不二，本体之流行不息，生命必然不物化，而为向上之流，自然有对善之要求、生之要求与崇高之要求。生命、心灵之德用即良知之德用，生命、心灵之创造即良知之呈现。熊十力言"良知是呈现"，即言生命之创造，心灵之亨畅。"良知是呈现"之义，实言本来的生命潜能之实现。生生之义，即是仁，即是良知之用。贺麟就指出："熊十力注重天地万物一体之仁，以生意盎然，生机洋溢，生命充实言本体，而有意避免支离抽象之理。"②从生命、心灵言良知仁体，此为确然。

孟子所言之"修其天爵，而人爵从之"，"从其大体者为大人"，"先立乎其大者"（《孟子·告子上》），皆是首举内在的本心而为言。本心本体，即是良知，"虽属于内，而必发于外，虽属于知，而必见于行；虽属于己，而必致于人；虽属于心，而应施于政"。③故孟子言："君子所性，仁义礼智根于心，其生色也睟然，见于面，盎于背，施于四体，四体不言而喻。"（《孟子·尽心上》）这是对内外关系最为形象的描述了。后儒如象山主"先立其大"，阳明张良知之学，至熊十力言"良知是呈现"，则于体用、内外、本末概而言之，发千古之幽思，开现代新儒学之大局，居功至伟者，惟此也。"十力学派"之为显学，亦惟此也。

---

① 《明心篇》，《全集》卷 7，第 158—159 页。

② 贺麟：《当代中国哲学》，上海胜利出版公司 1947 年版，第 12 页。

③ 杨泽波：《孟子性善论研究》（修订本），第 61 页。

第四节 本心即功能

本心即性、即道、即天命,因此道德的主体本自圆满无缺。道德的主体即道德的自我,为道德实践和天地万物的主宰。熊十力认为,就本心的主宰义而言,儒、释、道三家都有此义。他说:“涅槃四德,常乐我净,此中之我即主宰义。”①“老子言道,曰独立无匹。庄生曰‘若有真宰而特不得其朕耳’。详道家之说,本以道为万物所由之而成,……故有主宰义。盖道者,万物之本体,故可说为主宰。”②“儒家言乾元始万物,又曰‘天下之动,贞夫一者也’,一谓乾元,亦即宇宙本体之目,言天下之动贞于一,犹言万化本于一而各得其正也,则一即主宰义可知。”③“吾人本有内在主宰,阳明所谓良知,是即吾身之乾元,《易》云大明者即此。”④熊十力从儒、释、道三家的本体中抉发出主宰义,而又统以本心说之,证成其本体本心的功能义。主宰即本心之功能,因而说为本体之功能义。此功能亦可说为生义、创生义、呈现义、健动义、主宰义、支配义、妙会义、涵摄义……

本体之功能义是说本心具自发性,本心即是一种动力。道德实践之动力即是道德本体之功能义、主宰义。此功能与主宰即本体之仁。熊十力认为,在儒家,仁德乃健德与生德。能否识得本体之健德与生德之仁,是能否开本心之大用的关键。“《新唯识论》中卷以健德与生德言仁,(见“功能”章(上)评佛家空宗处。)虽本之《大易》,而确是自家体认得来。”⑤空宗只就寂静言本体,不讲健德与生德,因而其不能识性德之全。而朱子和阳明也对本体之健德与生德体会不够,因而造成了诸多的问题。所以其哲学的根本任务即是说明本体之生生不息、健动不已,克服佛、道和宋明儒偏向于寂的缺点。

熊十力以本心说本体,本体即本心,由此将本体与人之生命的创生意义挂搭起来,在《新唯识论》“明心”章中,熊十力在说明本体与心之关系后,讲生命即是心。

首以本体言心,简异知觉运动非即心故。(禅宗与儒家同斥以知觉运动

①②③ 《十力语要初续》,《全集》卷5,第228页。
④ 《十力语要初续》,《全集》卷5,第228—229页。
⑤ 《十力语要初续》,《全集》卷5,第53页。

为心之非，其所云知觉运动含义甚宽，略当于心理学上全部心用。盖知觉运动虽亦依心故有，然四体之动，物感之交，此等形气上之作用为最有权，而顺其本心之发者鲜矣。故知觉运动非即是心，须简异之也。但吾人如不放失本心，而保任本心恒为主于中，则知觉运动又莫非心之发也。达磨故言"作用见性"，义匪一端，切须善会。）又以生命言心，显示殉物缠惑难征心故。（殉物者，没于物也。缠惑者，惑结不解也。人皆殉物缠惑以丧其心矣，故难令自征此心也。）夫心即本体，云何剖析？（若可剖析，便非本体。）心即生命，便非积聚。（生命本依心而得名。设以心为多数分子积聚者，则是生命如散沙也。惟物质乃是积聚性，而生命则浑然全体流行无息。未可以积聚言之也。）①

本体即心，生命也可说为心，心即生命。生命即是由本体而得，心与本体为一，故可说心即生命。说心即生命是说心具功能义、创生义，有自发性。熊十力此一理路背后隐含了儒家哲学的基本立场，即天道与人心相通，天道即仁，而仁有创造性，此即是生命。自发性即是生命，生命非是接受性，而是自我之主宰，心能主宰自己，故心即生命。此心即道德本体，道德的本体即能自己主宰自己的道德的生活，为道德自我自觉地支配自己的生活。熊十力以此立场说明儒家与佛家与道家的区别。

然佛氏骨子里，确与孔子之道全不相通。孔子洞彻人生之本性，其道以敦仁为宗，（仁道广大，无所不包通，成己成物，一切皆依于仁，……慎独工夫固以扩充善几为主，【善几，即仁之端也。】）……而谨防非几之萌有碍于仁的发展。此圣人敦仁日新之学所以异于二氏之日损也。佛氏只说众生由痴惑而生，……其道以断尽一切痴惑为主，而其修行万善皆所以对治痴惑。……今当说明如下：一、佛氏专从坏处看人生，其道在反人生，抗拒宇宙大生广生之洪流，所以专力对治一切痴惑，务令断绝，此与孔子从人性之善端一直向至善发展无已止者，根本不同，无待言。二、孔子是从人性固有之善端扩充而成万善，有本固不竭也。佛氏只从一一惑相，（相者，相状。）作一一对治，

① 《新唯识论》文言本，《全集》卷2，第88页。

其所行万善不是从本性发出，而是因惑起修。（吃紧。）如因有贪惑，便修一种无贪的善，以作对治。其他善行，皆此类。三、佛氏视一切痴惑皆如幻事，所以皆可对治。令其断绝。至于痴惑灭已，则其由对治而修之善，亦如幻事。亦复不留。如上三义，第一义是根本。佛氏见众生从痴惑生，故导引众生修善一一作对治，此乃佛氏根本错误，而从来学佛人莫之省耳。孔子之学认清性命，（性命犹云生命。）而以慎独之功防治内心之贼有害灵性之发展，（灵性，谓生命。内心有不善之几生，即贼也。）此是生命力战胜寇贼而益发展，是可贵也。佛氏以为众生从痴惑生，是则众生无有昭明纯粹的本性。①

以本体本心之功能义衡定佛教，必然得出佛家反人生的结论。然此确实是孔子仁学的应有之意。生命在道德意义上而言即是心之自发性与自觉性，佛家之真如必然无此意义上之自发性。熊十力说："佛法毕竟反人生、毁宇宙，余在《体用论》已衡定之，自信无妄。此种思想，与孔子之道相反相成，看穿人生坏的方面，庶几猛省，可以进于孔子敦仁日新之道。"②佛家看穿人生，其道在反人生，故其行善非是从本性出发，而是要断绝一切惑染。与孔子立场正相反。那道家呢？道家也以返无为根，不敢开创世运，比佛家更糟糕。熊十力认为只有儒学"返己之道以敦仁日新为主，而克治小己之私，无令妨碍仁德发展，则亦兼有二氏之长而无其短"。③

而儒家之所以为熊十力所肯定，非是为维护儒家理论，而是其理论发展的必然逻辑使然。熊十力对于佛家有所不满，就在其对佛家归寂的思想有截然不同的看法。他认为生命本来是不断地创造。宇宙生化的最终目的是人。人之所以成为宇宙之目的，是因为人的心灵能显发宇宙之创造性，此心灵即生命。

心灵、生命应为道德主体之自发性与自觉性，生命之生，即是新新，即是创造，即道德之心创生万物与自身。熊十力讲生命和心灵非二，是从宇宙论的逻辑发展而来的。他认为，心灵发展到最高级，就是生命发展至最高级。

一、心灵、生命非物质性故，不可谓其从物质而生。二、心灵、生命本是

① 《明心篇》，《全集》卷7，第184—185页。
② 《明心篇》，《全集》卷7，第286—287页。
③ 《明心篇》，《全集》卷7，第298页。

一物,(此物字作虚字用,言心灵、生命不可析之为而故。)取义殊方,而有二名。(殊方者,言从两方面取义不同,故有心灵、生命之二名也。)三、无机物最先出现,生命、心灵尚隐而未见,不可言无。四、心与物毕竟是浑沦之流,(浑沦者,不可分之貌。变动不居,故说为流。)心若无物,而谁与居之?(居犹依据也。物是心之所依据故。)物若无心,而谁与主之?①

熊十力讲人是宇宙进化之最高级,人心承接本体之澄明而有一点明几,人凭此一点明几,而能体天地万物一体之仁,从而开显出本体义下的道德实践。此是人不同于禽兽之根本处,也是人作为一道德存在的依据。不仅如此,此本体一直作用于生命的整个过程,而由人显现出本体之德的。贺麟就指出:"熊十力注重天地万物一体之仁,以生意盎然,生机洋溢,生命充实言本体,而有意避免支离抽象之理。"②从本体之显发的角度而言,此为确然。

人类的文化,几乎都是从宗教开始,原始宗教之开端常常是由于对未知命运的恐怖情绪而来,由此产生对神秘力量的皈依,此时并无自觉义。在以信仰为中心的宗教气氛之下,人感到由信仰而得救,人类在此时把所有的问题都交给了神,此时的信心是对神的信心。"只有自己担当起问题的责任时,才有忧患意识。这种忧患意识,实际是蕴蓄着一种坚强的意志和奋发。"③而"孔子开辟了内在的人格世界,以开启人类无限融合向上之机"。④孔子以仁定格此内在的人格世界,此为一种人性上的自觉。此由孟子继承,孟子之本心开显,此内在世界得以显发出来,成为道德价值之依据。此内在的人格世界为儒学之一大特点,"柏拉图的理性世界,黑格尔的绝对精神,只不过是思辨、概念的产物。宗教家的天堂,乃是信仰的构造,都与这里所说的内在的人格世界无关"。⑤而人格世界是由道德开出的,因立德而有的实践方法,就是开辟内在人格世界的方法。立德须追问一个人的动机,所以必然导致内省,即是自己认识自己的反省,此是道德本心的自发自觉。

科学对于生命之生理现象至今仍有许多无法解释的地方,而对于人类的精

① 《明心篇》,《全集》卷7,第160页。
② 贺麟:《当代中国哲学》,第12页。
③ 徐复观:《中国人性史论》,第15页。
④⑤ 徐复观:《中国人性史论》,第44页。

神生活，其作用就更有限。人生而就有感知之能力，并且在一定阶段以后能够有实体之观念，而后就有推理论证之能力，这个现象背后之缘由科学远未给我们满意的答案。而对于人之感情或情感，科学无能为力之处更多。另外，科学在研究方法上，还需要藉助哲学，一次哲学理论上的突破，有可能推动科学的巨大发展。科学研究本身的限度，决定了其应用范围的局限性。在一定程度上讲，现代科学研究还远没有突破康德为其所划定的限度。生命（道德生命）现象即是其中之一。在儒家的理论系统中，生命现象总是与道德实践挂在一起讲的。我们首先从孟子对人之“四端”之立论来看。

孟子讲人有恻隐、羞恶、辞让、是非四端，四端都属于人之情感，而且在一定程度上讲，它们确实是人生而有之，至于其是如何可能的，从科学之角度讲，我们至今确实不得而知。我们为何有情感能力，不是我们所经验过的，因为生下来那一刹那之经验于我全无记忆，而我本身又不可能去体验他人出生之时之经验。情感能力又是如何被赋予的？这也是个经验知识与逻辑推理无法解决的问题。我们不得不把这个问题往上推。孟子讲四端是“天之所与我者”，即是人之道德之依据在天，依天而有，而为人所禀赋，由此人有道德情感能力，而能自发地实践。

人之情感能力是本体之用，此本体却非经验知识所能把握，由此而论，本体显现为人之情感，即孟子之“四端”。由此，我们更主张将“四端”放到本体本心之角度来说。我们当然不必考虑孟子之“四端”在发生学上是如何可能的，但这却构成我们哲学思考的基础，因为其是实然存在的。由此“四端”方能说道德的自我成立是人的内在要求，有此方能说性善，方能说生命本来健动不已、精进不已，这在实际生活中时常鞭策与要求人的行为与之相应，在一定程度上与经验和功利相关，或涉及生存之本能，或有社会习气之驱使。生命也时常会有一种向上的要求或对崇高的追求，此种要求或追求乃非功利性，非求生而有的。有时候，人甚至可以舍弃生命而追求这样一种崇高。从知识与经验本身，我们无法解释其缘由。对生的追求是每个生命个体都具有的，动物自不用说，就是生物也有自然向上生长的现象。然而，对崇高的追求却可能只有人类才有。科学无法对这样的事实予以说明，心理学不能，社会学也不能。然而，此是一实然的呈现，是生命在自身的活动中所表现出来的必然如此的状态。

熊十力讲本体的生生不已之德，是从宇宙的大生来讲道德主体的自发性。

如果站在熊十力的立场对其本体思想多做一点解读的话，那么即可说，生命向上与追求崇高之原因不仅为宇宙万物本有的德性，更是此主体的功能，是生而即有的。熊十力毕竟肯定了人之本心固有的功能，对人性如何为善，生命何以如此奋进而向上，人类为何总有对崇高之追求等，作了本体宇宙论的说明。在熊十力那里，本体即为全体流行，无有滞碍，有翕与辟之两种势用，而以辟势主导，辟为一向上、不物化之势，本心即为辟。人之生命就在流行不息之本心，在于心与本体不二，本体之流行不息，生命必然不物化，而为向上之流，自然有对善之要求、生之要求与崇高之要求。他说："余以为生命、心灵同有生生、刚健、亨畅、升进、昭明等等德用。生生，言其大生、广生，常舍故创新、无穷无尽也。刚健，言其恒守至健而不可改易也，故能斡运乎物质中，终不为物所困。亨畅，言其和畅开通、无有郁滞也。升进，言其破物之锢闭，而健以进进、不坠退故，俗云向上是也。（进进用张横渠语。）昭明，言其本无迷暗性，《易》云'大明'，是乃最高智慧与道德之源泉也。如上诸德用，皆是生命、心灵所法而本有，而不可诘其所由然者。（法尔，犹云自然。）惟人能努力实现生命、心灵之一切德用，此人道所以尊也。"①熊十力之本体论不脱传统的立场，其论述中未免夹杂过多的宇宙论痕迹。但其对本体之功能义的肯定，从一定程度上凸显了道德主体与道德自我之"能"，有此"能"方能涵摄万物之存有，才可说天地万物之心即是吾人之心，才可言纯粹的道德实践与道德自律。道德自我即为能感，而万物即为我之所感；道德自我为道德实践之主宰，而具体的行为则为主宰之显现，为主宰之用。外物的价值与人自身的价值，都由此"能"方可成立。

本体之功能义，不仅表现在道德自我之自己主宰自己的方面，而且表现经验在知识如何可能的方面。熊十力认为，区分本心与习心，正对应于本体论与知识论（境论与量论），本心主宰道德实践，而习心则为科学知识之可能的条件。但习心终究为本心之用，因此，习心之可能也为本心功能之表现。功能义的成立，一方面有道德自我之主宰的含义，另一方面有知识之主观条件的含义（如康德所说的统觉）。无本心本体之功能，则习心亦无从建立，科学亦无立足之处。可见，熊十力对心之立论，不仅考虑其作为道德的主体，也考虑到了经验知识之成立的主观条件。

---

① 《明心篇》，《全集》卷7，第158—159页。

第十三章　功能义与普遍义

本体具功能义，亦具普遍义。功能义表示本体的功能与活动性。普遍义表示本体的内容有普遍的客观的意义，即内化为道德本心的具体内容，其有发生学上的来源，因而须肯定人文历史和生活世界对于道德本体的积极意义。新唯识论中的本体只具功能义，其普遍义如何安立还须商榷。

第一节　本体功能义与普遍义

道德本体有两层架构：一为吾人的功能之心，即本体的能力，此是本体的功能义，为道德实践的动力；一为"天理"本身，即本体的内容，此是本体的普遍义，为普遍的道德法则。前者为先天的，为能义，后者为先验的——先于当下经验，为所义。完整的道德本体必然是既先天又先验的，是能所合一的。先天的即天生而有的，此即"天之所与我者"，不事而成，不待而能，此是能"知是知非"之"心能"，为一功能的心，由此可挺立一道德主体。先验的即先于个人之经验实践的，"天理"是在人类社会生活中形成的，是人文历史价值的沉淀，是内化于个人的道德意识，其先行于个人的当下经验实践，而又在实践的具体境遇中呈现的。普遍义的获得是一具体的历史的过程，与人文主义传统与社会生活密切相关。

成中英指出："儒学应该从两个方面来认识：一是理解自我及认知人在天地中的位置的学问，一是修持自我以成就自我的德性并扩大自己成就他人的活动结果。"①自我德性的保任和扩充与外在规范都是重要的条件。主体自我是一功能，一动力，也是天理的载体，因此，主体即包含本体的功能义和普遍义。你的主体，我的主体，所有的一一主体，都是本体之功能义和普遍义的展现的载体。

肯定道德本体的功能义与普遍义，是从道德实践的要素角度而言的。从传统的儒家理论出发，首先须肯定一道德的主体，才可说道德本心的自发性与自觉性。道德主体即是道德的精神活动之主体，此愚夫与贤者之所同。道德的生活，

---

① 成中英：《家的精神性——终极本源性、内在创造性、整体实现目的性》，载《当代儒学与精神性》，第24页。

是自己支配自己，此即人的自发自觉。道德生活支配的，是人自己，这是天性。传统儒家说道德本心的自发自觉其中已经包含了“天理”、“仁心”，这是道德本体的普遍义。孔子之仁、孟子之良心、阳明之良知，无不是将道德本心的自发自觉与天理合在一起说。此是一综合的说，非分解地说。天理为道德实践的内容和法则，然发出活动本身须先肯定一个主体，有此主体之能力方能发出。因此，仁心、良心、良知之活动本身不仅包含了普遍的天理之存在，而且肯定了道德主体的自发自觉。说“心即理”，即将理涵摄在心上，心即是理，其实只是说了心的一方面，即道德本体的普遍义。但如果说“理即心”，似乎有不妥，因为理不是心之全部，心毕竟还有自发自觉之功能，理只为心的一面，另一面即是心的能力——自发自觉的能力。

依孟子，人生而有“四端”，乃是说人生而具可塑性，即人的认识和实践能力是先天的。人的认识能力、概念能力，对价值的追问之本性，决定人之所以区别于动物。而人之认识能力如何可能与对价值追问之本性如何而来等问题，却非能从经验的科学中得到说明。经验心理学可以说明普遍意义如何可能——从发生学上而言，却无法说明道德主体的自发性；科学也无法解释即使和人类最相近的动物，其认识能力为何也和人类相距甚远的问题，更不用说回答对价值追问之本性如何而有的问题。但此一问题就其现实存在而言则一定有其根源。人类一直在不断地重复“人是什么？”“人的价值何在？”“人为什么要行善？”。我们或许可以回答，人在不断追问和探求这个问题本身就表明人的价值和意义所在。但我们不能回答，人类何以提出这样的问题？即人提出这样的问题的内在机制是什么？

本体的普遍义在概念或意义世界中发现，概念与意义世界又寓于人文历史和社会生活之中。普遍义——普遍的内容和法则——正如知性的范畴一样是先验的。主体为普遍义的承载者，可说为个体的——虽然一切个体可以说有同一的道德主体。人之生，其必为社会共同体中之个体。人在此共同体中如何行动，而能保任各人之生命价值、尊严以及情感上的平和与内心的平静，极为重要。孟子认为“仁义礼智根于心”，此“心”当然是指本心，也即“四端”或仁义礼智之心。就“四端”而言，道德本心具有道德主体的意义。从仁义礼智的角度而言，本心即是理，是道德法则的根据或自身。象山之“心即理”、阳明之“心外无理”，都来自孟子的本心概念。孟子、象山和阳明的心学体现了对道德主体的肯定。象山和阳明以此作为道德主体说心外无理，是讲心的主宰性。对传统的心学而言，心和理是一个本体，不容分说。心为先天的自不必多言，他们认为理也因为心先天地涵摄，因而可说“心即理”，并不需要严格的区分。在此意义上，牟宗三将其说为“即存有即活动”，存有是说理的现实性与先在性，即理是先在地具有的。活动是说心的主宰性与自发性。性体的客观性是就理而言，性即理，心体的主观性是从心的活动而言，心能涵摄理的存有，因此可说心即理。

普遍义即人何以为人的普遍性意义规定。人类自有共同体以来，个体就不断在学习、传承、实践共同体之行为规范，并从此行为规范和共同体生活中不断提升自我。个体承认规范、法则为共同体的价值标准，且内化为自身生命的内容，即证成本体普遍义的建构过程。在逻辑上，对经验价值的抽象——价值义进入思维和语言，即成本体。就实践上，上根之人必能生而通达于天，中根之人于日用中体孜孜不倦地体会天理，“百姓”则是“日用而不知”，只在经验中打转。人遵守外在的法律、制度与规范，即是在遵循着共同体的普遍价值标准。朱子有言：“人之所以为学，心与理而已矣。心虽主乎一身，而其体之足以管乎天下之理。理虽散在万事，而其用之微妙实不外乎一人之心”(《大学或问》卷一)。心为主宰，理为心所涵摄，心与理终究是两回事情。朱子承认“性即理”，却不大承认“心即理”的普遍意义，但朱子对心与性的区分却值得关注。朱子所言之心，为广义上的心，非仅是道德的心。而其性，则为人生而本有之理，为气所遮蔽而不能显发，需格物、致知、涵养，才能达至性。性即为天理，天理是具有普遍意义的，具体的理与天理的关系是“理一分殊”的关系，要明天理，需要今日格一物，明日格一物，自然有豁然贯通之时，到此便全是天理显现。以朱子的立场不可能考察天理的实质意义为何，只能说天赋予人之性。天理乃是社会的普遍规则，具有普遍的意义。①

就追问“天理”或本体普遍义如何可能的角度而言，道德本体的功能义与普遍义的是密不可分的：

---

① 陈来认为：心即理的思想，在一般的性善论立场上可能易于接受，在礼仪规范方面则会遇到困难，因为，社会礼仪的规定明显地更少先验性，而更多地具有人为的特点(陈来：《有无之境——王阳明的哲学精神》，北京大学出版社 2006 年版，第 25 页)。此是从肯定朱子之天理的立场出发，认为天理具有绝对的先天性，因而否认理与礼具有同一性。就理的发生学意义的来源而言，其应和礼是同一的，一个具有普遍意义的礼，在道德实践的角度而言必然有先在性，因而具有先验的性质，此即可说为理。此即是本文所说的道德本体的普遍义有发生学意义上的经验的来源。

(1) 道德本体的普遍义成立的根据在于主体之自发性。普遍义是从人文历史和生活世界中抉发的普遍的价值,抉发这个过程即是主体的自发性在起作用。主体的自发性必然要求从人文历史和生活世界中抉发出普遍意义,作为社会存在物可沟通之基础,为社会存在物之行为价值与存在意义提供依据。一切现象皆为主体涵摄,为意义所规定。由此,社会存在物的行为才有普遍的可接受性与普遍的意义。生命之意义,生命之动力在于道德主体的自发性与自觉性,而道德实践则不仅要肯定此道德主体,还须肯定道德本体的普遍意义。

(2) 道德本体的功能义与普遍义都在实践中呈现。无论是作为道德主体的自发性,还是作为价值本体的普遍性要求,其最终需要落实在社会生活中,靠日用人伦来凸显与落实其价值。单纯讲道德主体之用,对道德本体的普遍义如何可能不加考察,无法说明本体的普遍性。经验知识与社会生活极为重要,其不仅为道德本体之普遍义的发生学基础,也为道德价值之落实的现实条件。肯定经验知识与社会生活的意义就须肯定道德主体与道德的普遍意义之成立。

(3) 道德本体的功能义与普遍义相互为用。道德主体通过个体之生命与道德的普遍意义之可能而显发其自身之存有,道德本体之普遍义通过道德主体之成立而获得发生学意义上的可能,也通过道德主体获得落实到社会生活的动力。人生命之奋发、上进正是道德主体之功用,由此人而有不断向上的追求之可能。而道德本体的普遍义也正是由主体之奋发上进而显现出来。在社会生活中,主体通过自身的奋发和上进保全和完善自身之人格,以在共同体中找到自身的合适定位,以自身之努力获得外在的尊重与认可,从而有助于主体内心的满足与平静。从理论上讲,任何一个纯粹的道德行为都有道德主体与道德本体的普遍义在。传统心学把道德本体的功能义与普遍义都落在心上讲,已经说明道德本体两方面的意义对于道德实践之必要性——当然,道德本体的普遍义如何证成,在心学中始终是个悬而未决的问题。

实则,本体之普遍义的获得须在人文传统与生活世界中方得可能。"天理"、"理"在严格意义上只是本体的原理义,是人文历史、经验知识与社会生活的产物。道德律只在一定时期的文化共同体中才可获得普遍价值与意义。价值与意义乃人文社会共同体的道德标准,也只有在人文社会中方得成立。说道德本体的普遍义,是说道德律的普遍意义的存在是在一定的文化和传统中。离开历史和文化,无所谓普遍意义。"天理"非真是宇宙论意义的天给人之理,而是普遍可接受的道德规范与道德律。道德律具普遍义，获得普遍的社会意义，才是天理。

肯定道德本体具功能义与普遍义在实践上十分重要。一方面，道德本体的功能义保证了道德主体的自发与自觉，从具体的个人而言，保证了人具有道德实践之能力，从而为保全其人格、凸显其价值奠定了先天的基础，由此才可说道德的自发性，才可说“为仁由己”、“万物皆备于我”、“宇宙不外吾心”、“心外无物”……此是从人有此能力而言。另一方面，道德本体的显发须藉助一定的规范，须在生活世界中得以落实。生活世界本身即为一意义的世界，此意义是在人文历史和当下社会生活所证成的。因此，道德主体的显发须藉着一普遍的规范与规定。此规范与规定正是在人文社会中得以可能的，有普遍意义的规范与规定才可说其有价值。此规范与规定内化成为人的内在的普遍价值标准，才可说“心即理”。一个纯粹的有普遍意义的道德实践必然是道德主体的自发自觉与道德普遍义的结合。此结合是内在的，即在道德主体的内部，成为道德主体自身方可说此为纯粹的道德、自律的道德。

康德说纯粹的道德律是形式的，由此证成形式主义的伦理学。他并不考察此形式是如何可能的，他认为此属于经验心理学的问题，对此不加考察。但康德的问题显然不止于此，正因为其对形式主义贯彻得太彻底了，以至于对道德主体的情感加以排除。可见，康德证成了道德本体的普遍义，此即在彻底的形式主义伦理学中。但道德本体的普遍义的形成是一历史的过程，康德虽然肯定了道德本体的普遍义，但拒绝对此作人类学的说明，此亦与其绝对形式主义的立场有关。

又应知，道德本体的功能义与普遍义之区分只是理论上的。就道德实践本身而言，不作如此区分似乎也无关宏旨。如康德哲学之“能力的主体性和形式的确定性之间具有一种辩证的同一关系，双方谁也离不开谁”。①能力即是主体之自发性，主体之功能，形式的确定性在良知本体中是本体的内容所体现的意义。在儒学而言，能所——能力和内容（意义）本为良知本心的两方面，孔子讲仁，孟子讲良心本心，阳明讲良知，无一不是将道德本体之功能义与普遍义合在一起。但从理论上区分道德本体之两方面的含义并肯定此二者之必要性却是不可少

① 邓晓芒：《康德哲学诸问题》，人民出版社 2006 年版，第 35 页。

的。牟宗三批评朱子学为道德他律，是因为其未能挺立起道德主体，道德本体之功能义无法显发故。朱子只讲一个天理，而未能对道德的本心加以充分的信任，道德本体只凸显了一方面的意义。当然，就心学的理论而言，单纯讲一本心，讲一良知，则其客观普遍性无法证成。颜山农满地打滚说“试看我之良知”，此良知即无普遍义。

儒家立人极的目的不仅仅在成就个人的道德，还在于天下大治。“平天下”之事不仅与个人的道德实践相关，还与社会制度相关。“祖述尧舜，宪章文武”是要求以行尧、舜、文、武、周公之德政而达至天下大治。孔子主张复周礼，即是以制度之设计来促进人的德行，以内在的德性与外在的制度实现天下大治。孟子主张性善论也是为了使君主行仁政。古往今来的儒者都有这种政治的关怀与诉求，更不用说王阳明、曾国藩等人在事功上的积极成果。对人生价值的关注须落实在现实制度与社会生活中，现实制度的设计是人之价值实现的必要条件。主张道德本体具普遍义，有两方面的诉求。一方面，道德本体发而为道德实践，须在社会生活中方可显出其意义，意义即具普遍性。另一方面，制度与社会结构的基本框架决定了道德本体的普遍内容，为普遍义得以可能之基础。制度安排的诉求，在一定程度上就表现为对人的价值实现条件的诉求。个体之尊严与价值，平和与幸福，须在一定的环境或制度中方得可能。内圣与外王本是一回事，是价值诉求的事，内圣是对价值之追求，而外王则是为实现价值而有的制度设计与秩序安排。

就制度设计与秩序安排而言，一为历史传统，须肯定人文历史的积极作用，人文历史总是延续一定的价值意义，有制度上的巨大惯性；二为社会的心理结构，当下的社会心理结构本身就表现出价值的诉求，并在一定程度上左右制度的设计。人们如对当下社会制度不满，是由于当下之制度无法体现或限制了个体价值的实现。改变制度之诉求实是价值实现之诉求。价值的诉求总是在社会生活中才得以可能。此是历史的，也是当下的。制度的变革是人文历史之延续与当下社会价值诉求之合力而形成的。如何保证制度之延续或要求制度之变革，以体现价值之诉求，即是外王，即是事功。肯定道德本体具功能义与普遍义，不仅是个体道德实践的基本条件，也与社会制度和当下社会生活密切相关，不仅为内圣之事，也为外王之事。此为儒家的应有之义。孔子、孟子对德行的要求不仅体现在个人的实践上，还要求在制度上作出合理的安排。

第二节 阿赖耶识之于普遍义

一 阿赖耶识之能熏所熏

诸多理论体系已经阐述过本体的普遍义来源于人文历史和生活世界,①佛家之阿赖耶识在此方面的阐释更是详细而精到。《新唯识论》不仅对小乘大加批判,对有宗的阿赖耶识系统也不认同。实际上,阿赖耶识所阐明的乃是本体之普遍义是如何可能的。在此,就阿赖耶识的自相、果相、因相、行相作一简要的阐述,以了解本体的普遍义是如何可能的。

(一) 自相

阿赖耶识具能藏、所藏、执藏义。能藏,是指阿赖耶识具有含藏的功能,可以像仓库一样储藏物品。在阿赖耶识中,储存着有情无始以来的生命经验,堪称生命的大宝库。所藏,指储藏的物品。若将能藏喻为超大容量的仓库,那么所藏便是其中的所有藏品。阿赖耶识储藏的,是无始以来生命活动熏习的种子。执藏则要联系到第七识。在无尽轮回中,第八阿赖耶识始终被第七末那识执以为我。因为第八识的见分是相似相续的,具有相对的恒常性。正因为如此,第七识在认识第八识的过程中,便将它执以为固定不变的对象而恒生我执,形成有情生命中潜在的强烈自我。而由于它始终将第八识执以为我,故第八识又名我爱执藏。无始以来,众生处处以自我为中心,处处着相,根源就在于末那识;又因执我而产生种种烦恼,造业并流转生死,根源也在于末那识;各种宗教所建立的灵魂和神我,根源仍在于末那识。可见,阿赖耶识是一个能所合一的实体,说其为本体,不会有大的问题。

(二) 果相

阿赖耶识生命延续过程中形成的所有种子。我们每个人与生俱来的天赋,是来自过去生命的积累,从轮回角度来说,必须有生命主体承担这一重任。外道讲轮回,是以神我或灵魂为依托,而佛法强调无我,那么轮回的主体是什么?唯识学在对生命现象进行考察之后,发现作为生命的果报体必须具备三个特点:

---

① 对这一问题的说明,主要有伽达默尔的"共通感"、李泽厚的"历史本体论",以及杨泽波的"伦理心境"等。

首先是业果，特征是无记，即非善非恶。如果有情天性是善，恶行的产生就失去了依据，也无法招感苦果；如果有情天性是恶，善行的产生就失去了依据，也无法招感乐受。所以，果报体是无记的。其次是没有间断，倘若执持生命的果报体出现间断，有情生命将随之结束而成为无情，轮回就无法相续。再而其次是遍三界，在三界的任何时空中都能产生活动。相比之下，前五识时有间断，且二禅以上便无五识，第六识亦有不起现行之时，第七识非异熟业所感。可见，前七识都无法承担此任。惟有第八识同时具备三大特征，方能作为生命的真异熟识。

（三）因相

阿赖耶识作为万法生起之因，能熏习并执持种子，由种子的现行展开宇宙人生的一切现象。阿赖耶识具有生起一切色心诸法的亲因缘，即种子。种子具六义：(1)刹那生灭：作为种子，必须是生灭变化的。正因为具有变化的特征，才能进一步招感果报。若种子是不生不灭、固定不变的，必然无法感果。(2)果俱有：种子和所生果实在同一时间、同一处所。换言之，种子与所生果实于一相续中同时存在，方为种子。这是简别因果前后相生，及于自他相续中建立的因果相离之理。(3)恒随转：种子依附于第八识中，要一类相续到究竟位，都没有间断和转易。这是简别前七转识，或有间断或有转易。(4)性决定：种子包括善、恶、无记三类，其性质从种下之时即已决定，无论展开怎样的现行都不会改变。善的种子在活动过程中，始终代表善的力量。行善，是善的种子在现行，而行善本身又使善的种子得到壮大，这种力量不会因作恶而改变。因为作恶只是恶的种子现行，是恶的力量在壮大。两者虽不能相互转化，却能彼此制约。生命中有各种力量，若善的力量较强，恶的种子虽也存在，却难以产生决定性的作用，反之亦然。所以说，在生命延续过程中，种子的性质是始终如一的，有的只是力量的强与弱。(5)待众缘：佛法是缘起论，以诸法皆“因缘而生，因缘而灭”为基本思想。种子的活动自然也不能离开因缘，唯在因缘具足的前提下，种子才能现行并展开宇宙人生的一切现象。同时，也因八识三性诸法活动的不同因缘，才有阿赖耶识中各类种子的差别。(6)引自果：种子的现行能引生自果，如色心等一一果法皆从自己的种子生起。这不同于外道执著一个原因生一切结果。

唯识学认为，不具备以上六个特征的，便不能作为现行果法的亲因缘。种子又名习气，顾名思义，是由熏习留下的气息。关于种子的来源，唯识论师们有着不同的观点，较突出的有三种。(1)本有说：持此观点的代表为护月论师，主张一切种子是阿赖耶识本自具足的，无论有漏种子或无漏种子皆是如此。后天熏习不过使原有种子得到增长，如接触善缘使善的种子得到壮大，接触恶缘使恶的种子得到壮大。论师引《无尽意经》为依据："一切有情，无始以来，有种种界，如恶叉聚，法尔而有。"(2)新熏说：持此观点的代表为难陀论师，主张一切种子皆由熏习而成。说到新熏，我们很容易理解为有个开始，于是问题就出现了：未熏习之前，自然没有种子，也应该没有诸识的存在，又是谁去熏习它呢？因而，论师提出能熏和所熏都是无始的，并引《多界经》说明其论点："诸有情心，染净诸法所熏习故，无量种子之所积集。"心不断受到杂染和清净诸法的熏习，这种熏习的结果，就在生命中种下了杂染和清净的种子。(3)本有新熏说：这是折衷的说法，持此观点的代表为护法论师，主张种子包括本有和新熏两类。阿赖耶识中，既存在本有的种子，还存在新熏的种子，但无论本有种还是新熏种都是无始的。在众多经论中，既讲到本有的种子，也讲到新熏的种子。护法论师认为，若一味强调本有，会有两种过失：一是违背经文，一是违背前七识和第八识互为因果的关系。前面说过，第八识和前七识是互相熏习的。一方面，第八识为前七识生起之因；另一方面，前七识现行后又会熏成种子储藏于第八识中，再由第八识的种子现行生起前七识，如此生生不已。这也就是唯识宗反复强调的"种子生现行"和"现行熏种子"。同样，若一味强调新熏，也有两种过失：一是违背经文，一是无法解释无漏识的存在。因为我们现有的识为有漏识，而有漏妄识不可能生起无漏种子，那么无漏种子又从何而来？所以必须承认无漏种子是本具的，才能在外缘推动下产生现行。否则，有漏为无漏之因，有违缘起法的规律。而不论种子的来源如何，都要经受进一步的熏习。熏习主要包含能熏和所熏。能熏是能够熏习的，为前七识；所熏是接受熏习的，为第八识。前七识在活动过程中，不断熏习种子到第八识中。从这个角度来说，作为能熏的是前七识，而作为所熏的是第八识。

为什么惟有第八识才能作为所熏呢？唯识学认为，作为所熏必须具备四个特征。(1)坚住性：所谓坚住，即稳定和相续不断的特征，如若不然，就没有作为受熏的资格。如果受熏一方发生间断，那么在某些情况下将不起作用。就像用电脑工作，若没有硬盘随时保存文件，一旦断电就会将工作成果化为乌有。正因为硬盘具有储藏功能，能将我们的所有工作进行保存，所以无论断电还是关机，工作成果始终不会丢失。而在八识中，唯有阿赖耶识具有相续不断的特点，前六识都是有间断的。(2)无记性：所谓无记，即自身没有强烈的善恶倾向。如果倾向善，就不能接受不善法的熏习；如果倾向不善，就不能接受善法的熏习。就像涂满各种强烈色彩的纸，很难再于其上添加什么。必须本身是一张白纸，才能接受并显现一切色彩。这也正是无记的特征，既不会拒绝善法，也不会拒绝不善法。(3)可熏性：所谓可熏，又须具备两种特征。首先是独立自主，其次是性非坚密。从这个意义上说，真如就不能受熏，这正是唯识学者反对《楞严》《起信》的原因所在。唯识学认为，《大乘起信论》所说的真如熏无明，无明熏真如不符合缘起论思想。因为真如体性坚密，常恒不变，不能接受诸法熏习。作为所熏的一方，既要有相对独立的自主性，又要具有包容性和可塑性。(4)与能熏共和合性：所谓共和合，也具备两层含义，即能熏和所熏的构成必须是同一时间、同一处所。否则的话，便不能达到熏习效果。如以香熏物，能熏和所熏必须同时置于一处。正因为阿赖耶识具足以上四个特点，所以才能作为所熏的一方。

作为能熏的前七识，同样具备了四个特点。(1)有生灭：若是常住不变的，就不能作为能熏。正因为有生灭，具有转变的作用，才能熏习种子，这是简别常住和不生不灭的无为法。(2)有胜用：即强大的力量，主要包括两方面：一为能缘的胜用，一为强盛的胜用。能熏必须是能缘的心、心所，而心和心所还须具有强盛功用，方可起到能熏的作用。这是简别色法、异熟无记心等，或非能缘，或虽是能缘而没有胜用，都不能作为能熏。(3)有增减：必须能在量上发生增减，才可作为能熏。这是简别于佛果位上不增不减的善法。(4)与所熏处和合：这一点与所熏的性质相同。必须在同一时间、同一处所，能熏才可以对所熏产生熏习作用。诸识在活动过程中会呈现见分和相分。而见分和相分在产生活动后，当即会熏习种子，成为未来八识产生活动的亲因缘。在唯识宗所讲的阿赖耶缘起中，“种子生现行”是指种子展开的八识三性诸法，“现行熏种子”是指心、心所在活动的同时又熏成种子。在唯识宗的因缘义中，不仅种子是现行的因缘，现行也是种子的因缘。“种子生现行”和“现行熏种子”在理论上固然有先后次第，但在时间上却是同时进行的。种子现行之时，当即就熏下种子。然后，由种子再生现行。但从这一种子所生的现行，到下一种子所生的现行，则不在同一时间。若每一种子的现行都没有间断，就会同时引发无穷无尽的“种子生现行”，从而犯无穷过。从种子到现行，有待外缘的成就。

（四）行相

行相就是能缘，因为能缘和所缘的关系非常密切，所以将两者合在一起。同时,第八识的能缘和所缘具有共同特点,即颂文所说的“不可知”。可见,第八识不属于意识范畴。作为阿赖耶识,无论是能缘的心还是所缘的境,都不是我们所能感知的。

阿赖耶识是一能所合一的本体,其能生现行,是为本体;阿赖耶识的果相说明了阿赖耶识是无史以来生命经验的延续,未曾间断。因相说明阿赖耶识是现行的因,也是现行所熏的果。而行相则说明了阿赖耶识虽然是现行所熏的果,但已不是现行,亦可说,阿赖耶识是生命经验所熏或累积,但已经不是经验,而是“不可知”的本体,不属于感知的范围。可见,阿赖耶识是现行的因,也是现行所熏的果。一方面,阿赖耶识是现行的因,这个很好理解。因为阿赖耶识是本体,现象世界是本体所产生的。另一方面,阿赖耶识又被现行所熏,这个在熊十力看来就不可理解了。熊十力认为,现行是习,不是性,性是天生的,习是后起的。此与本有种子说一样,认为现行不能熏习种子。而唯识宗则认为前七识为能熏,而阿赖耶识为所熏。因而,熊十力就批评唯识宗“混习为性”。而实则唯识宗所言阿赖耶识“种子生现行,现行熏种子”对于解释本体的性质以及本体的来源是有重要意义的。

阿赖耶识的果相是有史以来生命经验的延续,未曾间断。因相说明了现行一直熏习阿赖耶识的种子。现行、习气或经验熏习种子,改变种子或产生新的种子,此种子是延续的,因而说阿赖耶识是有史以来生命经验的延续,此是就现行、习气或经验所熏习的种子而言的。就阿赖耶识的因相而言,阿赖耶识的种子是由现行、习气或经验熏习而成,但种子本身已经不是现行、习气或经验,而成了另外一种东西,或者说已经成为了本体,而不再是现行、习气或种子。可见在唯识学看来,本体的因相是现行、习气或经验,即本体可来源于经验,而又不再是经验。一切众生,每一个起心动念,或是语言行为,都会造成一个业种,这种子在未受报前都藏在阿赖耶识中,所以此识有能藏的含义。前七识的作用是能熏能缘,第八识是前七识所熏所缘,所以有所藏义。第七识恒定执此识中的见分为我,而为它所受,所以有我受执藏义。第八识通过第七识与前六识相互作用,一类相续,常无间断,是谓为恒。念念生灭,前后变异,是谓为转。恒则非断,转则非常。由此形成现行与本体之间不断的互动与更新。亦即现行、习气和经验是在不断变化的,本体也是在不断变化的,没有不变的现行,也没有不变的本体。

二　本体之普遍义的证成

阿赖耶识向我们系统展示了现象界与本体的互动关系。本体固然是现象的根源，但现象亦可以熏习本体，改变阿赖耶识的本有种子或产生新的种子。因此，本体界和现象界是相互影响，而不只是本体决定现象。阿赖耶识是“能”和“所”的统一，就“所”的方面而言，阿赖耶识（本体）的种子（内容）就是由现行（现象、经验）所熏习而成的，因此，现行（现象、经验）即是阿赖耶识（本体）的来源。就“所”（本体的内容）作为本体而言，本体发生学意义上的来源可说为现象或经验。

本体普遍义的来源虽然是现象，但成为本体后就已经不是现象了。人类文化在原初的起点上，迫于生存，需要不断地积累经验，此种经验经过长期的重复教导和训练，成为共同体的行为准则与价值标准，有了普遍的文化意义，亦即有了本体的价值。此种行为准则与价值标准不仅影响共同体的当下和未来生活，也在共同体的生活经验中不断得到加强或改变，成为共同体的不断变化的既成存在。生活经验在变化，本体亦在不断变化，此即是阿赖耶识所言“现行熏种子”。唯识宗认为阿赖耶识系统中有本有种子和新熏种子，亦即无漏种子和有漏种子。我们在孟子那里，也可以找到类似的说法。

> 人之有是四端也，犹其有四体也。有是四端而自谓不能者，自贼者也；谓其君不能者，贼其君者也。凡有四端于我者，知皆扩而充之矣，若火之始然，泉之始达。苟能充之，足以保四海；苟不充之，不足以事父母。”（《孟子·公孙丑上》）

恻隐、羞恶、辞让、是非四心，为人之“四端”，生而具有，按此“四端”而行，自然能成就德行。此与唯识宗的无漏种子相似，即为本有的，不是后天形成的。

对孟子而言，“四端”只是成德的必要条件，远非成德的充分条件。“四端”需要扩而充之，“苟不充之，不足以事父母”。而如何扩而充之，这是一个经验性的过程。学界多认为孟子在继承孔子学的思想方面有所欠缺，但就孟子之思想本身而言，其还含有广义的学的内容。

> 孟子曰：“尧舜，性之也；汤武，身之也；五霸，假之也。久假而不归，恶知

其非有也。”(《孟子·尽心上》)

性是本有的,所谓性之,就是依性而行,这是尧舜所能达到的,其生而为圣人,生而知之,故能性之;而对于汤武来说则是亲身体验的实践工夫,由日常行为反求诸己而有得;对于五霸来讲,只能在经验上习得,而习得既久,也可能成为求得本心之人。尧舜性之,就是一种道德主体依心性直接而发的功能,此为圣人之能,非常人所能有。但主体的自发性变成具体的行为之后,此行为就成为了一种经验,这种经验无疑会积累,首先即成为具体的经验和知识。汤武努力地行圣人之德,而能体本然之性,故说“身之”。也就是说,汤武天资固然较尧舜稍差,但通过对圣人道德经验的再习得,久而久之,也可能体悟到这原本也是自家固有的东西。同样,即使五霸的本心原来被蒙蔽较多,很难完全体悟性之功用,却能从尧舜行德的具体经验中得到启发,不断地学习,也不能说其没有道德。学习是后天的,是不断重复的一种经验,经验重复既久,也不能说对其性的不构成影响。亦即是说,经验会对本体产生影响,这与唯识宗说“现行熏种子”是一个道理。

就“四端”来看,本有的性是“能”、“所”合一的,不仅有功能义,也有普遍义(有具体的内容)。孟子认为本有的心圆满自足,“能”“所”具备,他不考虑本心本体的普遍义(内容)的来源。在此,需要界定本体的“能”与“所”在来源上的不同。“能”的方面说为本体的功能义,而“所”的方面则说为本体的普遍义,即本体的内容。“能”是生而即有的,是“天之所与我者”,也是本有的种子。“所”则较为复杂。唯识宗的阿赖耶识与孟子所言的本心本体都是“能”“所”合一的,并没有对“能”“所”作严格的区分——实则在实践中无需也不能作此区分。然而在理论上不作区分,很可能导致把本体的内容“所”和本体的功能“能”看成都是本有的。本体在“所”的方面有没有本有的内容,无从考证,但“所”一定有后起的内容,这是确定无疑的。本体的内容是受经验影响的,是在人文历史和生活世界中形成并不断变化的。甚至可以说,人文历史和生活世界即是本体。

道德意识的形成和道德实践的产生,首先是道德本心的功能,此是本有的,为“能”的方面。但仅此是不够的。就孟子而言,人生而有“四端”之心,这四端在个体形成之初对每个人都起作用,但这也仅仅是“四端”而已。此为道德主体与道德自我的自发自觉,只是一最原初的动力,非能应付全部的经验生活,更谈不上形成完整的德性,因此还需要不断地学。此学虽是学具体的经验事例,然经验通过不断的强化,可以内化为本体的真实内容,此内容虽来源于经验,却已经不是经验。良心本心所固有的只有“四端”,但仅此“四端”却应付不了文化共同体越来越复杂的生活,因此需要藉助其他的手段,由此我们引出第二种手段,即教化之作用。作为人类共同体之中的个体,从生之始就在受教化。教化的内容总是具体的经验的,教化的结果却改变或形成了新的本体内容,此不再是经验的。且教化本身要用到共同体的语言和逻辑,语言和逻辑本身即包含了共同体的价值观,一旦思维逻辑和语言为个体所接受,个体就有获得共同体价值观。此种价值观在共同体有普遍的可接受性,即是本体。从这个意义上讲,不是个体获得了本体,而是本体通过个体表现了自身。

先天的“四端”之心可以保证人对此道德规范与伦理知识感兴趣,从而决定道德主体的倾向性选择,而经验的道德规范与伦理知识又能具体呈现四端之心落实的要求,又内化为本心而成为本心本体的真实内容。人类学上狼孩的发现足以证明,人之“四端”若不能扩充,就不能发展出来,也不能涵摄道德本体的普遍义,即只有“能”,而无“所”,道德主体的自发性就无从依傍,无有内容。狼孩从反面证明了人类教化对于道德律与价值观形成之重要性。教化的作用不仅仅是经验知识的传授,而且能将经验的内容内化为本体的普遍义,又能为扩充本心之“四端”提供条件。个体的道德意识与价值观的形成,是先天禀赋与后天教化共同作用的结果,是道德主体之自发自觉与经验生活共同作用的产物。先天是“能”,经验的内容内化而成为“所”,这样,本心本体才是“能”“所”的统一,在实践上才可说是“即存有即活动”。

可见,经验生活、人文历史必然与道德本体的功能义相关联并最终具有本体的意义。道德本体的普遍义的形成即是人文历史和经验生活的内化。在此一结构中,道德法则最初是经验的、具体的,也可说是知识的,但经过此一转换的过程,道德法则即成为本体,成为本体的真实内容。苏格拉底的“德性即知识”的命题虽然有着逻辑上的诡论,但却具有实践上的可能性。另外,道德本体普遍义总是相对的,因为人文历史和社会生活是在不断变动的,由此内化而成的本体的内容也在不断地变动——虽然就当下境遇而言其具有绝对性。一定历史时期的共同体中的普遍道德律也会随着社会生活与外在环境的不断变化而缓慢地发生改变。黑格尔所说的一个概念从使用即开始了扬弃自身的过程,即是此意,概念即是在不断地扬弃过程中而得以发展和变化的。价值蕴含在概念中,概念的扬弃即已经蕴含着价值的变化，绝对精神本身就是这一运动的过程。相对即绝对，绝对即相对，无绝对的绝对性。客观精神的发展是一历史的变化的过程，价值形成和发展也是一历史的变化的过程。道德本体普遍义的形成与发展也是自身运动与不断扬弃自身的过程，在一定的时空条件下方可言绝对。

第三节　德性之知与闻见之知

道德规范与价值标准能否转化成本体，成为道德本心、良知的真实内容，早已成为儒学争论的课题。尊德性和道问学之争就是此问题之展现。尊德性即反求诸已的道德本心，道问学即是要向外求知。就本体的两个面向而言，尊德性与道问学并不矛盾，甚至是道德思考的两个不可缺少的面向。问题的关键在于，道问学能否转化为尊德性，所求的道德知识是否能内化为本体本心的真实内容，呈现为道德行为。这需要说明德性与知性、知与行的关系。

一　德性与知性

有学者认为，欲性、仁性、智性，三者共同组成孔子的心性结构。欲性主要是指人的欲望；在欲性层面之上的是仁性层面，所谓仁性即孔子的仁学，从心性结构层面而言，与性字合言，说为仁性；智性也是孔子心性结构中不可缺少的一个层面，在成就道德的过程中学习是不可或缺的。智性就是学习和理性思考的能力。仁性对智性有指导作用，而智性对仁性的发展有促进作用。①因此，“仁且智”既讲人之经由内省而立德，也讲人可以经由学习而促进仁的发展。仁性即是德性，而智性大致相当于知性——就经验的认识而言。孔子“知天命”是渐进的由外在的学习到逐渐内省的过程，此是孔子立德的基本进路。肯定学有积极的意义，是成就道德必不可少的要素。此当然与康德的理论有所不同，也与后儒的道德进路不大一样。知性是知识之能力，并不一定包含行的意义，亦即知性并不包含德性在内。说一个人有知识，这种知识并不一定要做什么才能让别人说他是有知识的人，而只是说其知道的东西很多，并不一定要付诸实践，此为德性（就道德主体的自发性而言）与知性之区别——道德本体为知性之超验的运用。然

① 参见杨泽波：《孟子性善论研究》，第1—12页。

德性(就道德的普遍意义而言)与知性毕竟有关联。孔子讲学礼而达之知礼,即是讲尊德性与道问学的统一。

孔子的仁性与智性,即道学家所言的“德性之知”与“闻见之知”。孟子大力发展了孔子仁的思想。所谓性善,是说一般人的本性都是善的,这是一种实然判断。孟子非是从人的一切本能而言性善,而只是从人异于禽兽的几希处言性善。人之几希是生而即有的,因此可称为性,此是仁义之端,本来是善的,由此可说性善,而说非人的本能全部为善的,人之全部可能为命,而性的范围比命小,所以孟子说:“口之于味也,目之于色也,耳之于声也,鼻之于臭也,四肢之于安佚也,性也,有命焉,君子不谓性也。仁之于父子也,义之于君臣也,礼之于宾主也,智之于贤者也,圣人之于天道也,命也,有性焉,君子不谓命也。”(《尽心下》)孟子从人几希之处看到性善有无限扩充可能,因此几希称为善之端。由此善端而说性善,指的不是性的全部内容,而是其中的一部分。善端落实于人心上讲,即讲心善。心善即是心之活动而发之“四端”,“乃若其情,则可以为善”,即是指恻隐、羞恶、是非、辞让等而言。扩充此情,即扩充心之“四端”,则可以为善,因此说“学问之道无他,求其放心而已矣”(《告子》上)。“放心”之心即是此“四端”之心,“四端”之心安,则是善道。孟子之工夫论就在存养此“四端”之心,存养而扩充,则可言尽心、知性、知天,可言“万物皆备于我”。此为孔子仁学思想之发展。由道德主体的仁的方面,涵摄学的内容,不断内化进入思维和语言,就具有了普遍义。孔子之仁、孟子之良心本心更多地为功能义与普遍义相结合的涵摄,而非单纯的功能义或单纯的普遍义。普遍义相对于道德实践而言具先在性,亦可说为先验性——先于当下经验,而功能义则具先天性。

孔子智的思想或学的思想为荀子所继承。荀子对于性的规定,与告子“生之谓性”之思路无多大的差别,都是以生为性。荀子发挥了告子“食色,性也”的内容,补充了性之“目明而耳聪”这一方面的意义,此两方面之性并无善恶可言。荀子只是从生而即有的自然欲望说性恶,由恶向善之路就是心知,即“目明而耳聪”之用。因为“心生而有知”(《解蔽》),“人何以知道? 曰:心。心何以知? 曰:虚壹而静。心未尝不藏也,然而有所谓虚;心未尝不两也,然而有所谓壹;心未尝不动也,然而有所谓静。”(《解蔽》)人能知“道”在于人能知,心能知在于心之虚壹而静。虚即能接纳,壹即专一于道,静即不以情感扰乱心知。由此,心能知“道”。何为道也? “道者,非天之道,非地之道,人之所以道也,君子之所道也。”(《荀子·儒效》)此道即为人之道、君子之道。人之道、君子之道即为礼。荀子以心知化人之“性”为礼之“伪”。此“化”关键在心知,在学。朱子理论基础之设定虽然可能与荀子不同,但其同样发展了孔子智性思想,对学与“闻见之知”大加发挥,成为与象山、阳明相对应的理路。朱子讲“格物致知”,格物就是要以知性来认识事物,以达至道德之知,即成就人之德性。象山对尊德性与道问学的关系讲得更明确,他说:“古者十五而入大学,‘大学之道,在明明德,在亲民,在至于至善’,此言大学指归。欲明明德于天下是大学的标的。格物致知是下手处。《中庸》言博学、审问、慎思、明辨,是格物之方。”①明明德即是尊德性,格物即是道问学,是尊德性之下手处。道问学之目的即在尊德性。然而都如此说,在理论上却有诸多的争论。产生这些争论的主要原因即在于不能清楚地说明德性与知性的关系。

可见,“道德的根据并非只有一层,而是有两层,既有智性,又有仁性。与此相应,伦理形式也并非只有一种,而是有两种,既有智性伦理,又有仁性伦理。智性伦理是以认知之心为根据的伦理,仁性伦理则是以仁性即道德本心为依据的伦理。这两种伦理有着截然不同的特点:智性伦理必须通过语言的中介,仁性伦理无需藉助语言即可进行;智性伦理重在逻辑推证,仁性伦理重在智性直观;智性伦理重在穷究其理,仁性伦理重在反归本心;智性伦理较为支离,仁性伦理简约易行。伊川、朱子为代表的儒家坚持的是智性伦理,孟子、象山为代表的儒家的心学坚持的是仁性伦理”。②康德的伦理学更接近于智性伦理,而仁性伦理则为儒家所独有。

就朱子的理路而言,今天格一物,明天格一物,“物理”终究会成为本体的内容,似无根本的问题。朱子的问题在于:本体不即是本心,天理和德性是分离的。德性之知本身就包含有落实于道德实践的要求,本身是“即存有即活动”的。因此朱子之天理却非能以孟子意义上德性之知说。牟宗三说朱子之理是“只存有不活动”,与“即存有即活动”之理相对而为死理。“即存有即活动”即是说知必须转化为行,“只存有不活动”即是说只知理而无法呈现为具体的活动。朱子心性学的问题是:如果只是天理高高在上,不即是人之本心之知,那人落实或实现其理的动力在哪?朱子在由外而内的转化上,欠缺一个环节。但朱子对心与理之

① 《陆九渊集》,中华书局1980年版,第411页。
② 杨泽波:《牟宗三三系论论衡》,第235页。

区分，可证成道德本体的功能义与普遍义之区分。尊德性固然重要，道问学却也必不可少。道德本体必然有此两个面向，而且不可分割。可见，道德本体普遍义的形成是人之天赋(在孟子说为“四端”)与后天教化不断内化的共同结果。道德律普遍意义的获得必然是在文化发展中才有的。共同体的文化，必然伴随着经验和教化，道德本体的普遍义也必然在社会生活中获得存在的意义。或者说，人文历史的具体经验一旦成为共同体中的行为典范，就有了普遍的意义。

朱子论格物就是从事物上见得天理，亦即从见闻之知达至德性之知。然具体路径如何，朱子无具体的理论说明，只讲不断格物自有豁然贯通之时。天理在社会学意义上是人伦日用与理性思维及教化在思维和语言中的意义抽象，此形成是一渐进的历史过程。此结果即为“阿赖耶识”，为“共通感”，为“历史本体”，为“伦理心境”。①天理的形成是一历史的过程，并在历史与社会生活中不断地改变(扬弃)。也可以说，朱子对这一问题是有自觉的，其说今日格一物，明日格一物，自有豁然贯通处。站在今天的立场，藉助相关理论，在理论上说明这一问题是完全可能的。由意识结构将知识转化为德性，从而使知识本身具有本体的意义，这一点已经说明了尊德性和道问学本身并不矛盾。在一定意义上，尊德性即是道问学，道问学即是尊德性。象山认为知识是外在的，并不能转化为内在的德性，由知识谈道德当然不是纯粹的道德，故其批评朱子是支离。可见象山未能明了知识经过心的转化之后可以内化为本体。朱子则认为谈道德必须从具体的道德规范谈起，又认为人的德性非能直接呈现于道德实践之中，因此只有从道问学下手，格一一物，明一一的道德规范，才能有道德生活。

道德本体的功能义与普遍义的关系，可视为能力与内容，或能与所的关系。如果把道德本心看作是一——即你的心，我的心，所有人的心为一心，那可说道德本心自然涵摄道德本体的普遍义，在此意义上也可说“心即理”。但就社会意义而言，道德的本心须落在一个个具体的个体上，即道德本体的普遍义通过一一道德的本心而显现，个体的道德之心显现社会的普遍价值。或者说，是道德本体

---

① “阿赖耶识”和“共通感”有各自的理论背景，但考察其义理架构，与“伦理心境”之逻辑理路无根本差别。但此三者如何说为天理，却较为复杂，本文限于篇幅和水平，不在此论。前面所述在宋明儒中，就理体而言，理只为道德本体的普遍义。此处说伦理心境为天理，似有矛盾，因为伦理心境不仅有天理义，还有道德的本心的功能义。但我们就道德实践角度的纯粹性而言，说伦理心境为天理，也未算错。

(普遍义)在运用道德本心,而非道德本心涵摄道德本体的普遍义。因为一一个体的内在思维与价值标准如何,并不妨碍道德本体之普遍义的成立,道德本体的普遍义是社会的、共同体的,而非仅仅是个体的。甚至可以说,个体只是本体显现的载体而已。道德本体的普遍意义不因为单个个体的价值标准而有所改变,由此道德本体的普遍义才可言其有绝对性,才可说"心即理"之"理"即是天理。

二 知行合一

熊十力说:"哲学之为学,是阳明所谓知行合一之学。若知而不行,必非真知。不足谓之学也。"①知和行的关系,在心学的系统中本来是统一的,知必然行,才是真知。此乃心学工夫论的应有之意。但在理论上,说明知如何即是行,如何能行,并不简单。

功能义是从道德主体的自发自觉、自我主宰而言。普遍义则是就道德法则的普遍性如何可能而言。道德本体的普遍义与社会生活密切相关,因而须肯定广义的人文历史传统,即肯定广义的教化。仁和智本来是孔子心性论的两方面内容,②智大致相当于现在讲的知性,仁相当于我们现在所讲的道德本体——具功能义与普遍义,那么就可考察两者在道德实践上是如何相互作用的,也即二者在道德实践中各自承担什么功能。儒家说德性之知,必然就是知和行的统一,亦就是道德之知和道德之行要一致。知道了应该怎么做,就必须照此去做,否则就非是德性之知。

人的价值,是就作为实践主体的我如何存在而言。作为人格性的我之终极关怀,以及主体如何从其所在之共同体中获得尊严与肯定,乃关系到个体的道德实践。道德主体就是在这个过程中确立的,此乃是所有道德价值成立之基础与道德行为可能之条件。道德实践如何落实必然有两个方面的条件:一方面为主体的自发性,即从理论上排除经验的作用而先天地肯定道德主体的自发性之存在,以此方能说道德实践之主观条件,即人有支配自己道德生活的能力,道德生活也即自己支配自己,自己主宰自己。另一方面为道德的普遍价值意义,即人类如何会关注自身在共同体中的尊严,以及对外在的对个体人格性的肯定如何可

---

① 《读经示要》卷二,《全集》卷3,第823页。

② 熊十力意义上的智、性智、本心对应于孔子意义上的仁,而孔子意义上的智、智性对应于熊十力意义上的量智、习心。当然孔子之智可能并不仅限于知识义,还有道德义。

能，必然与经验相关——在发生学意义上而言。两者之区分只是为了说明道德实践之必要条件。意义是客观的、社会性的，所以有普遍性，道德主体在此价值意义下自发地产生道德实践。因此，实践主体与道德本体的普遍义只是从理论上区分，在实践而言，不能分开。孔子之仁、孟子之良心、阳明之良知即包含此两方面的意义。就实践而言，这个问题就是道德主体如何实现普遍的道德价值，亦即（道德之知）如何与（道德之行）相关。

学本身是主体的要求，“有是心则有知，无是心则无知”。①主体决定了学习的动机、方向和目的，主体本身有对自己人格建立与追求知识之要求。但学却是向外的，非是向内的。或者说，道德主体本身就有对经验探索的要求，此要求由成己成物之责任而来。如果我们将仁规定为道德主体的自发性要求，那么，“仁对学问的要求是无限的，因为成己成物的责任是无限的。所以仁的自觉，必成为对学问的无限的努力”。②仁之体现，必体现在知事之学上，即“自观我者而言，事之而知起，则我之仁可见矣；事不至而知不起，则我之仁不可见也”。③仁必然体现在学上，但单纯的学，却不足以成己成物，而必须有主体的作用，古今中外许多人单就学问上讲很有成就，但不能成为圣人、仁人，关键在于他们的学问不能成为真实的道德生命，从而发出不容已的道德实践。“他们只有智能这一层级的自觉，而没有把这一层级的自觉提升向成己成物，浑为一体的仁上面去；在工夫上，便缺乏直接通向仁上面去的‘恕的工夫’。……忠于自己的学问，而缺少恕的工夫的人，这是学者与仁人的分水岭。”④由此可见仁即是生命根源的人性（先验意义上而言），由此仁为主导，人的生命方能在成己成物，在体天地万物一体之仁，在成就人之大德方面方能有根源，有目的，有动力，有方向。

仁和智作为人性之两方面，在实践上，一个主宰，一个统摄。有此主宰，方能有主，有此统摄，方能成物。在成德方面，两者缺一不可。我们按对应的关系而言，仁为本体之功用，为本体之显发，智恒向外寻求，而以仁为其主，落实与经验知识，日用人伦。如果道德本体无法落实到心上，那外在的道德法则必然是一堆死物，如何能转化成为人自觉的道德实践呢？牟宗三以“即存有即活动”来说良心本心，即是说此良心本心如何能够落实而言。其对朱子之批评也是从这一角

---

① 《胡宏集》，第11页。

②④ 徐复观：《中国人性论史》，第61页。

③ 《胡宏集》，第12页。

度出发,认为朱子之本心立不起来,而只有一个死的天理,不具活动义,因而无法落实在道德实践上。道德本体普遍义的形成以道德本体的功能义为基底,功能义为能,普遍义为所,有此能方有此所,无有功能义,普遍义无从谈起。道德本体的功能义与普遍义在道德实践中能所合一,才可发出不容已的道德实践。只有功能义虽是"易简",却是"两头明,中间暗",而只说普遍义而忽略或不能证成功能义则是"支离"。

阿赖耶识、共通感、历史本体与伦理心境,其形成机理都是熏习、理性思维和教化。或者说,本体的普遍义是主体对人文历史与生活世界之内容和意义提炼的结果。胡宏讲"士学于文而知道,则关键节目之言未尝不三复也;君学于政而知道,则几会本原之事未尝不三令五申也"。①道即天理,天理须从"学"中来,即此意也。但如果此都只是从经验上讲,那其本身也不具备实践的内在要求,因为其本身还只是一种知识而已,如何落实终究会成大问题。亦即,人为什么对道德法则感兴趣?是什么决定了作为一个健全的人类理性总是有向善的倾向?如果不肯定人类认识背后有一道德主体的自发性(道德主体)——本体的功能义,那人类就没有向善的可能。事实亦只能是事实,无法转化为价值。可见,道德本体不仅是道德的普遍法则,还必须有驱使人类向善的功能。

朱子确立道体、性体之努力,即是对道德本体普遍义的确立。他的问题在于,其道体、性体不活动,即天理只为普遍义而不具功能义,是"只存有而不活动"的死理。或者说,朱子只肯定了本体的普遍义,而作为道德主体之自发性不得显现,其普遍义终不得落实。说孟子不是从人的一切本能言性善,而只是从人之异于禽兽的几希处言性善。但孟子毕竟还是承认人生而与禽兽有异于几希处,几希即是仁义之端,本是善的,由此可说为性善。在孟子看来,人之异于禽兽之几希处是生来就有的,至于这几希的根据何在,孟子说是"天之所与我者"。此处之天非借说,而是实说。即是说有一本体先天地赋予了我们性善的能力,此乃"四端"。②朱子对人心却不大信任,在他看来,人心更容易受物欲或七情的遮蔽,天理很难显发出来。其天理是高高在上的,心本身不即是天理,天理需要靠心去

① 《胡宏集》,第26页。

② 杨泽波以伦理心境解孟子的良心本心后,留了一个尾巴。否认了良心本心的根源为天、天道等先天的根源,即否认了良心本心有一个形上学实体的根据,但同时对孟子的性善论是否有先天的根源这一问题存而不论(参见《孟子性善论研究》,第82—85页)。

知，即使心能知，心上还有情，受其“心统性情”之限制，心本身就不是纯然为善的。既然心非纯然向善，那天理如何落实终究是个问题。

在传统儒家，本体就是天，天不仅给了我理，还给了我心，此二者是为一的，按理去做既是天作为本体的要求，也因为天理作为本体的普遍义与本心的功能义是统一的。孔子讲仁，是就天或本体之功能义与普遍义而言（虽然很含混的），仁是性与天道融合的真实内容。在孔子那里从不给仁具体定义，只是随宜指点，因为性与天道本身是一功能，也为一道德实践的普遍性要求，发出行仁向善之命令，具有了功能义与普遍义。在孟子处，心就有了性与天道之功能义，良心本心从生而即有的角度而言非就是仁，而只是仁之端，其能知仁行仁，此即是功能，又是本体，此本体上挂到天，此心即是“天之所与我者”。天的本体义在理论上就保证了道德之知必然变为道德之行。胡宏讲：“修身平天下者，必先知天。欲知天者，必先识心。欲识心者，必先识乾。乾者，天下之性情也。”①天即天道，天道即人道，人道即“众人所同然者”，之所以“同然”，关键在此心。心为功能义与主宰义，有此心方可说知天道人道，知“众人所同然者”。可见，此心之功能义与主宰义是关键。象山也说：“惟温故而后能知新，惟敦厚而后能崇礼。”②敦厚是心之性，有此心方能崇礼。

第四节 道德自律与道德他律

康德认为，无论是一个带有质料性的（因而经验性的）条件的实践规范，还是取决于幸福的道德规范，抑或是理论上圆满而有的道德法则，还是依托于情感的道德法则，所有这些法则决定的道德都是他律道德。而只有实践理性独立地、不依赖于一切经验性的东西而规定的道德才是自律的。按照康德标准，本体的普遍义及由此种本体呈现的道德实践，应该被划入道德他律。但通过对康德伦理学的分析，可以发现，说本体的普遍义有经验来源，并不能判定这种道德实践就是道德他律。

康德指出：“如果一个有理性的存在者应当把他的准则思考为实践的普遍法

① 《胡宏集》，第41页。

② 《陆九渊集》，第410页。

则，那么他就只能把这些准则思考为这样一些不是按照质料，而只是按照形式包含有意志的规定根据的原则。”①康德伦理学贯彻了彻底的形式主义，即在道德法则中，一切经验的东西都必须排除。他说：“意志自律是一切道德律与之相符合的义务的唯一原则；反之，任意的一切他律不仅根本不建立任何责任，而且反倒与责任的原则和意志的德性相对立。”②在康德看来，德性的唯一原则就在于他不受经验质料的影响而能自己立法并由此决定意志。康德在此排除了一切夹杂感性质料与道德情感的意志有自律的可能性。请注意，康德对自律伦理学排除了两个东西，一是感性质料，一是道德情感。学界多认为，是否夹杂道德情感并不构成自律的判教标准，儒家尤其是心学应该属于自律伦理学。③那我们现在主要面对的问题是：如何解释康德的自律伦理学排除了感性质料，而由人文主义与当下社会生活经验所获得的道德本体的普遍义而有的道德进路又如何说明其自身是自律伦理学呢？

杨泽波与李明辉曾就是否可以追问伦理心境的来源有过争论。④杨泽波所建构的“伦理心境”概念所指虽然是“后天的”，但是一个人在处理伦理道德问题时，作为伦理心境的良心本心确实又是早已存在的，作为一种“先入之见”，这种先入之见可说为“先在的”。“先在的”是指处理伦理道德问题的时候良心本心早已经存在了，但其主要来源还是“后天的”。⑤杨泽波很清楚地意识到，以伦理心境解良心本心，其面临的最大困难在于如何说明先天和后天的关系。他的解决方案如下：“伦理心境”是后天教化和熏习所致，就是后天的。但作为后天的“伦理心境”又有一种先在的性质，即是说“伦理心境”在处理道德问题之前就已经存在，有着时间上的先在性，因此将其称作“先在”或“先在的”。先在在某种意义上有先天的性质，因为其在处理伦理问题时已经存在。即，“伦理心境”从形成上

① 康德：《实践理性批判》，第 29 页，邓晓芒、杨祖陶译校本，第 31 页。

② 康德：《实践理性批判》，第 38 页，邓晓芒、杨祖陶译校本，第 43 页。

③ 此一问题的论述参见李明辉所撰《儒家与康德》（台湾联经出版事业公司 1990 年版）中《儒家与道德自律》《孟子与康德的自律伦理学》《再论孟子的自律伦理学》与《孟子的四端之心与康德的道德情感》四篇文章，此四篇都牵涉到孟子是不是自律伦理学的讨论。李明辉认为，康德伦理学并非自律伦理学的唯一形态，能挺立“道德主体”的伦理学都应划为自律伦理学的范围，包含道德情感的儒家伦理学尤其是心学当然应归为自律伦理学。

④ 参见李明辉《康德伦理学与孟子道德思考之重建》一书与杨泽波《论“理性事实”与“隐默之知”》一文（《中国哲学史》2002 年第 1 期，又见《牟宗三三系论论衡》第 282—300 页）。

⑤ 参见杨泽波：《孟子性善论研究》，第 151—153 页。

看，是后天的；从处理伦理问题的角度而言，是先在的。这就是所谓“伦理心境”的时间之叉。对于任何一个有理性思维的人而言，在人生的任何一个时间的断面中，作为后天形成的“伦理心境”总是先在的，或者说总是具有先在的性质。①即“伦理心境”在发生学意义上的相对性并不能否认其在具体时空条件下对道德实践而言的绝对先在性。

李明辉认为，康德伦理学中作为道德论证起点的是“理性事实”。康德之所以将这种基本的道德法则称为“理性事实”，是因为它是既与的，可以直接呈现于我们的意识之中。“康德相信：即使在从未有过哲学反省的一般人的道德意识中也包含这项基本的道德法则。由于这项基本的道德法则直接呈现于一般人的道德意识中，而不必经过反省或推论，他称之为‘理性的事实’。这种未经反省的意识即是英国哲学家波拉尼（Michael Polanyi）所谓的‘隐默之知’（tacit knowing）。”②“普遍的道德法则之基础在于作为隐默之知的道德洞识中，故道德思考底目的仅在于抉发和确定隐默的道德法则。”③而康德的伦理学并非要建立一套新的伦理学，只是对作为人类共同的道德意识（“理性事实”和“隐默之知”）作哲学的反省，抉发其内涵，证成其普遍性。根据康德哲学的理路，这样的伦理学当然是自律伦理学。

李明辉阐明了康德伦理学事实基础即“理性事实”和“隐默之知”。但他又认为“理性事实”和“隐默之知”如何而来这个问题是不能再问的了，否则就要陷入理论的无穷回溯。“因为在道德规范或原则之论证中不断追问进一步的根据，这意谓着论证根据之无穷回溯。若要避免这种无穷回溯，我们就得为整个论证寻求一个逻辑上的绝对起点，或者即用笛卡儿的譬喻来说，寻求一个‘阿基米得支点’”。④他认为，在康德伦理学中甚至在一切普遍主义的伦理学中，这个逻辑上的绝对起点或“阿基米得支点”就是“理性事实”和“隐默之知”。“理性事实”便是“纯粹实践理性底事实”，亦称之为“纯粹理性底事实”。就是“即使在从未有过哲学反省的一般人的道德意识中也包含这项基本的道德原

---

① 参见杨泽波：《“性”的困惑，以西方哲学研究儒学所遇困难的一个例证——〈孟子心性之学〉读后书评》，《中国学术》2005 年第 4 辑，总第 24 辑。

② 李明辉：《康德伦理学与孟子道德思考之重建》，第 13 页。

③ 李明辉：《康德伦理学与孟子道德思考之重建》，第 20 页。

④ 李明辉：《康德伦理学与孟子道德思考之重建》，第 7 页。

则”。“理性事实”作为方法论的假定，是伦理学分析的出发点，即是指道德法则的客观实在性。①康德在道德论证中运用“分析法”和“综合法”，但康德特别倚重“分析法”，“分析的”一词在康德那里表示逻辑上的蕴涵关系，“综合的”则表示对这种关系的超越。就康德的道德哲学而言，“分析法”的出发点是存在于一般人的道德意识中的“理性的事实”，此“理性的事实”也是其论证的归结点。就方法论而言，李明辉认为，“康德的这套论证策略可以证成道德普遍主义的观点，而其‘理性底事实’之概念亦可用来诠释孟子的道德思想。因此，我们可藉康德伦理学的论证策略来重建孟子的道德思考。”②同样，在先秦儒学中，哲学思考的起点就是“隐默之知”，即是“百姓日用而不知”之“道”，对于这个“道”是如何而有的，则是不需要追问的，否则会陷入“无穷回溯”的理论怪圈。③

杨泽波则认为，无论是“理性事实”还是“隐默之知”都可以也应该作进一步的追溯，而李明辉所说的康德意义上的“理性事实”和“隐默之知”即是“伦理心境”，即社会生活和理性思维在内心的结晶，即是社会生活和理性思维而形成的本体，其来源无疑是经验的，但形成以后，相对于当下却又具有先在的性质，为意志立法之事实基础。即伦理心境发生学意义上来源的经验性并不否定其在实践上的先在性，也可说先验性——先于当下经验。康德认为这个意志的自我立法是自律的，那伦理心境之呈现无疑也是自律的。④

杨、李二人都肯定康德伦理学的前提是“理性事实”与“隐默之知”。“理性事实”与“隐默之知”相对于实践而言是先在的，虽有经验的来源，却已经不是经验。因此，并不能以康德的形式主义伦理学来否认在人文历史与社会生活中获得普遍价值义之道德进路的自律性。因为道德经验的背后是道德普遍意义的实现，此意义即是文化共同体中的普遍标准，文化共同体中的道德标准的形成是一历史的经验的过程。一个完整道德意识和行为必然是主体的自发自觉与人文历史

---

① 参见李明辉：《康德伦理学与孟子道德思考之重建》第45—57页。

② 李明辉：《康德伦理学与孟子道德思考之重建》，第5—6页。

③ 关于这一问题，有较多的争论，参见杨泽波《论“理性事实”与“隐默之知”》，《牟宗三三系论论衡》，第282—300页；又见《中国哲学史》2002年第1期。

④ 当然，杨泽波认为儒家的伦理学是仁性伦理学，而康德的伦理学是智性伦理学。其差别主要是从康德是要从此“理性事实”与“隐默之知”中用理性抽象出最高的道德法则，将其上升为与自然规律同等重要的自由规律。而孟子则牢牢沿着孔子仁学的思维特点发展，始终固守“伦理心境”这个基础，并不关心分析方法，也不热心讲良心本心上升为自由的规律。但在笔者看来，就康德的道德法则的来源与“伦理心境”的关系而言，其都是“理性事实”与“隐默之知”。

的普遍意义所共同作用而成的——就像离开范畴和统觉不可能做成知识一样。我们在作一个道德判断的时候，已经运用共同体中已有的意义存在，其背后已经有了意义的因素。因此，只要知性不干预道德主体的选择，不去计较利害，而任道德主体的自发性作用，那么无论其法则和标准来源于何处，都是自律道德。而“理性事实”与“隐默之知”是否可以进一步追问，不仅是伽达默尔批评康德的方面，也是杨泽波与李明辉争论的焦点。

在一定程度澄清“理性事实”和“隐默之知”的属性和来源有助于厘清楚康德实践理性和思辨理性在道德实践中的关系，有助于理解尊德性与道问学的关系，甚至能够说明儒家“内圣”与“外王”的关系。①考察道德本体普遍义的形成是如何可能的，并不妨碍其成为自律道德。是否为自律道德的标准在于：人文历史的和生活世界所形成的法则和律令能否内化为本体的真实内容，成为德性自身，德性能否即是实践的动力，也是实践的标准和法则。如果能，即是自律道德，如果不能，即为他律道德。人文历史和生活世界是不断变化的，由此内化而成的本体的内容也在不断的变化之中——虽就其进程而言是缓慢的，但此亦是本体自身的变化，本体的内容是相对的，也是绝对的——就其自身而言在不断变化，是相对的；就其在当下实践中发出命令而言，是绝对的。

---

①　杨泽波在《论“理性事实”与“隐默之知”——从一个新的视角看康德与孟子的区别》(《中国哲学史》2004年第1期)一文中，对李明辉以“理性事实”和“隐默之知”作为孟子和康德伦理学的理论起点，从而认为康德和孟子基本一致的看法持否定态度。杨泽波认为还需要追问“理性事实”和“隐默之知”的形成机制，而不认为此两者即为伦理学的绝对起点。笔者和杨泽波关注的细节不同，杨泽波主要是从“伦理心境”的角度进入，认为经验和熏习内化而为潜意识的伦理心境即是“理性事实”和“隐默之知”。笔者是从德性与知性之关系的角度考虑，认为伦理心境固然是一种道德本体，然却是道德本体的功能义与普遍义的合体，而不只是熊十力意义上的功能义。

第十四章　心性论论衡

熊十力的心性论，凸显了道德本体的功能义，但无法证成道德本体的普遍义。他花了大量的篇幅来说明人文历史的价值，但在其心性论的框架下，人文历史和社会生活终究是作为一种习染而无法在本体论中占据应有的位置，对本心而言终究是"外铄"。又由于其无法肯定现实世界的真实性，因而"我执"也无法得到肯定，导致两个问题：一是道德本体的普遍义无法证成，二是无法说明恶的来源。

第一节　性恶还是染习

本体的普遍义有发生学意义上的来源，且肯定对道德规范与价值标准的学习对于道德实践有积极意义的道德进路也可以为自律道德。熊十力试图以"转识成智"与"转智成识"来沟通经验界与本体界，似乎承认人文历史与社会生活对道德本体普遍义形成的积极意义。但一个哲学家的理论是否完整不仅要看其主观意图，还要仔细分析其理论的内在逻辑。

一　本体论中两个分裂的面向

《体用论》以老子日益、日损之学之标准，分梳了孔子与道家、佛家的工夫论。"日损之学，其精神所注，唯在人生之修养与改造，故专致力于内心之自缘与克治杂染。"①"是故日损之学，要在一生之中时时在在于心动念、举手下足乃至履万变、当大艰恒不忘反己照察，（反犹返也。俗谚云：张眼向外看人，何不返看自己？）肃清内伏之一切杂染恶根，直以猛力歼灭，无俾遗种。"②日损之学即与道家之全性保真无二。"保真者，亦谓本来清净才是真实的生命，所以须存养而勿失。"③在熊十力看来，道家和佛教都是日损之学，但佛家毕竟毁绝生命，道家托于虚无，因此其对两家的态度都有批判。他认为，只有"孔子落落实实见得即体

---

① 《明心篇》，《全集》卷 7，第 170 页。

②③ 《明心篇》，《全集》卷 7，第 173 页。

即用、即用即体，才是正确”。“故大《易》以‘大生’、‘广生’赞生命之盛大。”①因此，日损工夫不可无，但虽同是日损之学，“然衡以孔子之道，则二氏皆有重大过失，（注意）不可不救正。”②“含养心性，（性犹云生命。含养心灵，即是充实生命力。）要在日就弘实，（弘者，扩大。实者，充实。）不当专以日损为务。”③佛教和道家的日损之学在于舍弃日用，归于寂灭和虚无，因此，其理论并不肯定习之作用，经验对其生命更多的是消极意义而无积极意义。而孔子之学虽然也有日损之功，但不以日损为务，日损的根本目的在于显发和充实自己的生命力，因此孔子之学是为己之学。

为己之学不以日损为务，须肯定现实生活，而现实生活必有习染。

> 为己之学，（哲学要在反求诸己，实落落地见得自家性命，与宇宙元来不二处而切实自为，无以习害性。孔子曰：故之学者为己，正就哲学言。）无事于性，（性上不容着丝毫力。）有事于习。（修为便是习。）增养净习，始显性能，极有为乃见无为，（性是无为，习是有为，习之净者，顺性起故，故极习之净，而征性之显。）尽人事乃合天德，（人事以习言，天德以性言，准上可解。）习之为功大矣哉！然人知慎其所习，而趣净舍染者，此上智事。凡夫则鲜能久矣，大抵一向染习随增，而净习则于积染之中偶一发现耳。（如孟子所举乍见孺子入井而恻隐之心，此即依性生者。便是净习偶现。）若乃生品劣下者，则一任染习缚之长躯，更无由断。其犹豕乎！系以铁索，有幸断之日乎？故知染习流行，傥非积净之极，足以对治此染，则染习亦终不断。要之，净习若遇染为之障，便近乎断。（近字注意，净习虽无全断之理，然间或诈现，而不得乘权，则其势甚微，故已近于断。）染习若遇净力强胜，以为对治，亦无弗断。④

儒家必须肯定习染于对于人之生命的意义，无习染，则天德终无从显现。熊十力于习染中分净习和染习，肯定了净习对于生命之积极意义，而认为染习则对于生

① 《明心篇》，《全集》卷7，第174页。

②③ 《明心篇》，《全集》卷7，第176页。

④ 《新唯识论》语体本，《全集》卷3，第272—273页。

命有阻碍作用。在此，其对习染的立场是中性的，即认为习染有善有恶，所以他讲："今此不宠习以混性，亦不贵性而贱习。"①

从价值上判断，"习"在佛教唯识系统中并非是坏的代名词，习中有好有坏。在新唯识论中，习气与功能相对。在简别习气一词之前，需对功能一词再略加说明。熊十力的功能义是从本体之用的角度而讲的。"一曰：功能者即实性，非因缘。……是故我所说功能，但依实性立称，不以因缘相释。"②此语是针对护法以功能为现界之因而说，熊十力认为现界无实，故当然不承认功能为因缘。"二曰：功能者，一切人物之统称，非各别。"③是以说众生同源而讲，熊十力以此否认种子之立论，进而批评阿赖耶识系统。"三曰：功能习气非一。"④终于引出功能和习气之差别，熊十力批评旧唯识学最大谬误就在于混习气为功能，从而成为二重本体。在简别功能习气之立论中，他说："夫功能者，原唯本有，无别始起。……迹护法根本缪误，则在混习为能，故说本有外始。……若深论者，实缘有情有储留过去一切作业以利将来之欲，遂使过去一切作业，通有余势，宛成倾向，等流不已，即此说为习气。"⑤此明言功能原本而有，而习气由有情之而成，非本有。由此言，"功能者，天事也，习气者，人能也"。⑥

习气虽为后起，但人生莫不是习气，"故知习气虽属后起，而恒辗转随增，力用盛大。吾人生活内容，莫非习气。……吾人日常宇宙，亦莫非习气，……则谓习气即生命可也"。⑦人的生活其实就是习气构造而成，无此习气，则无人之日常生活，人之价值也无法安立。其最主要之表现就是贪、嗔、痴，一切染法皆依此三者而起。熊十力依心物为本体之两面来简别宋儒气质之性。他认为气依本体而起，气质所以凝成之理而谓之性，是谓气质之性，此依本体而有，由本体之功能而成，与本体之理义之性非二。就此气质之性之本然言，则其所具之理，本无不同。从此种意义上讲，气质之性与义理之性本无区别。但气质既已凝成，亦自有权能，虽为本性表现之资具而不能无偏，故不得悉如其性矣。故性乃随其气质之殊

① 《新唯识论》语体本，《全集》卷 3，第 273 页。
② 《新唯识论》文言本，《全集》卷 2，第 54 页。
③ 《新唯识论》文言本，《全集》卷 2，第 56 页。
④ 《新唯识论》文言本，《全集》卷 2，第 58 页。
⑤ 《新唯识论》文言本，《全集》卷 2，第 59 页。
⑥ 《新唯识论》文言本，《全集》卷 2，第 60 页。
⑦ 《新唯识论》文言本，《全集》卷 2，第 67 页。

而有显发与否之异。盖有气质甚美而所性之全得以显发者，亦有气质不美而所性之全不克显发者，故不能谓之同。气质之性是否如理义之性，只在其显发是否完整，完整者为理义之性，而不能显发完整者。则是习气之为。①

对于熊十力来说，性智、功能虽然为人之根本。然对于人来，却是必须面对习心和习气的。熊十力把习染分成两类：知见方面之习染与情见方面之习染。他认为知识方面之习染“须慎于防治而不可克去”，而情见方面之习染“影响最下劣”，“障蔽天明”，因此对道德实践而言，必须克去务尽。

故知此心发用壹本固有，感通莫匪天明。若心所者，则乃习心现行，（现者显现，行者流行。）斯属后起人伪。（心所即是习气。而习气者，则形生神发而后有，故云后起。人伪者，以此习气为吾人有生已来吾人一切经验之所积累，本非天性固有。唯是一团幻妄势力，厚结而不散失，故言人伪。）覆征前例：了青总相，不取顺违，纯白不杂，故是天明。虽复了青而更着顺违等相，串习所成故，足征人伪。据实而谈，心乃即性，所唯是习，根本区别，斠然若兹。心即性故，隐而唯微。（人之生也，形气限之。其天性常难表现，故曰隐而微。）所即习故，粗而乘势。（习与形气具始，故粗显。习成为机括，故云乘势。）心得所助而同行有力，（心本微也，得所助同行而微者显矣。）所应其心而毋或夺主，（心本是主，所本是伴，但伴易夺主，不可不慎也。）则心固即性而所亦莫非性也。反是而一任染数纵横，以役于形、溺于物，（染数者，即诸烦恼心所，详见下章。数者心所之别名。心所头数多故，亦以数名。）而心乃受其障蔽而不得显发，是即习之伐其性也。习伐其性，即心不可见而唯以心所为心，所谓妄心者此也。（妄心亦云妄识。）②

---

① 《新唯识论》文言本有编者注——作者在自存本上加有眉批云：“佛家说根本智及后得智。根本智缘真如（缘者知义，真如即本体），后得智缘事（事者事物）。根本智即证体之智。智虽假说为能缘、如（真）虽假说为所缘，而实则智即是如，无有能所可分。就体（如）上自知之用，假说为智。由根本智起已，方乃起后得智，缘虑一切事物。此后得智，虽行乎事之中，而随顺世间故，元无迷妄执着，所谓‘知一切法不留一切法，泯一切相而不拒诸相’是也。此后得智亦是根本智之发用是也。故曰全体即智，妙用无穷。儒者所谓‘德性之知’即根本智，所谓‘见闻之知’即后得智。”此处，熊十力认为佛家有根本智与后得智，根本智即真如，亦即儒家之“德性之知”，而后得智即是儒家之“闻见之知”。（《全集》卷 2，第 147 页。）

② 《新唯识论》文言本，《全集》卷 2，第 104 页。

熊十力虽不承认习气对于道德之积极意义，却也承认“人之生也，形气限之”。因为“习伐其性”，所以性只能“隐而微”，不得显发。

> 习之于性，有顺有违。顺性为净，违性为染。①
>
> 说翕为色，说辟为心。心主乎身，交乎物感而不至为形役以徇物。所谓辟以运翕而不化于翕也。是则翕唯从辟，色唯从心。翕辟毕竟无异势，即色心毕竟非二法。
>
> 造化之几不摄聚不至于翕，不翕则无以见辟。故摄聚者坤道也。坤道以顺为正，终以顺其健行之本性也。夫本体上不容着丝毫之力，然学者必有收摄保聚一段工夫，方得觌体承当，否则无由见体。故学者工夫，亦法坤也。②

学者工夫法坤，日常的工夫论还是需要的。即便是净习，亦不能“乘权”“取生命而代之”，因为净习亦是人力，是后起而不是本性本然，亦可能妨碍天性发用并导致人性、真性的丧失。

在《明心篇》中，熊十力说：“道德之源即仁心也。仁心之发为行动，主断以趣事变，毕竟须格物以精其知，而毋误用其仁。此乃人之自成其能，以扩充其仁而善用之，是人道所以立也。”③此只是说仁心发动、致良知便是工夫论。在《新唯识论》“功能”章，熊十力却指出：“功能者，天事也。习气者，人能也。以人混天，则将蔽于形气而昧厥本来。”④这表明，后天习得之经验知识对于道德之作用甚微，更多的是破坏之作用。可见习心在熊十力处对道德实践而言，其作用基本上是负面的。又说：“大概人之一生，其日常生活中意识活动常是旧习种子的活动占势力。旧习种，清净性者少，垢污性者多。……习种之性，无论净垢，总如机械然，其垢者尤甚。机械性之动，迷暗而已。”⑤此又将所有的习染归为“机械性之动，迷暗而已”。有学者指出：“严格地说，熊十力习染论中也有一些不明朗的地

① 《新唯识论》文言文本，《全集》卷2，第63页。
② 《新唯识论》文言文本，《全集》卷2，第42—43页。
③ 《明心篇》，《全集》卷7，第274页。
④ 《新唯识论》文言本，《全集》卷2，第60页。
⑤ 《明心篇》，《全集》卷7，第297页。

方，如从伦理的意义上说，习染是否包括五欲或五食（自体贪、后有贪、嗣续贪、男女贪、资具贪）？按照熊氏的逻辑，情意习染中应包括五贪，而熊十力又认为五贪不可全去，因而在这个意义上就不能说情意习染'必克去务尽'了。其次，善习虽然发自本心，但毕竟也是习染，如果除知见习染外都是情意习染，情意习染中就应包涵善习。此外，伦理意义上的消极性习染及一切现实之恶，在熊十力哲学中基本是个体自身活动的结果，忽视了外部社会的影响，这对于一个现代哲学的体系来说，不能不认为有欠周全。"①

熊十力一方面肯定经验知识和习心是必不可少的，并认为是否肯定知识是儒家和佛老的重要差别之一。但熊十力却不能肯定经验知识对于道德积极意义，并且认为在道德实践上凭此一功能之心的自明自识即可，经验生活可以说完全成为负面的资产。由于不能肯定作为习染的人文历史和社会生活本身就是本体的来源，因而不能从人文历史和社会生活中发掘出本体的普遍义，使其本体终究成为一功能的、无染的本心，成为一活动的功能，而不能证成其客观的内容。

二　对恶的看法及其矛盾

熊十力一方面认为习染不完全是恶的，另外一方面又否认习染对于道德本体的积极作用，其本体论无法肯定人文历史与当下社会生活本体意义。原因在于熊十力对于习染和恶的问题的区分不明确。对此一问题，看得最清楚和批评得最为激烈是梁漱溟。梁漱溟认为熊十力"在一个最根本的问题上疏了神，这就是'我执'的问题"。"我执问题何以要说是取根本的问题？因为出世间的根本关键在此。同时它也就是染或净的关键所在，乃至亦是善或恶的关键所在。"②梁漱溟例举熊十力对善恶问题的说明如下：

> 例如《明心篇》第一七五页先见有"善恶矛盾之故将于何处寻求"句，循文向下寻去，至一五九页又见有"善恶之矛盾何在，今不得不一言"句，似乎要要说了，却终未说出什么。直到一六二页乃有：
>
> 人皆有是心，而不幸甚易为形气的独立体所锢蔽；独立体既成，便自有

① 陈来：《熊十力哲学的明心论》，《熊十力全集》附卷下，第13—20页。
② 梁漱溟：《读熊著各书书后》，《熊十力全集》附卷上，第754页。

权能，故其锢蔽仁心也甚易，而仁心之发露颇难。

这话似乎透露了一点的意思。再往下看到一六九页：

（上略）综上所说，善恶矛盾之所在本不难寻。本体不能只有阳明的性质而无阴暗的性质，故本体法亦有内在的矛盾，否则无法变动成用。

再向下看到一七七页：

善恶互相违，本乎乾之阳明与坤之阴暗两相反也。

前后印证，其大旨岂不可睹。再从《乾坤衍》一书寻去，第二卷第八九页有：

乾道大明始终，无迷暗性。（中略）《坤》卦言坤，先迷失道。与佛氏无明之论可相通。

到第九四页和一一四页便更明白：

余以为人生丧失乾道，至而下坠，或陷于滔天罪恶，而寻其恶根，无非随顺躯壳起念而已。躯壳坤也，随顺躯壳即随顺坤阴。……人之惑也，皆以身躯为小己，惟顺承坤阴。逞其迷乱耳。

人皆执此坤阴之身躯以为自我，所谓小己是也。人之有私欲、私意、私见，造无量罪恶而不自觉，试求其故，无非阳明先生所云“随顺躯壳起念”而已。①

从梁漱溟拣择出来的材料看，熊十力将恶说为“坤之阴暗”，而与“乾之阳明”相对。梁漱溟由此批评熊十力坐实了恶。“熊先生自矜创获，其实并不高明，曾不出乎‘心为形役’那句老话。甚且毋宁说是个失败。何言乎失败？熊先生以乾阳坤阴说明人生善恶之所从来，虽自称非二元论，却明明说本体性质复杂非一，岂不坐实了人生之有其恶的一面？恶非实有，你坐实了它，宁非失败？”②熊十力认为本体具有复杂性，在《明心篇》和《乾坤衍》中更说“坤阴是迷暗性”。坤本身即为本体的一种功用，是本来就有的，照此，迷暗性是本体所固有的，熊十力将此迷暗性说为恶。因此，梁漱溟批评他“坐实了人生有恶的一面”。恶成为熊十力所论本体的一个面向，即本体有善的面向，也有恶的面向，故成大谬。

---

① 梁漱溟：《读熊著各书书后》，《熊十力全集》附卷上，第755—756页。
② 梁漱溟：《读熊著各书书后》，《熊十力全集》附卷上，第757页。

梁漱溟认为,“无明非实有物,只是说一时失其明而已。惑妄宁有所据,只是一时的迷惑而已。熊先生却坐实了它,要根究其所从来,且自矜创获,焉得不失败。设若他于佛家所谈我执问题有所领会,当不致有此失。他总怪佛家以迷暗说人生,深不谓然,就为他在我执的问题上疏了神,熟视而无睹,岂不显然”。①“我执”不是实物,即不是本体的面向,因而也不是坤阴或坤阴所生起的,不能说是本体本有的功用。熊十力一方面将执说成是习染,不是本有的,一方面又说习染是本体之“坤阴是迷暗性”,而坤阴是本有的,因此矛盾重重。产生此种矛盾的根源,梁漱溟认为是熊十力未能区分“俱生我执”和“分别我执”。梁漱溟说:“佛氏之教,岂有他哉,唯在破除我执妄情而已!然而有我无我,其间深浅层次甚多甚多。先应知道‘分别我执’而外,更有‘俱生我执’在。我执与生俱来,曾无间断之时。非独人醒时意识中有我,就在闷绝位中亡失知觉,我执犹自隐隐恒转不舍。又非独于人有之,一切有生之物可以说都有我执在。众生设无我执,也就没有众生了。我执是其生活、生命之本。”②“俱生我执”是本有的,也即是“先天”的,一切众生都有“俱生我执”,此为现实生活成立之根本条件,因此也可说为“生命之本”。若此种我执没有了,则整个世界也没有了,所以此种“俱生我执”本不应破除。但在“俱生我执”的基础上而起的“分别我执”,则是另外一种执。

通常,人们在“俱生我执”之上又妄起“分别我执”。“俱生我执”可以从俗说为“先天的”,只不过是染污,尚不成其为恶。而“分别我执”起于后天,往往局限于一身或接近其身者,则是自私成为恶之肇端了。一般动物依“俱生我执”靠本能生活,行乎其所不得不行,止乎其所不得不止,所以说不上什么善恶。而善恶问题只有在人类才可分别,因为唯独人类在生物进化过程中发达了理智,所以不因循本能而生活,必须以后天意识分别为主。意识既可以作这样分别,又可以作那样分别,亦且可以少作分别,或不作分别,甚或反转来破除自己的种种之别,人之自为局限,情分内外,视乎其如何分别而局量大小不同。局量愈大者,其自私为恶愈以差降而接近乎善。假如少所分别(局限),或不作分别(局限),以至破除自己的种种分别(局限),便可能达于情同一体,同而不隔之境,那便进于善而没有恶了。“分别我执”是在“俱生我执”的基础上产生的,是起于后天的。这种我

① 梁漱溟:《读熊著各书书后》,《熊十力全集》附卷上,第759—760页。
② 梁漱溟:《读熊著各书书后》,《熊十力全集》附卷上,第759页。

执即是“局”,可局限本来的自己,以自私为用,虽然“俱生我执”不是恶的,但“分别我执”却是恶的根源。“俱生我执”是人之所同,“分别我执”是人之所局,因而破执最根本的是破除“分别我执”。梁漱溟认为,“恶起于局,善本乎同。人之有恶为后天之事,人之有善,却本乎先天”。[①]先天的“俱生我执”本不是恶的,恶只是后天的“分别我执”造成的。因而,需要区分“我执”的不同含义,才能说明恶是如何产生的。

因熊十力不能肯定“俱生我执”,则作为习染的自然欲望和社会生活就无价值与意义。他又认为习染本身即是“坤阴”之性,则习染有本体上的来源。按此逻辑,则现实中的人无不本有恶。本体既有善,又有恶,这还是他哲学建构的本意吗?由于熊十力在本体的立论上无法肯定人文历史和社会生活对于本体的作用和价值,因而无法建立起完整的本体论。虽然其在主观上试图肯定人文历史和生活世界与道德本体的关系,但其理论体系无法开出道德本体的普遍义,也无法说明恶的真正来源是什么,反而坐实了恶,在理论上造成了巨大的偏失,是为可惜。

第二节　呈现如何可能

熊十力的工夫论以对“良知是呈现”之确立为基础。这种工夫论在现代哲学的背景下很有局限性,学界对此也无清楚的说明。牟宗三引入康德哲学的“智性直观”这一概念对此一功夫论加以解释后,又引起了更多的争论。

一　熊十力的工夫论

熊十力的本体概念向我们展示了道德本体的功能义,即道德主体与道德自我之自发自觉。有此自发自觉,方能成就儒家尤其是心学的道德实践,并通过此本心之自发自觉而涵摄万有,赋予宇宙万物以道德的意义,从而说道德本体创生宇宙,存有万物,证成道德的形上学。这一进路以体证、反求、当下呈现等方式为工夫,来达到对本体的体证和把握。本心之开显,即是当下呈现,当下即是。此一路向的理论根据即在于本体本心是“天之所与我者”,生而有之,只需返本即可。但人的道德意识,却是广义教化即社会生活所熏习而成的。通过对道德本

① 梁漱溟:《读熊著各书书后》,《熊十力全集》附卷下,第761—762页。

体的普遍义作发生学考察，可以发现，教化对于本体普遍义的形成，具有极为重要的作用。

在熊十力本体论模式下，道德实践只是“复初”。单纯“复初”的思路是由其理论的内在逻辑而决定的。

> 然人之有生，不能无惑。盖当其成形禀气之始，而忽然执形气而昧其本来，是谓之惑。（**本来面目是不落于形气的，是无私的，是无所染执的。**）此惑既与形气俱始，则辗转滋盛，益以私其形气而小之，终乃执形气愈坚，日与物化而莫之御。①

从宇宙生成之始就是气之流行，到人之形成，气对人之道德实践有痼弊作用。本体本是无滞碍的，是有生生之德的，那么破除痼弊而显发生命力之创新，就只在“复初”。

> 故创新者，乃于戕贼之余，反求其本有生命力萌蘖仅存者，即本心微露处，如孟氏所谓“夜气之存”。（**夜气之存，只是昏扰乍平，本心虚明体段忽然微露，此生命力不容遽泯耳。**）斯善端之著，在易为《复卦》初爻一阳尚微之象。体认乎此而扩充之，保任之，由此精进而不息，则寖长而充实矣。涵养而常新，则日盛而光辉矣。就其充实谓之创，就其光辉谓之新。②

如梁漱溟所说，“他自己确曾见体也”。梁漱溟引用了熊十力如下一段话证明：“夫证会者，一切放下，不杂记忆，不起分别；此时无能所，无内外，唯是真体现前，默然自喻。”③梁漱溟说“这话未曾见体者不能道得”。在梁漱溟和熊十力看来，体是可以亲证的。熊十力在此处虽然讲要保任善端而扩充之，然在他的理论中，经验知识本无积极意义，此扩充就只能由此善端而明本体之德，而充周乎身。此即是熊十力的工夫论，也为他展现落实本体之德的唯一方式。但此“复初”之工夫如何落实，却是无法论证或阐明的。“复初”就在见体，但熊十力虽主张见体却

---

① 《新唯识论》文言本，《全集》卷2，第85页。

② 《新唯识论》文言本，《全集》卷2，第87页。

③ 《十力语要》卷三，《全集》卷4，第437页。梁漱溟之文见《熊十力全集》附卷上第766页。

亦无法理论上的予以阐明。他把见体之方法论留给量论,而量论未作,并不是其不为也,而是其不能为也。

本体之功能义无客观性,在实践上无任何普遍的价值意义可言,征体方式也无任何经验和知识上的普遍性和有效性。杜守素就认为,实际上并没有像熊十力那样根本和量智不同的"性智",他归纳了熊十力对性智的阐述,然后说:"所谓'获得实证'的方法大概:——就是(一)'把本心和习心察识分明';(二)'涤除一切情见'妄念,'不要任习心起来障碍了他';(三)然后把意识'渐渐引归此路(证会)',便'能证入所证,冥冥契会',而获得'绝没有能所和内外及同异等分别''境界'。"①此一批评虽然刻薄,却几乎消解了熊十力关于性智的立论。郭齐勇也说:"熊十力'以心为本''体用不二'的原理,是不许怀疑,只能周而复始地推演出来第一原理。严格地说,它是不需要论证的。因此,熊先生的所有著作,都陷入这种不需要论证的'体—用—体—用'的循环推衍的圆圈中。不能说完全没有清楚、分明的步骤,然而也确实包含有一些非理性的独断。"②此种方式言说本体之功用当然不易被人所接受。熊十力之问题,也是心学之问题。

心性问题是儒家哲学最重要的问题,或至少是最重要的问题之一。从孟子始,经过宋明儒到现代新儒家,心性问题一再被提出,且争论不断。在这些争论中,"天理如何可能的"成为一个最根本的追问。这个问题在一定程度上影响着儒学乃至中国哲学的合法性的存在。由于心性问题本不属于经验知识的问题,却又总是和经验知识不能分开。由于在理论上无法说明"理"如何可能,而只能含混地说"心即理",造成了诸多的困扰。熊十力在探讨这一问题时引入了佛学的基本概念,试图做一基本的区分,但由于其对本体的功能义与普遍义不能准确把握,造成本体论与宇宙论的含混。牟宗三引入康德哲学欲解决儒家心性论,花费了巨大的力气,在概念的界定、逻辑的论证等方面做出了极大的贡献。但同样由于其对本体之普遍义把握的偏失,走的也是熊十力的老路,造成了诸多的误解和问题,近年来的哲学界对其论证之合理性也提出了很多的质疑。

如果说,儒学在应对佛学的挑战中,藉助佛学与其他的思想资源,基本上还是稳住了自己的阵脚,那么在应对西学的挑战中,却还在试图努力稳住阵脚的过

---

① 杜守素:《略论〈新唯识论〉的本体论》,《浙江学报》1947 年第一卷,第二期,又载于《熊十力全集》附卷上。

② 郭齐勇:《熊十力思想研究》,第 95 页。

程中。这个过程需要多久,成效如何,目前还不得而知。放在一个更宏大的视野来看,西学对国学的挑战比佛学对儒学的挑战无疑更为严峻,其挑战不单纯是价值观上的,还伴随有物质的生产方式、严密的知识论体系、严谨的社会制度与相对普适的价值观念,无疑产生了远大于当年佛教对儒家的冲击力。另一方面,在面对西学的挑战中,传统的儒家知识分子不是无所作为的。熊十力无疑是传统儒家在近现代的最典型的代表。其构建本体论的指向无疑是针对西学的,但其构建方式却依然是传统的。如果要说熊十力以传统儒家立场构建本体论的最大突破是什么,无疑是本体论与知识论的区分。其境论与量论、智与慧、本心与习心等概念的区分已经明确地划分了本体论与知识论,这点在传统立场的儒家知识分子而言,是难能可贵的。之所以说其构建方式依旧是传统的,是就其论证方式而言,这从其自己的表述中可以看出,更从其境论——《新唯识论》对本体的论证方式可以看出。熊十力区分了境论和量论,而对量论却无有着墨,这不是其不为也,而是其不能为也。如果我们接受康德的思路,那么从严格意义上讲,熊十力对本体的把握还是未能跳出传统的框架。熊十力在其境论中构建了一个本体——宇宙论的模型,其翕辟成变、生灭灭生的本体特征却正是严密的逻辑与经验直观所无法把握的。从这个意义上讲,熊十力的立论依然了沿袭《周易》与心学的思路。正因为如此,笔者在此将其称作传统的儒家。其实熊十力的困境正是心学之困境的最集中表现,在一个中西文化相互碰撞的时代,这种困境就表现得更为明显。

二 "当下呈现"的争论

牟宗三欲藉助西学尤其是康德哲学的资源,来解析儒家心性论。从效果上讲,牟宗三的立论方式已经部分摆脱了传统的儒家立场,而更接近于现代哲学逻辑理路。这里讲的只是牟宗三的立论方式更接近于现代,而非其思想本身。牟宗三的思想本身无疑还是传统儒家的,尤其是其讨论的根本问题立足点与理论的根本特征与熊十力是一脉相承的,只是就其论证的方式而言,牟宗三更为现代。①从

---

① 徐复观认为,熊十力和唐君毅所建立的形上学与孔子的性格无关,因为熊十力是透过阴阳概念,唐是藉助古希腊哲学的资源来建立形上学(参见《中国思想史论集续篇》,第282—283页)。牟宗三则更多地是从良知本心的角度来谈形上学,其形上学的基础更多地为心,有着相当程度的合理性。但牟宗三的道德的形上还是有客观的面向。

这个意义上讲，牟宗三为儒学尤其是心性论做了开创性的工作。牟宗三承袭宋明儒学与熊十力的基本思路，区分心体与性体，以性体的客观性保证心体的客观性，却依然对性体的客观性如何可能这一问题不加说明，性体终究成为其理论的设定，而无有客观性的保证。本来，如果就性体本身的客观性而言，其即为道德本体之普遍义，其有人文历史与社会生活的发生学意义上的来源，性体非真是“天之所与我者”，而只是一社会意义的存在。性体涵摄此意义的存在，并包含道德主体的自发与自觉，为主观的方面，其客观性是由性体的而得到保证。但此保证为社会意义上的，非宇宙论意义上的。宇宙论意义上的性体为境界的，而非实然的，其是道德主体将道德意义赋予宇宙实体方得可能，熊十力的宇宙论虽带有生成论的色彩，但依然有存有论的意义，可以证成道德的形上学。牟宗三依然对此不加说明，只讲由性体保证心体的客观性。正是如此，其用康德哲学解释儒家传统理论引起了诸多的争论，其中最集中的一例就是用康德的“智性直观”（智的直觉）解释熊十力的“当下呈现”。

康德提出智性直观这一概念的用意有三：第一，智性直观意味着一种虽然人类并不具有、但并非没有可能由别的存在者具有的直观，尽管我们并不能看出这种直观的可能性；第二，智性直观有能动的自发性，能够单凭自身而提出概念（范畴），作出判断，对感性的杂多进行“统觉本原的创造”；第三，康德认为智性直观是“本源的直观”（原型的智性），而感性直观为“派生的直观”（模仿的直观），人类“学习”的目的就在于逼近“人类理性的最大运用”，以达到那种“原型的智性”。①

“当下呈现”是熊十力所指的道德本体自己呈现而成道德实践的工夫，是说道德主体将道德认识内化为自身的道德准则，发出实践的命令，此命令当下即是，无可隐遁。牟宗三用“智的直觉”说儒家的思维方式时，并未直接点名此是接熊十力之“当下呈现”，但就其理论值的内在逻辑而言，是指向“当下呈现”无疑。牟宗三认为儒学超过了康德，一个重要的依据就是康德认为人没有的智性直观（智的直觉）在中国哲学里是很圆熟的。他批评说：“当康德说自由意志（自主自律自给法则的意志）是一‘设准’，吾人既不能以感觉直觉知之，而吾人亦无一种智的知觉以知之，是以他总不能被认知，因而亦总不是一具体的呈现，当

① 参见邓晓芒：《康德哲学诸问题》，第61—65页。

其如此思维时,他是把自由意志只看成一个理性体(纯粹的实践的理性,毫无感性经验的成分,如此笼统说之为一理性体自无不可),而忘记意志活动就是一种心能,就是本心明觉之活动。……是以当本心仁体(自由意志是其良能)随时在跃动,有其具体呈现时,智的直觉即同时呈现而已可能矣。只有当把自由意志只看成是一孤悬的抽象的理性体,而忘记它本身就是一种心能,就是本心仁体之明觉活动,才认为智的直觉不可能,不能为吾人所有。"①牟宗三力破康德的对智性直观之限定,而认为在儒学的传统中有一康德所说的智性直观,即牟宗三所说的"智的直觉",而这一直观就是"逆觉体证",就是当下呈现,由"自觉"而"觉润万方"。

牟宗三此论在学界争议颇多。邓晓芒指出,牟宗三在用康德"智性直观"概念的时候,存在着以下问题:一是翻译上的问题。使用英文 the intellectual intuition 翻译德文 die intellektuell Anschuauung 本身就是有问题的,德文词 Anschuauung 本身有"观看"、"旁观"的意思,但没有包含"灵感"的意思,而英文 intuition 则还包含"灵感"的意思,但却没有"观看"、"旁观"的意思。牟宗三翻译康德的《纯粹理性批判》时以英文版为原本,其翻译上隐藏着陷阱。即将康德意义上的智性直观理解为一种无对象的、因而不可"观"、只可"觉"的内心体验,因而成为直觉而非直观。二是牟宗三把"智的直觉"归结为上帝的一种功能是对康德的错误理解。在康德处,上帝存在的理性证明已经不可能了,上帝存在不存在,本身是个"悬置"的问题。因此上帝是否有智性直观,本身并不可被证明,因为上帝存在本身就不可证明。而在牟宗三那里,智性直观被视为上帝的一种能力,而且我们确知上帝有这种能力。牟宗三由此问题引出诸多认识上的问题,比如康德哲学为神学,"上帝只创造物自身,不创造现象"等等问题。邓晓芒断定牟宗三承认人有智性直观是一厢情愿的独断,而未经过理性的审查。在邓晓芒看来,"智性直观"和"智的直觉"的区别在于:前者是反思性、对象性的,后者是非反思、非对象的;前者是自在之"有"(虽然对于我们的知识是"无"),后者是自在之无(虽然这相也有"无相之相",称作"本体");前者指向一个永远追求而不得的理想目标,后者是一个"当下即是"的起点;前者是经过批判的审查而留下的剩余,后者是未经批判而预先假定的前提;前者看似不能"稳定",实际上没有什么可以触

---

① 牟宗三:《智的直觉与中国哲学》,《牟宗三全集》卷20,第249—250页。

动它，后者好像“稳定得住”，其实经不起质疑和批判的眼光。可见，这两者只是表面上相关，细究起来，却完全是两股道上跑的车，根本不搭界。[①]

那牟宗三为何肯定“智性直观”呢？李明辉为其作了辩护。李明辉认为，一般学者认为在康德那里，“物自身”基本上只是一知识论的概念，一方面表示现象之所对，另一方面亦表示其界限。[②]而在牟宗三那里，“物自身”不仅仅是一个事实概念，而且是个有价值意味的概念。另外一方面，康德哲学的两项基本预设就是现象与物自身先验的区分以及人之有限性。正因为物自身并不仅仅是一事实概念而且为一价值概念，而康德又不承认人有智性直观，则“物自身”这一概念在康德那里就仅为一形式，而无实义，并不能稳住物自身。如果我们承认上帝有智性直观而为无限的，那么物自身是否如上帝一样是无限的呢？如果“物自身”也是无限的，那“物自身”就如上帝一样了，这当然不能得到康德的肯定。但如果“物自身”非为无限的，那其是否在时空之中呢？如果是在时空之中，又为何不能为我们所经验呢？因此，为了稳住“物自身”的概念，并且极成“物自身与现象之区分是主观的”之义，牟宗三要求我们承认可于有限物上说其无限性，即须承认我们具有自由的无限性(即智的直觉)。在牟宗三看来，通过儒家的良知本心最能彰显无限心之无限性，因为本心良知是指具有自由的道德主体，而道德主体的自由正是我们了解这种无限性之关键。[③]牟宗三将康德的上帝、灵魂不灭和意志自由的三个设准全部归结为意志自由的设准，“而为了充分证成自由的积极意义，他进而肯定自由可透过直觉而呈现，而不仅是只能通过道德法则间接肯定的设准。他一再强调：自由不是一设准，而是一呈现。呈现须靠直觉，而呈现自由的直觉必为智的直觉，因为自由不在现象界之中”。[④]李明辉的解释已经表明，牟宗三所使用的“智性直观”概念已经改变在康德哲学中的本来含义，对其“物自身”概念也与康德哲学不一样的解释。因而用康德哲学的本来意义来批评牟宗三似乎又有“隔山打牛”之感，所以又必须注意康德与牟宗三所言的“智的直觉”

① 参见邓晓芒：《康德哲学诸问题》，第303—318页。

② 就康德哲学的物自身而言，应有对应于现象的物自身与对应于价值的物自身两层含义。此处物自身一词，为康德所言的本体(Noumena)，中文亦有翻译为“物自体”者。本文就牟宗三所论言物自身或物自体，实乃同义。

③ 参见李明辉：《当代儒学的自我转化》，第27—33页。

④ 李明辉：《当代儒学的自我转化》，第43页。

一义的区别。①

牟宗三以“智的直觉”来体证道德本体，固然是传统儒家的基本理路。但考察本体一词的基本内涵后就会发现，牟宗三以“智的直觉”来把握本体之理路，在现代的哲学语境下，似无太大必要。本体一词，是功能义和普遍义之合体。就功能义而言，其是主体的自发性，必然表现为以范畴统一现象和经验，并发出实践的命令。就普遍义来讲，其是社会性的存在，当然有经验意义上的伦理学范畴。既然本体为普遍义和功能义的合体，那么只有在运用时我们才能知其存在，也只能从经验规范与知识中寻求其意义。离开所谓人文历史和当下生活，无可探求本体的意义之可能。虽可说理性自己认识自己的法则，但那是从事实中的剥离——即便剥离也是以人文历史和当下社会生活为背景的。康德意义上的智的直觉，乃表明本体自己认识自己，不需要具体的境遇。但道德本体脱离历史和社会生活等具体境遇，则本身亦无意义。如果我们硬要讲本体能认识自己，只能说我能直觉自己的自发性，但离了具体的境遇，自发性也无从谈起，因为无境遇，自发性就无法体现出来。说本体具功能义与普遍义，是从经对经验的法则以及道德实践抉发出来的，是一演绎的结果，而非直接设定的前提。仅就这点而言，牟宗三与康德所言的智的直觉就不是一个概念。

再者，说感性直观之成立，是从知识成立之条件而言，知识的成立须有对现象的感性认识，因此需要有“感性直观”。而康德“智性直观”与“感性直观”相对，是说如果能认识现象背后的物自身，则须有“智性直观”，即使这一直观的方式成立，其对象也是与感性对象相对的对象，而无道德本体的意义——当然，对道德本体意义上的物自体——上帝、自由和灵魂的直观可能也属于这种直观。在康德哲学的意义上而言，即使这种直观能够成立，也无须依赖于经验与现象。而在儒家，说“当下呈现”之直观的成立，须肯定当下社会生活，因为呈现的内容必然为天理——此天理为人文历史与当下社会生活的意义掘发。但如果“智性直观”的对象是价值意义上的社会存在的话，那就无从得知此“智性直观”是否成立，因为社会存在本身并不是如康德哲学中与现象相对应的物之在己自己的自在的存

① 李明辉的《当代儒学的自我转化》一书于 1995 年在台湾出版(2001 年由中国社会科学出版社在大陆出版)，邓晓芒批评牟宗三的文章在李明辉此书出版之后。即使没有李明辉的说明，牟宗三对康德哲学“智性直观”一词基本含义的改动也是应有之意，尤其是在《现象与物自身》一书中，牟宗三已经充分表明了对康德哲学批判继承的态度。

有，而是从经验中抉发出来的，是一演绎的结果。即意义本身不是现实的——用现实一词似乎也不妥，那“智性直观”的有无是无从考察的。因此牟宗三说“智的直觉”为道德本心本体之呈现似乎也有不妥。

三 心学工夫的理论说明

在牟宗三那里，“智的直觉”有两层意思：一为“自觉”，一为“觉他”。前者是说我们人类对道德本心可以有智性直观，后者是说我们人类对外部对象可以有智性直观。杨泽波分析了“自觉”在牟宗三哲学中的意义以及康德和近现代西方哲学在这一问题上论述，站在儒学的立场而肯定了人可以有智性直观，此即为“自觉”。康德以“我思”作为认识的逻辑起点，而“我思”只是与感性直观相关联，只是知识的条件。因而“我思”只是作为一种现象向我呈现。因为“我思”不具备智性直观之条件，即不能认识物自体，因此也不能认识“我思”本身。牟宗三的问题在于：作为先验统觉意识到的自我，与作为本体的“真我”究竟属于什么关系？在牟宗三看来，只有守住一个“真我”才能有其根基。而“真我”依儒家传统即是本心之仁或曰道德本心，对于“真我”的思维方式是智性直观，只有运用智性直观才能认识“真我”，这种智性直观只是一心之体会，一心之朗现。这是康德不承认对“我思”可以有智性直观，而牟宗三却坚持一定要对“真我”有智性直观的根本原因。牟宗三与康德争论源于“真我”与“我思”的本质上的不同。儒家的道德本心是有具体内容的，是一个实体，有认识能力，可以自己认识自己。在牟宗三看来，这种自己认识自己的方式就是智性直观。康德之所以认为对“我思”没有智性直观，是因为这种“我”只是认识过程中的一种逻辑机能，这种机能不含有任何的具体的内容，只负责在经验形成过程中将经验材料加以统合整理，以形成知识。既然“我思”只是一个逻辑的我、一种思维的机能，内容上是一个空、一个无，对于这种空这种无当然就不可能有什么智性直观了。康德之后，西方哲学又在一定程度上承认了智性直观，费希特、谢林、胡塞尔和海德格尔在不同程度上肯定了智性直观的存在。①

此“自觉”是否就是牟宗三所说的“智的直觉”，还是有疑问的。“觉”无疑是一种直觉，此直觉是遇事而发现自己内心的命令。在此一表述中，“遇事”二字是

---

① 参见杨泽波：《牟宗三“自觉思想”的理论意义》，《复旦学报》(社会科学版)2006年第5期。

极为重要的，遇事即有具体的境遇。如果无具体的境遇而发现自己内心的命令，此与阳明后学的工夫论无异。但牟宗三用康德意义的智性直观来说“自觉”，就已经将“自觉”的意义扩大化。康德意义上的物自体，有消极的含义和积极的含义两层：就消极的含义而言，其是感官对象在其自身；就积极的物自体而言，是实践理性的课题，是至善得以可能的保证。前者应为一事实的概念，而后者则为一价值的概念。而牟宗三则只就康德对物自体作为一个价值概念而说，其消极意义被牟宗三一笔抹去。本来康德讲如果有一个智性直观的理性存在者，应该可以直观物自体，此直观应包含消极的物自体与积极的物自体两种含义，而牟宗三只讲后一种含义。因此，其对康德智性直观之运用缩小了康德本来意义的范围，而对儒学而言，又扩大此一方式使用的范围——就康德哲学意义上的智性直观而言。如果牟宗三讲智的直觉只是在其理论范围内讲，不牵扯到康德哲学，尤其不要去谈康德的物自体思想，此对儒学似乎也无太大问题。牟宗三要讲智的直觉为心学的思维方式，那么其必须承认此与经验相关，因为道德本体的“当下呈现”须在一定的境遇中方得可能。这样的话，“智的直觉”与康德意义上的智性直观，则完全是风马牛不相及。良知之觉必须在境遇下而有，此觉即本心的自发性。遇事时本心之自发性运用本体之普遍义在具体境遇之中，此境遇与经验为本体呈现的条件。

良知觉要在具体的境遇中遇事才有可能，在康德哲学中则可以有另外一种解释。谢遐龄认为，牟宗三误读了《孟子》，把“心之所以同然者何也，谓理也，义也。圣人先得我心之同然耳”(《孟子·告子上》)一句之“同然”误解为实践理性之功用，而实则为直感判断力(审美判断力)之功用。此问题非常关键，关系到中国道德哲学中之道德的本心如何定位，是将其放到实践理性中加以考虑，还是放到直感判断力中加以讨论。显然，谢遐龄的思路是后者，其从康德、伽达默尔之共通感理论来说明天理之来源，而认为天理来源于众人之判断，即来源于共通感。谢遐龄认为，朱子和阳明所说的“体认”、“体究”，全属使用直感判断力或曰反思性判断力。牟宗三认为此是直觉，是正确的。可惜的是牟宗三将此归到实践理性，说为智性直观(智的直觉)。如果将此直觉说为直感判断力，就能把握解说中国道德哲学的心之能力。①

① 参见谢遐龄：《直感判断力：理解儒学的心之能力》，《复旦学报》(社会科学版)2007年第5期。

阳明所言良知即孟子之心，那良知之“知是知非”亦是“同然”之知。良知乃“未发之中”，如何“发而皆中节”，此须调停适中，调停适中，须良知的监督和判断，要监督须先判断，调停适中，即是判断。依康德，判断可理解为依照普遍原则理解个别行为，即运用从普遍判断个别的“规定性判断力”；也可理解为面对个别情况判断的“反思性判断力”。但即使前一种判断也离不开“反思性判断力”。故调停适中运用的是直感判断力。圣人“制礼亦须求之于心：盖古今异俗，不可泥故，须顺良知以制之，亦直感判断力也”。①“阳明终究未废今王综观天下众庶之情。这就是说，归根到底不可废圣人与众庶人情协调一致。因而不能不是直感判断力。”②“牟先生极力主张‘智的直觉’，良知仅仅返照自身，意在除去与众庶协调之关键环节。盖有此环节，则判断力为直感的（感性的）；去此环节，则判断力为智性的，故立智的直觉在逻辑上才是坚实的。”③顺良知以制定之，并不是说仅有良知便是足够的，还须考虑“众庶之情”，此即是境遇，一说到境遇，便已不是智的直觉，而是直感判断，因此良知之呈现即是直感判断力之运用。

说“当下呈现”不是康德意义上的智性直观和智的直觉，并不否认传统儒学的工夫论的意义。只要承认儒学的体认、体证、反求诸己等思维方式只是在具体的境遇中才得成立，那以此自发性说自觉便是可以成立的。体认、体证、反求诸己为遇事而求于己，求于自己的本心，是本心本体与外在境遇作用时呈现道德法则，并以此法则发出道德命令，此即直感判断，而非“智的直觉”。从理论上肯定“智的直觉”之存在，是牟宗三道德的形上学构建之工夫论的基础。牟宗三借用康德哲学的资源，又对其加以批判性的阐发，其用意可叹。虽然熊十力并没有使用“智的直觉”一词，但牟宗三意义上的“智的直觉”实为熊十力“当下呈现”的工夫论的本意，这从其对经验与知对道德实践持基本否定的态度可以看出。就儒学本身而言，肯定心学的体征方式甚为要紧。但体证工夫非是“智的直觉”，而是道德本心本体的自发性。基督徒由祈祷而得到来自上帝的指引，穆斯林倾听真主的训示，都是遇事而言，非有离事而有上帝、真主的命令。就传统儒家而言，则是遇事而倾听天的命令，亦即倾听自己内心的声音。因为内心的命令是心体认到的，故也可说自己认识自己，可说自觉。可见，体证工夫不能因智的直觉之不

---

① 谢遐龄：《心即理辨》，载《云南大学学报》（社会科学版）2008年第4期。

②③ 谢遐龄：《心即理辨》。

成立而否认其可能性。

第三节 内圣强外王弱

内圣是为了成就个体之生命价值与理想人格，外王是以此人格为基础向外扩展，达至齐家、治国、平天下。内圣与外王是个体生命价值体现之两面。讲内圣，须要道德主体与道德自我之挺立；讲外王，须在当下社会生活中讲一定程度的事功与实践，对他人与社会施加一定的影响。然施加一定的影响必有知识上之要求，对外物之肯定不仅可体现道德主体与道德自我之普遍性的价值的实现，同时亦可对于内圣有相当程度的影响。孔子仁学之结构可划分为三层，即：欲性、智性与仁性，从道德实践上而言，又将欲性说为自然之质，将仁性说为道德主体与道德自我之自发自觉，那智性在此层面就可被理解为道德本体的原理义获得的能力。就此而言，智性一层相当重要，是为内圣和外王相互转化的关键环节。

康德以后，都可将认识事物的能力说为知性，在知识论意义上说为概念的能力，在道德实践上则可说为获得普遍的道德法则的能力。因为知识之概念与道德律都需有普遍的可接受性之要求。就本体的普遍义方面而言，就是要求道德实践有这种普遍的可被接受性与认可性之意义，由此方可说普遍的道德价值，方可说"内圣"转化为事功。因此，道德自我不仅要保任自家本有的良心本心，也必然有知性之要求。孟荀之争与朱陆之争，都是在孔子仁学基础上的内部争论。成中英指出："过去对于荀子有所误识，今日在更客观更深刻的关照下，荀子也可说是古典儒学的最后砥柱，不可不加重视。何以故？因为荀子作为先秦最后的儒家，他所观察到的人性现象是有极大的经验认知意义的。"[①]"事实上，孟子也注意到'荒岁多凶民'，故不能不用理性知识、教化制度，甚至刑法规章来改变社会环境，来转化个人的心态与发掘理性控制欲望的能力。"[②]可见，儒学内部理论的两个发展趋向是不可分离的。就孔子之仁学而言，其本身就既重学又重思，既

---

① 成中英：《儒家的精神性——终极本源性、内在创造性、整体实现目的性》，《当代儒学与精神性》，第 36 页。

② 成中英：《儒家的精神性——终极本源性、内在创造性、整体实现目的性》，《当代儒学与精神性》，第 37 页。

重知又重行的。无论是孟子还是荀子,朱子还是象山,都没有继承孔子仁学的完整理论架构。

熊十力无法证成本体的普遍义,可说其哲学有知性之缺失,乃从判定其思想与心学属于一脉而言。熊十力量论不作,不是其不为也,而是其不能为也。《新唯识论》文言文本早在20世纪30年代初就已经完成规模,是为境论。而后他花大量的精力疏解《新唯识论》文言文本为语体文本,之后又有删定本,更有《读经示要》、《体用论》、《明心篇》、《乾坤衍》、《原儒》、《十力语要》、《十力语要初续》等著作问世,而不见其《量论》问世,可见一斑。他虽然继承并改造了佛家之唯识思想,但只是把此思想放在建构境论方面,而于旧唯识学在知识论上的精密义理无所发挥。他只说万物为心所变现,而对其中如何变现之逻辑理路却无说明,对于知识之如何可能也无理论上的阐述。他建立的新唯识论正如他自己所言,是一套玄学,而不是一套知识论。他只讲"即体即用"、"即用即体",而对于"用"之规律无所阐明,其"用"只是停留在本体之流行,对于现象界之规律无所肯定。熊十力批评佛学从坏的方面看人生,其构建的理论本身却否认了现实世界的真实性,否认了现象与经验的积极性,这正可能如其批评的佛学一样——现实世界是滞碍,是否定性。"当代新儒家自熊十力开始到牟宗三都有尊王贬朱的倾向,乃至由于过度强调'万物皆备于我'的反身而诚,而疏忽了'诚之'的内外兼顾的双重性,也忘了去真正开发陆象山所说的'宇宙即我心'与'我心即宇宙'对立的深厚涵义。①连象山本人也未能进一步思考此一大体认识的重要所指。"②

在新唯识论中,真我只在那离现象而存在的本体界,现实之社会制度、人文历史、文化教育的价值、人对自然社会之改造的意义不得体现。熊十力认为中国文化亟需量论、亟需知性,已经是一个共识,他对量论的设想,与其说是一种理论的需要,不如说是一种现实的关怀。"但是,当我们对熊十力哲学作一浏览之后,

---

① 成中英对"宇宙即我心"与"我心即宇宙"的区分是说孔子"克己复礼"的过程不是一单纯的主体性的问题,而是表现为一个主客互动的本体开放的过程,"宇宙即我心"即是挺立道德主体,"我心即宇宙"即是说要将我的主体性与世界的客体性的相互挺立构成人文化成的人类文明与精神,此不仅肯定一道德主体,还要求把此主体的本性之明之善落实为具体可行的、成果卓然的行为规范与知识制度(参见《儒家的的精神性——终极本源性、内在创造性、整体实现目的性》,载《当代儒学与精神性》,第32页)。

② 成中英:《儒家的精神性——终极本源性、内在创造性、整体实现目的性》,《当代儒学与精神性》,第32页。

却发现最需要知性来为之证明与落实的，恰恰是熊十力哲学。就是说，中国文化对知性的亟需，恰恰表现在熊十力哲学之对知性学养的匮乏之中。”①其实这种困境熊十力是有自觉的，他在晚年给梁漱溟的信中说：“我相信，我如生在西洋，或少时喝了洋水，我有科学上的许多材料，哲学上有许多问题和理论，我敢断言，我出入百家，一定要本诸优厚的凭藉，而发出万丈的光芒。可惜我一无所藉，又当科学发展到今日，空论不可恃，宇宙论当然难建立。”②当然，如果熊十力能很清楚地知道自康德哲学以来的发展趋向，其也就知道自知识而建立宇宙论也为不可能的了。虽然就熊十力哲学而言，其玄学意义的宇宙本体论是有其意义的。但也有学者评价说：“熊十力的‘玄学本体论’，因缺乏现代实证科学的熏染和心理学、人类学等学科内容的渗入，其现代意识和精细程度远不能和西方同时代的本体论学说比肩，这种实际存在的差别是毋庸讳言的。”③无论是理论上还是实践上，新唯识论并不能改变其所批评的宋明儒之“内圣强，外王弱”的格局，反而加剧了这一趋势。

---

① 丁为祥：《熊十力学术思想评传》，第 333 页。

② 《与梁漱溟》（一九五八年六月二十五日），《全集》卷 8，第 759 页。

③ 景海峰：《熊十力》，第 32 页。

本论四

道德的形上学

熊十力的形上学包含两个面向，一是宇宙生成论，二是道德的形上学。就理论架构而言，宇宙论是预先设定一宇宙实体，从上往下说，由超越而内在。道德的形上学则是从道德本心出发，由下往上说，由内在而超越。前者的超越义是实然的，后者的超越义是境界的。亦即前者是实然的形上学，后者是境界的形上学。[①]在现代哲学的背景下，宇宙论形上学已经无说服力可言。而道德的形上学则是儒家哲学的根本要点之一，其由"己立而立人，己达而达人"的道德实践出发，达至"仁者浑然与物同体"，境随心转，即为本心论，也为道德的形上学之证成。

熊十力从唯识学和良知学的基本义理出发，说明了境随心转如何可能，证成了良知的本体意义，有着巨大的理论价值，是为现代新儒家道德形上学的奠基者。但熊十力毕竟预设了客观宇宙论，因而导致了其形上学中的不合理因素。牟宗三所弘扬的"道德的形上学"因为其对天道性体的客观预设以及对"智的直觉"一义的翻转，也有客观宇宙论的因素。实则道德的形上学只需讲"一心之朗现，一心之伸展，一心之遍润"即可，而无须先客观地言一"於穆不已"的实体。客观实体的意义是良知本心所赋予的，离开良知本心，亦无所谓客观实体。

本论说明良知本心如何是宇宙万物的本体，即说明道德形上学在理论上是如何可能的，在此基础上分析剔除牟宗三道德的形上学的不合理成分，阐明儒家的道德形上学之内涵，并分析熊十力、牟宗三道德形上学的理论困境。

① 本文中"道德的形上学"一词，借用了牟宗三的概念，但在内涵上却与其有很大的区别。牟宗三所言道德形上学，是从主观面和客观面而言。本文所言"道德的形上学"，只从主观面而言。

第十五章　道德的形上学总义

熊十力的形上学有两个面向，一是宇宙论形上学，一是道德的形上学。宇宙论形上学是一从上而下，由外而内的推衍模式。与此相反，道德的形上学则是以良知本心的涵摄而向上、向外说开去，宇宙万物在良知本心的涵摄中而证成存在与存有。

第一节　两种本体论与两种形上学

宇宙本体论在康德哲学之后已经式微，西方哲学在康德的理性本体论之后又发展出性灵本体论，但并没有完全充分展开。理性本体论是以先验逻辑和纯粹概念所建构的，良知本体论则是一道德主体和道德自我，包含复杂的情感因素。《易传》所代表的宇宙论形上学在理性本体论建构后已经无法立足，良知本体论所开显出的道德形上学则不是科学和知识论所涉及的范围。

一　理性本体论与良知本体论

康德本体论，最为根本的特征就是“纯粹概念的推论”，最主要的工具即是先验逻辑。纯粹概念包括两个部分，一部分是应用于经验的自然界的概念，是为纯粹知性概念、范畴；一部分是纯粹理性概念，或曰知性存在体。处理前者的部分是理性批判的知识论，这部分主要是对传统宇宙本体论的清洗，划定知性的界限。因为宇宙本体论主张知识要符合对象，而在康德看来，知识要符合对象这一信念本身就应该被质疑，而且把对象当作当然的前提也是不可靠的，而要首先说明经验对象是如何建立起来？这一问题本身就值得讨论。范畴先验演绎的意义就在剥离出纯粹概念和范畴，而康德对传统宇宙本体论的扬弃，也在此完成了。康德主张的本体论即所谓的先验分析论，在先天的纯粹概念、纯粹原则的体系中讨论知性、理性，从而说明做成知识的先天条件。

康德讨论知识是怎样可能的，目的在于重建社会存在的本体论，为道德、信仰和法权奠定可靠的基础。在康德看来，社会存在之基础，须在纯粹概念中探讨，离不开语言和文化。纯粹概念使用脱离感性直观所产生知性存在体，与范畴的经验使用所产生的感性存在体之区分，即可划分自然和自由两个领域。感性存在体属于理论理性的认识对象，而自由世界中知性存在体则已经是实践理性的对象了。另一方面，做成知识所需的必要条件——纯粹统觉，在社会存在上即可建立自我、主体的概念，道德所需要的灵魂概念，实源于此。①在实践理性方面，也无疑有两个必要条件，一是形式命令，二是灵魂主体。康德在说明做成知识的条件时，实则也已经说明了道德实践所需的条件。上帝、自由实则是纯粹理念（概念）——知性存在体，因为其在经验中没有直观，而灵魂概念实则源自纯粹统觉。

本体作为知性存在体，有否定的和肯定的两种用法。就否定的一面看，本体表达的是一界限概念，禁止知性脱离感性作"超验的"的使用。然而，理性的自然趋向却是要作这种使用的。因此，就肯定的一面，本体的超验的使用在实践领域内不仅是正当的，而且是必要的。这一纯粹理性的理性使用和实践使用便在本体概念上统一起来了。因此，"康德对纯粹理性的批判，主要意义不是在知识论上的，而是在本体论上的。"②康德讨论知识意图在于说明，不能像经验派和唯理派那样把形而上学建立在知识论上，从而划分自然和自由两大领域，为社会存在和道德实践奠定理论基础。康德严格划分自然领域和自由领域的界限，也就对科学知识和伦理道德进行了分野。近代以来的西方国家一方面发展了科学技术，创造了高度的物质文明，一方面又建立良好的社会秩序和国家制度，不能不说与古希腊和基督教传统有莫大的关系。中国传统思想中，一方面知识论和科学思想始终未能发展起来，此和逻辑学与思辨哲学的滞后互为因果；另一方面知识领域和实践领域始终含混不清，对传统的儒家来说，"宇宙秩序即是道德秩序"。因而要想在中国哲学中找出一个类似康德哲学意义上的本体论，实在是白费功夫。

问题是，康德用先验逻辑所建立的纯粹概念本体论之外是否还有本体论可以成立？是否承认也可单就儒家的良知本心而建立一良知本体论或心性本体论？站在儒家的立场，答案显然是肯定的。当然，儒家的本体论不是建立在纯粹的概念上，而是建立在道德主体和道德意识上。正因为传统儒家知识论弱而伦

---

① 谢遐龄：《康德对本体论的扬弃——从宇宙本体论到理性本体论》，第 165 页。
② 谢遐龄：《康德对本体论的扬弃——从宇宙本体论到理性本体论》，第 215 页。

理道德强,因而凸显道德意识才能彰显儒家的理论意义。有人说《论语》只是道德的教条,但此道德教条所关注不是知识上的问题,而是道德的问题。道德问题背后必然有意义的存在,反映了儒家的理想生活方式和价值取向。既然《论语》所关注的是意义问题,因而其指向必然是价值的存在体——当然孔子没有纯粹概念。此在孔子处是仁,在孟子处是良心本心,在阳明处是良知。价值当然存在于意识、语言和思维中,在儒家中以良心、本心、良知所呈现出来。社会意识、语言和思维是普遍的,良心、本心和良知也是普遍的,仁、良心、本心、良知等概念即有本体的意义。此本体不是由概念所建构,而是由生活经验内化而成,但又具有普遍的意义,其本身即是一意义的存在,并通过人所具之本心而显——你的本心,我的本心,所有的本心,都是一个本心。这不能由经验知识说明,而只能通过一一人之实践而呈现出来,是实现的原则,存有的原则。它不能证成知识的普遍性,却能证成道德的普遍性。

王阳明认为"良知只是个是非之心",①乃是就道德判断上而言。他又说:"心之体性也,性即理也。穷仁之理,真要仁极仁;穷义之理,真要义极义;仁义只是吾性,故穷理即是尽性。"②仁、义即是是非标准,即是吾人之心,吾人之性。则吾人之心、性即是本体。此本体即是一意义世界,一切价值和意义都由此心、此性方得可能。心性本体不仅能知是知非而发出不容已的道德实践,亦能存有万物的道德意义。心、性之存有万物虽不是知识论的存有,却是价值上的存有。存有之即实现之,实现其价值义也。此存有、实现既是内在地存有、实现,又是普遍地存有、实现。又说"良知只是一个天理,自然明觉发见处"③,此天理不是良知的对象,而即是良知之自身,良知即是天理。良知又能自然明觉,明觉即呈现,呈现即存有价值和意义。故说:"心也、性也、天也,一也。"④心能呈现万物,则即是性,即是天,即是天地万物的本体。良知不是认知心,也不是客观而外在的理,其是道德实践之根据,又是一切存在之价值的根据。故他说:"可知充塞天地之间,只有这个灵明,人只为形体自间隔了。我的灵明,便是天地鬼神的主宰。天没有我的灵明,谁去仰他高?地没有我的灵明,谁去俯他深?鬼神没

---

① 《传习录》卷下,第 288 条。
② 《传习录》卷上,第 117 条。
③ 《传习录》卷中,第 189 条。
④ 《传习录》卷中,第 192 条。

有我的灵明，谁去辨他吉凶灾祥？天地鬼神万物离却我的灵明，便没有天地鬼神万物了。”①

灵明即是良知。天地鬼神，都离却不了我的良知，否则亦无天地鬼神。天地鬼神之存在正是因为我良知之发用而证成其存在。我良知是一道德的本体，因而能证成天地鬼神的价值的存有，此即是由道德本体透显出一道德的形上学。

这种形上学不是由康德的层层分解而理论地说之，而是由良知之发用而实践地证成。良知为一切存在价值之本体，离开我的良知，一切皆归于无——价值上之无。康德说离开统觉和范畴，一切皆是本无，是从知识论的进路而说；说纯粹理性实践的对象，即是纯粹概念的建构，也是由理论的层层推进而显，而不是由实践所证成。可见，与康德由理论之分解而建构的理性本体论不同，儒家有一由实践而证成的良知本体论或心性本体论。康德是基于理论的思辨上探到本体，儒家则是由实践而呈现本体。前者是知识论的问题，也是实践理性的问题；而后者则只是道德实践上的问题，与知识论的问题无涉，知识论之问题需要另外说明之。原因有两方面：一方面是儒家传统知识论向来不发达，一方面是由于对本体证成的进路不同。

儒家的良知本体论或心性本体论与康德的理性本体论，当然不具可比性，这是由两个文化系统的差异所决定的。每个文化系统都有其独特的思想资源。如果说先秦没有明确的本体论，那宋明理学则借助佛学的资源，以开本心之大用，建立起了良知本体论。此虽不是西方的宇宙本体论，也不是理性本体论，甚或说和性灵本体论有点相似。但良知本体论却有其独特的色彩。此主要意义是在道德实践方面，而不是知识方面。此是中国文化尤其是儒学的特色。而肯定良知本体论，并不否认其和西方哲学本体论的根本差异。只有在肯定此一本体论的基础上，才能充分挖掘传统儒学的价值，而此实乃中国文化尤其是儒学的根本命脉。站在现代哲学的语境，对宋明心学的良知本体论加以理论的说明，使其更清楚、更清晰，也可看出其理论价值。

二　两种形上学的区分及其意义

《周易》的形上学客观宇宙论的意味甚重，有宇宙生成论的色彩，可说为外在

① 《传习录》卷下，第 336 条。

的形上学。以阳明良知学为代表的良知本体则可透显一道德的形上学，此与《周易》、《中庸》的系统不大相同，为内在的形上学。在《周易》系统中，通过超越而内在的模式可说“宇宙秩序即是道德秩序”，而通过阳明良知学所透显的“道德的形上学”则可说“道德秩序即是宇宙秩序”。牟宗三言：

> 宋、明儒之将《论》、《孟》、《中庸》、《易传》通而一之，其主要目的是在豁醒先秦儒家之“成德之教”，是要说明吾人之自觉的道德实践所以可能之超越的根据。此超越根据直接地是吾人之性体，同时即通“於穆不已”之实体而为一，由之以开道德行为之纯亦不已，以洞澈宇宙生化之不息。性体无外，宇宙秩序即是道德秩序，道德秩序即是宇宙秩序。①

吾人之性体与“於穆不已”之实体而为一，因此说宇宙秩序即是道德秩序，道德秩序即是宇宙秩序。此在逻辑上看似乎无问题。然此中隐含着一个预设，即宇宙实体和道德本体实然地“通而一之”。很明显，此即是《易传》和《中庸》所代表的思路。

由《论语》、《孟子》所代表的“道德秩序即是宇宙秩序”的路向，而由《易传》《中庸》所代表的“宇宙秩序即是道德秩序”的路向，在牟宗三看来，此两方面是先秦儒家的应有之意，也只有完全继承此两个路向，方才圆满。在此基础上，他对王阳明进行了批评。“自道德自觉上道德实践地所体证之本心、所扩充推致良知灵明顿时即普而为本体宇宙论的实体，道德实践地言之者顿时即普而为存有论地言之者。惟不先客观地言一‘於穆不已’之实体而已。而先客观地言之、再回归于心以实之，或两面皆饱满顿时即为一以言之，亦无过。”②牟宗三在此一方面肯定了阳明自道德本心之扩充而存有论地说良知灵明即是宇宙实体，但又说其“不先客观地言一‘於穆不已’之实体”，认为此是其理论的不饱满处。

> 象山与阳明既只是一心之朗现，一心之伸展，一心之遍润，故对于客观地自“於穆不已”之体言道体性体者无甚兴趣，对于自客观面根据“於穆不

① 牟宗三：《心体与性体》上册，第 32 页。
② 牟宗三：《心体与性体》上册，第 28 页。

> 已”之体而有本体宇宙论的展示者尤无多大兴趣。此方面功力学力皆差。虽一心之遍润，充其极，已伸展至此境，此亦是一圆满，但却是纯从主观面伸展之圆满，客观面究不能挺立，不免使人有虚歉之感。①

对牟宗三来说，先客观地说一“於穆不已”之实体，是保证性体之客观性的条件，如果实体无法建立，则性体、心体的客观性也得不到保证，故说象山和阳明“不免使人有虚歉之感”。而肯定一“於穆不已”之实体以保证心体的客观性，乃是牟宗三解决阳明后学流弊所提出的方案，也是其将胡五峰、刘蕺山单独列为一系的理论基础。

牟宗三所说的“於穆不已”之实体，即是《易传》和《中庸》所讲的客观的天道、天命、宇宙实体。他希望综合《论语》、《孟子》和《中庸》、《易传》，以解决阳明后学的根本问题，也证成一圆满的“道德的形上学”，用意甚美，然不无商榷之处。《中庸》、《易传》确实是先以客观的宇宙本体为逻辑基础所展开的，此即是牟宗三所说“先客观地言一‘於穆不已’之实体”。此问题在现代哲学的框架下，应得到新的说明和衡定。宇宙生成或宇宙本源问题在近代哲学的框架中已经被扬弃了。康德对宇宙本体论的扬弃已经表明宇宙生成和宇宙本源问题不再是哲学的基本问题。《中庸》、《易传》的宇宙论虽然有其意义，但需要重新检视。牟宗三先客观地言一宇宙实体，此逻辑基础何在？客观宇宙实体既不能为感性所直观，也不能为知识论所说明，那么预先设定此一宇宙实体，有没有合理性？康德哲学已经把感性经验之外的事物排除在理论理性的范围之外，宇宙实体即使有，也只能作为一纯粹概念在理念中方得可能，既是在理念中，那么在经验界就无法证实其存在性。因此，预设客观宇宙实体的思路在理论上必然会产生问题。

以牟宗三对康德哲学之了解，应该对近代以来的本体论转向有所体会，但在此一问题上牟宗三依然回归传统的路数，甚为可惜。②《中庸》、《易传》之客观宇

---

① 牟宗三:《心体与性体》上册，第 41 页。

② 牟宗三将道德本体分疏说为心体与性体，而又通而一之。其目的在于说心体的活动义和性体的客观义，道德本体的活动义是由心体来保证的，而道德本体的客观义是由性体来保证的。牟宗三以性体来说明道德本体的客观义，其思路即是说性体即是道体，道体即是“於穆不已”的实体，而此“於穆不已”的实体即是《易传》中的易体。《周易》是一宇宙论的思路，其客观义甚重。牟宗三说明道德本体的客观义的思路即是在逻辑上肯定此道体、易体的先在性，如果道体、易体的先在性得不到肯定，那道德本体的客观义也无法保证。牟宗三虽然不再讲客观的宇宙生成，但在道德的形上学上却依然肯定一“於穆不已”的实体，以说明道德客观性之根据，这在很大程度上还是继承了熊十力的宇宙论思路。

宙论，在理论的性质上与古希腊传统所主张的宇宙本体论有类似之处。在现代理论架构下必须放弃此一路向——当然并不否认《中庸》、《易传》中的其他的思想，因为客观的宇宙论已经无理论的说服力和必要性，对客观宇宙的探讨已经让位给科学，即使科学未能说明，也并不代表哲学可以说明。那么宇宙论的问题究竟还有没有意义和探讨的必要呢？在儒家的视野中，此一问题是可以说明并有其价值的。此即是阳明学所代表以良知扩充而开显的道德的宇宙论，也即“道德的形上学”。

此处所说的“道德的形上学”，借用了牟宗三的概念，唯在架构上对其有了不同的说明。此不同即是扬弃了对客观宇宙的设定，只肯定一良知本体，在良知本体的基础上说“道德的形上学”。以“一心之伸展、一心之涵盖、一心之遍润”而开显的宇宙[1]，自然是道德的宇宙和价值的宇宙，而不是客观的实然的宇宙。实然的宇宙为何，不是良知本体论所要考虑的问题。本心是道德的，亦是形而上的，此是一种境界的形而上，而非实然的形而上。以良知本体论为基础的形上学，当然不同于宇宙本体论和理性本体论，也不同于《中庸》《易传》所代表的形上学。良知本心的无限性只就境界上言，而不在实然上言。此不是一实然的形上学，也不是一“知解的形上学”，而是一实践的、境界的形上学，是为“道德的形上学”。

在此种形上学中，宇宙万物乃至宇宙实体因我的良知本心而存有，良知所存有的是宇宙万物与宇宙实体的道德意义和价值意义，而非对现象的认识。宇宙万物和宇宙实体本来为何，不是我良知所关注的。良知既无能力关注实然的宇宙实体，也无必要对此作出说明。宇宙实体与我之关系，是一种意义上的关系。“道德的形上学”是由道德意识所透显出来，不是认知和科学推论所能说明的。以道德意识为基础，关注的是道德意义的普遍，良知发用将此道德的价值推致万事万物和宇宙实体，使宇宙万物和宇宙实体都涵摄在我良知之内，此即“道德的形上学”之全部意义，也即牟宗三所说的存有论。与牟宗三不同的是，由良知本心开显的“道德的形上学”并不需要一个客观的宇宙实体来加以保证，客观的宇宙实体之肯定在道德本体论中既无理论上的必要，也无理论的合理性。传统儒学所说的形上学也只有在良知本体论的意义上才有理论价值。

如果说西方哲学从宇宙本体论到理性本体论的转向，奠定了理性作为本体

---

① 牟宗三：《心体与性体》上册，第28页。

论的唯一基础。那么在宋明理学处，借助佛学的资源，已经扭转了先秦学术中对存在的基本规定。由语言和混沌（本无）的同一性，转向了思维和价值（存在）的同一性。此即是以良知作为唯一的根据，从而建立了良知本体论。两者的方向虽然不一致，前者借助是逻辑概念而建构，后者则以良知为价值根源。但两者的转向，却有异曲同工之妙。

第二节　传统儒学中道德的形上学

中国哲学既重内在又重超越，其内在义在于，哲学家理想境界的实现，并不脱离现实人生，"道"即在"人伦日用"中，即在"担水砍柴"之间，价值即在事实之中。由现实或事实世界到超越或价值世界的路径是内倾而不是外向的，所谓"为仁由己"、"尽心知天"、"明心见性"、"得意忘言"，即是此意。[①]孔子指出天命的超越性，不是将天作为一"人格"的性相来看待，正因为一般人看不见天的意志与作为，于是失去了对天的敬畏。但有德行的君子，却知道有所敬畏，畏天命，畏大人，畏圣人之言。很明显天命、大人、圣人之间是有某种内在的联系的。孔子"五十而知天命"，是将"天命"关联到自身生命，此即是一种既内在又超越的形态。另外，"在中国，要成立任何哲学思想体系。总要把形而上、形而下贯穿起来，衔接起来，将超越形上学再点化为内在形上学。儒家中人不管道德上成就多么高，还必须'践形'，把价值理想在现实世界、现实人生中完全实现"。[②]就世间的人而言，信仰的对象总是绝对的无限的超越者，但此超越却是境界上的，又不离人生日用价值的，因而又是内在的。

孔子不大言性与天道，所以子贡说"夫子之言性与天道，不可得而闻"。但孔子又说"性相近，习相远"。如果说第二个"性"字的含义还有所争论的话，那么第一个"性"字的含义应该可以知道其基本的确指。性与天道一起讲，其必然有超越的意义在。天道的超越性即说明性必然和超越性相关。天道无疑与心和仁是有所区别的，天道的道德意义如何可能，孔子没有说明。我们只能从其不多的材料中加以分析。孔子曰："君子不器。"（《为政》）此"不器"即不把自己当做具体物

---

① 参见余英时：《从价值系统看中国文化的现代意义》，《文化：中国与世界》（一），三联书店1987年版。

② 方东美：《原始儒家道家哲学》，台湾黎明文化事业公司1987年版，第16页。

件看，也不应把外物当做单纯的物件看。胡宏解曰：“有德，则为等威，君子之所欲；无德，则器物而已矣，君子贱焉。”①有德，故人“不器”，万物也“不器”。不把自身和外物当以具体的物件来看待，就是仁。孔子言：“天何言哉！四时行焉，百物生焉。天何言哉！”(《论语·阳货》)天本身不是一人格的神，只是通过“四时行焉，百物生焉”而体现其德，此天之德即天道。孔子对天道的客观面之说明并不多，也不明确。相比之下，他更明确地说：“人能弘道，非道弘人。”此道即天道，人能宏大天道，而非待天道之显而成德。天道待人而成，天德待人而显。天之所以有德而成其为天道，是因为人能宏大人道而成就天道。天只是“四时行焉，百物生焉”，本无所谓天道，只是人道之弘而显为天道。以我之仁体天地万物，则天地万物无不仁。可以说，孔子已经明确有了人道在先、天道待显的思路。人道既立，则天地万物莫不是人道之显现，此种道德之仁存有宇宙万物而使宇宙万物无不仁的思路尽显。

《中庸》言：“诚者物之终始，不诚无物。”此“诚”是心之发用，心之发用方能成物，心不发，物无以得现，当然无物。“诚者非自成己而已也，所以成物也。成己仁也，成物智也，性之德也，合内外之道也。”诚既成己，又成物。成己是内，成物是外。仁与智皆是“性之德”，亦是诚之内容，故成己成物是合内外之道也。就成己与成物言则有事物之分，但其根据却是一本而无二也。就成己言，是道德实践，就成物言，是道德境界。到孟子讲：“万物皆备于我。反身而诚，乐莫大焉。”(《孟子·尽心上》)此“备”非实然地具体地“备”，而是以我之本心一方面呈现为具体的道德行为，一方面涵摄天地万物，达到与天地万物一体之境界，当然就“乐莫大焉”。达到此一境界，就是“尽心知性知天”，“尽其心者，知其性也。知其性，则知天矣”。(《孟子·尽心上》)能尽心，就能知天，而心是我所固有的，所以说“万物皆备于我”。有此“备”，方能“上下与天地同流”(《尽心上》)。“万物皆备于我”，是将万物之价值和意义皆因我而存在，我不存在，万物自是万物，与我无涉，自然无价值和意义可言。因我之存在，万物皆各得其分而有价值，“我”即一切价值和意义的根源。在孟子说出“万物皆备于我”后，本心的作为本体的价值和意义凸显出来。

张载在《正蒙·大心篇》说道：“天之明莫大于日，故有目接之，不知其几万里

---

① 《胡宏集》，第2页。

之高也。天之声莫大于雷霆，故有耳属之，莫知其几万里之远也。天之御莫大于太虚，故心知廓之，莫究其极也。”[①]“天之明”不离我目，“天之声”不离我耳，此是具体地说，经验地说。而说“天之御”则非经验所能及，也不是知识所能讨论的问题，但能以“心之廓之”，即说明宇宙本体之存在不离我心之明觉。固然，人一方面可以有经验地、知识地知“天之明”、“天之声”。但作为全体大用的本体只能是我心明觉之用方可征得。在此，心物一体、能所归一的思路明显。由心之感通与涵摄，可以感应与显现万物，知天莫离我心而存在。由此心之能感通万物故，有此感通，人虽有限而可无限。此无限自是一价值的无限，而非实然的无限。

程明道《识仁篇》有言：“学者须先识仁。仁者，浑然与物同体。”(《遗书》卷二上)可视为只有仁者才能浑然与物同体，此中之意深远。缘何只有仁者才能如此？因为仁者能将己之仁推而为物之仁，仁只是此心之仁，万物之仁莫非我心之仁，万物遍而为仁，则万物之存有莫不是我心之仁之存有，由此，我能与万物浑然一体。“仁者以天地万物为一体，莫非己也”，己即己之心、己之仁、仁体也。明道在此将万物的道德的存有点出，并落实到心上讲，此是儒学发展过程中的大贡献。象山本《孟子》而说“宇宙即是吾心，吾心即是宇宙”，此实乃一语道破心即是宇宙之本体，成为完全意义上的心本论。

王阳明以良知为首出，在理论上和孟子、象山同一理路。阳明更具体地阐发了心之仁如何与天地万物一体。

> 大人之能以天地万物为一体也，非意之也，其心之仁本若是其与天地万物而为一也。岂惟大人，虽小人之心亦莫不然，彼顾自小之耳。是故见孺子入井而必有怵惕恻隐之心焉。是其仁之与孺子而为一体也。鸟兽犹有知觉者也。见草木之摧折而必有悯恤之心焉，是其仁之与草木而为一体也。草木犹有生意者也。见瓦石之毁坏而必有顾惜之心焉，是其仁之与瓦石而为一体也。是其一体之仁也，虽小人之心亦必有之。是乃根于天命之性而自然昭露不昧者也。[②]

---

① 《张载集》，中华书局1978年版，第25页。此“心之廓之”牟宗三说为“智的直觉”，并以智的直觉解熊十力与心学智内证的思维方式(参见《智的直觉与中国哲学》，《牟宗三先生全集》卷20，第237—260页)。

② 《王阳明全集》，上海古籍出版社1992年版，第968页。

由真诚恻怛之仁心之感通，或良知明觉之感应，而与天地万物一体。感应于孺子，则与孺子一体；感应于鸟兽、草木、瓦石，亦是如此。感应于物而物皆得其所，则心之仁皆纯正而得其理。就事言，仁心是吾人道德实践之根据。“良知只是一个天理自然明觉发见处，只是一个真诚恻怛，便是他本体。故此良知之真诚恻怛以事亲便是孝，致此良知之真诚恻怛以事兄便是弟，致此良知之真诚恻怛以事君便是忠。只是一个良知，一个真诚恻怛。”①就物言，仁心是天地万物存有之根据。“我们的灵明便是天地鬼神的主宰。天没有我的灵明，谁去仰他高？地没有我的灵明，谁去俯他深？鬼神没有我的灵明，谁去辨他吉凶灾祥？天地鬼神万物离却我的灵明便没有天地鬼神万物了。我的灵明离却天地鬼神万物亦没有我的灵明。”“今看死的人，他这些精灵游散了，他的天地万物尚在何处？”②一切存在皆在我的灵明之中，离却我的灵明，一切皆归于无。我的灵明即是我的良知，即是仁心。万物的存在不离却我的良知仁心，我的良知仁心即是天地万物存在的本体。“故主观地说，是由仁心之感通而与天地万物为一体；而客观地说，则此一体之仁心顿时即是天地万物生化之理。”③

阳明一方面倡导“意之所在为物”的渐教，一方面也说“明觉感应为物”的圆教，由前者即有“四有”句，由后者即有“四无”句，本已十分圆融。但在阳明后学中，王龙溪却因特别强调“明觉感应为物”和“四无”而闻名。“四无”即王龙溪所说：“无心之心则藏密，无意之意则应圆，无知之知则体寂，无物之物则用神。”④按牟宗三之解，“无心之心”，“无意之意”，“无知之知”，“无物之物”即是作用上的“无相”之意。⑤此“无”之层次与“有”之层次不同，“此所谓‘无’乃是功夫上作用地无执无著无相之无，与那存有上的实体性的无相之有不同层次也。”⑥此种工夫即是“明觉感应为物”，而比“意之所在为物”的境界要高。牟宗三分殊此二者说：

是故若从意之所在说物，便须步步对治，心意知物亦须分别彰显，即各

① 《传习录》，第189条。
② 《传习录》，第336条。
③ 《现象与物自身》，《牟宗三先生全集》卷21，第458页。
④ 《王畿集》，第1页。
⑤ 牟宗三：《从陆象山到刘蕺山》，第189页
⑥ 牟宗三：《从陆象山到刘蕺山》，第192页。

> 别地予以省察与反照（对意与物言曰省察，对心与知言，曰反照），如是，吾人之心境自然落于有中，不能一体而化。此即四句教之所以为有也。若从明觉之感应说物，则良知明觉是心之本体，明觉感应自无不顺适；意从知起，自无善恶之两歧；物循良知之天理而现，自无正与不正之驳杂。如是，明觉无所对治，心意知物一体而化，一切皆是如如呈现。明觉无知无不知，无任何相可著，此即所谓四无，四无实即一无。此两种方式，若从解说上说，前者是经验的方式，后者是超越的方式。若从工夫上说，前者是从后天工夫入手，对治之标准是先天的，此是渐教；后者是从先天入手，无所对治，此则必须顿悟，盖无有可以容渐之处。依前者之方式作功夫。则致久纯熟，私欲净尽，亦可至四无之境，此即所谓"即工夫便是本体"。……依后者之方式作工夫，则直悟本体，一悟全悟，良知本体一时顿现，其所感应之事与物亦一时全现，此即所谓圆顿之教（顿必涵着圆，圆必涵着顿），亦即所谓"即本体便是工夫"，而本体亦无本体相，工夫亦无工夫相，只是一於穆不已纯亦不已也。[①]

以"四无"为存有论或道德形上学的圆教模型，是牟宗三的伟大创见。在此"四无"教中，只是一"纯亦不已"，无相、无善、无恶，是为至善。只要悟得良知，一了百当。天地万物莫非我的良知，天地万物亦不存在，只有我良知之"於穆不已"、"纯亦不已"。"四无"是存有论和道德形上学的极致模型，道德的形上学在王阳明及其后学之后无有再超越的可能。

第三节　道德的形上学与智的直觉

依牟宗三，道德的形上学是"以形上学本身为主（包含本体论与宇宙论），而从'道德的进路'入，以由'道德性当身'所见的本源（心性）渗透至宇宙之本源，此就是由道德而进至形上学了，但却是由'道德的进路'入，故曰'道德的形上学'……"。[②]由"道德的进路入"而证成形上学，是为道德形上学所以可能的关键。而"道德的进路"，无非是道德的本心，牟宗三说为道德理性，并分解出三义：

---

① 牟宗三：《从陆象山到刘蕺山》，第193—194页。

② 牟宗三：《心体与心体》上册，第120页。

截断众流、涵盖乾坤、随波逐浪。

> 必须把一切外在对象的牵连斩断，始能显出意志底自律，照儒家说，始能显出性体心体的主宰性。这是“截断众流”句，就是……关于道德理性底第一义。其次，这为定然地真实的性体心体不只是人的性，不只是成就严整而纯正的道德行为，而且直透至其形而上的宇宙论的意义，而为天地之性，而为宇宙万物底实体本体，为寂感真几、生化之理，这是“涵盖乾坤”句，是道德理性底第二义。最后，这道德性的性体心体不只是在截断众流上只显为定然命令之纯形式义，只显为道德法则之普遍性与必然性，而且还要在具体生活上通过实践的体现工夫，所谓“尽性”，作具体而真实的表现，这就是“随波逐浪”句，是道德理性底第三义。这是儒家言道德性充其极而为最完整的一个圆融的整体，是康德所不能及的。道德性的实理天理之与自然相契合以及“道德的形上学”（不是“道德底形上学”）之彻底完成，都要靠这三义彻底透出而可能。①

截断众流，是就道德的纯粹性和道德自律而言，即道德法则变为道德实践必须不受任何经验原则所左右。涵盖乾坤，是说道德的本心必然扩展为宇宙的大主，为唯一的主宰，从而透显出宇宙万物乃至宇宙全体的道德的存有。随波逐浪，是说道德的实践必须体现在日常生活中，随时发而为道德的行动。对于道德的形上学而言，第一义是基础，第二义是目标。而第三义则是具体的道德实践功夫，本不在道德形上学的讨论范围之内。

道德理性或曰道德本心的三层内涵是儒家道德形上学所以可能的关键。首先，本心、良知必须不计较利害才能发而为纯粹的道德实践，道德必然是斩断一切外在的牵连而为纯粹的，此在儒家和康德皆然；其次，就儒家传统而言，道德的本心即是本体，人因此而能由有限通无限而为宇宙之大主，涵盖宇宙万物和宇宙全体，使宇宙万物和宇宙全体顿而为道德本心所主宰，此即证成道德本心的主宰义，主宰之即“涵盖”之，“涵盖”宇宙乾坤；最后，道德本心本身即是生生不已的，一方面自然会发为不容已的道德实践，在日常生活中具体呈现出来，另一方面也

---

① 牟宗三：《心体与性体》上册，第118页。

必然随时涵摄宇宙。截断众流是任何一个纯粹的道德行为所必须有的性质，这点没有争论。日常的道德实践虽然是道德本心的具体体现，但这不是道德的形上学所着重强调的内容。道德的形上学所着重强调的在于道德的本心如何“涵盖乾坤”，康德正是未能证成此义，因而不能建立起道德的形上学，而只有一个道德的神学。而“随波逐浪”实则不仅是具体道德实践的要求，同时也是道德形上学的应有之义，道德的形上学之证成，即道德本心随时随境涵摄之，遍润之。

涵盖乾坤，即道德的本心成为宇宙的大主，宇宙万物乃至宇宙全体随心转。在此种“道德的形上学”中，语义的分析与逻辑的推证作用是有限的，最终必须诉诸证悟。当今哲学界多憎厌形上学，认为在康德之后，形上学的建立无有逻辑的可能。只有新儒家力排众议，主张重建形上学。但新儒家试图建立的这种形上学，却非逻辑的建立，毋宁说，是境界的建立。亦即是说，新儒家的形上学是境界的形上学，而非逻辑的形上学，更非实然的形上学(宇宙论)。所谓“涵盖乾坤”，是境界地“涵盖”，而非实然地涵盖。道德本心不能地涵盖宇宙，此是自明之事。而牟宗三说道德理性能“涵盖乾坤”，实质是就境界的层面说，而非实然的层面说。实然的层面，必然牵涉到宇宙论。境界地“涵盖乾坤”，即是以道德的本心统摄宇宙万物乃至宇宙全体。统摄之，即蕴涵之，遍润之。宇宙万物乃至宇宙完全因道德本心的统摄而有了道德的意义。此即是道德的形上学。依牟宗三的说法即是“由‘道德性当身’所见的本源(心性)渗透至宇宙之本源”，也就是说，是由心性本体渗透至宇宙本体。此渗透，即是涵摄。之所以能渗透，能涵摄，则是道德的本心有涵摄和遍润的作用，正如其也有认识的作用一样——虽然其逻辑机能不同。

康德的本体论是由知性而证成知性存在体，知性存在体即本体的内容。而道德的形上学却是由道德的意识所透显出来的道德的万物和道德宇宙，亦可说，由道德的意识所证成的道德的宇宙论。前者所用的是分解的逻辑的步步推证，后者则是生命的体验。康德未能将道德的理性完全透显出来而证成一道德的形上学。而儒家则从良知本心出发，尽心知性知天，透显出一道德的宇宙，证成了道德的形上学。虽然就传统儒学而言，道德的形上学和宇宙论或多或少有所混杂，但从道德的意识证成道德的形上学，却是应有之义，不能抹杀之。

故道德的形上学的实质乃是：由道德的本心(或曰道德理性)涵摄宇宙万物和宇宙本体，使宇宙万物和宇宙本体有道德的意义，证成其道德的存有。道德的本心是实义，宇宙本体是虚义，道德的形上学是境界义。说道德的本心是实义，当然没有问题，道德本心必然是实在的，否则无有道德的意识和道德实践，也无有道德的形上学。而说宇宙本体是虚义与道德的形上学是境界义，则须多作一番解释。宇宙本体是虚义，是就道德的面向而言。道德的本心或道德理性只关心道德性自身，它四无依傍地透显出来。而就道德形上学所能证成的条件而言，说其四无依傍，也不正确。因为道德的形上学之建立除了道德本心和道德理性之外，还须有外在的附着物，亦即是说，道德的本心须有涵摄的对象，说其是对象，就在道德的本心之内了，否则就不成其为对象，但作为对象，必然有其逻辑上的基底，否则对象无有所来。知性为自然界立法，除了知性本身外，还须物自体所呈现的杂多。知性整理杂多而成现象，从而建立知识。同样，道德的本心要证成道德的形上学，必然也需要提供对象的基底，此亦是康德所谓的物自体。而之所以说宇宙本体是虚义，是因为宇宙本体的本来面目(物自体)为何，既不是知性所能了别的，也不是我道德的本心所能证知的。知性只能认识物自体对我而言作为现象的一面。同样，而道德的本心也只能遍润此物自体，使物自体有道德的意义与道德的面相。其本来面目为何，亦不是我道德本心或道德理性所能证知的，也不是道德的本心或道德理性所要关注的。换句话说，道德本心或道德理性只要涵摄某一对象，此对象即在道德意识中呈现出来，有了道德的价值和意义。对象背后的基底是不能追问的，一追问，即已经不是物自体了。道德的本心所呈现的宇宙万物和宇宙本体实则不是物自体，而是道德意识当中所呈现出来的现相。故道德的形上学是境界的形上学。

牟宗三《心体与形体》中的道德形上学，就是其后期的著作《现象与物自体》、《智的直觉与中国哲学》、《圆善论》、《中国哲学十九讲》中所言的无执的存有论。道德的形上学是探究本体界的存有，与现象界的存有(执的存有)相对，执的存有只能认识现象，而无执的存有则能证知本体。道德的本心即是智的直觉(康德所谓智性直观)，直觉之即创生之，因为物自体是“智的直觉”的创生，而“智的直觉”即是良知本心，所以物自体不仅仅是一个事实概念，还是一个价值概念。也就是说，在康德那里，物自体只有消极的限制意义，而牟宗三则认为物自体有积极的道德意义。既然物自体为道德本心的创生，那么物自体之如相不仅是道德相，而且道德本心能证知之。即道德本心所证成的形上学，是证成了物自体的存有，而非只证成了物自体的“善相”——前一个“物自体”为牟宗三意义上的积极的物自体，后一个物自体为康德意义上的现象背后的物自体。

> 康德言物自体是只取其消极的意义，因为他不承认我们人类能有“智的直觉”(intellectual intuition)。我们以中国哲学为背景，认为对于这种直觉，我们不但可以理解其可能，而且承认我们人类这有限的存在实可有这种直觉。这是中西哲学之最大的差异处。我们以“人类可有智的直觉”为背景，故对于“物自体”一概念可有亲切而清晰之理解，不似康德之笼统与空洞。①

所谓“对于‘物自体’一概念可有亲切而清晰之理解”，即是依智的直觉而认物自体是一积极的概念，亦即其不仅是一个事实概念，也是一个价值概念。而物自体之所以是一个价值概念，关键在人可有智的直觉。因此，牟宗三说：“我与康德的差别，只在于他不承认人有智的直觉，因而只能承认‘物自体’一词之消极的意义，而我则承认人可有智的直觉，因而亦承认‘物自体’一词之积极的意义，而以智的直觉之有无决定‘物自体’一词之或为积极的意义或为消极的意义，则总成立。”②

智的直觉与物自体，在康德那里都是一个消极的限定概念，而牟宗三则从中国哲学出发，将其证成了积极的存在概念。牟宗三认为，中国哲学中的道德本心、良知、无限心、真常心，就是智的直觉。智的直觉或道德本心能圆照与遍润万物，万物“乃是以‘自在物’之姿态出现”③，“即朗现其为一‘物之在其自己’者，此即物自体”。④而道德的形上学的根本特点即在说明本心、仁体、良知“不但直接地彰显之于道德行为之创造，且以其绝对无限的普遍性同时即妙润一切而且一切存在之源”。⑤牟宗三总结说：

> 本心仁体是无限的，有其绝对的普遍性。它不但特显于道德行为之成就，它亦遍润一切存在而为其体。前者是它的道德实践的意义，后者是它的

---

① 牟宗三：《智的直觉与中国哲学》，第153页。
② 牟宗三：《智的直觉与中国哲学》，第160页。
③ 牟宗三：《智的直觉与中国哲学》，第241页。
④ 牟宗三：《智的直觉与中国哲学》，第242页。
⑤ 牟宗三：《智的直觉与中国哲学》，第246页。

> 存有论的意义；前者是它的道德创造，引发道德行为之“纯亦不已”，孟子所谓“沛然莫之能御”，后者是它的“生物不测”，引发宇宙创造，《易传》所谓“以言乎远，则不御”。总之，它是个道德创造原则。①

说本心仁体具创生义，有两方面的内容：道德实践和创生万物。本心仁体引发道德实践，此是无疑的。而本心仁体也引发宇宙秩序，则须对这种创造作出区分。说本心仁体创生宇宙秩序，可以表达三种意义：一是实然地创造宇宙自身；二是证知宇宙的本来面目，即直觉物自体；三是说本体仁体能将以自己的生生之德涵摄宇宙万物和宇宙全体，使境随心转，而是宇宙万物和宇宙全体有道德的意义。前两种是就智的直觉能创生物自体或直觉物自体而言，后一种是就本心仁体涵摄而有的现相而言，与物自体无涉。牟宗三说本心仁体引发宇宙秩序，自然不是从第一个面向而言，还不至于说道德的本心能实然地创生宇宙。而说道德的本心涵摄宇宙万物，使宇宙万物有道德的意义这一层面，也不能说在牟宗三那里没有，因为其不仅是就康德的智的直觉与物自身的关系，也是就儒家心学的传统说。牟宗三后期的三大巨著《现象与物自身》、《智的直觉与中国哲学》、《圆善论》则是针对康德而发，自然侧重第二个层面的意义。他认为康德说的人不能有智的直觉，物自体也是个消极的限定概念这种观点可以翻转过来，并以人可有智的直觉来证成物自身的积极意义。

在康德，物自体一词原本是指现象之所以能呈现的基底，即刺激我们感官的那个东西。在认识论意义上，我们只能认识这个东西所呈现给我们的现象，而不能认识其自身，因而叫物自体，与呈现给我们的现象相对。也就是说，这个东西一旦在我们的意识中呈现，已经不是物自体了。因而也有人将物自体叫作本无。就康德的本体概念，更多是指知性概念，也即范畴，包括由知性的超验运用所建构的存在体，比如上帝、灵魂和自由意志等等。在康德那里，经常用本体这一概念代替物自体，因而导致后人对本体与物自体之意义有诸多的误解。就牟宗三而言，物自体是指现象背后的那个东西，其是明白无疑的。但牟宗三却要说物自体可知，以智的直觉知之，而此智的直觉即儒家哲学中本心仁体，亦即本心仁体可以证知康德意义上的物自体。这样一来问题就变得复杂而难解了。

---

① 牟宗三：《智的直觉与中国哲学》，第256页。

第十六章　道德的形上学之证成

心性本体存有宇宙万物，证成道德的形上学，故说良知本心即是宇宙万物的本体。这种观点无论是在宋明儒学中，还是在现代哲学界，都产生了诸多的争论。牟宗三翻转康德哲学的智性直观来说明此一问题，也遭到了学界的批评。

第一节　牟宗三的“道德的形上学”

一般认为，牟宗三通过沟通儒家和康德，完成了道德的形上学之建构。通过对牟宗三思想的梳理，可以发现，此一“道德的形上学”有两个基本的面向：一是肯定一客观的天道实体，说明道体、性体、心体如何贯通为一；二是就主观面的道德本体之“充其极”而透显出宇宙论和形上学。在牟宗三看来，此两个面向是“道德的形上学”之一圆圈的两来往，都须挺立始能圆满而无虚歉。牟宗三证成“道德的形上学”，挖掘和继承了传统儒家尤其是心学一脉的根本思路，有着巨大的理论意义。但进一步分析，道德的形上学实则只能就第二个面向展开论述，即道德的形上学即是由道德本体之“充其极”而透显出的宇宙论和形上学。而要肯定第一个面向则面临诸多的理论困难。

一　牟宗三证成“道德的形上学”

牟宗三的“心性之学”即其“内圣之学”，“内圣之学，心性之学，惟是开辟此道德创造之真几以为吾人之大主，亦且为宇宙之大主。”①道德创造之真几即吾人之道德本心，道德本心不仅能主宰吾人自身之行为，亦可主宰宇宙万物。“内圣之学”亦曰“成德之教”。“‘成德’之最高目标是圣、是仁者、是大人，而其真实意义则在于个人有限之生命中取得一无限而圆满之意义。”②人虽有限而可无限，此是儒家圆教之义理。在宽泛的意义上而言，牟宗三将此圆满之教说为宗教，即“道德的宗教”，因为“道德即通无限”，由有限通无限，此即宗教境界。“圆教者亦

① 牟宗三：《心体与性体》上册，第276页。

② 牟宗三：《心体与性体》上册，第5页。

相应圣人性格而言也。故儒家道德哲学之有形上的意义与宇宙论的意义必依践仁知天之圆教而理解始不误。”①也就是说：圆教必然从具体的道德实践而上透至形上学与宇宙论的意义。在牟宗三看来，道德本体既有客观的根据，也必然发为主观的工夫。牟宗三认为宋明儒之“中心问题首在讨论道德实践所以可能之先验根据（或超越的根据），此即心性问题是也。由此进而复讨论实践之下手问题，此即工夫入路是也。前者是道德实践所以可能之客观根据，后者是道德实践所以可能之主观根据”。②客观根据即超越的道体，命之于人而为性体，落实于心而成心体。因此，道德本体是既主观又客观的。而“成德之教”所含的道德底哲学必含本体与工夫之两面，而且在实践中有限即通无限。所谓有限即通无限，即是本心性体即是绝对的普遍者，“不但只是吾人道德实践之本体（根据）；且亦须是宇宙生化之本体，一切存在之本体（根据）”。③由性体即一切存在之本体，即可说由道德的进路来接近形上学，或者说形上学由道德的进路而证成。这就是牟宗三所说的“道德的形上学”。

牟宗三区分了“道德底形上学”与“道德的形上学”。

> 前者是关于“道德”的一种形上学的研究，以形上地讨论道德本身之基本原理为主，其所研究的题材是道德，而不是“形上学”本身，形上学是借用。后者则是以形上学本身为主（包含本体论与宇宙论），而从“道德的进路”入，以由“道德性当身”所见的本源（心性）渗透至宇宙之本源，此就是由道德而进至形上学了，但却是由“道德的进路”入，故曰“道德的形上学”。④

道德的形上学必然是由“道德的进路入”，因此，其重点不在形上学，而在道德本身。道德即是由道德本体自发的道德实践，道德本体一方面发为具体的道德行为，一方面通过反躬体认，自识自明而尽心知性知天。前者是人伦日用，后者是道德的形上学之入路。因此，就建构道德的形上学而言，体认道德本体的工夫是关键。

---

① 牟宗三：《心体与性体》上册，第276页。
② 牟宗三：《心体与性体》上册，第7页。
③ 牟宗三：《心体与性体》上册，第7—8页。
④ 牟宗三：《心体与性体》上册，第120页。

牟宗三认为道德本体即是道德理性，具有三个方面的涵义：截断众流义、涵盖乾坤义、随波逐浪义。截断众流是就自律道德而言，真正的道德行为必然斩断一切外在的牵连始为自律道德。“涵盖乾坤”即是说道德的本体即宇宙万物的本体，此即涵有道德的形上学。“随波逐浪”是就道德的工夫而言，是说道德本体必然发为道德的行为，即用即体，即体即用。牟宗三认为，就“截断众流”义而言，所有的自律道德都具此义，不仅儒家如此，康德也如此。而就“涵盖乾坤”义和“随波逐浪”义而言，则只有儒家比较透彻。因而“道德的形上学”在儒家始为可能，因为儒家所说的良知本心即涵有以上三义。而“道德的形上学”的根本要点在于：实现之理与自然、实然者之契合。①也就是说，牟宗三的“道德的形上学”的目的即在沟通道德理性与自然、实然，用康德的话说，是沟通自由世界与自然世界。

道德理性和道德实践是一种体用关系，此即为“随波逐浪”义，道德理性和自然亦是一种体用的关系，此即是“涵盖乾坤”义。而道德本体“涵盖乾坤”即能证成道德的形上学。“其初，这本是直接地只就道德行为讲：体是道德实践上的体，用是道德实践上的用。但在践仁尽性的无限扩大中，因着一种宇宙的情怀，这种体用因果也就是本体宇宙论上的体用因果，两者并无二致。必贯至此境，‘道德的形上学’（不是‘道德之形上的解析’）始能出现。”②这种体道德实践的本体与道德实践上的用即是一种体用关系，而道德本体“充其极”，就可透显出道德的形上学，亦是一种体用关系。由道德本体而透显出的宇宙论，此即是“道德的形上学”。

“道德的形上学”是由道德本体所透显而不是由逻辑的层层推进所建构，是道德本体之“充其极”。“所以‘充其极’，是通过孔子践仁以知天，孟子尽心知性以知天，而由仁与性以通澈‘於穆不已’天命，是则天道天命与仁、性打成一片，贯通而为一，此则吾亦名曰天道性命相贯通，故道德主体顿时即须普而为绝对之大主，非只主宰吾人之生命。实亦主宰宇宙之生命，故必涵盖乾坤，妙万物而为言，遂亦必有对于天道生命之澈悟，此若以今语言之，即由道德的主体而透至其形而上的与宇宙论的意义。”③即是说，必须在道德实践中，将道德理性无限扩大而为宇宙的本体，因而成为宇宙万物的根据，“道德的形上学”始为可能。准确说来

①② 牟宗三：《心体与性体》上册，第 148 页。
③ 牟宗三：《心体与性体》上册，第 275 页。

“道德的形上学”是道德的实践达至圆融的境界始得可能，而非分解的方式所能证成。牟宗三认为康德将自由意志看成一预定之理念，而只能以目的论去凑泊，希望达成“自然系统”与自由的一致，这种方式是一旁蹊曲径，不是一康庄大道，是不能达至“道德的形上学”的。牟宗三认为，“宋、明儒者依据先秦儒家‘成德之教’之弘规所弘扬之‘心性之学’实超过康德而比康德为圆熟。但吾人亦同样可依据康德之意志自由、物自身，亦即道德界与自然界之合一，而规定出一个‘道德的形上学’”。①道德本体和道德理性之“充其极”，道德界与自然界之关系自然打通，“道德的形上学”自然证成。

在道德的形上学中，“充其极”的工夫是为关键。道德本体之“充其极”，不是理论的推演，而是实践的工夫。“充其极”乃是体证到自己的本心，证会道德的本心即是宇宙万物的本体，是一呈现，而不是一假设。呈现之即创造之。牟宗三说：“性体心体不只在实践的体证中呈现，亦不只是在此体证中而可被理解，而且其本甚即在此体证的呈现与被理解中起作用，其个革故生新的创造的作用，此即是道德的性体心体之创造。依儒家，只有这道德的性体心体之创造力才是真实而真正的创造之意义，亦代表着吾人真实而真正的创造的生命，所谓‘於穆不已’者是。”②道德本体不仅能创造吾人之具体的道德实践，亦可创造宇宙万物。

在牟宗三看来，主观的心体与客观的性体、道体本通而为一。因而道德本体本心即是“於穆不已”的道体、宇宙的实体。他说：“此道德的而又是宇宙的性体心体通过‘寂感真几’一概念即转而为本体宇宙论的生化之理，实现之理。这生化之理是由实践的体证而呈现，它自必‘显诸仁，藏诸用，鼓万物而不与圣人同忧，盛德大业至矣哉’！他自然非直贯下来不可。”③道德的本体与宇宙本体通而为一，因而道德本体即能转而为宇宙本体的生化之理，实现之理。此生化和实现即由道德本体实践的体证而呈现和创造。道德本体即是宇宙本体，此是“道德的形上学”的核心意义。“儒家惟通过道德性的性体心体之本体宇宙论的意义，把这性体心体转而为寂感真几之‘生化之理’，而寂感真几这生化之理又通过道德性的性体心体之支持而贞定诸其道德性的真正创造之意义，它始打通了道德界

① 牟宗三：《心体与性体》上册，第 9 页。

② 牟宗三：《心体与性体》上册，第 153—154 页。

③ 牟宗三：《心体与性体》上册，第 155 页。

与自然之隔绝，这是儒家‘道德形上学’之彻底完成。”①

“道德的形上学”打通道德界与自然界，关键在于说明道德本体和宇宙本体的关系。在儒家，没有一个上帝来沟通此两者。牟宗三认为儒家的仁体本心即是一无限的智心，能够沟通道德界与自然界，道德的心性本体自有宇宙论的意义，道德本体即是宇宙的“生化之理”，宇宙万物因道德本体而能贞定住其道德性的创造意义。由此，道德界和自然自然合一。“‘道德的形上学’一旦完成，康德的那一层隔打通了，此就上帝说，虽超越而亦内在化了。”②人因有无限的智心——本心仁体，其实无须以外在的上帝来沟通道德界与自然界，道德的本心自能沟通之，此即是道德本体之“充其极”，到此“道德的形上学”自然证成，道德界与自然界绝无隔阂。

牟宗三在新唯识论的基础上，通过道德本体的呈现，以实践的方式打通了自然界和道德界，完成了道德的形上学的建构，有着深远的理论意义。一方面，充分挖掘了《论语》、《孟子》和心学的资源，挺立起道德的主体，以“一心之伸展，一心之朗现，一心之遍润”开显了整个存在界，构建儒家的本体论，并由此本体论而开显一道德的形上学；另一方面，牟宗三扭转了对《易传》的宇宙中心论的解读，在其“道德的形上学”中，实然的宇宙不再是中心，而道德的自我和道德的主体则成了万事万物的存在的本体和根据，赋予了《易传》宇宙论以合理性。

二　牟宗三“道德的形上学”的两个面向

牟宗三的“道德的形上学”有两个面向，一方面是“宇宙秩序即是道德秩序”，一方面是“道德秩序即是宇宙秩序”。“原本讲道体是能起宇宙生化之体，是形而上的，同时亦即有道德涵义，是宇宙秩序即是故道德秩序；原本讲性体是能起道德创造之体，是道德的，同时亦即有形而上的涵义，是故道德秩序即是宇宙秩序。”③前者是从客观面说，后者是从主观面说。从客观面说，即先肯定一“於穆不已”的道体，即形而上的实体，是能起宇宙生化之“创造实体”，就其于个体之中而言，则曰“性体”，此则是能起道德创造是“创造实体”。客观地、本体宇宙论地

---

① 牟宗三：《心体与性体》上册，第155页。

② 牟宗三：《心体与性体》上册，第161页。

③ 牟宗三：《心体与性体》上册，第74页。

自天命实体而言，万物皆以此为体，即"潜能地或圆顿地以此为性"。从主观面说，是就"心"相应此"性体"而成立，此心即道德的本心，本心即是彰著性体而成心体。故客观地言之曰性，主观地言之曰心。心性为一而不二。心体是主观的，其客观性是由"於穆不已"的道体和性体来加以保证的，而心体又有活动性的，因此心体是"即存有即活动"者。由于心体与性体、道体为一，道体、性体即是"於穆不已"的有创造性的形而上的宇宙实体，因此心体亦是"於穆不已"的创造实体，就其妙万物而言，亦是宇宙的本体。此即是"天道性命通而为一"。在牟宗三的体系中，"道德的形上学"必涵有此两个面向，由此，"性体无外，宇宙秩序即是道德秩序，道德秩序即是宇宙秩序"。①

在牟宗三看来，宇宙秩序即是道德秩序，道德秩序即是宇宙秩序，此乃"成德之教"之两面。宇宙秩序是就道体、性体而言，道德秩序是就心体而言。而就"道德的形上学"而言，此两面都无亏欠才算圆满。他认为，在宋、明儒中，程明道两方面皆饱满，是"天道性命通而为一"之圆教的模型。而胡五峰是第一个消化明道之圆教者。五峰心、性分设，言心之形著义，以心著性而成性，终归心性是一。在此基础上，又以"逆觉体证"来说明心体可以复其本性以为道德实践之本质的关键，因而心体即是既内在又超越者。刘蕺山也分设心宗和性宗，因而亦是此路。此是牟宗三以五峰和蕺山为一系的理论根据。在牟宗三看来，"道德的形上学"不能只讲心体而不讲性体，即不能不有一客观而超越的"天"、道体，如果客观面不成立，就不能算真实的饱满与圆满。因此他批评象山和阳明只讲良知、本心，而不讲天命、道体。

> 象山与阳明既只是一心之朗现，一心之伸展，一心之遍润，故对于客观地自"於穆不已"之体言道体性体者无甚兴趣，对于客观面根据"於穆不已"之体而有本体宇宙论的展示者尤无多大的兴趣。此方面之功力学力皆差，虽其一心之遍润，充其极，已伸展至此境，此亦是一圆满，但却是纯从主观面伸展之圆满，客观面究不甚能挺立，不免使人有虚歉之感。②

① 牟宗三:《心体与性体》上册，第32页。
② 牟宗三:《心体与性体》上册，第41页。

只讲良知、本心、心体的主观面，而不讲性体、道体的客观面，因而不能成就亦圆满之教，终有“虚歉之感”。所以牟宗三主张，“五峰、蕺山与象山、阳明是一圆圈的两来往。前者是从客观面到主观面，而以主观面形著而真实化之；后者是从主观面到客观面，而以客观面挺立而客观化之。两者合而为宋、明儒之大宗”。[①]牟宗三特别强调客观面的意义：“如果成德之教中必函有一‘道德的形上学’，则此‘天’自亦不应抹去或减杀。须知王学之流弊，即因阳明于此处稍虚歉，故人提不住，遂流于‘虚玄而荡’或‘情识而肆’，蕺山即于此着眼而‘归显于密’也。”[②]蕺山“归显于密”，即是将心宗之客观性由性宗来加以保证，故能解决王学之流弊。

可见牟宗三的“道德的形上学”必须有两方面的涵义：一是客观义，由“於穆不已”的天道实体、性体来加以保证；一是主观义，此是由心体之活动性来加以体现。在牟宗三看来，心体的主观性固然重要，但如果没有道体、性体来对心体的客观性加以保证，那么道德实践所以可能的超越的根据终得不到说明，则道德实践终有很大的问题，“道德的形上学”也不能证成。道德的超越的根据即是天，此是超越的，命之于人而为内在的，是即超越而内在；道德本心是内在的，然其必然由“逆觉体证”而上达于天，由此说明道德理性即是万事万物和宇宙的本体，是即内在而超越。由超越而内在，再由内在而超越，是即是一个圆圈，由此可说“宇宙秩序即是道德秩序，道德秩序即是宇宙”。

牟宗三的“道德的形上学”，讲宇宙秩序即是道德秩序，道德秩序即是宇宙秩序，由超越而内在，由内在而超越，此在理论上有两方面的预设：一方面是道德的主体，即道德理性，亦即良知本心；一方面是“於穆不已”的天道实体，此即是天，是宇宙实体。他在肯定明道之圆教模型时，就说明道已经将本体“预设其为一动态的，本体宇宙论的创生实体”。[③]

> 天理即创生实体，即宇宙之根源。“只为从那里来”，“那里”即指示一“根源”。因为万物都从同一根源来，故万物得为“一体”，犹如一家族子孙皆从一祖来，故其子孙皆是一家一体。此“一体”非同一本体之意，乃是由于同

---

①② 牟宗三：《心体与性体》上册，第42页。

③ 牟宗三：《心体与性体》上册，第59页。

一本体,故相连属而为一体。①

从宇宙论的意义说,人和物都从"只为从那里来","皆有此理","皆完此理",即同时具有宇宙实体之创造真几、动理、於穆不已之体以为性,此是"本体论地圆具言之也"。"然人和物毕竟有差别。此差别之关键即在人能推,物不能推。能推不能推之本质的关键在'心'(在是否能自觉地作道德实践),而作为助缘之形而下的底据便是气也。物气昏,心不能呈现,故'推不得'也。……自此而言,人能彰显地具此动理以为性,而物则只是潜具也。故本体论地圆具言之,皆具此理,而道德实践地言之,则物只是潜具,而实不能真以此为性也。"②从"本体论地圆具言之",人和物都有此性,而人能推,物不能推,此即是宇宙生成论的说明,完全是客观地说明万物之性如何可能。此是从上往下说,由外往内说,由超越而内在地说。因此,牟宗三的"道德的形上学"一方面讲主观的心体,一方面讲客观的宇宙实体、道体、性体。

三 预设客观超越根据的合理性

牟宗三认为肯定客观超越的实体不是"存有论的解析",不是从存在上推说,亦即"存在之理"不是"形构之理",亦不是归纳普遍化之理,而是有道德涵义的宇宙生化的实体。形构之理即是"自然义、描述义、形下义的'所以然之理'",③此只表示一自然生命之特征,但不表创造义。普遍归纳化之理是经过归纳的程序而来的普遍化,其真假是概然的,不是必然的,是由描述、记录、类同、别异而推论出来的。在牟宗三看来,此中"有道德涵义"一句甚为关键。因为宇宙实体之生化有道德的涵义,因而是"即存有即活动"者。而无论是"形构之理"还是归纳普遍化之理,都无创生义。归纳普遍化之理本无必然性,无本体论上的意义。而"形构之理"也只是"只存有而不活动"者,并不能起到创造作用。"形构之理"处理经验知识并非不重要,但并非道德之所以为道德的本质的关键,而只是道德的助缘。

---

① 牟宗三:《心体与性体》上册,第59—60页。
② 牟宗三:《心体与性体》上册,第61页。
③ 牟宗三:《心体与性体》上册,第77页。

以“道德的涵义”和创生义说明预设的超越的实体，即已经超越了“形构之理”之说明。所以其说明道之超越的预设，与伊川和朱子之“即物穷理”而说明存在之理之思路，有本质的不同。前者是一圆教模型，而后者只是“顺取之路”。前者是道德自律，后者是道德他律。其中的原因即在于前者之天命、道体因能起创生义而可落实在“心”上讲，而后者因为无法肯定天命、道体之创生义，只成为一平铺的说明，而无法落实到心上，因而不能挺立其道德的活动义。牟宗三为了说明天道实体的创生义，并以此说明心体的活动和客观性，可谓煞费苦心。但牟宗三预设一动态的、本体宇宙论的创生实体是否就因此而有合理性了呢？此中的问题却大有讲究。牟宗三在逻辑上预设客观的宇宙实体、道体、性体，在建构道德的形上学上既不合理，也无必要。

一是宇宙实体的道德涵义、创生性、活动性究竟如何可能？牟宗三预设了宇宙实体有创生性，并由此讲人和物同具此性，只是人能推，物不能推。当然牟宗三说由心体的“逆觉体证”可以说明证实宇宙实体的道德涵义和创生性、活动性。抛开心是否能体证宇宙实体的道德涵义、创生性、活动性不讲，此一思路即已经不是宇宙生成论的问题了，而成了“逆觉体证”的路向。此一路向即象山和阳明之“一心之伸展，一心之朗现，一心一遍润”，即是由主观而客观，由内在而超越了。此即是以道德秩序涵摄宇宙秩序，可以说道德秩序即宇宙秩序，而不能说宇宙即道德秩序了。宇宙秩序为何，本不是可以预先设定的，一旦说到宇宙秩序，总是心的建构或心的呈现，而不即是宇宙秩序本身。宇宙秩序本身为何，是经验无法说明的。所有能说明的宇宙秩序都是其实都是心的秩序，宇宙的道德涵义即是心的道德涵义。舍此心，宇宙无秩序，也无道德涵义。宇宙秩序即是道德秩序只有在说明道德秩序即是宇宙秩序的前提下才可说明，否则，就只是预设，而不是呈现。

二是宇宙实体能否被预设？一个实体或一个法则被预设，通常是为了说明其他实体或其他法则之所以可能的基础。这已经是知识的问题，与道德实践无涉。道德的形上学之所以可能，是道德的本心在实践中因着一种宇宙论的情怀而透显出来的，至于宇宙实体本然为何，则是无法说明的。预设一宇宙实体，实则与理性宇宙论无异。虽然牟宗三强调了宇宙实体的道德涵义和创生性，但此亦是一预设的说明，宇宙实体的道德涵义和创生亦是理性所预设的，因而亦可归入理性宇宙论的范围。此与伊川、朱子之“形构之理”亦无多大差别。伊川、朱子与明道之所以不同，关键不在于对宇宙实体之预设上，而在于是否肯定本心能否透显出一道德的宇宙实体上。本心因其自身的活动性而能透显一道德的宇宙实体，则宇宙实体自有道德的涵义和创生义；本心的活动得不到肯定，则无法透显一道德的宇宙实体，因而说明宇宙实体的方式只成了平铺的“形构之理”。此中之关键在于是否肯定道德本心的活动性，而不在于对宇宙实体作何预设。无论是伊川、朱子以平铺“形构之理”说明宇宙实体，还是明道以道德的涵义和活动性说明宇宙实体，其都是一预设，在本质上是一样的。同样，牟宗三说：“董仲舒是宇宙论中心，就是把道德基于宇宙论，要先建立宇宙论后才能讲道德，这是不行的，这在儒家是不赞成的。”①但牟宗三的思路虽不可说是宇宙论中心，然其也预设宇宙论，以保证本心的来源和客观性，此亦是肯定了宇宙论。而宇宙实体只要是被预设的，则无论就道德实践而言，还是就建立道德形上学而言，其合理性终究是要打上问号的。

三是预设宇宙实体是否必要？虽然就道德实践而言，宇宙实体或天有其必要的意义。但在理论上，预设宇宙实体实则也无必要。牟宗三预设宇宙实体，关键是为了说明心体的客观性，从而保证道德的普遍意义。实则道德的普遍意义不是由天或宇宙实体所保证的，而是由人文历史和社会生活中的意义世界所保证的，天并不能保证道德的客观性和普遍性。而“道德的形上学”之可能，则完全是由道德的本心在“尽性知性知天”的过程中所透显的，并不是由预设一道德涵义的宇宙实体及其活动和创生性所能说明的。任何道德意义上的创造性和活动性都是心的创造性和活动性，无心，亦无创造性和活动性。宇宙实体和万事万物自有自身的运动，但对宇宙实体和万事万物的运动的说明，则是心所建构的，宇宙实体和万事万物的道德涵义更是心所赋予的。无心，亦无道德的涵义在，宇宙自为宇宙。因此，在道德的问题上预设一宇宙实体，以说明道德客观性和普遍性，无论是就道德实践还是就“道德的形上学”的证成而言，都无必要。道德的实践，只是道德本心的自我呈现，发而为不容已的道德行为；而“道德的形上学”之证成，只是“一心之伸展，一心之朗现，一心之遍润”，无须预设一宇宙实体，更无须以宇宙生成的方式说明道德的本心与宇宙实体的关系。道德理性自是“截断众流”，“四无依傍”，无须把心体挂到天道宇宙上来讲。

---

①　牟宗三:《中国哲学十九讲》,第 73 页。

牟宗三的问题意识在于:要克服阳明后学的流弊,就要为心体找到一客观的超越的根据,从而保证道德实践的客观性。单就此一问题意识而言,牟宗三就堪称大家。其通过道德的本心透显出一"道德的形上学",此种大手笔实在是千百年来难得一见。可惜其囿于传统的理论方式,最终倾向刘蕺山之"归显于密"的路数,从而将心体的客观性挂到天道实体上,试图用道体、性体来保证心体的客观性,既肯定天道、实体,又要回避理性宇宙论的指责,因而其区别了明道之预设一动态的本体宇宙论与伊川、朱子之"形构之理",用心可谓良苦。然而预设毕竟是预设,既是预设,其实在性和合理性终究要打上问号。而就"道德的形上学"之建构而言,此一预设也无必要。

四　牟宗三"道德的形上学"之检讨

牟宗三的"道德的形上学"有两个面向,一方面讲宇宙秩序即道德秩序,一方面讲道德秩序即宇宙秩序。因而"天道性命"通而为一,是为其"道德的形上学"之极致。在他看来,在儒家讲道德,必然涉及存在的问题,所以必然要讲宇宙论。但他又认为此存在是通过道德来讲的,而不是以宇宙论为中心。所以他说:"儒家主要的就是主客,客体是通过主体而收摄进来的,主体透射到客体而且摄客为主。所以儒家即使是讲形上学,它也即基于道德。"①通过道德的意识将客体收摄进主体,从而证成道德的形上学或道德的宇宙论,是儒家思想的应有之意,是孟子所言"所过者化,所存者神,上下与天地同流",程颢所言"仁者以天地万物为一体",阳明学派所谓"明觉感应为物"之意,表现了儒家的极高境界。

> 践仁尽性到化的境界、"成与乐"的境界,道德意志之有向的目的性之凸出便自然融化到"自然"上来而不见其"有向性",而亦成为无向之目的,无目的之目的,而"自然",亦不复是那知识系统所展开的自然,而是全部融化于道德意义中的"自然",为道德性体心体所通澈了的"自然"。②

成己成物,全在此心,此心之"充其极",自无目的而能成己成物,成就道德的"自

① 牟宗三:《中国哲学十九讲》,第76页。
② 牟宗三:《心体与性体》上册,第152页。

然”。此“成”即是一种乐，是儒者的极高境界，也是道德形上学的完成。此是由道德实践的进路而完成，不是知识系统的展开。

由“践仁尽性”而证成道德的形上学，已是一圆满。在实践上，是道德本体之发而为用的最高境界；在理论上，亦无可挑剔。象山、阳明讲“一心之伸展，一心之朗现，一心之遍润”即是此意，此即是从主观而客观，由内在而超越，由下而上通之为一。可见，在此一理路中，道德的形上学已经充分证成。

牟宗三认为这样还不够，作为客观面的形体无法挺立，心体的客观性无法保证，因此还须讲由客观而主观，由超越而内在，由上而下的另外一面，方才饱满而不虚歉。所以他还要预设一客观的宇宙实体、道体、性体，以保证心体的客观性，再由心体之涵摄呈现宇宙万物。在他看来，《论语》、《孟子》从主观面的仁与心讲得多，客观面的天道讲得少，因此还须将《论语》、《孟子》与《中庸》、《易传》合而观之。

> 《易传》固然是宇宙论、形上学的意味重，因为他牵涉到存在，是从天道讲。但是它从天道讲，它也贯通了主体方面的这个性，它也不是凭空来讲的。①

《易传》涉及存在，即涉及了天道。天、天道即是客观面，此客观面又贯穿到主体，即由客观而主观，因而可说“宇宙秩序即是道德秩序”，“所以儒家发展到了《中庸》、《易传》，它一定是‘宇宙秩序即是道德秩序’，它这两个一定是合一的，这两者是不能分开的。”②宇宙秩序即是道德秩序，是从客观讲到主观，因为必须预设一客观的天道实体，才可保证主观的客观性。心是既主观又客观的，所以才有普遍性，天道实体即是心体之超越的客观的根据。③牟宗三认为，象山和阳明不大讲天道，其客观面终究不饱满。

《易传》由易体贯穿到主体是从客观的方面讲，是先肯定客观的宇宙实体再和主体贯通。此客观宇宙论的意味毕竟重。一旦说到客观的宇宙论，则即有科

---

①② 牟宗三：《中国哲学十九讲》，第78页。

③ 牟宗三之所以如此强调超越的天道实体，是为了以天道实体的客观性来说道体和心体，以保证心体的客观性，这是从如何克服王学的流弊的问题意识出发的。但在牟宗三的体系中，道德的实践和道德的形上学是贯通的，因此这一思路必然存在其道德的形上学中。

学主义的意味。说"宇宙秩序即道德秩序",必先肯定宇宙秩序或对宇宙秩序作一说明,然后再下贯至道德秩序,《易传》即是如此,由外而内说,由上而下说,由超越而内在,是从宇宙秩序说到道德秩序。用牟宗三的话来讲,是以形上学来说道德,而不是以道德来说形上学;是"道德底形上学",而不是"道德的形上学"。

真正纯粹道德的形上学是牟宗三"道德的形上学"的第二个面向,即象山和阳明的路向。这一路向只需说明道德本心如何透显出一"形上学","道德理性之当然渗透至充其极"而透至其形而上的、宇宙论的意义。牟宗三为了克服阳明后学的流弊,预设客观的天道实体,由客观而主观,再由主观而客观,立意虽美,但在理论上却面临诸多的困难,既不合理也无必要。王学流弊如何克服,也不是预设一客观的天道实体所能解决的。

第二节　道德的形上学如何可能?

熊十力以道德本心存有宇宙万物,阐释"天地万物一体之仁"的存有论思想,有着巨大的理论价值。但此一问题是否可作理论上的清楚说明,则是一个艰难而有争议的问题。牟宗三继承了熊十力的思路,通过沟通儒家与康德,建构起了"道德的形上学"。在此基础上,他批评康德只有"道德的神学",而无"道德的形上学",理由有二:一是康德的道德哲学最终需要假定上帝和灵魂不朽才有可能,上帝只成为一设定;二是康德说上帝只是一设定是因为康德不承认人有"智的直觉",所以不能在道德上证成上帝的存有。故,康德只有"道德的神学"而无"道德的形上学"。

> 康德达不到第二义的境界(即"同时亦充其极,因宇宙的情怀,而达至道德理性之形而上的宇宙论意义"这第二义),具体地说出来,即在他只有《道德底形上学之基本原理》(*Fundamental principles of the metaphysic of morals*)与《实践理性批判》所建立的"道德的神学"(moral theology),而却无(至少未充分实现)根据其分解建立的道德理性所先验供给的客观的道德法则再进一步展现出一个具体而圆熟的"道德形上学"(moral metaphysics)。①

---

① 牟宗三:《心体与性体》上册,第 119 页。

康德由实践理性而接近上帝与灵魂不灭显然也是从“道德的进路”入。但康德只有“道德的神学”而无“道德的形上学”。牟宗三分析其原因说：

他所分解表现并且批判表现的实践理性只是形式地建立，一方未能本着一种宇宙的情怀而透至其形而上的、宇宙论的意义，一方亦未能从工夫上着重其“如何体现”这种真正实践的意义，即所谓“践仁知性”的实践工夫，因而其实践理性、意志自由所自律的无上命令只在抽象的理上的当然状态中，而未能正视其是“当下呈现”，而亦仍是“照体独立”的具体状态。依儒家说，无论是“尧、舜性之”，或“汤、武反之”，无论是“即本体便是工夫”，或“即工夫便是本体”，这无上命令，因而连带着发这无上命令的自由自主自律之意志、心性，都是随时在具体呈现的。然而这境界，康德未能至。此即是人们所以常称之曰形式主义之故。（**形式主义是第一步，并不是错，只是不尽。**）①

可见，在牟宗三看来，康德没有建立道德的形上学原因有两个：一是未能通过道德本体存有宇宙万物的道德义而透显一道德的本体宇宙论；二是未有“当下呈现”的工夫。

先来看牟宗三对康德的第一个批评。很明显，康德有通过道德的方式证明上帝存在的路数。《判断力批判》“上帝存在的道德证明”一节，虽然带有很强烈的分解痕迹，但毕竟不能说其没有，而且其分解的说明更有理论明晰性。他说：

有一种自然的目的论，它为我们的理论反思性的判断力提供着充分的证据，来假定某种理智的世界原因的存有。但我们在自己心里，并且还更多地在一个有理性的、天赋有自由（**自身原因性**）的一般存在者的概念中，也发现了一种道德的目的论。……正是同样一些道德法则对我们形成了规范，使我们针对这些存在者所作的评判要么把它们作为目的，要么作为一些对象，对他们而言我们自己才是终极目的。于是，这种道德目的论涉及到我们自己的原因性与目的的关系、甚至与我们在这个世界中不能不企求的终极目的的关系，同时也涉及到这个世界与那种道德目的及其实行出来的外部

① 牟宗三：《心体与性体》上册，第120页。

> 可能性的交互关系(对此没有任何自然的目的论能够给我们提供指导),从这样一种道德目的论中就引出了一个必然的问题:它是否会迫使我们的理性评判超出这个世界之外,去为自然界与我们心中的德性的那种关系寻求一个有理智的至上原则,以便把自然界甚至就道德的内在立法及其可能的实行而言也向我们表现为合目的性的。①

康德以极其晦涩的语言试图向我们展示道德与自然在人的道德目中的可能的统一关系。甚至可以讲,康德此处也非论证,而只是一洞见。他认为,“惟有服从道德律的理性存在者的生存,才能够被设想为一个世界的存有的终极目的”。②他隐约感觉到了自然和道德在某方面的统一,却又无法用清晰的理论将其演绎出来。康德认为幸福必须与德性法则相一致的这个客观条件下才可能有至善,因此,“我们就必须假定一个道德的世界原因(一个创世者),以便按照道德律来对我们预设一个终极目的,并且只要后者是必要的,则(在同样程度上并出于同一根据)前者也就是必然要假定的:因而这就会是一个上帝”。③在康德,自然的目的论(幸福原则)与道德的目的论(德性原则)的合一必然产生神学。在儒家却不如此,儒学将二者统一到了人的德性。在儒家看来,在人的道德属性上,自然的目的与道德的目的得到了统一。人就是道德性的存在,道德是宇宙万物存在的目的,除此之外别无其他的目的,作为道德存有的人自身就是自然目的论和道德目的论的统一。由此,天道即是人道,离人道无所谓天道。当然,康德也承认,上帝存有并不是保证道德律有效的必要条件,“因为这个道德的法则是形式上的,是无条件地命令的,而不考虑到目的(即意愿的质料)”。④此在《实践理性批判》中已经有更为清楚的阐明了。

在儒学中,讲客观宇宙的存有也是以道德本心为基础的。孟子讲天爵、人爵,修其天爵,而人爵不必从之。“君子所性,虽大行不加,虽穷居不损,分定故也。”《中庸》亦言:“君子素其位而行,不愿乎其外。素富贵行乎富贵,素贫贱行乎贫贱,素夷狄行乎夷狄,素患难行乎患难。君子无入而不自得焉。”(《中庸》十四

---

① 康德:《判断力批判》,第318—319页;邓晓芒、杨祖陶译校本,第304—305页。
② 康德:《判断力批判》,第321页;邓晓芒、杨祖陶译校本,第307页。
③ 康德:《判断力批判》,第322页,邓晓芒、杨祖陶译校本;第307—308页。
④ 康德:《判断力批判》,第322页,邓晓芒、杨祖陶译校本;第308页。

章）在儒家，宇宙万物正因为有人的道德本心才有价值和意义，天爵人爵之区分正是为了保证道德的纯粹性，并无明确的至善目的。在康德，上帝存有的宇宙论证明已经被扬弃，上帝存有的道德证明却被挖掘并加以阐发。说上帝存有，即上帝是促进至善的必要条件，必然包含自然的目的论——虽然对康德而言此一目的论是出于主观的合目的性形式，以便保证至善的原则得以可能。康德讲自然的目的论是为了促进至善的可能，儒学则讲“万物皆备于我”、“宇宙不外吾心”、“心外无物”等正是将道德价值赋予宇宙万物，此赋予是道德本心的自发性，赋予即是目的，无有其他目的。因此，儒学中并无一个促进至善目的的理论。[①]而在康德，必然有一个目的论体系，以论证自然的目的论是服从于道德的目的论。

可见，康德也有由“道德的进路”而有的形上系统。但牟宗三却认为：

> 康德的“目的论判断”通过美的判断作媒介而与自然系统相接合，这层意思，若不是出之以这样凑泊的方式，而真能实现出来，则必然就是这种“道德形上学”。可惜他一间未达，一层未透（**自由为一隔绝之预定、设准，其本身之必然性不可理解，是一本质的关键**），“道德的形上学”不能出现，而只完成了一个“道德的神学”。[②]

牟宗三认为康德由美的判断作媒介而与自然系统相接合，可见牟宗三在写《心体与性体》时已经关注到康德在《判断力批判》中关于上帝存在的说明。但牟宗三认为康德此一方式是一“凑泊”，“一间未达”，因而还是只有“道德的神学”而无“道德的形上学”。那么康德是否只是以美的方式将道德与自然结合呢？或者说康德的哲学中是否有如儒家学说中的道德存有系统呢？

---

① 牟宗三认为在儒家的理论中，与康德一样，是讲至善（圆善）的。“儒家自孔子开始，通过孟子而至《中庸》、《易传》，此是先秦已有之发展，后来再经过宋明儒之发展，其中义理多端，此亦必须有一判教始能将那纵贯讲的圆教彻底显出。”（《牟宗三先生全集》卷22，《圆善论》，第297页。）在牟宗三看来，儒家之所以为圆教首先在其无限的智心的确立，“依此无限的智心之润泽一切，调适一切，通过道德的实践而体现之，这体现之极必是以天地万物为一体，为一体即是无一物能外此无限智心之润泽”。（《牟宗三先生全集》卷22，《圆善论》，第298页。）而“圆教依无限智心之自律天理而行即是德，此为目的王国；无限智心于神感神应中润物、生物，使物之存在随心转，此即是福，此为自然王国”。（《牟宗三先生全集》卷22，《圆善论》，第323页。）牟宗三以无限智心之功用保证德福一致，非康德哲学所许。

② 牟宗三：《心体与性体》上册，155页。

有学者认为，牟宗三以康德的实践理性解说儒学是一错误思路。儒学所讲的“当下呈现”或直觉的工夫是康德在《判断力批判》中所说的“直感判断力”，而不是“智的直觉”。牟宗三认为圣人传心其实是传自己的心，表明他对孟子所说“心之所同然者何也？谓理也，义也。圣人先得我心之同然耳”（《孟子·告子上》）一句缺乏准确的理解。孟子既不本天，也不本心，而是本民心之同然，也即天下古今之心的共同认可。人生得理，得义，并非脱离万民独断于心。圣人“先得”万民之所同然。民心之同然，为本，为“心之正”，为基准。牟宗三以孟子“礼义之悦我心犹刍豢之悦我口”来解释“纯粹理性如何自己就能是实践的”，却忽视了上句“心之所同然者，谓理也，义也，圣人先得我心之同然耳”所表明的：礼义乃天下古今众心之所同然，圣人先得众心之同然。牟宗三在此处的第一个错误即把“圣人先得我心之所同然”中的“我”理解为我一个人。“同然”一词的指称不是表示圣人、我、众心之能力，而是表示由此能力得到的判断或领会。“我心”是众人之心，不是我以个人之心。理、义是判断，只是天下众人能悦之，不能得之；须有圣人先得之、宣示之，故“期于易牙”，“易牙”在道德方面而言即是圣人也。牟宗三的第二个错误即是错用了康德哲学：“他把上述孟子言论依实践理性阐释。正确的思路是，应当把这些话依直感判断力（一般译作审美判断力）阐释。”“这里涉及的是个更大问题，是个重大的哲学问题：在论及中国道德时，是依照康德把道德哲学放在实践理性领域中讨论，还是把道德哲学放在直感判断力中讨论？”①

“‘圣人先得我心之所同然’涉及的是共通感（《判断力批判》，§40）。孟子说的是‘理义之悦我心犹刍豢之悦我口’，两用‘悦’字：说到理义，也是用悦字。悦，只能是直感判断力，不能是实践理性。”孟子之“心之所用同然”不涉及严格的普遍性，而只是“直感判断力”的普遍性，如同牟宗三所说的足形、尝觉、视觉、听觉之同不是严格的普遍性一样。牟宗三把“心之所同然”之普遍性说为严格的普遍性，直截了当地把心解释为相当于康德哲学的实践理性，自然是一种误解。其中之关键即在于对孟子之“悦”字的了解。而此“悦”即牵涉到情感问题，在道德领域及牵涉到道德情感。

---

① 谢遐龄：《直感判断力：理解儒学的心之能力》，《复旦学报》（社会科学版）2007 年第 5 期，第 27 页。

康德在《实践理性批判》中对道德情感加以排斥，在《判断力批判》中又有所论述。《判断力批判》上卷讲直感判断力，直接涉及的是心之情感能力的美学，但若把美学(asthetic)一词诉诸其古希腊文原义，就可以从美学领域扩展到知识领域和实践领域，探索解决科学和道德、法权、宗教等领域中的问题。因此有学者主张将此词译为感学或直感学。康德认为鉴赏判断是直感的，而鉴赏判断的那种评判能力，即批判一个对象或一个表象的能力，要通过不带任何利害的愉悦或不悦的评判来表现。这样的一个愉悦的对象，叫作美。但谢遐龄认为，康德认为直感判断力仅仅关乎到美，显得狭隘了。只要把这里的"利害"解释为"人心"、"人欲"，"不带任何利害"解释为排除"人心"、"人欲"干扰，那么通过这种愉悦作评判的能力连到道心就十分顺畅，连到"理义悦心"也就十分顺畅了。因此，礼义悦心实则是个直感判断。此一观点得到了伽达默尔的支持，伽达默尔也认为"鉴赏判断最早是个道德概念，而不是个审美概念。鉴赏概念描述一种真正的人性思想……"①"判断力与其说是一种能力，毋宁说是一种对一切人提出的要求。"②这种要求就是被普遍认同的要求。鉴赏判断表达着一种认可方式，对个别事物作评判时考虑着一个整体，这个个别事物是否与所有其他事物相适合。适合即"合适"、"得体"。为孟子所说之"同然"即是一种判断的协调，同然即是"合适"、"得体"之意。"'得体'之'体'当为一单数词，当指一个美的理念，或者'美的理想'。在道德领域，当指'天理'。"③在康德的《判断力批判》中，鉴赏判断虽然是发自某一个人的主观经验，但这判断的本性中却要求着一切人的普遍同意。这在道德判断中，即是"心之所同然"之理，牟宗三将此说为"道德的无上命令"。实则在中国哲学中，道德最高原理却不是纯粹形式的无上命令，而是一种鉴赏评断的"合适"、"得体"，此是一种直感判断，而不是实践理性的活动。

鉴赏和判断在理论上是至难说明的，此已经由伽达默尔所指出："实际上，判断力的活动，即把某个特殊事物归入某种一般东西中，例如把某事认为某个规则的实例，在逻辑上是不可证明的。因此，判断力由于某个需要能够指导它的应用

① 伽达默尔：《真理与方法》，洪汉鼎译，上海译文出版社2004年版，第44页。洪汉鼎的译文为："……趣味概念最早市道德性的概念，而不是审美性的概念。趣味概念描述一种真正的人性思想……。"根据谢遐龄，将"趣味"一词代之以"鉴赏"。

② 伽达默尔：《真理与方法》，洪汉鼎译，第41页。

③ 参见谢遐龄：《直感判断力：理解儒学的心之能力》，《复旦学报》(社会科学版)2007年第5期。

规则处于一种根本的困境中。因为正如康德所尖锐指出的，为了遵循这个规则它将需要一个其他的判断力。所以判断力一般来说是学不到的，它只能从具体事情上去判断，而且在这一点上，它更是一种类似感觉的能力。判断力是某种绝对学不到的东西，因为没有一种概念的说明能指导规则的应用。”①此段话点出了判断力在理论说明上的困难，此在康德处已经明显可见，康德的《判断力批判》相对其前两大批判而言，在理论的严谨性和逻辑的论证上显然要大打折扣，而且其中多断语，康德已经明显感觉到说明此一问题的困难。在中国哲学中，对“当下呈现”更是无理论上的阐明。朱子批评象山“两头明，中间暗”，熊十力认为此问题难言，非科学知识所能说明，都已经点出此问题的困难。牟宗三一方面错误理解了实践理性和孟子之“心”的关系，又错用康德的“智性直观”来说明儒家的“当下呈现”。并在中国哲学的基础上，批评康德只有“道德的神学”，而无“道德的形上学”，此中问题，复杂而难明。

既然道德的活动不是实践理性的活动，而是“直感判断力”对共通感的运用。而直感判断既是一种道德判断，也是一种审美判断，那么牟宗三所说的“当下呈现”就不是“智的直觉”，而是直感判断。“当下呈现”的即是“天理”，是“心之所同然者”。直感判断不仅呈现在具体道德实践行为中，也呈现在以此道德之心鉴赏宇宙万物和宇宙全体的活动中。宇宙万物在道德之心鉴赏时有了道德的意义，此即道德存有论的理论说明。而康德将“上帝存在的道德证明”放在《判断力批判》中而非《实践理性批判》之中即是说明上帝存在的道德证明直感判断的结果，而不是智的直觉的对象。上帝即大全，宇宙也即大全。上帝存在只能通过道德证明——毋宁说是道德的存有，宇宙实体通过道德本体而存有。此种存有是直感判断，而非牟宗三所主张的智的直觉。道德存有宇宙万物既是一个道德问题，也是一个审美问题，这与鉴赏（审美）一词的本来意义是符合的。

虽然康德理性和感性二分的思维局限了其对道德情感的理解，其理论体系也过于分解而远非圆融，然而他毕竟意识到了且试图说明上帝存在是一个可以通过道德来证明的问题，在西方哲学史上具有划时代的意义。通过对牟宗三和康德哲学的分析和理解，可以厘定两个问题：一是道德本心存有宇宙万物是一种

---

① 伽达默尔：《真理与方法》，洪汉鼎译，第39—40页。

“当下呈现”，但这种呈现是直感判断，而非智的直觉；二是在康德处也有“上帝存在的道德证明”，与和儒家道德本心存有宇宙万物之思路是一样的。道德的宇宙论既是一种道德意识，也是一种审美意识，道德和审美的本来意义是一致的。康德将“上帝存在的道德证明”一节放在《判断力批判》中即是明证。

第十七章　熊十力道德的形上学论衡

熊十力通过综合唯识学与心学的义理，对心与境物关系作出了理论说明。以本心之存有说明了宇宙万物乃至宇宙本体的存有性和价值是如何可能的。在此基础上，说心即是天，心外无物，证成了道德的形上学。但熊十力毕竟预设了客观的宇宙实体，并建构了一客观的宇宙论。另一方面，熊十力早期“摄用归体”与晚期“摄体归用”思想的矛盾，也对心本论以及道德的形上学产生了一定的解构作用。

第一节　唯识与境物

熊十力作为一个以唯识为主旨的学者，其宇宙论亦必须在唯识论的框架下得到说明。“唯识二字，当分广义狭义。狭义则对境彰名；广则言识，便摄天地万物在内，以不许有离识独在之物故。”①前者是知识论，后者则是证量的工夫论。宇宙论在唯识的框架下，即反转为一存有论。生成论模式是从上往下讲，有时间和空间的说明。而存有论则须从心往上讲、往外讲，即如何说明“吾心即是宇宙”，此是一内在而超越的模式。

在体用不二的框架下，心物、能所、境识都为本体之显现，而物为心主，所为能摄，境为识涵，也可说为心生万物。新唯识论实乃道德本体论，所涉及的宇宙本体论也是服从其道德论证的。对熊十力而言，现实的人生既是哲学探究的起点又是终点，但《新唯识论》却并非直接从现实的人生出发的，而是从其本体宇宙论引申出来的。“心者恒转之动而辟也，故心之实性即是恒转，而无实自体焉。今夫有情假者，本依心物幻现得名，而心物实性强名恒转。恒转者，至静而动，本未始有物也。然动而不能不摄聚，故乃翕而幻成乎物。此所以现似物质宇宙而疑于不守自性也。实则恒转者，纯一而亡染，刚健而不挠，岂果化于物而不守自性者乎？其翕而成物也，因以为资具，而显其自性力。故行之至健，常物物而不物于物也。夫是行健以物物而不物于物之自性力，对翕而言则谓之辟，对物而

① 《十力语要初续》，《全集》卷5，第81页。

言，则谓之心。”[1]道德人生的开端，也就只能以本体之发动为自身的开端了——如物质世界的开端一样。儒家通常将道德本体与宇宙本体合说，在理论上又无清楚的说明，通常造成混淆。

熊十力通过对旧唯识论的改造，并结合《周易》的体用思想，创造了新唯识论。只有将唯识学纳入体用不二的框架下来加以考察，才可有“境不离识”、“境识同体”之结论。“唯识的道理，是要从自家生活里面去实践的，不实践的人也无法信解这个道理。我们应该承认，万物都是我心所感通的，万有都是我心所涵摄的，故一言乎心，即知有境。一言乎境，知不离心。”[2]“人心本自昭明，本转物而不为物转。”[3]熊十力对心境、心物关系的说明，不出“以心统物”之义。“云何心统物？姑从两方面略言之。（心灵，省称心。物质，省称物。统御，省言统。）两方面：一、从宇宙发展言。二、从心主动以开物之事实言。”[4]人之生命和心灵禀有宇宙太初之心灵。心灵一直贯穿于宇宙发展的全过程，人的生命与心灵为此大心的具体呈现，有此大心之功用，与此大心本来无二。心能涵摄宇宙主宰宇宙万物。宇宙本体即是吾人之本心，只存此心，即是证得了本体。

新唯识论的宗旨乃是“究万殊而归一本，要在反之此心”[5]，无论是境执还是识执，都不是真实的存在，都是我心所变现出来的。识执固是如此，境执也是一样，无论是就别计的——外在的物，还是总计的宇宙全体，都是不离我的心而存在。以识方能说宇宙万有，宇宙万有的存有不离心识，故说“唯识”。如程明道所讲：“天地只是设位，易乎其中者神也。”[6]熊十力也说：“我们应承认，万物都是我心所感通的，万有都是我心所涵摄的，故一言乎心，即知有境，一言乎境，知不离心。”“就明觉的本体言，吾人与宇宙无内外可分故。此明觉凭吾人之官能而始现，以感通乎天地万物；天地万物待此明觉而始显现，足征此明觉为一切形物之主宰。所以说，明觉即是吾人与万物之本体，非可舍吾心而别寻造物主也。”[7]

说本心是宇宙的本体，不仅有认识论上的意义，也有道德的意义。“日星大

---

① 《新唯识论》文言本，《全集》卷 2，第 79 页。
② 《新唯识论》语体本，《全集》卷 3，第 47 页。
③ 《十力语要》卷一，《全集》卷 4，第 30—31 页。
④ 《乾坤衍》，《全集》卷 7，第 535 页。
⑤ 《新唯识论》语体本，《全集》卷 3，第 3 页。
⑥ 《二程集》上册，中华书局 1981 年版，第 121 页。
⑦ 《十力语要》卷二，《全集》卷 4，第 221 页。

地乃至他身等境，皆为自识所涵摄流通而会成一体，初无内外可分。乃人昧焉，以为此皆离自识而独在者，果何据耶？日星高明不离于吾视，大地博厚不离于吾履，履即触识。他身繁然并处不离于吾之情思，是故一切境相与识同体，感而遂通，其应如神，以其一体本无离隔故也。"①首先，日星大地和他身等境，当然为我的识所涵摄，存有其具体的存在。其次，因为我的心识是流通的，所以由心识所涵摄的日星大地自然也在我心识之中流通，成为与心识一体的东西，因此无内外可分。由我的心识所神感神应，日星大地乃至一切境原本都是一体的，并不是区隔的。道德本心存有宇宙万物，有认识论上的意义。不仅个别物的存在不离我的心识，宇宙全体的存在也不离我的心识。此存在是认识论上的存在，本心通过感物而为习染所乘权，成为知识之所可能的基础。但习心的根源依然是本心。

夫境不离识义者，岂惟梵方大乘夙所创明，即在中土先哲，盖亦默识于斯而不肯衍为议论耳。征其微言，约略可见："合内外之道"，《中庸》之了义也；（合内外者，即是心境浑融之诣。盖诚明之心感通天下万有而无碍，所谓境随心转，无有对待纷扰之相。）"万物皆备于我"，子舆氏之密意也；（会物归己，正是唯识了义。若有物与我为对，则我亦是一物耳。既物莫非我，则我亦无待以立也。而言我者，假为之名耳。物我之相都亡，是立于无对者也。到此方信得自家生命元来无限。若其落于物我对待之中者，则是自丧其无限生命而成乎一物已耳。）"仁者浑然与物同体"，程伯子之实证也；（伯子之言，同己于物，然与孟氏意同。）"宇宙不外吾心"，陆象山之悬解也。（慈湖《己易》盛弘师说。）逮于阳明昌言"心外无物"，门下诘难，片言解蔽，《语录》有云："先生游南镇，一友指岩中花树问曰：'天下无心外之物，如此花树在深山中自开自落，于我心亦何相关？'曰：'汝未看此花时，此花与汝心同归于寂。汝来看此花时，则此花颜色便一时明白起来。便知此花不在汝心外。'"其持说精到如此。故知理由同然，华梵哲人，所见不异。②

① 《新唯识论》文言本，《全集》卷2，第23页。
② 《新唯识论》文言本，《全集》卷2，第24页。

以唯识学解传统儒家的心物关系，心与物“显则俱显，寂则俱寂，一体同流”。境不是离我的心而独在的，万物皆在我心之中。

第二节 价值与存有

熊十力认为，孟子之“万物皆备于我”即是唯识义。“万物皆备于我，乃唯识义。汉以来儒者不知发明此旨。夫内外分畛，物我对峙，此经验界中之事也。如此则宇宙只是一盘散沙，人生不过沙聚中之一微粒，此凡情之大迷也。若了万法唯识则无此失。如眼识看色，愚者认色为外物，其实色不离于眼识，即色非身外之物；耳识闻声乃至意识缘一切法，皆可准知。天地万物皆不离吾心而外在，故说万物皆备于我。”①以万物皆不离我的心而存在，说唯识义，确实有所据。熊十力把旧唯识论框架翻转成为本心的存有，来解释儒家的存有论，有深远的理论意义。在此意义上说本心即本体，意思甚分明。“吾人识得自家生命即是宇宙本体，(举体即摄用，如前已说。此中宇宙一词，乃万物之都称。)故不得内吾身而外宇宙。吾与宇宙，同一大生命故。此一大生命非可剖分，故无内外。”②“盖则孔子生平之学，不外反求本心，洞识仁体。尽己性而尽物性，本无内外可分也。《论语》曰：天何言哉？四时行焉，百物生焉，天何言哉？时行物生，活泼泼地。”③

熊十力以唯识义对《孟子·尽心上》之“万物皆备于我”段进行解读，系统地阐释了他的存有论。

> 《孟子》书中有一段话最亲切，其言曰：“万物皆备于我矣。反身而诚，乐莫大焉。强恕而行，求仁莫近焉。”此章之旨，学者每忽而不察，故稍疏通之，待有之者反而自求焉。“万物皆备于我”者，就形骸言，则我与万物若相待也。相待，即我与物对，而不能备万物。言若者，显非本相待，但妄情分别耳。就本体言，则万物与我同体，分别有所本。是故即于我而见万物皆备。仰视天，天不离我而独在。俯察地，地不离我而独在。中观人与一切有生之物，则皆我之情思所流通贯注。故我备万物，我乃无待也。“反身而诚，乐莫

① 《十力语要》卷三，《全集》卷4，第431页。
② 《新唯识论》语体本，《全集》卷3，第358页。
③ 《新唯识论》语体本，《全集》卷3，第401页。

> 大焉”者，皆备之实体，我所固有，不从外得。（此中实体一词，亦云仁体。）唯其非外，故万物所以然之理，（所以然者，谓物之本性，即物所由生成之理。）不劳我之逐物推测。直须反身而尽其诚。则尽己性，而物性即尽。灼然无疑矣。①

“万物皆备于我”乃儒家功夫论的最高境界，到此境界即是乐。此中“物”一义，本不是物质之物，而是与道德相关的行为物。②

“万物皆备于我”可从两个层面加以阐释。第一个层面是就具体的道德行为而言。在孟子看来，仁义礼智之四端我心具有，只要反躬自问，诚信不欺，按照道德的命令和要求行事，就是“反身而诚”，亦可以“乐莫大焉”。此重点强调道德之知必须变为道德之行，否则无所谓乐可言。道德实践的根据在我人的心中，无须从本心之外找道德的根据。一般来说，儒家讲仁、本心、良知到此一层面也就可以了，此虽简单易行，但亦是很高的境界。第二个层面是就心存有宇宙万物而言。此须结合《尽心上》的另外一句“尽其性者，知其性也。知其性，则知天矣。存其心，养其性，所以事天也”来谈。从文字上看，“天”在此处并没有明确的意义。赵岐认为：“性有仁义礼智之端，以心正智。惟心为正。人能尽极其心，以思行善，则可谓知其性矣。知其性，则知天道之贵善者也。”此虽有可处之处，然与“万物皆备于我”一句合看，似乎又未能得孟子之要领。古人的道德之天和自然之天的意义并不是有明确区分的。孔子讲“天何言哉！四时行焉，百物生焉”，这就是将自然的天理解为道德的天。《中庸》讲“天命之谓性”，已经将性的来源挂到了天上，天无疑有本体义，讲道德的天，亦可含自然的天在内。此在孟子处亦未作出严格的区分。孟子讲尽心知性知天，是从道德的角度而言，然亦可说其包含自然的天在内。自然的天即宇宙和万事万物，天即宇宙本体。因此，尽心知性知天是从道德的角度来理解天，自然之天亦成了道德之天。自然的天有道德意义，此意义是由尽心知性而存有的。没有了人的本心，自然之天的道德意义亦无法稳立。说“万物皆备于我”，亦可说宇宙本体和万事万物的道德意义皆因我之本心而得存有。孔子讲“人能弘道，非道弘人”即是此义。

---

① 《新唯识论》语体本，《全集》卷 3，第 412—413 页。

② 参见杨泽波：《孟子性善论研究》，第 182 页。

综上,熊十力的道德存有论思想主要有以下几个方面。

一、就唯识的立场来说,宇宙万物只有一本,即是吾人之本心。“唯吾人的本心,才是吾身与天地万物所同具的本体。”①吾人之本心即是宇宙万物的本体,一方面是说宇宙万物不离我的心而独在,所以其言“仰视天,天不离我而独在。俯察地,地不离我而独在。中观人与一切有生之物,则皆我之情思所流通贯注”。此和其唯识思想是一致的,即万物的存有是因为我的心识而得可能的。离开我的心,万物对我而言即是无。另一方面是就宇宙万物何以有道德意义而言。宇宙万物之所以具有道德意义,是因为作为宇宙万物的本体——本心——是道德的。因着道德的本心涵摄流通,因而宇宙万物有了道德的意义。道德本心能存有宇宙万物,即说明道德本心是宇宙万物的本体,天地万物本与我一体。

二、道德本心涵摄宇宙万物,使万事万物顺我之情,此即是一种乐。道德本心涵摄宇宙万物,是万物与我无对,万物在我心之中畅顺流通,此亦是我心之畅顺流通。我心能畅通流通,此即是一种乐。要有此种乐,就是要作诚的工夫。“不诚,则我乃自亏其所固有皆备者”,此当然不是乐。因此逐物之心无所谓乐可言。而此种万物与我一体之乐,相对于具体的道德行为之乐,更是一种圆满之乐。道德本心存有宇宙本体和宇宙万物,此种思想在孔子说“天何言哉”及“人能弘道,非道弘人”时已经初露端倪,经由孟子说“万物皆备于我”、“尽心知性之天”、明道之“一本”、陆象山之“宇宙即是吾心”,到阳明和龙溪的致良知教而成规模。熊十力以佛家唯识思想阐释心学义理,有了更强的理论意义,再经由牟宗三的阐释和发挥,宏阔的规模完全展现出来。

三、道德存有之乐为道德本心发为道德行为的延续,但在境界上却又较高。孟子讲“强恕而行,求仁莫近焉”,即是讲未至于此道德存有之境时就需要有强恕的工夫。恕即推己及人。“我之所欲,当念人亦欲之,毋专以妨人。我所不欲,当念人亦不欲,而益求所以利人。”②在此种境界中,亦有人我、物我的对待,未是道德圆满之境。达至道德的圆满之境,人我、物我的对待都已消除。熊十力说:“天地之化,新新而不守其故,皆我之自新也。……天地之德新新,而动以不得已,皆我之自新也。……天地之撰,(撰犹言功用。)新新而悠久无疆,……皆我自新

① 《新唯识论》语体本,《全集》卷3,第18页。

② 《新唯识论》语体本,《全集》卷3,第414页。

也。”①“天下皆吾同体，故不以我宰天下，亦不见有天下待吾之治。吾与天下休戚相关，若痛痒之在一身。”②天地之化，天地之德新新，皆我心之自化，皆我心之新新。离我的心，无所谓化与新，化与新都是存有其价值，或存有其存在。此种存有是我心之存有，离我的心，无存有可言，亦无价值可言。因而天地之间，只有此心。至此境地，无有不乐。

道德实践总是从强恕的工夫开始的，没有此种强恕的工夫，就不可能达到道德的圆满之境。“行此(强恕工夫)既久，则人我对峙之见，可以遣除。而吾所固有皆备之仁体，于是实现焉。儒者于人伦日用工夫中，涵养的本体透露，此乃圣学当而不可移易处。”③于人伦日用中识得本心，进而悟得“天地万物一体之仁”，此是一延续的过程，在工夫上不可倒置。

> 夫求识本心，在佛家盖自宗门兴起，而后盛趣于此一路向，固夫人而知之也。儒家则远自孔子已揭求仁之旨。仁者本心，即吾人与天地万物所同具之本体也。至孟子提出四端，(恻隐之心，仁之端也。羞恶之心，义之端也。辞让之心，礼之端也。是非之心，智之端也。)只就本心发用处而分说之耳。实则四端统是一个仁体。……后来程伯子《识仁篇》云：“仁者浑然与物同体。(此言仁，只是吾人与万物统同的本体。)义礼智性，皆仁也。”此则直演孔子《大易》“元者善治长也”意思。《易》以乾元为万物之本体，坤元仍是乾元，非坤别有元也。杨慈湖深得此旨。元在人而名为仁，即是本心。万善自此发现，故曰：善之长。逮王阳明作《大学问》，直令人反诸其内在的渊然而寂、恻然而感之仁，而天地万物一体之实，灼然可见。罗念菴又申师门之旨。盖自孔孟以迄宋明诸师，无不直指本心之仁，(实则，仁即本心。而曰本心之仁者，为措词方便故。)以为万化之原，万有之基。即此仁体，无可以知解向外求索也。④

体认人之本心即是宇宙的本体，此乃即本体即工夫。到即工夫即本体的境界，是

---

① 《读经示要》卷一，《全集》卷3，第640—641页。

② 《读经示要》卷一，《全集》卷3，第577页。

③ 《新唯识论》语体本，《全集》卷3，第414页。

④ 《新唯识论》语体本，《全集》卷3，第397—398页。

识得本心之后的事情。一旦识得本心仁体,则天地万物莫不是我本心之发见。可见,强恕工夫为道德实践的入手处,而识得天地万物一体之仁,达之"明觉感应为物"的境界则是道德工夫的圆满境界。"到了性智显发的时候,自然内外浑融(即是无所谓内我和外物的分界)……"①"故言此心,实非吾身所得之私也,乃吾与天地万物浑然同体之真性也。然则反之吾心灵,而即已得万物之本体。"②

总之,在熊十力看来,本心不仅能存有宇宙万物的存在,而且能存有宇宙万物的道德价值。我的心是道德的本心,由我的心存有的宇宙万物必然是道德的宇宙万物,宇宙万物乃因此次具有了道德的价值与意义。"即吾人的真性,亦即是一切物的本体。"③本心即是性,真性即是德性、性智。"即依靠着这个智的作用去察别事物,也觉得现前一切物莫非至善。"④到此境地,即无对待相、无善恶相可言,因而可言至善;到此境地,宇宙本体即是吾人之本心,此亦是一呈现,而非一设定。这样,从唯识的基本立场出发,明心外无物,境识同体,即是见体。

第三节　道德的形上学

熊十力认为,"……中学特点,……一曰中学在本体论中之天人不二义;二曰中学在宇宙论中之心物不二义"。⑤天人关系是从形上学的角度而言,心物关系是从心建构一一现相而言,实则都是心与境的关系。说其为不二,即是离心无所谓天,也无所谓物。而道德的形上学之证成,即是说明心如何即是天,天人如何不二。

一　人道之外无所谓天道

天即天道。"天人不二"是儒家思想的核心之一。熊十力说:"七十子相承之明训曰:善言天者,必有验于人。……此言天人本不二,(天不离人而独在,而人即是天,故曰不二。)故善言天者,必即人道而征验之。"⑥在他看来,人道和天道

①④　《新唯识论》语体本,《全集》卷3,第23页。
②　《新唯识论》语体本,《全集》卷3,第20页。
③　《新唯识论》语体本,《全集》卷3,第19页。
⑤　《原儒》下卷,《全集》卷6,第556—557页。
⑥　《原儒》下卷,《全集》卷6,第567页。

是不可分的,人道即是天道。何以故?"天不离人而独在",离我人,天不成其为天,因而"人即是天",所以说"天人不二"。"天人不二"的含义,也是从两面向而言的:一方面由天到人,一方面由人到天。

> 扬子曰:"人不天不因,天不人不成。……何言乎人不天不因?人生非幻化,乃本乎一诚而立。……诚者天之道也,若不有天则仁将何所因而得生乎?故曰不天不因。……何言乎天不人不成?天有其理,而充之自人。……不有人充之,则理亦虚矣。天有其德,而体之自人。(在人之德,实禀之于天,故曰天之德。)……不有人体之,则德不流矣。然则,天若不有人,其理虚,其德不流,是天犹未能成其为天也,故曰天不人不成。"①

"人不天不因",天是所以成为人的根据,在熊十力的宇宙生成论中,天是人的根源或本原,没有天,自无人所成。"天不人不成"则是说:在宇宙生成的角度而言,宇宙进化只有发展到人类才成就其目标;就天之德行而言,只有人类才能"体"天之德行,无有人,天之德行无由体现。熊十力以"人不天不因,天不人不成"说明了天人关系一个圆圈的两个来往。

> 天人虽有分,毕竟不二。一言乎天,便是对人而得名。然天实不离万物而与人而独在,且必待万物发展已至于人,而天始得仗人以完成其天道。……
>
> 一言乎人,便是对天而得名。然人与万物不可凭空忽然而起,……实皆以天为其内自本因,亦谓之大宝藏,是为万物与吾人发展无穷之所自出故。"人不天不因",此至理之绝不容疑者也。②

就第一个来往而言,说"人不天不因",在传统儒家学者及熊十力这里都有宇宙生成的意味,人道的根源在于天道,"惟人也灵性显露,始能自识其所禀于天之德源,而涵养以实之,扩充以大之"。③就第二个来往而言,"天不人不成",是说人道

---

① 《原儒》下卷,《全集》卷6,第569—570页。

② 《原儒》下卷,《全集》卷6,第581页。

③ 《原儒》下卷,《全集》卷6,第574页。

能存有、证成天道的存在性:“人类乃有官天地、府万物之权能。(官,犹主也。)至此,而天亦仗之以有成,岂不盛哉!”①这一点不仅为传统儒家学者所注重,也是心学及现代新儒家的核心观念。

“人不天不因,天不人不成”的观念,说明中国传统文化不是建立有神的宗教以供人崇拜与信仰,而是从天人互动的角度说明宇宙万物和人生价值之根源。一方面,天道不是超越或超离的神,而是人的本有属性。另一方面,天道待人道而显,离人道无所谓天道。天、天道不是超越或超离的神,是就天是人所以生成之因而言,天之生人,则天道也即成为人的内自因,除此之外无所谓因。

> 儒者以天道为人与物所以生所以成之因。(天,道皆本体之名,见前。此中物字,即遍包天地万有而为言,……。)其所谓因乃近取诸身,远取诸物,而体认得人与物皆固有内在之大宝藏,乃推出去说为天道,说为人与物所以生成之因。(固有者,本来自有之谓。)由体认之极深极广而发见吾人内在之大宝藏,即是天地万物内在之大宝藏;天地万物内在之大宝藏亦即是吾人内在之大宝藏。②

“人不天不因”,天、道即是本体,是宇宙基源,也是人所产生的根源。此根源不是离人和天而独在,不可视为外在的神。天、道是人所成之因,人既成,便与天、道不二,因此天、道即是人内在的大宝藏,因此亦名内自因。人生只须反求自己的本心,则明了此内自因是物我所共有的大宝藏,无须在本心之外再建立第一因以说明世界的来源和开端。

天道待人道而显,则是就实践的功夫而言。本心是内自因,亦即与本体、理体、天、天道为一,离开本心即无所谓道,也无有所谓外在的道来弘大人的生命,人即是天道之显现,人道即是天道。

> 孔子曰:“人能弘道,非道弘人。”(言人能弘大其道,道不能弘大吾人。道者,即本体或真性之称,真性虽是吾人所固有,而吾人恒迷执小己以障蔽

① 《原儒》下卷,《全集》卷6,第575页。
② 《原儒》下卷,《全集》卷6,第578页。

之，则真性虽自存，却不能使吾人弘大，必吾人内省而自识本来面目，存养而扩充至，则日用云为之际，皆是真性炽然流行，是则人能弘其大道。）斯义广大渊微至极。其否认有超越吾人与天地万物而独尊之神道，使神道不复能统治吾人。哲学精神至此完全脱去宗教尽净，遂令人道天道融合为一，不可于人之外觅天也，其功诚巨哉！①

道即天道，即天。就“人不天不因，天不人不成”而言，天、人都有本体的性质。就“人能弘道，非道弘人”而言，道之于人，则完全是存有的性质。熊十力否认有超越人与天地万物独尊之神，此甚为得当，儒学之所以不是宗教，原因就在此。而中国传统中之所以宗教不够发达，则是因为儒学“人道天道融合为一”，人外无天，并不需要一个超越的神来主宰世界，人自身即是神，即是天。天道即是吾人的本心真性，只要反躬自求，存养扩充，自能弘大天道。这样，本心既为本体，又能存有天，天道，证成天道的存在性，人道即是天道，人道之外无所谓天道。“吾身之神即是宇宙之神，实无有如迷者所执之多神也。天者，无量星云或星体也。举天，即摄一切物；言神者，遍为万有实体无在无不在也。近取诸身，远取诸天地万物，孰发现是？孰流行是？莫非神也。虽无有乎具有人格之一神或多神，然而莫非神也。吾与天地万物执形固各别，穷神则一体也。”②因此，“由形而上学第一因之宇宙观，惟觉人生若僵固之物而已，实无人生之意义与价值可言”。③

“人不天不因，天不人不成”，说明中国传统文化走的并不是有神宗教的路向。不走宗教的路向，并不是说不需要宗教的此种作用，而是说中国传统尤其是儒学虽不是有神宗教，然而却可将神的作用消融于文化中，儒家文化自身即能解决有神教所面临的问题，且无论在实践上，还是在学理上都胜有神教一畴。外来的宗教，在中国文化中发展，也要适应中国文化的这种特色。佛教传入中国发展出天台、华严、禅宗等有中国文化特色的宗派，即是最好的例证。当然，并不是说任何宗教都建立第一因以说明世界的生成，也并不是说只有儒家的理论解构了有神宗教。在这一点上，佛教的众多派别尤其是大乘空宗与儒家有相似之处，然而与佛教不同的是，儒家最终还是要落实到道德的本心上来讲问题。在儒家看

① 《原儒》上卷，《全集》卷6，第320—321页。
② 《新唯识论》语体本，《全集》卷3，第546页。
③ 《原儒》下卷，《全集》卷6，第580页。

来,人之所以能证成天道的存在性,关键在道德的本心。

> 人道范围天地,曲成万物,无有不循理而可行,……无有不据于德而可久。……德,理也,人道之大纲也。失其纲,则人道无与立,人道之有是理与是德也,非由意想安立,非从无中生有。乾元性海实乃固有此万德万理之端,其肇万化而成万事万物者,何处不是其理之散著,德之攸凝。……惟人也,能即物以穷理,(理虽散著乎万物。而会通与主领之者,则心也。)反己以据德,(蓄德在反己,而施之于物,则须格物。)而总持之,……以实现天道于己身,而成人道,立人极。此其所以"范围天地之化而不过",惟有理以利于行;……"曲成万物而不遗",惟有德以善其守。①

据于德而可久,德即是理。"范围天地,曲成万物"之根本即在德。在熊十力看来,此德即是天德,也是人德,是人与天地万物所共有之本体。天之生万物是德,人之"范围天地,曲成万物"也是德,只此一德,非有二德,只有有德的人才能弘大天性,亦即弘大自己的本性。离德,天不能生万物,人亦不可能"范围天地,曲成万物"。

说天生万物有宇宙生成的意味,说"范围天地,曲成万物"则有道德存有的意味。"范围"、"曲成"即是一种存有。这种存有不是认识论的存有,而是道德的存有,是存有天地和万物的道德价值。天地万物待人去存有,天道亦待人去存有,说"人能弘道,非道弘人",即是说只有人能存有道,离人无所谓道,人道即是天道,非离人道之外别有天道。这种思路是以道德本心、人道为中心的,把天地宇宙的创造精神,亦即天地宇宙之所以可能的主宰权落实到了本心上,以人道、本心的弘大来贯通宇宙全体,证成宇宙万物和宇宙全体的道德价值,证成天道的存在。所谓"上下与天地同流",其实是本心自流,天地因为本心的流动而流动。本心是主宰,是本体。熊十力通过其对天人关系的说明再一次阐明了本心和万物的关系,虽然有宇宙生成的说明,但其根本目的还是为了彰显本心、人道存有宇宙万物乃至宇宙全体价值,证成本心的本体义。

---

① 《原儒》下卷,《全集》卷 6,第 567—568 页。

二　道德的形上学之证成

熊十力认为，天人合一是所有学术思想的最高依归，达此境地，就无所谓出世之教。一切宗教之所以成为倒妄，就在于其在人之外勾画一神多神的存在，或以出世为依归，而不能当下即是。在新唯识论中，天道、人道，都是道德本心之异语，实则都表示道德的本体、良知本心。可以看出，熊十力以良知本心涵摄宇宙万物和"天人不二"之思路，证成了道德的形上学。单就道德的形上学而言，此是阳明心学的模式。良知本心一方面发出具体的道德命令，实践具体的道德行为，此为成己；一方面涵摄宇宙万物，使宇宙万物具有道德价值和意义。此即为"成己"与"成物"之两面，道德的形上学，即包含此两面，一为内，一为外。

> 夫由内达外者，是合内外之道也。由内达外者，源在内也。……天地之心，非外也。孟子云上下同流者，己之心，与天地之心，本不二故。故曰由内达外者，源在内也。得此真源，即通内外为一，故《中庸》曰："合内外之道也。"此六经之心印也。若由外转内，则先已不自识真源，而误向外追求。①

"成己"是证成道德的实践，"成物"是良知本心涵摄存有宇宙万物。这里的关键即在说明良知之心，道德实践由良知本心发出，是无疑问的。同样，宇宙万物之所以能证成其存有的和价值，也是因为此良知本心的存在。

> 己之心，即是天地之心，亦即是圣人之心。非可判为三也。故见已心，便识天地之心与圣人之心。则以心无方分，乃通古今内外物我而浑然一体故也。②

吾人之心，亦即圣人之心，此心只有一个，都是天地之心。证得此心，即是证得圣人之心与天地之心。证得此心者，即是证得"古今内外物我而浑然一体"者。由良知本心之开显而证成宇宙万物之意义，可说良知即是乾元。

---

① 《读经示要》卷二，《全集》卷3，第852页。
② 《读经示要》卷二，《全集》卷3，第851页。

> 乾元即是仁，亦即良知，可见仁或良知即是万物或一切法共有的本性，(言万物，而人类在其中。)岂唯人类独有之乎？程子言“仁者浑然与物同体”，即据《易》义。……故儒学崇勉人道，使之尽己性以尽物性，达于天地位、万物育之盛，而全体大用毕竟呈露，无所亏蔽矣。①

良知即是乾元，已之性即是物之性。良知是万物的本性，人之性即是万物之性，万物之性因人之良知本心而得证成。万物乃至天地，都不离我的良知而独在，因而说尽已性即可“天地位”，“万物育”。“是故造化在我，非我与造化真宰为二也。知我之所以为我，则存诚而其德不易，体健而其用不穷。位天地，育万物，皆我之自化也。”②良知本心即是造化之真几，万物皆我良知本心所造化，离我的良知本心，万物无由化。所以“位天地，育万物，皆我之自化”。“我之自化”即以德化之，以健化之。万物因我之德、我之健而自有德，有健。

以良知开显万物，最终以良知合天，从而证成心即天，“天人合一”，此即是由道德本体论的进路而透显出道德的形上学。此种形上学的根据是良知本心，良知本心即是宇宙万物的本体，所以说良知即乾元，即天。乾元、天、宇宙是道德义、价值义，亦是良知本体义。由良知证成天的道德义、价值义，即由良知而透显一形上学，此为内在的道德的形上学，而非外在的宇宙论形上学。此亦可说为宇宙论，但此是道德的、价值的宇宙论，而非实然的宇宙论。实然的宇宙论即外在的宇宙论，是由理性的层层追溯而至或预先设定一宇宙实体而层层往下说。内在的道德的宇宙论就是证成道德本心就是天地万物乃至整个宇宙的道德本体，宇宙是道德的宇宙。此道德的宇宙之可能的基础就在吾人之良知本心。离开吾人的良知，此宇宙即是“无”。此“无”即无价值、无意义。熊十力一方面说宇宙的生成，因而成为一外在的宇宙论。但其的根本目的在于说明此宇宙不是离吾人的良知本心而存在的，实则又证成一道德的宇宙论。“《新论》直将本体论、宇宙论、人生论融成一片，此是老夫苦心处，亦是不失吾先哲精神处。”③此宇宙论乃道德的宇宙论，即儒家的道德形上学。

---

① 《摧惑显宗记》，《全集》卷5，第468页。

② 《读经示要》卷二，《全集》卷3，第776—777页。

③ 《摧惑显宗记》附录，《全集》卷5，第539页。

中国人唯求反求诸己而透悟自家生命与宇宙元来不二。孔子赞《易》，首明乾元统天。乾元仁也，仁者本心也，即吾人与万物同具之生生不息的本体，无量诸天皆此仁体之显现，故曰统天。夫天且为其所统，而况物之细者乎？是乃体物而不遗也。①

良知本心生生不息，天地万物都是此良知本心之创造，熊十力认为此乃儒家所独有。他说："范围天地曲成万物者儒，裁成天地辅相万物者儒。"②"范围天地"，"辅相万物"即良知本心之功能，有此良知之创造与涵摄，可说"形色即天性"。

儒言形色即天性，又言尽心则知性知天，明心、性、天三名而实一也。心者，言其为吾一身之主也；性者，言其为吾所以生之理也；天者，言其为吾人与天地万物之统体也。（同此本体，曰统体。）故心即是性，性即是天。吾人能涵养与扩充其本心之德用而不亏蔽，是谓尽心，尽心即性显，性显即吾人当下便是天，即凡所感摄一一之世界、一一境物，亦莫非天理呈现，（天是备万理的，故亦言天理。）故曰形色天性也。③

良知本心即是天性，故尽心则可知天性。良知本心涵摄一一世界与一一境物，则万物莫不是天性之显现，故说"形色即天性"。人识得良心本心，即识得天性，此即是"尽人合天"。"儒者尽人合天，无世可出，更何所谓人！'等闲识得东风面，（喻知天也。）万紫千红总是春'，（此喻一切物皆天也，一切动念处与举足下足处皆天理流行也。）此等诗句，从孔门一贯及孟子左右逢源语得来，甚深微妙……"④一切物皆天也，一切物也皆心也，因一切物莫不是良知本心的显现故。只要识得良知本心，则人之一切行动和心所开显之物莫非天理流行。只要识得此心，也即识得了天地。万物所由从来，所从何去，皆不离良知本心之涵摄与流通。

能够证得一切物皆在良知本心中呈现，良知即是天地万物的本体。道德形上学的关键即在证体。

---

① 《十力语要初续》，《全集》卷5，第59页。
② 《十力语要初续》，《全集》卷5，第86页。
③ 《十力语要初续》，《全集》卷5，第104—105页。
④ 《摧惑显宗记》，《全集》卷5，第451—452页。

> 孟子言上下与天地同流，义极深远。吾人之精神，即是天地精神。本非有二。而众人不能同于天地者，私欲障之耳。圣人当存敬畏，私欲不得萌，便与天地为一。友人与云：学以通宇宙为极。余曰：此义深远，但恐学者未达本原，却生误解。如计有外在的宇宙，而吾与之通。是欲以此通彼，终成滞碍。须知，圣人尽性之学，原来见到宇宙本吾一体。《孟子》云："万物皆备于我。"《新唯识论》盛明此义。我与宇宙，何曾有彼此之隔。又岂有不通者？①

我之精神，即是天地之精神，因而我能与上下天地同流。证体以通宇宙之极，即是以良知本心为宇宙万物的本体，宇宙之极即是我心。宇宙本与我的心一体，我心自能通宇宙。此心即是良知、道德的本心，由此而证成的宇宙论和形上学即道德形上学。

道德形上学之所由成，关键在于体认本心良知，觉良知即是万物万物和宇宙的本体。此种体认的工夫之成立，是道德的形上学证成关键。"中国哲学有一种特别精神，即其为学也，根本注重体认的方法。体认者，能觉入所觉，浑然一体而不可分；所谓内外、物我、一异，种种差别都不可得。唯其如此，故在中国哲学中无有像西洋形而上学以宇宙实体当作外界存在的物事而推穷之者。"②由体认，而觉入所觉，因而内外、物我、一异种种差别都可消除。天地万物本不与我相对，宇宙实体本即是吾人之本心。在熊十力看来，此种工夫是孔子以来的儒者都所注重的。他说："然儒者在其形上学方面，仍是体认工夫，孔子所谓'默识'，即体认之谓；……孟子所谓'思诚'，所谓'反身而诚'，所谓'深造自得'，亦皆体认也。"③此体认、默识者何？乃仁，或良知本心。此不仅是道德实践的工夫，亦是道德的形上学所由证成的工夫。熊十力说："余以为，学者须自识得仁体或本心，遇事只凭此心，向正当使用处，努力去使用。如春雨溉百昌，随一微草，均以全雨量，盈盈溉将去。心之发用，元自充盈活跃，焉得于用心处，便以玩物为戒耶？"④仁体、本心既是道德实践的本体，也是宇宙万事万物的本体，以仁体、本心体万

① 《读经示要》卷二，《全集》卷3，第712页。

② 《答马格里尼》，《十力语要》卷二，《全集》卷4，第198—199页。

③ 《答马格里尼》，《十力语要》卷二，《全集》卷4，第200页。

④ 《读经示要》卷二，《全集》卷3，第805页。

物，犹如“春雨”灌溉生物，自能润万物而不遗。

可见，证成道德的形上学的关键在体认仁体、本心、良知。见性，即尽天之性。证会之功为哲学之极诣，此是熊十力的一贯看法。而证会之功，不仅为道德实践的工夫，也为证成道德的形上学的工夫。无论是具体的道德实践还是体认“天地万物一体之仁”，其工夫都在识得本心，逆觉反证。前者是反证本心的仁义礼智之四端，后者是认得天地万物不离我的本心而存在。前者是有善有恶的，后者则与物对，无善恶可言，即无对待相，无善恶相。道德本心存有宇宙万物，是存有宇宙全体和万事万物的道德的价值。此才是熊十力思想的根本价值所在。熊十力的理论由佛家始，而以儒家终，亦即以道德的形上学为其哲学之根本义趣。

“成道德形上学”，“成己”的同时而又“成物”，使万物随顺我的良知本心，此即是一种乐。“夫人己一体也，己欲立而立人，己欲达而达人。独善自私，是丧其手足，而不知痛也。朋友来乐，乐其一体也。非有人我对待，而祈人之从我，可以谓之乐也。……朋友不来，君子悯人，而固不改其乐。悯人者，大愿不容息也。不改其乐者，此心本与群生痛痒相关。”①良知本心发出道德实践，有成己之能，而良知亦是天地万物乃至他人之良知，因此良知亦有“立人”、“达人”之要求，所以说“与群生痛痒相关”。此种要求一旦实现，即是“物随心转”、“事遂人愿”，即乐也，此乐是良知本心发出而成己成物之乐。“朋友来乐”，即与其乐此。朋友不来，亦有此乐。此乐是良知本体的实现之乐。

> 有道之世，礼化大行，人间世即是常、乐、我、净。（涅槃四德曰常乐我净。）何以言之？礼主反始，是真常之德，不随物变易者也。……故礼意者，常德也。违礼即乱，人己俱苦；循礼则人皆得所，是至乐也。礼以节私，是主宰义，即我义。人人有礼，则全世界是天则秩然、文理粲然之礼世界，无有一毫浊乱，是净义，恶有舍世间而可求涅槃者哉！②

良知本心于外表现即为礼，礼之义是真常之德。此真常之德即良知本心之德，良知本心为主宰，此真常之德必然实现，良知本心得其所，因而是至乐。此是良知

① 《读经示要》卷二，《全集》卷3，第860页。
② 《十力语要初续》，《全集》卷5，第86页。

本心的自我满足，不待外求。到此境地，即是王龙溪所说的“明觉感应为物”的境界，是为儒家之圆教。①熊十力以《孟子·尽心》的相关内容之疏解而说儒家的道德的形上学与存有论，虽未明确点出圆教和圆善，实已经包含其义理在内。

第四节　理论的困境

熊十力既从上往下讲，又从下往上讲，既从外往内讲，又从内往外讲，既超越而内在，又内在而超越，其用意未尝不美，理论未尝不圆融。此一来回圆融的路径基于两个方面：一是以宇宙论说明宇宙本体即是道德本心，一是以本心为本体存有宇宙万物。新唯识论和心学架构下的“本心”固然有巨大的意义以及理论上的相对完整性，而宇宙生成论则显得过时而无说服力。而一旦宇宙生成论在理论架构不成立，宇宙论则只有从下往上讲，从内往外讲，由内在而超越。然只从“本心”之一面讲并不影响宇宙论的成立，只是此宇宙只是一道德的宇宙，但在道德上而言有此道德宇宙便已经足够。

熊十力早年更多地关注唯识学，对“心”特别重视，《新唯识论》更多地体现了道德存有论的路向。《新唯识论》虽然也讲成物的问题，但唯识意义下的宇宙的客观实在性并没有得到多少肯定。《新唯识论》对心境、心物关系的说明也体现出了此种倾向。以心之开显而说宇宙生成和宇宙万物，尽管有可议之处，但在逻辑上却不会遇到太大的问题。以心作为逻辑起点而展开的宇宙论也即是一唯心论，此种唯心论在唯识学的逻辑下有着相当的合理性。其以“一心之伸展、一心之朗现、一心之遍润”而展开的宇宙论其实是一存有论。即：一方面说明万事万物不离我的心而存在，一方面则可说万事万物乃至宇宙全体因我的心而有道德的价值。在此基础上，以本心为基础的本体论既克服了佛学讲空寂所带来的弊端，又继承了传统儒家心学的道统。

在晚期，熊十力则更多地讲宇宙生成。《体用论》、《原儒》和《乾坤衍》等著作

---

① 参见《圆善论》序言，《牟宗三先生全集》卷22，第12页。牟宗三说：“依儒家义理而说儒家圆教必顺王学之致良知教而发展至王龙溪之‘四无’，再由此回归于明道之‘一本’与胡五峰之‘天理人欲同体异用’，始正式显出。”牟宗三讲圆教与圆善是直接从《孟子》讲起，顺孟子天爵、人爵的区分，融通儒、佛、道和康德哲学，以期解决康德意义上的圆善(至善)问题。其中有诸多的纠结和理论上的失误，但在存有的意义讲儒家的圆教和圆善，则是牟宗三的伟大创建，而其思想资源则须追溯到熊十力的新唯识论。

多肯定客观的实体，肯定外在宇宙的客观性与实在性，将人之本心视为宇宙进化的结果。其理论的逻辑起点是宇宙本体，而非人之本心。既以客观的宇宙本体作为理论的逻辑起点，那么此宇宙本体为何毕竟要得到说明。但因为此并不属于知识所能涉及的范围，又不能肯定本心的优先性，则设定终究在逻辑上有着不可克服的矛盾。

在体用、性相关系上，《新唯识论》文言本和语体本多是“摄用归体”、“扫相显性”，而《体用论》、《原儒》和《乾坤衍》则更多地倾向“摄体归用”、“由用显体”。

先来看《新唯识论》中体用关系的内在理路。

> 《新论》要义有三：一、克就法相而谈，心物俱在。（心起即物与俱起；心寂即物亦俱寂。）二、摄相归体，则一真绝待。物相本空，心相亦泯。（所谓“遮法相而证实体”者，即此旨。）三、即相而显体，则说本心是体，虽复谈心未始遗物，然心统御物故，即物从心，融为一体，岂有与心对待之物耶？①

《新唯识论》虽然在设施法相（假立现界）上与空宗不同，但在“扫相归性”的问题上与空宗是一致的。熊十力此时期也总是从两方面谈性相遇体用。一方面摄用归体，另一方面原体显用；一方面谴相证性，另一方面会性入相。“摄用归体，心物俱泯，一真无待。……举体成用，心物俱现，万有纷若，……由举体成用言之，绝对即是相对。由摄用归体言之，相对即是绝对。”②又说：

> 融体归用，所以只就用相上立言，故只说到部分互相融摄而为全体，便随宜而止。至全体何故不即是各部分相加之和，则恐泥执用相者不用摄用归体，必横生滞碍。故复将体用分疏一番，期善学者深思而自得之。总之，本论谈体用，有时须分疏，（如说体无方无相，用则诈现有相，体无差别，用则万殊，又如说体显为用，如是等等，皆见体用二词的意义，不可混淆。）有时须融会。（或融体归用，或摄用归体，皆融会之旨。）③

---

① 《新唯识论》语体本附录，《全集》卷 3，第 499 页。

② 《为诸生讲授〈新唯识论〉开讲词》，《摧惑显宗记》，《全集》卷 5，第 542 页。

③ 《新唯识论》语体本，《全集》卷 3，第 254 页。

《新唯识论》的思想是以“摄用归体”为主旨的。体是人的本心，“摄用归体”即是强调人的本心的巨大功用，由本心之大用，而呈现整个世界。

在《原儒》中，熊十力则表示，“摄用归体”是道家的思想，并加以驳斥。“道家之学，在摄用归体，以主一为究竟。道家学《易》而终别乎儒，其故在此。”①又说：“摄用归体，将只证会本体，皈依本体，将对本体起超越感，而于无意中忘却本体是吾人自性。不悟本体无穷德用，即是吾人自性德用。……虽复不承认本体为有人格之神，而确已将本体从吾人自身推向外去。”②此处批评的“摄用归体”思想，正是其在《新唯识论》中的主旨。而说“摄用归体”是将本体向外推出去，从《新唯识论》看实则并不如此。

这种矛盾在《明心篇》中依然存在。《明心篇》对“以仁为体”的思想提出了质疑，明指“宋明儒以仁为本体，甚失孔子之旨。仁是用，究不是体。谓于用而识体可也，谓仁即本体则未可”。③如果仁不是本体，则必然有另外的本体，熊十力指目天是心物之实体，即心之外有体。又说“宋儒之于天理，王阳明之于良知，皆视为实体，固已不辨体用”。④连良知的本体义都被否定了，那本体只能是宇宙实体。

如前所述，熊十力的早期到晚期的转变有二：一、由摄用归体转摄体归用；二、由肯定良知本心为本体到转而肯定宇宙实体或易体为本体。在完成这一转变之后，良知本心只为宇宙实体或易体之用，良知的本体义不再显著。如果说在早期，熊十力更多地关注理论本身的话，到晚期，则更多地关注社会现实。其写《原儒》的一个重要的目的就是论证孔子思想对建构现代性的作用与价值。说到现实，必然要肯定现实世界的秩序，以及人文主义传统。然此在《新唯识论》的框架下，此是习心所建构的，是无有实在性的。如果再如《新唯识论》那样只肯定本心的实在性，则人文传统与生活世界的实在性及其价值和意义，是需要打上问号的。熊十力的理论体系与其现实关注遇到了巨大的矛盾和冲突。因此，他只能改变原来肯定本心的唯一实在性和真实性的立场，进而肯定现实世界的真实性。但其又未能放弃一本哲学的基本立场，故只能将“摄用归体”转变为“摄体归用”。即便肯定“摄体归用”，也还是要对体作一说明。宇宙实体或易体成为本体，则良

---

①② 《原儒》上卷，《全集》卷 6，第 352 页。

③④ 《明心篇》，《全集》卷 7，第 274 页。

知本心也只能为本体之用，良知的本体义即丧失殆尽。由“摄体归用”出发，万物的实在性得以说明，现实世界的真实性和合理性得到了肯定，人文传统也有了价值，都成了本体自身之真实的显现。在此基础上，其谈人文历史，关注现实政治，甚至肯定科学价值，才有合法的理论基础。

问题在于，熊十力肯定现实世界的真实性，却不是从人文历史和社会价值中去寻求本体，而要去物质的宇宙世界去寻求本体。这样，其就只能陷在宇宙论的泥沼中不能自拔。《新唯识论》中关于本体论述的矛盾，是因为熊十力坚持先天的一本立场，又不能区分本体与本原所决定的。以本原为本体，人文历史和社会生活中本体价值自然外在于先天的本心，因而其不能作为本体，而只能作为习染存在。又因为其坚持一本的立场，此习染的意义也无法得到肯定。在其将“摄用归体”扭转为“摄体归用”而肯定宇宙实体时，此一矛盾并没有解决，反而造成了理论上的混乱和逻辑上的错误。要解决此一问题，须在肯定本体本心的功能义的基础上证成本体的普遍义——本体的内容。本体一方面是先天的功能本心，一方面是先验的普遍性内容。如此阐释本体，并不挑战一本的哲学立场。本心还是一本，且涵摄了人文历史和社会生活的普遍价值意义。因此本心不再完全是先天的，而又有了先验的性质。如此，一方面可以解决熊十力在《新唯识论》中无法肯定习染的价值的问题，一方面又可不以宇宙论谈道德，避免造成理论上的矛盾与逻辑混乱。

余　论　熊十力本体论与形上学的内在张力

熊十力哲学有着很强的理论建树。作为现代新儒家之开山，他的思想价值已经为后人尤其是其弟子所阐发，至今对儒学界亦有重大的影响。但就其理论本身而言，也存在诸多的问题。这些问题不仅导致其本体论难以自圆其说，也导致形上学存在难以克服的困难。这些问题，可从其所欲阐发的唯识与体用二义衡定之。

一　唯识与体用之所指

熊十力的本体论亦名境论，可分别从唯识与体用两方面来看。新唯识论与体用论，为熊十力哲学两个重要的思想体系。二者所论之主题与内容多有重叠，学界亦多将体用论视为新唯识论之一部分。然更可注意者，在二者侧重点之不同。对两个主题之探讨，须分别分析心性问题与体用问题之所指。更进一步，又须明了心性问题中的体用问题与体用问题中的心性问题。心性问题中的体用问题，乃以心性本体为前提探讨心性论中的体用关系，此乃实践问题与存有问题及引申出来的道德的形上学问题。体用问题中的心性问题，乃以体用关系探讨为前提，在实体论的体用关系中探讨心性为何与何为，此乃以宇宙论问题为核心，心性乃是本体之用。

宇宙论自古中西皆有。无论是西方传统的宇宙论，还是《周易》的宇宙生成论，尽管理论模型多有差异，但对实体之肯定，乃是其共同的理论前提。如果说科学的宇宙论隐含了唯物主义的倾向，那么《周易》的宇宙生成论也未必不能容纳唯物主义。科学宇宙论成立的前提为Substance(实体)之确立，《周易》宇宙生成论的前提为易体(Becoming)之确立。但无论是Substance，还是Becoming，都是实体。以宇宙论或实体为首出，实体之设定则为其体系成立之必要条件。问题在于：实体之确立是如何可能的？康德知性本体论的建立从根本上终结了传统宇宙论，客观宇宙论再无重建的可能。在中国传统儒家中，并无思想家对《周易》的宇宙生成论的思路直接提出挑战，但宋明儒关于道体、性体、良知心体的讨论在客观上又发展出一套解构宇宙生成论的学说。亦即是说，在宋明理学中，心性问题取代体用问题成为了儒家思想的核心课题。这与佛教对儒家的影响有莫大的关系。以心性本体为首出，则实体是心性本体的呈现、建构与存有。以实体为首出，则心性本体乃实体之用而非本体。二者的根本差异在于究竟是以心性为本体还是以实体（宇宙实体）为本体。

熊十力的本体论亦有上述两个面向：一是以宇宙实体或易体为逻辑起点，从上往下说宇宙万物和道德本心如何生成；二是从唯识的角度，说明万事万物乃至宇宙实体不离心识而存在，心与识即是万物的本体。前者是从客观面开始进入，说宇宙生成和生物进化，是为外在的宇宙论，以体用关系为主。后者从主观面出发，说明心体如何证成宇宙万物和宇宙实体的存在与道德意义，是为内在的宇宙论，以良知本心的呈现或唯识为主。前者继承了《周易》与汉儒的宇宙论思想以及柏格森的生命哲学与达尔文的进化论，后者则综合了旧唯识学与宋明心学的基本义理。[①]客观的宇宙实体论与主观的本心存有论构成了熊十力本体论中一个圆圈的两个来往，互为支撑，展现了熊十力对宇宙人生的总体思考，也彰显了其宏阔的理论视野与生命情怀。

体用问题与心性问题都是熊十力本体论的根本性问题。从其著的标题看，《新唯识论》所重当然在唯识，即心性问题。后期著作《体用论》所重在体用关系。就文字表述而言，无论是早期的《新唯识论》，还是晚期的《体用论》，体用问题与心性问题都是重要的主题，甚至很难分清楚主次。出现这种情况是熊十力哲学思想的特质使然，可能亦与其主观上对二者的分疏并不十分清楚有关。主张唯识或以心性为本体，客观实体与现象是识或心体建立或存有之结果。故在《新唯识论》中，熊十力倾向于认为实体无相可言，现象亦是不真实的。以体用问题为根本，则现象乃至心性是实体表现自身之结果，实体真实，现象（包括心性）亦真实，这是《体用论》思想的重要特征。

但本体论终究只能在宇宙实体与良知本心中择其一为本体。熊十力的本体论预设了客观的宇宙实体，以体用关系的探讨为主，乃以实体论为前提，所论之唯识亦是实体论中之唯识。他的哲学虽以新唯识论彰名，然其代表作《新唯识

---

① 景海峰指出：熊十力对原儒的大力弘扬和充分肯定，实际上只有两个方面：一是《周易》生化不息、雄浑劲健的本体观，二是《周礼》和《礼记·礼运》所透显出的具有浓厚空想农本社会主义色彩的“大同”理想。且其对印度佛教文化的推崇，甚至超过了对孔子的敬仰。（参见景海峰：《熊十力哲学研究》，北京大学出版社 2010 年版，第 4 页。）从哲学的角度而言，儒家之《周易》与佛学尤其是唯识学是熊十力哲学建构的重要思想资源，亦可见思想其受《周易》的本体观与佛家唯识学之影响。

论》文言本与语体本的逻辑起点实晦暗不明，似以识或心为逻辑起点，又似以实体为逻辑起点。最后，识与心又成了实体之用，实则宇宙实体成了《新唯识论》的逻辑起点。以实体为基点展开思想建构，对体用关系架构则可有不同的阐述。《新唯识论》与《体用论》对体用关系的阐述就不一致。《新唯识论》主张“摄用归体”，肯定本体的唯一真实性，《体用论》则主张“摄体归用”，主张和肯定现象真实。此虽然与其从唯识学立场向儒家立场的转向有关系，但无论是以宇宙全体为真实，还是以现象为真实，都是在体用关系的架构下以外在的理路建构宇宙论，与以心识为本体的唯识立场有根本的矛盾。原因就在于熊十力对宇宙实体之先在的逻辑设定。预先肯定宇宙实体，必以体用关系为主开展理论建构，唯识亦附属于实体论之下。唯识不张，实体论必成气候。《新唯识论》从内在理路而言亦成为一体用论——以“摄用归体”为主。可见，熊十力以《体用论》为其晚年定论实有其理论的内在必然性。

总之，以唯识为主，乃表明是以心性为本体，实体论无甚地位。以体用为主，乃表明是以实体为本体，宇宙论为心性论之前提。

二 唯识义与体用义的关系

以宇宙实体为本体，实则是认本根或本原为本体。以良知本心为本体，则贯彻了唯识之义，是在存在论或存有论的角度上言本体。熊十力以《周易》为主，兼采心学的思路，肯定宇宙实体或易体为唯一的真实，可见其更多地倾向宇宙实体论，心性论只是本体论中的辅线。越到后期，此一倾向越为明显。康德对传统本体论的批判和反思更未能纳入其视野。可见，熊十力的本体论所关注的依然是本原之学。宇宙实体或易体既是万物本原，又是终级根源和创生实体，最后才是吾人真性。人之本心本体的最终根据还是要追溯到宇宙实体之中。其体用不二、万物一体的思想都在肯定宇宙实体的基础上方得展开。此根本思路是《周易》的宇宙论思想，而不是心学的本体论路向。在这种论述中，心性论乃从属于体用论（实体论或宇宙论），唯识问题亦从属于体用问题。

唯识义下之体用，乃表示以心体为本体，呈现而为用。心体为唯一的本体，万事万物乃至宇宙实体或易体为心体发用而存有或建构之结果。体用一义则在说明“良知是呈现”如何可能。这种意义上的唯识义，实乃良知本体论，为儒家心学之本义。象山、阳明于此多论之。阳明所言“意之所在为物”，即是就良知是万事万物存有之本体而言，实乃唯识义。熊十力说："惟此心虽主宰乎一身，而其体则不可为之限量，是乃横遍虚空，竖尽永劫，无有不运，无所不包。"①这就是以心为本体存有宇宙万物乃至宇宙实体之意。在此意义上言宇宙论，乃是"道德秩序即宇宙秩序"，是为道德的宇宙论，或曰道德的形上学。宇宙乃心性本体呈现之宇宙，宇宙万物乃至宇宙实体的道德意义亦因良知心体之呈现始为可能。唯识义所欲彰显之形上学，即此也。

体用义下之唯识，是以宇宙实体为本体，心体为本体之势用。"心者恒转之动而辟也。故心之实性即是恒转，而无实自体焉。"②这是以宇宙实体为本原讲心之所由出。这种意义中的唯识乃在说明心因宇宙实体或易体之辟而呈现本体之德用，反过来涵摄境（实体）乃至宇宙万物。心只是本体之用而不即本体，只是在以心识涵摄境的意义才说为本体。以实体为首出的体用义下之本体论，乃可能有实体与心体二重本体也，且心体乃是实体之派生物，或曰实体乃心体之本原，如将二者都说为本体，实有"叠床架屋"之嫌。熊十力说："心物同由实体变成。实体是万化万有之大原，其性质决不单纯，其德用必潜诸无限的可能。"③乃表明其对实体之看法。

这样，在熊十力的理论体系中，存在万法唯识的心性本体，亦存在体用不二的宇宙实体。前者乃存有论之本体，后者乃宇宙论之本原。熊十力则将二者都说为本体。以体用为旨，乃先肯定一实体作为本原。以唯识为旨，乃以良知心体为本体。熊十力对本原与本体始终未能作严格区分。时而说宇宙实体是本体，心体是宇宙实体之用。时而又说心体才是唯一实在的本体，宇宙实体乃至宇宙万物不能离心而存在。实则在熊十力看来，"将本体名为'本心'，只是'权说'，将本体名为'乾元'才为恰当之论。"④"乾元"即易体。他不悟本体与本原，乃为二义。实则，心体才是宇宙万物之本体，而易体或实体是宇宙论意义上之本原。本体论是以概念或观念建构存在或存有，包括物的存在与社会存在。本原论是探讨宇宙论意义上的世界如何可能，乃是以科学模型回溯宇宙开端与预测宇宙未来。前者乃哲学的永恒主题，后者则已经让位于近代发展起来的自然科学。

---

① 《新唯识论》文言本，《全集》卷 2，第 80 页。

② 《新唯识论》文言本，《全集》卷 2，第 79 页。

③ 《体用论》，《全集》卷 7，第 139 页。

④ 程志华：《熊十力哲学研究——"新唯识论"之思想体系》，人民出版社 2013 年版，第 98 页。

但是，哲学与科学分野后，有科学的宇宙论，自然亦可有哲学的宇宙论——依儒家之道德观念可曰道德的宇宙论。道德的宇宙论以道德为首出，以良知心体之发用为基础始得可能，重点不在宇宙论而在道德。此种宇宙论，牟宗三称为道德的形上学或道德形上学。以道德的本心为道德的形上学所以可能的基础，即是唯识义。良知心体涵摄宇宙并存有宇宙万物的道德价值，或曰宇宙万物的道德价值因良知心体而呈现，即是以良知为体，存有或呈现为用。"良知是呈现"，乃表示良知心体必然发而为用，即是体用不二之义。此种意义下之体用与先肯定宇宙实体之体用自然大不相同。宇宙实体之体用乃客观之描述，唯识义下之体用乃良知心体之呈现。良知心体必然发为道德的行为或存有宇宙万物的道德价值，即是唯识中的体用不二义。

以心性问题为首出，并不是说心性论不需探讨体用关系。相反，体用问题乃是心性论问题的核心。同样，探讨体用问题也必然涵及心性问题，体用关系所欲解决者，乃在良知本心如何发而道德行为乃至成为宇宙万物的本体。心性问题取代体用问题，乃在以心性本体取代易体或实体成为理论建构之前提，正如康德以知性本体取代宇宙本体作为其理论建构之基础。在以心体为本体的心性论中，体是良知心体，用是良知心体之发用。非如在宇宙论中，体是实体或易体，用是宇宙之生成或变易。在心性本体论中，宇宙或宇宙现象乃心体发用所建构或存有之对象，如康德以知性存在体建构现象世界。

熊十力主张之唯识，与其所欲彰显之易体或实体相对。体用不二义在唯识论与实体论中自有不同的意义。实体论中之体用不二义犹如建立模型以描述实体之运动特征，有明显的科学主义痕迹。唯识义下之体用不二，则不仅是哲学理论问题，更是实践工夫问题。熊十力说"良知是呈现"是唯识义中之体用不二，而非实体论中之体用不二。

三　本体是心体还是实体？

《周易》的宇宙论模式与宋明儒的心性本体论的理路差异，多因传统中有关天道与心性之关系的模糊论述而不能彰显。孔子言"天何言哉？四时行焉，百物生焉。天何言哉？"(《论语·阳货》)孟子言"心之官则思，思则得之，不思则不得也。此天之所与我者"。(《孟子·告子上》)可见原儒多以仁或心与天通之。宋明儒亦多以天道心性贯通为一，"宇宙秩序即道德秩序"，为论证展开之前提，而对于天道与心性的本质差异少有论及。实则，从天道贯通到心性与由心性上通于天道，或者说，“宇宙秩序即道德秩序”与“道德秩序即宇宙秩序”，代表了两种不同的本体论思路。从根本上说，从天道贯通到心性或“宇宙秩序即道德秩序”是《周易》宇宙生成论的理路，而由心性上通于天道或“宇宙秩序即道德秩序”则是存有论的理路。前者乃是以客观的天道为本体向下说到主观的心体，可曰“由超越而内在”，是生成论模式。后者乃是从主观的心体出发，存有或建构宇宙秩序或天道，可曰“由内在而超越”，是存有论模式。

在熊十力的思想体系中，心性问题所重在存有论，体用问题所重在宇宙论。以宇宙论为本的体用问题虽然最终必然涉及甚至落脚于心性问题，但其所建构之前提乃是对宇宙实体之客观设定。而以良知心体为本体的心性问题虽然也必然导致宇宙论的建构，但此种宇宙论乃主观心体存有之结果，在儒家可说为道德的存有论或道德的形上学。在此意义上，《周易》之宇宙论与宋明儒之良知学的区别，可说为体用问题与心性问题的区别，其所重者，分别为易体与心性本体。前者本身即是宇宙生成论，且为心性问题展开之前提，依经验知识而建立。后者也必然引向宇宙论，却为道德的宇宙论或道德的形上学，宇宙论或形上学为心性本体存有之结果。熊十力的新唯识论与体用论，虽都以成就道德为鹄的，但二者的理路亦如上所述，存在着巨大的差异。

熊十力早期“摄用归体”与晚期“摄体归用”思想产生的张力反映出问题，实际上亦是宇宙实体与心体何为本体的问题，亦即究竟是以体用问题为本还是以心性问题为本的差异。①甚至，新唯识论还是体用论本身，其体系内部各自亦存在这种张力。这种张力反映了传统儒学中两种本体论的不同特质。熊十力创作《新唯识论》时所持的问题意识、论证方式、逻辑架构等与宋明儒一样，也受到了佛学的影响。而心性问题或本体论，是佛家理论对儒学形成挑战的重要因素。熊十力从研究旧唯识学到创作新唯识论，其思想经历了由佛向儒的转变，这种转变需要由理论的论证来完成对自我的说服。故，如何将佛家的唯识转变为儒家的心性本体，是其所需重点讨论的。新唯识论更多地是从唯识或心性论角度来建构，这与宋明儒的问题意识有类似之处。

---

① 郭齐勇指出，“摄用归体”与“摄体归用”的矛盾，是熊氏“境论”的一个根本矛盾，且分别表现在其早期与晚期的思想当中。（参见郭齐勇：《熊十力思想研究》，第87—99页。）

但熊十力个人的生命体验和宇宙情怀，最终还是将其理论方向引向《周易》的宇宙论，以宇宙实体或易体为本体。他曾说："余少时好探穷者，即为宇宙论。"①《新唯识论》已经在理论上完成对熊十力本人的自我说服与对佛家理论的超越，他下一步必然按照自己的意志和理论兴趣走向纯粹的理论建构，《体用论》、《乾坤衍》就是这种建构的结果。由唯识为本转向体用为主，既标志着熊十力完成了对旧唯识学的超越，也标志着其思想向《周易》的复归。这种复归又意味着对宋明儒心性本体论的反转，进而走向实体论的建构。②然而，此种反转却对其理论在内在逻辑产生了冲击，体用论所欲彰显的实体论之逻辑基础为宇宙实体或易体之设定自不必多言，即便如早期建构的新唯识论，也因其本体论立场的反转在学界造成了诸多的争论。可见，熊十力的这一转变无论在理论上还是在思想史上都有待进一步评价。

熊十力的心性论，虽然呈现了传统心学的维度，但就其理论架构而言，却又与陆王心学有着明显的不同。熊十力虽然也说本心即是本体，而且其工夫论与陆王心学无异。但从其宇宙论来看，本心是贷于宇宙大心的，实乃本体之用而不即是本体，只有宇宙实体是为本体。这不仅与陆王之以良知本心为本体有着巨大的差异，亦与佛家唯识学有根本的不同。在这样的本体论架构中，既然本心是为本体，为何又要说宇宙实体是本体？这岂不是"叠床架屋"、"骑驴觅驴"？因而在他的境论或本体论中，良知本心的本体地位实则是不牢靠的。他的本体即是恒转的宇宙实体或易体，良知本心只是此宇宙实体之势用的显现，因而终究只是一种用，而不是本体。良知本心既然只是用，而不即是体，那么，熊十力就不能证成良知本心的本体属性，唯识亦成为体用架构下之唯识。熊十力出于对宇宙人生问题的根本关注，试图建立绝对的一本论，宇宙实体即是此一本，而良知本心则只为本体之用，因为心只是本体之辟的方面。可见，熊十力心性论中的良知本心，实则是实体层级下的概念。因以实体设定下之体用为主，唯识之主张未能贯

① 《体用论》，《全集》卷 7，第 35 页。

② 在创作《新唯识论》时，熊十力对究竟是以心为体还是以易体为体的立场就不甚坚定。当时同师马一浮和熊十力的乌以风就说："熊子真先生著《新唯识论》，至'明心'章觉下笔甚难，以风因以此意告先生。先生曰：心诚不易说。……所以寂然不动，随感而应，兼体、用而言也。若只以感应言心，则是说了一半，见其变易、生灭一边，而不见其不变易、不生灭一边。"（《马一浮集》第 3 册，浙江古籍出版社、浙江教育出版社 1996 年版，第 1142—1143 页。）熊十力主变，其本体乃是易体，即是宇宙本体，心是体之用而不即是体，因此遭到马一浮的批评。

彻到底。

熊十力的本体论,毋论其早期思想与晚期思想的差异,就其同一时期的思想而言,也同时存在生成论与存有论两种理路。生成论模式与存有模式的共存,产生的一个根本问题就是本体究竟为何?在生成论模式下,本体是易体或宇宙实体,心性只是宇宙生成之结果,而不是本体,这是科学宇宙论演化的思路。在存有论模式下,心体才是本体,宇宙秩序乃至实体或易体都为心体建构或存有之结果。可见,生成论模式与存有论模式的共存,必然导致是以宇宙实体为本体还是以心体为本体的问题。梁漱溟批评熊十力的哲学有"二重本体",即是从这个角度而言的。

陈来之新著《仁学本体论》,"欲以仁体统摄传统儒家的各种形上学观念,将仁发展为一本体的观念或发展为一仁的本体论"。[①]他认为此种本体论非以心为体,亦非以理为体,而是以仁为体,表现出欲综合心学与理学或熊十力哲学与冯友兰哲学的倾向。实则,就唯识或良知学而言,理是心之理,仁乃心之仁,无心,则理与仁终究不可稳立。同样,实体之建立,亦需由心建构,非能先建构一实体才言心。凡是不以心为本体所建构的本体论,实则与实体论路向无异。陈来说:"如何从全体大用到万物一己,熊十力毫无说明,事实上从熊十力的以心为实体的宇宙论到万物一体的仁学,中间存在着明显的跳跃,与我们从仁体说到万物一体自是不同。"[②]这表明熊十力的体用问题与唯识(唯心)问题的侧重点是不同的,又表明陈来之仁本体与熊十力之新唯识论有根本的差异。而以仁为体与以易为体,只在于认体为仁或认体为易。认者,心也!心体,仁体,易体,何为本体可知也。

四 本体论与形上学的内在张力

有什么样的本体论,就有什么样的形上学。与其境论或本体论一样,熊十力的形上学也有两个层面,一为外在的宇宙论形上学,一为道德的形上学。外在的宇宙论形上学乃以实体论为基础,预先肯定宇宙实体,从上往下说,从外往内说,由超越而内在,宇宙秩序即是道德秩序。道德的形上学则是从道德本心出发,由

---

① 陈来:《仁学本体论》,第 29 页。

② 陈来:《仁学本体论》,第 371 页。

下往上说，从内往外说，由内在而超越，道德秩序即是宇宙秩序。前者的超越义是实然的，后者的超越义是境界的——故说内在而超越。亦即是说，前者以实体为主，是实然的形上学；后者乃以唯识为基，是境界的形上学。

在现代哲学的视野下，以肯定实体为前提以说明宇宙论形上学乃科学主义的思路。而道德的形上学则是儒家心性论所必然呈现之义。①就唯识的立场来说，宇宙万物的本体，即是吾人之本心，或者说，"唯吾人的本心，才是吾身与天地万物所同具的本体"。②此与心学的立场完全相同。本心即宇宙的本体，一方面是说宇宙万物不离我的心而独在，"仰视天，天不离我而独在。俯察地，地不离我而独在。中观人与一切有生之物，则皆我之情思所流通贯注"。③万物的存有是因为我的心识而得可能的。离开我的心，万物不能证成其存有或存在。另一方面是就宇宙万物何以有道德意义而言。宇宙万物之所以具有道德意义，是因为作为宇宙万物的本体——本心——是道德的。因着道德的本心涵摄流通，宇宙万物才有了道德的意义。宇宙万物的道德意义是道德本心所存有或证成的。

道德本心存有宇宙万物而使宇宙万物证成其存有与意义，即说明道德本心是宇宙万物的本体。道德本心涵摄宇宙万物，使万事万物顺我之情。道德本心涵摄宇宙万物，是万物与我无对，万物在我心之中畅顺流通，此亦是我心之畅顺流通。道德本心存有宇宙本体和宇宙万物，乃孟子所言"万物皆备于我"、"尽心知性之天"，程明道所言"仁者浑然与物同体"之义。陆象山言"宇宙即是吾心"，王阳明言"大人之能与天地万物为一体也"，亦是此义。熊十力综合佛家唯识思想与心学义理建构新唯识论，在这个意义上才是现代的新陆王学。牟宗三则在此基础上通过沟通儒家与康德，证成了道德的形上学（道德的存有论）。

牟宗三与熊十力的思路有一致之处，他一方面肯定客观的"於穆不已"之实体，一方面阐明良知本心存有宇宙万物乃至宇宙全体，并认为这是道德的形上学

---

① 梁漱溟先生指出，"从来重视人生实践的中国人，在其思想上或涉及形而上学，如《易经》如《老子》等大致只是宇宙论，殊少什么本体论"，熊十力的本体论"也是老式的本体论，宇宙论之典范"，故"严重的失败是其本体论、宇宙论"。梁氏肯定熊十力"一度见体"，乃是从熊十力所言"仁即本体"，"良知是呈现"的角度而言。他批评熊十力"觌体承当之不终"，是因为熊十力晚年建构的宇宙论又否认了"良知非本体"，"仁亦非本体"，"其晚年写出之《体用论》、《明心篇》、《乾坤衍》各书乃全属自毁自杀之作"。（《读熊著各书书后》，《梁漱溟全集》第8卷，山东人民出版社2005年版。）

②③ 《新唯识论》语体本，《全集》卷3，第18页。

之“一个圆圈的两来往”。基于此，他批评象山和阳明“只是一心之朗现，一心之伸展，一心之遍润”，“对于客观面根据‘於穆不已’之体而有的本体宇宙论的展示尤无多大兴趣”，“客观面究不能挺立，不免使人有虚歉之感”。[①]可见，牟宗三所言的道德的形上学不仅有主观面的心体，亦在逻辑上肯定客观面的宇宙实体或道体。他认为“於穆不已”之实体或道体、性体在实践上必然与心体相通且通过心体而呈现，但在逻辑上却又是先在的。这与熊十力以实体为本体建立客观的宇宙论又肯定良知之呈现无根本差别。

可见，在熊十力和牟宗三这里，“宇宙秩序即是道德秩序”与“道德秩序即是宇宙”有两层不同的内涵。前者以宇宙生成论的说明宇宙秩序即道德秩序，以实体为基础，所重在体用；后者以心性本体存有宇宙万物乃至宇宙实体，所重在心性或唯识。在这样的架构中，宇宙论形上学则因其科学主义的思路显然会受到挑战，“宇宙秩序即是道德秩序”不可证成。而在唯识或心学的架构中，说“道德秩序即是宇宙秩序”，乃是以心性本体存有宇宙实体与宇宙万物，只是此宇宙只是一道德的宇宙而非实然的宇宙。就道德的形上学而言，在道德上而言有此道德宇宙便已经足够。唯识义中心体所证成之宇宙论或形上学即为道德的宇宙论或道德的形上学。道德的形上学从道德的本心言即可，无需先建立一客观的实体再言之。熊十力毕竟预设了客观的宇宙实体，牟宗三之“道德的形上学”亦预设“於穆不已”之实体，其形上学之所得所失与其师相同。

无论是在本体论中，还是在形上学中，熊十力都未能贯彻唯识的理路，反而以实体为主。一般认为，熊十力的体用论从属于其新唯识论。但如以实体为首出，则体用关系成为其哲学中的核心课题，唯识义则只从属于实体论架构下的心性论。在这样的架构中，心识只是体之用而不即是体，体用的层级高于心识。从《新唯识论》到《体用论》，虽然在体与用的关系表述上有所变化，但对客观实体之肯定，则是熊十力前后一贯的思路。对熊十力而言，最终的本体即是实体，本体论即是实体论，阐述本体之学终究为体用论，他的新唯识论从根本上是实体论而非唯识论。本心或识乃由实体所派生，唯识论或心性论只为其实体论架构下之一部分。在这样的体系中，唯识或心性不是本体，唯识论或心性论亦从属于实体论。可见，体用架构下之唯识实无本体论的地位，《新唯识论》因无法证成识或良

① 牟宗三：《心体与性体》上册，第41页。

知本心的本体地位亦只有其名而无其实。①

熊十力哲学在理论性格上,无论是就唯识义而言,还是就体用义而言,都试图呈现生生不息,健动不已的生命精神,使人感受到强大的生命力量。但就理论的内在逻辑而言,其最终彰显者乃是实体,唯识义乃从属于实体论而只成为实体之用,其所欲彰显之道德本心的力量自然大打折扣。如以唯识为首出,以识或良知本心为本体,体用论却可呈现另一种面目。在这样的架构中,体乃识或良知本心,用乃心识之呈现或存有,实体亦是心识呈现或存有之结果而为体之用。如此,就颠覆了以实体为首出,以心识为实体之用的架构,心识成了唯一的本体。此本体为存有或存在之本体,而非本根或本原。用乃是呈现或存有,而非演化或生成。道德的形上学乃以道德的本心为首出,呈现出道德的宇宙论与形上学。如此,唯识与体用各得其所,各显其能。在此种架构中,熊十力所欲彰显之唯识乃至心学之良知本体,才获得其应有的意义。体用论也只有在唯识的框架中,才能真正产生实践的力量。

① 李祥俊指出,“在传统心性涵养之学与现代的科学认识论之间,熊十力并没有完成一个更大的综合,在传统与现代之间仍然保留着更深层次的矛盾”。(李祥俊:《熊十力思想体系建构历程研究》,北京师范大学出版社2013年版,第143页。)实则熊十力的心性学与认识论的矛盾,是由其对本体的看法决定的。以宇宙实体为本体,则心性学与认识论的矛盾在其本体论的架构中是无法通融的。

征引文献

熊十力:《熊十力全集》(第1—8卷),湖北教育出版社2001年版。

黄怀信:《论语汇校集释》,上海古籍出版社2008年版。

李道平:《周易集解纂疏》,中华书局1994年版。

玄奘译,韩廷杰校释:《成唯识论校释》,中华书局1998年版。

程颢、程颐:《二程集》,中华书局2004年版。

朱熹:《四书章句集注》,中华书局1983年版。

胡宏:《胡宏集》,中华书局1987年版。

陆九渊:《陆九渊集》,中华书局1980年版。

王阳明:《王阳明全集》,上海古籍出版社2002年版。

王畿:《王畿集》,凤凰出版社2007年版。

戴震:《孟子字义疏证》,《戴震集》,上海古籍出版社1980年版。

欧阳渐:《竟无内外学·内学杂著》,内学院蜀院1944年版。

梁启超:《梁启超论清学史二种》,复旦大学出版社1985年版。

马一浮:《马一浮集》,浙江古籍出版社,浙江教育出版社1996年版。

马一浮:《复性书院讲录》,江苏教育出版社2005年版。

郭齐勇编:《熊十力哲学评论集粹》,《熊十力全集卷》附卷(上、下册),湖北教育出版社2001年版。

贺麟:《当代中国哲学》,上海胜利出版公司1947年版。

傅斯年:《性命古训辨证》,广西师范大学出版社2006年版。

牟宗三:《心体与性体》(上册),上海古籍出版社1999年版。

牟宗三:《从陆象山到刘蕺山》,上海古籍出版社1999年版。

牟宗三:《中国哲学十九讲》,上海古籍出版社1999年版。

牟宗三:《命的学问》,广西师范大学出版社2005年版。

牟宗三:《圆善论》,《牟宗三先生全集》第22卷,台湾联经出版事业公司2003年版。

牟宗三:《智的直觉与中国哲学》,《牟宗三先生全集》第20卷,台湾联经出版事业公司2003年版。

牟宗三:《现象与物自身》,《牟宗三先生全集》第 21 卷,台湾联经出版事业公司 2003 年版。

徐复观:《中国人性论史》,华东师范大学出版社 2005 年版。

徐复观:《中国思想史论集》,上海书店出版社 2004 年版。

徐复观:《中国思想史论集续篇》,上海书店出版社 2004 年版。

张岱年:《中国哲学大纲》,中国社会科学出版社 1982 年版。

陈荣捷:《王阳明传习录详注集评》,华东师范大学出版社 2009 年版。

Wing-tsit Chan, trans, and comp., *A Source Book in Chinese Philosophy*, Princeton, NJ: Priceton University Press, 1963.

方克立:《现代新儒学与中国现代化》,天津人民出版社 1997 年版。

方克立、李锦全编:《现代新儒家学案》,中国社会科学出版社 1995 年版。

李泽厚:《历史本体论·己卯五说》,三联书店 2008 年版。

李泽厚:《中国现代思想史论》,天津社会科学出版社 2004 年版。

刘述先:《如何正确理解熊十力》,载李明辉编:《当代新儒家人物论》,台北文津出版社 1994 年版。

刘述先:《熊十力与刘静窗论学书简》,台北时报文化事业公司 1984 年版。

刘述先著,景海峰编:《儒家思想与现代化》,中国广播电视出版社 1992 年版。

刘述先:《论儒家哲学的三个大时代》,贵州人民出版社 2009 年版。

刘述先:《儒家思想的开拓性尝试》,中国社会科学出版社 2001 年版。

刘述先著,东方朔编:《儒家哲学研究:问题、方法及未来展开》,上海古籍出版社 2010 年版。

杜维明著,朱汉民、肖永明编:《文明的冲突与对话》,湖南大学出版社 2001 年版。

谢遐龄:《康德对本体论的扬弃——从宇宙本体论到理性本体论》,湖南教育出版社 1987 年版。

谢遐龄:《直感判断力:理解儒学的心之能力》,《复旦学报》(社会科学版),2007 年第 5 期。

谢遐龄:《"心即理"辨》,《云南大学学报》(社会科学版),2008 年第 7 期。

林安梧:《存有、意识与实践》,台湾东大图书公司 1983 年版。

林安梧:《儒学革命论——后新儒家哲学的问题向度》,台湾学生书局 1998 年版。

林安梧:《从牟宗三到熊十力再上溯王船山的哲学可能——后新儒学的思考角度》,载《玄圃论学续集》,湖北教育出版社 2003 年版。

林安梧:《存有、意识与实践——熊十力体用哲学的诠释与重建》,台湾东大图书公司 1993 年版。

余英时:《从价值系统看中国文化的现代意义》,《文化:中国与世界》,三联书店 1987 年版。

余英时:《现代儒学的回顾与展望》,三联书店 2004 年版。

成中英:《儒家的精神性——终极本源性、内在创造性、整体实现目的性》,载岛田虔次:《中国近代思维的挫折》,江苏人民出版社,凤凰出版集团公司 2008 年版。

岛田虔次:《中国思想史研究》,邓红译,上海古籍出版社 2009 年版。

郭齐勇、郑文龙编:《杜维明文集》,武汉出版社 2002 年版。

郭齐勇:《天地间一个读书人——熊十力传》,上海文艺出版社 1994 年版。

郭齐勇:《熊十力思想研究》,天津人民出版社 1993 年版。

郭齐勇:《熊十力与中国传统文化》,香港天地图书公司 1988 年版。

郭齐勇:《论熊十力与唐君毅在刘蕺山"意"与"诚意"观上的讨论与分歧》,《玄圃论学续集》,湖北教育出版社 2003 年版。

杨泽波:《贡献与终结——牟宗三儒学思想研究》,上海人民出版社 2014 年版。

杨泽波:《牟宗三"自觉"思想的理论意义》,《复旦学报》(社会科学版),2006 年第 5 期。

杨泽波:《牟宗三三系论论衡》,复旦大学出版社 2006 年版。

杨泽波:《论"理性事实"与"隐默之知"》,《中国哲学史》2002 年第 1 期。

杨泽波:《孟子性善论研究》,中国社会科学出版社 1995 年版。

杨泽波:《"性"的困惑,以西方哲学研究儒学所遇困难的一个例证——"孟子心性之学"读后书评》,《中国学术》2005 年第 2 期。

陈来:《仁学本体论》,三联书店 2014 年版。

杨国荣:《王学通论——从王阳明到熊十力》,华东师范大学出版社 2003

年版。

高瑞泉:《默识与体认——熊十力哲学理论述评》,载《玄圃论学续集》,湖北教育出版社 2003 年版。

张汝伦:《现代中国思想研究》,上海人民出版社 2001 年版。

俞宣孟:《本体论研究》,上海人民出版社 2003 年版。

赵敦华:《基督教神学 1500 年》,人民出版社 1994 年版。

郝大维、安乐哲:《通过孔子而思》,北京大学出版社 2005 年版。

郑家栋:《断裂中的传统》,中国社会科学出版社 2001 年版。

景海峰:《熊十力》,东大图书股份有限公司 1991 年版。

景海峰:《熊十力哲学研究》,北京大学出版社 2010 年版。

程志华:《熊十力哲学研究——"新唯识论"之理论体系》,人民出版社 2013 年版。

李祥俊:《熊十力思想体系建构历程研究》,北京师范大学出版社 2013 年版。

聂民玉:《体用不二——熊十力经学思想研究》,人民出版社 2015 年版。

姜允明:《熊十力哲学思想中的"本心"概念及其恒转功能》,载《玄圃论学集》,三联书店 1990 年版。

李清良:《马一浮对熊十力"新唯识论"中"明心章"之影响》,《湖南大学学报》(社会科学版),2009 年第 5 期。

康德著,邓晓芒译,杨祖陶校:《实践理性批判》,人民出版社 2003 年版。

康德著,邓晓芒译,杨祖陶校:《纯粹理性批判》,人民出版社 2004 年版。

康德著,邓晓芒译,杨祖陶校:《判断力批判》,人民出版社 2002 年版。

伽达默尔:《真理与方法》,洪汉鼎译,上海译文出版社 2004 年版。

张庆熊:《熊十力的新唯识论与胡塞尔的现象学》,上海人民出版社 1995 年版。

邓晓芒:《康德哲学诸问题》,人民出版社 2006 年版。

李明辉:《儒家与康德》,台湾联经出版事业公司 1990 年版。

李明辉:《康德伦理学与孟子道德思考之重建》,台湾"中央研究院"中国文哲研究所 1994 年版。

李明辉:《当代儒学的自我转化》,中国社会科学出版社 2001 年版。

吴汝均:《纯粹力动现象学》,商务印书馆 2005 年版。

丁为祥:《熊十力学术思想评传》,北京图书馆出版社 1999 年版。

杨少涵:《中庸原论——儒家情感形上学之创发与潜变》,社会科学文献出版社 2017 年版。

张锦青:《儒家的“天人合一”的进路》,载香港浸会大学宗教及哲学系编:《当代儒学与精神性》,广西师范大学出版社 2009 年版。

李渊庭、阎秉华:《梁漱溟年谱》,广西师范大学出版社 2003 年版。

陈赟:《熊十力晚年思想的转变》,载《玄圃论学续集》,湖北教育出版社 2003 年版。

陈赟:《形而上与形而下:以隐显为中心的理解——王船山道器之辨的哲学阐释》,台湾《清华学报》总第 31 期,2001 年第 1—2 期。

曾海龙:《儒者的生命与学问——再谈如何理解熊十力》,载上海儒学院编:《现代儒学》第 1 辑《儒学与古今中西问题》,三联书店 2016 年版。

曾海龙:《“良知是呈现”如何可能》,《安徽大学学报》(哲学社会科学版),2017 年第 3 期。

后记

本书是在我于 2011 年 4 月向复旦大学提交的哲学博士学位论文《本体的困惑——熊十力哲学思想研究》的基础上修订而成的。

当年博士论文提交后，评审专家郭齐勇先生、杨国荣先生、董平先生、陈卫平先生以及另外三位盲审专家都给了“优秀”的评分。在博士学位论文答辩时，答辩主席杨国荣先生与谢遐龄先生、陈卫平先生、吴震先生、陈居渊先生、高瑞泉先生等五位答辩委员都给予了“优秀”的评定。光阴蹉跎，博士毕业至今已经六年。这期间我先后在政府与企业的多个岗位历练，不仅丰富了自己的人生经历，扩展了生命的视角，对个人的性情与人生的意义也有更深入的体会与思考。

我与杨泽波先生有师生之谊近二十载，先生于学问和生活上对我的关心无微不至，博士论文中的一些观点和提法亦幸得先生多次提及而为学界所闻。即便在我离开学术圈的几年里，先生仍时常嘱咐我不要忘记生命的学问。回沪后，先生对我鞭策鼓励更甚往日。此书作为我的第一本学术专著，本应请导师先生作序，所惜因先生有不为弟子写序之规未能有破而作罢。今不揣冒昧，有幸能请到谢遐龄先生赐序，甚为感佩。谢先生是我非常尊重的学术前辈，他的学术思想对我产生了非常重要的影响，博士论文的一些核心观点亦曾与谢先生有过反复交流。作为后学，能得此奖掖，甚感荣幸。

本书的出版得到博士后合作导师曾亦先生的推荐，上海人民出版社赵荔红老师为本书的出版付出了辛勤的劳动与极大的耐心，在此表示衷心的感谢。

曾海龙

2017 年 9 月于同济新村

图书在版编目(CIP)数据

唯识与体用:熊十力哲学研究/曾海龙著.—上海:上海人民出版社,2017
ISBN 978-7-208-14843-7

Ⅰ.①唯… Ⅱ.①曾… Ⅲ.①熊十力(1884—1968)-哲学思想-研究 Ⅳ.①B261.5

中国版本图书馆CIP数据核字(2017)第255874号

责任编辑 赵荔红
封扉设计 人马艺术设计·储平

唯识与体用
——熊十力哲学研究
曾海龙 著
世 纪 出 版 集 团
上海人民出版社出版
(200001 上海福建中路193号 www.ewen.co)
世纪出版集团发行中心发行 常熟市新骅印刷有限公司印刷
开本720×1000 1/16 印张22.5 插页4 字数360,000
2017年12月第1版 2017年12月第1次印刷
ISBN 978-7-208-14843-7/B·1298
定价68.00元